工商管理案例丛书

企业管理案例精选精析

（第四版）

主　编　徐国良　王　进
副主编　王　剑　吕　慧

中国社会科学出版社

图书在版编目（CIP）数据

企业管理案例精选精析/徐国良，王进主编．—4 版．—北京：中国社会科学出版社，2009. 2

（工商管理案例丛书）

ISBN 978－7－5004－7530－9

Ⅰ. 企… Ⅱ. ①徐… ②王… Ⅲ. 企业管理—案例—高等学校—教学参考资料 Ⅳ. F270

中国版本图书馆 CIP 数据核字（2009）第 207132 号

策划编辑 卢小生（E－mail：georgelu@ vip. sina. com）
责任编辑 卢小生
特邀编辑 朱丽雅
责任校对 王雪梅
封面设计 康道工作室
技术编辑 李 建

出版发行 中国社会科学出版社
社 址 北京鼓楼西大街甲 158 号 邮 编 100720
电 话 010－84029450（邮购）
网 址 http：//www. csspw. cn
经 销 新华书店
印 刷 北京新魏印刷厂 装 订 丰华装订厂
版 次 2009 年 2 月第 4 版 印 次 2009 年 2 月第 6 次印刷
开 本 787×960 1/16 插 页 2
印 张 23. 25 印 数 18001—24000 册
字 数 430 千字
定 价 35. 00 元

工商管理案例丛书

目　录

总序

作为与传统理论教学模式完全不同的管理类案例教学，在我国是改革开放之后才迅速传播开来的。在传统的理论教学模式中，教师凭借粉笔和黑板做系统的讲解，通过教师的口头表达、板书、手势及身体语言等完成教学活动，这带有很大的局限性。这种教学模式缺乏师生之间、学生之间的交流，教师是这类活动的中心和主动的传授者，学生被要求认真倾听、详细记录和领会有关意图，是被动的接受者。因此，这种传统的教学模式应用于能力的培养上难以奏效，对独立思考能力日趋完善的新时代大学生来说，是很难激发其学习兴趣的，因此也难以更好地实现培养目标。

案例教学则完全不同，教学活动主要是在学生自学、争辩和讨论的氛围中完成，教师只是启迪和帮助学生相互联系，担当类似导演或教练的角色，引导学生自己或集体做分析和判断，经过讨论后达成共识。教师不再是这类教学活动的中心，仅仅提供学习要求，或做背景介绍，最后进行概括总结，绝大部分时间和内容交由学生自己主动地进行和完成。

不难看出，案例教学的首要功能，在于使学生通过个人和集体的讨论与分析，从案例情景中归纳出问题，找寻解决问题的方案及择优处理，最终领悟出适合自己个人特点的思维方法和逻辑推理，使得在今后的实践活动中，可以有效地运用这种逐步培育起来的思维方法和逻辑推理，来观察、分析和解决实际问题，从而使学生的相关能力得以培养和确立，并随今后工作实践的持续进行而日趋成熟和完善。

由张岩松等一批年轻教师新近编写的“工商管理案例丛书”——《战略管理案例精选精析》、《危机管理案例精选精析》、《企业文化案例精选精析》、《组织行为学案例精选精析》、《财务管理案例精选精析》、《国际贸易案例精选精析》、《经济法案例精选精析》、《市场营销案例精选精析》、《人力资源管理案例精选精析》和《公共关系案例精选精析》，这套丛书基本上涵盖了管理类专业主干课程的内容。这套丛书结合国内外企业管理的实践，从方便高校各层次工商企业管理类课程教学的角度出发选编案例，整套丛书的近800个案例涵盖了大量最新的企业信息，每个案例都具有很强的可读性、操作性、代表性和新颖性，真正做到了“精选”。

“工商管理案例丛书”中每本书的绪论对案例的含义、类型、功能，特别是对案例教学的特点、过程及案例教学的组织等都做了各有侧重的分析和阐述。具体案例注重结合各管理学科通行的内容分章组织编写，在每章前先对本章的学科内容做了简要的阐述，帮助使用者把握基本管理原理和规律。在对每个案例进行分析和点评时，力求画龙点睛，对读者有所启迪，并在此基础上提出若干思考·讨论·训练题，供读者思考和作为教学之用，真正做到了“精析”。

这套丛书既可以作为管理类专业相应课程的教材单独使用，也可作为相应课程的教学参考书使用。我相信，这套“工商管理案例丛书”必将会推动我国高校管理案例教学的开展，对从事企业管理工作、企业管理教学和研究的人士也会有所裨益，有所启发。

武春友

2008 年 3 月 30 日

前　言

“管理学”是管理学科的一门基础课程，它要求学员能够对管理的基本思想、基本原理、原则和方法有一个全面的了解，并能掌握管理的一些基本技能和技巧。

我们在多年的教学实践过程中体会到，采用案例教学法，把企业管理现实的书面描述，显现在受教育者面前，请学员进入被描述的企业管理情景现场，进入管理角色，以企业当事人的身份一起探寻企业成败得失的经验与教训。通过案例分析，使学员能运用已经掌握的管理科学知识，对描述的企业管理现实做出分析，从而提高学员发现问题、分析问题和解决问题的能力，实现管理艺术升华。

为了更好地开展案例教学，提高学生各方面的能力，我们在参阅了大量的管理案例著作和期刊等基础上，编写了《企业管理案例精选精析》一书。2000年出版第一版以来，我们坚持与时俱进，根据教学实践以及企业管理领域出现的新情况、新问题，在内容上不断丰富完善，现在修订出版的是本书的第四版，它更加适合高等院校工商管理专业企业管理学课程的案例教学要求，同时它也是工商企业各类管理人员进修培训的重要参考书。

本书由徐国良、王进任主编，王剑、吕慧任副主编，徐国良编写了第一章、第二章、第三章和第十章，王进编写了第四章、第六章和第七章，王剑编写了第五章，吕慧编写了第八章，张岩松编写了绪论、第九章及章案例前的理论部分。曹晖、姚伟、潘丽、穆秀英、谭晓虹、李健、赵霞、李岩、张朝晖、唐成人、刘霖、孙培岩等进行了本书的资料收集和文字录入工作。本书稿在成书过程中得到了大连职业技术学院王薇薇教授、刘昌斌老师的大力协助，在此一并表示感谢。本书在成书过程中参阅了大量著作和文章，亦向作者表示衷心的感谢。

由于作者水平有限，书中不当之处，请读者指正。

作　者

2008年11月

绪 论

管理案例是在企业管理实践过程中发生的真实事实材料，这些事实材料由环境、条件、人员、时间、数据等要素所构成，把这些事实材料加工成供课堂教学和学生分析讨论所用的书面文字材料，就成为了管理案例。它是为了某种既定的教学目的，围绕一定的管理问题而对某一真实的管理情景所做的客观描述或介绍。管理案例教学既是对管理问题进行研究的一种手段，也是现代管理教育的一种方法，目前国内外已经有广泛的研究和运用。为了更好地实施案例教学，充分运用本套丛书，我们在此对管理案例教学的组织开展进行较全面的论述，希望对读者有所助益。

一　管理教学案例概述

（一）管理教学案例的由来

“案例”译自英文单词 Case，医学上译作“病历”；法学上译作“案例”或“判例”；在商业或企业管理学中，往往译作“案例”、“实例”、“个案”等。

案例教学法是指以案例为教学媒介，在教师的指导下，运用多种方式启发学生独立思考，对案例提供的客观事实和问题分析研究，提出见解，做出判断和决策，从而提高学生分析问题和解决问题能力的一种理论联系实际的启发式教学方法。

案例教学法的产生，可以追溯到古代的希腊和罗马。希腊哲学家、教育家苏格拉底，在教学中曾采用过“问答式”教学法，这可以被看做是案例教学的雏形。之后，希腊哲学家柏拉图继承了苏格拉底的教育思想，将“问答”积累的内容编辑成书，在书中附加了许多日常生活的小例子，一个例子说明一个原理，那些日常生活的小故事，就可被看做是案例。

在管理教学中采用案例教学法是 20 世纪初的事情。现代工商管理实务的出现呼唤着正规的学校管理教育。19 世纪 80 年代，首批商学院在北美出现，哈佛商学院是其中之一。1908 年，哈佛大学创立企业管理研究院，由经济学者盖伊担任首任院长。他认为，企业管理教学应尽可能仿效哈佛法学院的教学方法。他称这种方法为“问题方法”（Problem Method）。在盖伊的策划下，邀请了15位商人参加哈佛“企业政策”一课，每位商人在上第一次课时，报告他们自己所遇到的问题，并解答学生们所提出的询问。在第二次上课时，每个学生需携带分析这些问题及解决这些问题的书面报告。在第三次上课时，由商人和学生一同讨论这些报告。这些报告，便是哈佛企业管理研究院最早的真实案例。1920年，哈佛企业管理研究院第二任院长董翰姆向企业管理界募集到5000美元，请欧普兰德教授从事收集和整理制作案例的工作，这是哈佛企业管理研究院第一次由专人从事案例开发工作。这应当说是案例教学的雏形。同年，哈佛成立案例开发中心，次年出版了第一本案例集，开始正式推行案例教学。

到20世纪40年代中期，哈佛开始大力向外推广案例法。在洛克菲勒基金会的赞助下，从1946年起连续9年，先后请来287位外校的高级学者参加他们的“人际关系”课的案例讨论，开始争鸣辩论。1954年，编写出版了《哈佛商学院的案例教学法》一书，并出版了《哈佛案例目录总览》，建立了“校际案例交流中心”，对澄清有关概念、统一术语、就案例法的意义与功能达成共识，起了良好的作用。1955年起，在福特基金会资助下，哈佛连续11年，每年举办为期8周的“访问教授暑期案例讲习班”，前后有119所院校的227位院长、系主任和资深教授参加，大大促进了案例教学在全美管理院校的普及。由此可以看出，案例教学在美国普及经历了近半个世纪的艰苦历程。首先在少数院校“开花”，再向四周逐步扩散；在有战略远见的团体的大力支持下，通过出书、编案例集、建立交流所、举办研讨班等措施，尤其是首先提高院系领导的认识，终于瓜熟蒂落，水到渠成。

从20世纪50年代开始，美国、加拿大、英国、法国、德国、意大利、日本以及东南亚国家都引进了案例教学法。50多年来，哈佛案例教学法被各大学接受，闻名全球，它设立“校际案例交换所”，从事国内以及世界各大学所制作的案例交换工作，每年投入巨额资金开发案例，同时案例的交流也使它每年获得2000多万美元的收入。

我国管理教育与培训界开始接触案例教学起自20世纪80年代。1980年，由美国商务部与中国大陆教育部、经贸委合作，举办“袖珍MBA”培训班，并将中美合作培养MBA的项目执行基地设在大连理工大学，称“中国工业科技管理大连培训中心”，由中美双方教师组成案例开发小组，到若干个中国企业编写了首批用于教学的中国案例，并编写了《案例教学法介绍》一书和首批 83 篇自编的中国管理案例。此后数年，部分高校及管理干部培训机构开始陆续试用案例教学，全国厂长统考也开始有了案例题。

1986 年春，在国家经委支持下，大连培训中心首次举办了为期两周的案例培训班，这种新型教学方法与思想引起几十位参加者的极大兴趣。在大家倡议及国家经委的支持下，同年年底在太原成立了第一个国内民间的专门学术团体“管理案例研究会”，次年开始办起了“管理案例教学研究”的学术刊物，余凯成教授任会长和刊物主编，他主持和出版了多部案例教学法的译著与专著。

中国台湾地区较之大陆地区更早地开展工商管理教育，自 20 世纪 70 年代起，先后有司徒达贤、陈万淇、刘常勇等学者，力主和推荐个案教学法，并编写出版了《企业个案集》（熊祥林主编）、《台湾本土企业个案集》（刘常勇主编）供教师学生使用。此外，要学好案例，对师生的要求都很高，学生得认真准备，积极参加小组和班级讨论，查阅参考文献，构思和拟写发言提纲，这当然比带上笔记本就去听课要难多了；对教师来说更是如此，案例的课堂讨论中将会发生什么情况，很难预计，这次班上出现这种情况，下一次虽讨论同一案例，却可能出现另一情况。冷场了怎么办？出现僵局怎么办？……有点防不胜防，所以，教师备好一堂案例课所花的工夫，远胜于准备一堂讲授课。

总之，案例教学确实是适合管理教育与培训特点的一种十分有效而独特的管理教学方法。

（二）管理教学案例的特征

1. 鲜明的目的性。这里所说的目的是教学目的，它有两层含义：一是狭义的目的，是指通过对案例的分析，让学生验证、操作练习和运用管理的某些概念和方法，以达到学生能深刻领会、掌握、提高这些知识和技能的目的；二是广义的目的，这与工商管理教育的基本目标——重在能力培养是密切联系的。这包括未来管理者应具备的学习能力（快速阅读、做笔记、抓重点、列提纲、查资料、演绎和归纳等）、人际交往能力（口头和书面表达、陈述见解与听取意见、小组交流沟通等）、解决问题能力（发现和抓住问题、分清轻重主次、分析原因、拟订各种解决问题的措施等）。

2. 高度的仿真性。教学案例是在实地调查的基础上编写出来的实际案例，这种实际案例具有典型性、代表性、非偶发性，这是案例的关键特征。在案例设计中，其问题往往若隐若现，提供信息并非一目了然，有关数据需要进行一定的计算、加工、推导，才能直接用案例进行分析。案例通过模拟显示社会经济生活纷繁复杂的“迷宫”以及“陷阱”，目的是训练学生通过对信息的搜集、加工、整理，最终获得符合实际的决策。

3. 灵活的启发性。教学案例必须设计一定的问题，即思考题。其中有的问题比较外露，有的比较含蓄，但通常是显而不露，留待学生去挖掘。案例中设计的问题并不在多，关键是能启发学生的思考。案例提供的情况越是有虚有实，越能够诱人深入，从而给学生留下充分的思考空间，达到最佳的学习效果。

4. 相当的随机性。管理教学案例的侧重点是介绍真实的管理情形，这种情形中包含了许多对解决问题的思路、途径和办法所做的评论；或者案例对问题的解决只字不提，由学生去观察、挖掘、分析，提出自己认为合适的、满意的解决办法和方案。

（三）管理教学案例的类型

案例可以按不同的角度划分类型。如按篇幅长短，可分为短、中、长、超长四类。短篇案例，通常指2500字以下的；中篇案例指在2500—5000字之间的；长篇案例指超过5000字的；除此以外，将超过万字的案例称为超长型案例。以传载形式看，可以分为书写案例、影像案例、情景仿真案例以及网络上使用的用于远程教育或其他形式的案例。若按编写方式，则可分为自编、翻译、缩删、改编等类。从案例的专业综合程度看，则可分为单一职能性的（如生产、财务、营销等）与跨职能综合性两类。按案例间关系，又可分为单篇独立型与连续系列型两类。应当指出，这些分类方法都不可能划分得很明确，其中必有些中间性混合过渡的情况。比较有用的分类法，是按案例编写方式和学习功能的不同，将管理案例分为描述性管理案例和分析判断性管理案例。

1. 描述性管理案例。它是指通过调研工商企业经营管理的整体问题或某一部分问题（包括成功的经历和经验与失败的过程和教训），具体地、生动地加以归纳描述，这类案例的最大特点是运用管理实践的事实来印证管理基本理论与方法，人们通过这类案例的分析能够获得某种经验性的思维方式。最为典型的是，中国管理科学院采取“企政研”三位一体相结合的方式撰写的《中国企业管理案例库》。现实中，人们常常把描述性案例与实例混为一谈，实际上，它们之间既有联系又有区别。案例必须是实例，不是实例就不是案例，但实例又不等于案例，而这之间主要区别在于两方面：一是描述性管理案例是管理实践的一个全过程，而实例可以是管理实践过程中的某一个侧面或一个环节；二是描述性案例通常有解决某一问题（决策、计划、组织等）的所有基本事实（人、财、物、时间、环境、背景等）和分析过程，而实例往往仅是表达某一问题的解决方法和运用某种方式的效果。描述性案例更多的是写拟订好的方案，很少叙述执行结果，一般也不进行总结和评价，以给读者留下更多的思考空间。很显然，描述性案例应属于管理教学案例法的范畴，而实例只能属于课堂讲授教学法范畴。

2. 分析判断性管理案例。这类案例是通过描述企业面临的情况（人、财、物、时间、环境等）和提供必要的数据，把企业决策所面临的各种环境、因素问题及意义写成书面材料，使学生身临其境。现在翻译出版的西方管理案例书中，许多都是这类判断性案例。这种案例的编写像录像机一样将企业面临的全部景况从不同侧面实录下来，然后整理成文字数据资料，搬到课堂，供学生分析研究，帮助企业决策。这类案例最接近企业实际，它往往是主次方面交叉，表面现象与实质问题混淆，数据不完整，环境不确定，人们观察与思考具有多维性。由于判断性案例存在着描述企业实际状况方面的非完整性、解决问题途径的多元性和环境因素模糊以及未来发展的不确定性等问题，所以这都给在传统学习模式熏陶下的学生分析研究和在传统教学思维惯性中的教师用管理理论方法来组织引导学生对案例进行分析讲解带来了较大困难。但是，如果我们跳出传统思维方式的窠臼，把案例教学作为培养学生的感觉能力、反应能力和思维能力，以及对案例中企业面临的问题或机遇的敏感程度，对企业内外环境因素所发生变化的对策思路，的确是很有好处的，因为它能增强学生独立判断企业问题或机遇的能力。通过这类案例分析和讨论，还能增强教师和学生的思维、逻辑、组织和归纳能力，并摆脱对权威教科书理论或标准答案的心理上的依赖。而这一切对学生今后迈向真正的企业经营管理实践是大有裨益的。因此这种案例无疑是最典型的，它是国外案例教学的主流。

（四）管理案例教学的作用

管理案例教学的过程具有极为丰富的内容，它是一个学知识、研究问题和进行读、写、说综合训练的过程，这一过程有着重要的作用。

1. 帮助学生建立起知识总体系，深化课堂理论教学。一个管理专业的学生按其专业培养计划要求，需要学习的课程较多，除管理专业课外，还要学习诸如会计、统计、财务、金融、经济法学、经济学和哲学等课程。正是这众多的课程构成了学生必要的知识结构，形成一个知识的总体系。但是，在教学过程中，分门别类地开出这些课程，出于种种原因，仅依靠课堂讲授，学生总难以把握各门课程之间的内在联系，因而难以形成自己的知识总体。知识的总体建立不起来，也就表明一个学生所获得的知识还是零散的、死板的，是解决不了现实问题的一些知识碎片。在现实社会生活中，书呆子正是这种情况及其危害的生动说明。管理案例分析在帮助学生建立知识的总体结构方面，具有特殊的功能。因为要对一个现实的、活生生的管理案例进行分析，势必要运用各学科的知识，使其相互渗透，融会贯通，否则，就难以分析说明任何一个问题。而且，正是在这种案例的分析说明中，使得分析者头脑中原来处于分割状态、零散状态的知识，逐渐实现了有机结合，形成了知识的总体系，表现分析和解决问题的一种能力。很显然，管理案例分析不是理论学习的中断，而是学习的深入，只是这种学习具有很强的针对性，它致力于实际问题的分析和解决。因此，对深化课堂理论教学起着十分重要的作用。

2. 增强学生对专业知识的感性认识，加速知识向技能的转化。管理是一种特殊的复杂劳动，一个管理者仅仅会背诵几条管理理论，而没有判断实际事物的能力是不能解决问题的。正是出于这一原因，作为一个管理者就要特别注意对实际问题的研究，把握事物的个性特征。所以，在管理专业知识的教学中，增强学生对专业知识的感性认识，努力促使学生所学知识向技能转化十分重要。由于管理案例中一些典型素材源于管理实践，提供了大量的具体、明确、生动的感性知识，因此，管理案例的分析过程在丰富学生对专业知识的感性认识，培养学生洞察问题、发现问题和根据实际情况分析问题的实际技能等方面有着重要作用。

3. 推进“启发式”教学，提高教学质量。多年来，在教学上，我们都主张废除灌输式，提倡启发式的教学方法，而且，我们为此也做出了巨大的努力，获得了不少成功的经验。但是，我们过去的不少探索多是在课堂理论教学的范围内进行的，多是强调教师的努力，较少注意到发挥学生在这方面的积极作用。而管理案例分析的独到之处在于，它的教学阵地大大突破了课堂的狭小范围，并一改单纯由教师进行课堂讲授知识的传统形式，要求学生对一个个活生生的管理案例进行分析研究，并以高度的积极性和主动性在理论知识和实例的相互碰撞过程中受到启发，在把握事物内在的必然联系中萌生创见。很明显，案例分析的这种教学方式，对提高教学质量是大有好处的，它在教学领域里，对推动理论与实际的紧密结合和正确运用启发式教学等方面，将产生深远影响，发挥重要作用。

4. 培养学生分析和解决问题的能力，提高决策水平。在一定的意义上说，管理就是决策，而决策就是分析和解决问题的过程。所有案例都隐含着现实管理中的问题，案例将纷繁复杂的管理情景加以描述，以使管理者调动形象思维和逻辑思维，对其中的有关信息进行分类组合、排列分析，完成去粗取精、由表及里的加工过程，理出头绪，揭示问题的症结，寻求解决问题的有效方法。

通过对案例情景中所包含的矛盾和问题的分析与处理，可以有效地锻炼和提高学生运用理论解决实际问题的能力。由于在解决案例有关管理问题的过程里，学生唱的是“主角”，而教师只起辅助和支持的作用，因此，学生没有依靠，必须开动自己的脑筋，独立地走完解决问题的全过程。这样，经过一定数量的案例分析，能使学生摸索到解决问题过程中的规律，帮助他们逐步形成自己独特的分析和解决问题的方式方法，提高他们决策的质量和效率。

5. 提高学生处理人际关系的能力，与人和谐相处。管理是一种社会性活动，因此，管理的效果不仅取决于管理者自身的办事效率，而且还取决于管理者与人相处和集体工作的能力。案例教学在注重提高学生解决问题能力的同时，把提高处理人际关系和集体工作的能力也放在重要的位置上。要解决问题就必须与别人合作。在案例教学过程中，有许多群体活动，通过群体的互动，取长补短，集思广益，形成较为完善的方案。同时，同样重要的是，在讨论过程中，学生可以通过学习与沟通，体会如何去听取别人的见解，如何坚持自己的观点，如何去说服别人，如何自我指导与自我控制，如何与人相处。人们的思考方法不尽相同，思维方式各异，价值观念也不尽一致，在认识和处理问题上自然会存在分歧，正是在遭遇和处理分歧及人际冲突过程中，学生才能体会到如何理解和包容想法不同、观点各异的同伴，才能心平气和地与人合作，向他人学习并携手朝着共同的目标努力。

6. 开发学生的智能和创造性，增强学习能力。案例独具特色的地方，是有利于开发人的智能和创造性，增强人的学习能力。人的学习能力是分层次的，接受知识和经验是一个层次，消化和整合知识经验是另一个层次，应变与创新是更高层次。学习能力的强弱不仅体现在对理论知识的死记硬背和被动接受上，更为重要的是体现在整合知识和经验的能力上，以及适应不断变化创新的能力上。只有真正善于学习的管理者，才会知道自己需要什么样的知识和窍门，懂得更新哪些方面的知识，知道如何利用知识解决问题，达到既定的目标。

二　管理案例教学的组织引导

管理案例教学的组织引导，是教师在案例教学的课堂上自始至终地与学生进行交流互动，督促学生学习的过程。管理案例教学的组织引导是主持案例教学的重点和难点，它似一只看不见的手，对案例教学产生一种无形的推动作用，是教学成败的关键，作为实施管理案例教学的教师必须高度重视管理案例教学的组织引导。

（一）明确教师角色

在案例分析中，教师与学生的角色关系有所转换，这具体是指在传统的课堂上，从讲授的角度来看，教师的活动似乎减少了。其实，就和演戏一样，这是前台上的表面现象，这并不能否定教师在教学中的重要作用。恰恰相反，在案例分析中，教师的作用非常重要，为了使案例分析课获得好的效果，教师总要煞费苦心、精心设计，这里我们不妨转摘一段一个学生有趣的谈话，来看看教师所耗费的苦心：

我头一回碰上大型综合性管理案例，是在上一门叫做“政策制定”课的时候。在这以前，我连什么叫政策也不清楚，跟大多数同学一样，头一回去上这课，可真有点紧张，生怕老师点到我。

一开始老师就正巧把坐在我身边的一位同学叫起来提问，我如释重负，松了一口气，暗暗地说：老天爷，真是福星高照，差点没叫到我！其实，那案例早就布置下来了。我也曾细细读过两遍，而且想尽量把分析准备好。可是说实话，我仍然不知从何下手，心中实在无底。

我身边那位同学胸有成竹，很快地解释起他所建议的方案来。讲了5分钟，他还滔滔不绝，看来信心十足。我们绝大多数同学都听得目瞪口呆，他真有一套！

又过了5分钟以后，他居然像魔术师似地拿出几张幻灯片，上台去用投影仪放给大家看，上面全是支持他论点的数据演算和分析，足足花了10分钟才介绍完。

老师既无惊讶之感，也没夸他，只是礼貌地向他略表谢意，然后马上叫起另一位同学：“李××同学，请你谈谈你对王×同学的分析有什么看法？”我心想：真见鬼，难道老师真想让我们也干得跟王×一样好？

不用说，以后每来上课，同学们全把案例准备得十分充分。原来这种案例就该这样分析，我也能学会！大约一周以后，我可真有点想念王×来了。可是，自打头一堂课露过面以后，他再没露面。这是怎么一回事？

原来是老师耍的“花招”，他让一位高年级班上的尖子生来放头一炮，向我们提供了一个案例分析发言的样板。我们知道后都叫了起来：“咳，我说呢，他咋那棒！老师真鬼。”可是，老师的目的达到了，他已清楚地向我们表明了他眼里杰出的案例分析发言该是什么样子。虽然最后我们班没有谁撵上王×的水平，但我们心里已有了一个奋斗方向，用不着老师老来督促我们去向某种看不见、摸不着的目标努力了。

从学生的话中，我们可以看到，这个老师为了设计案例分析发言的“第一炮”，他做了多么精巧的安排，费了何等的苦心，而正是这番苦心，使学生获得了具体的、真实的楷模，有了可仿效的范例。不难看出，教师在这里扮演的是一个导演的角色，所起的是一个导演的作用，教师没有直接告诉学生应该怎样进行案例分析的发言，可是，他通过精心安排，使“第一炮”获得成功，让同学们明白了应该如何去做，这比直接讲授效果要好得多，正如这个学生所说的，这是他们看得见、摸得着的目标。

在管理案例分析中，还有许多重要工作需要教师去做，比如，教学进度的确定，规范性案例的选择等。学生在案例分析过程中理论指导和能力的诱发，以及学生分析成果表述的评估和最后的讲评等，都离不开教师的辛勤劳动。具体来说，教师在案例教学中要承担如下角色：

1. 主持人。在案例教学过程中，教师首要的任务是向学生明确教学的内容以及把握教学行进的程序，并在整个课堂教学的过程中维持课堂秩序。具体来说，在教学的开始阶段，教师要像主持人那样引导学生进入学习状态，帮助学生明确教学目的，了解学习的程序、规范和操作方法。同时，还要提出明确的教学要求，编制教学计划和进度表，使学生心中有数，尽早进入学习状态。没有课堂秩序，就不可能进行真正的案例讨论，因此，教师还必须发挥主持人的角色作用，在教学过程中，控制发言顺序和学习进度，使讨论总是围绕一个问题或一定范围的问题进行，使课堂的发言在每一时刻只能由一人主讲，形成热烈而有秩序的讨论气氛。在讨论终结时，教师要发挥主持人的作用，无论对讨论的内容做不做评价，都有必要对讨论的全过程进行总结，使案例教学有头有尾，为学生的学习画上一个完满的句号。

2. 发言人。如果说教师对教学有控制作用，那就是对教学程序和学习大方向的控制，这是通过主持人角色实现的。在教学的具体内容上，教师发挥一定的“控制”作用。但这种“控制”完全不同于课堂讲授上教师发挥的作用。在讲授中的教师可以自己决定讲什么内容，讲多少内容，如何安排这些内容，不需要考虑学生的所思所想。而案例教学中教师的控制作用是通过发言人的角色发挥出来的。“发言人”是一个代表性人物，他的发言不能只代表自己，而要代表一个群体。教师的发言，需要反映学生群体的整体意见，也就是既不能是教师自己的，也不能是学生中个别人的，而是包括全体学生集体成果的思想和意见。当然，发言人不能有言必发，原样照抄，也不能任意取舍，随意剪裁，而是对学生的思想“原料”进行加工简化，对学生的发言做简要的总结和整理归类，有时还要从意思到言语上稍加修正，以求更准确、更科学地反映学生的思想。当学生不能形成统一的意见和共识时，教师还要综合各种不同的看法和决策，向学生做一个既有共性又包含特性的结论性交代。能否扮好这个角色，取决于教师的综合分析能力，以及思想整合能力。

3. 导演者。案例的课堂讨论虽然以学生为主体，但这并不等于完全放任自流，它实际上一直处于教师紧密而又巧妙的监控与指导之下。教师就像那未曾出现在舞台或屏幕之上但却无所不在的导演那样，发挥着潜在的影响力。教师通过导演的角色，使学生知道什么时候陈述自己的见解，什么时候评论他人的观点；教师通过导演的角色，无形规定着哪些学生发言，哪些学生不发言，哪些学生多说，哪些学生少说；教师通过导演的角色，影响全班的联动，同时也影响个人，对其进行个别辅导。导演角色的灵活度很大，同时难度也很大，扮演好这个角色，对教师的群体互动能力和临场应变能力要求很高。

4. 催化剂。催化剂是化学反应中帮助和加速物质变化过程的中间媒体，它本身不发生变化，但在物质的变化过程中却又离不开它。案例课堂上的教师像催化剂一样，促进着学生的讨论学习过程，否则就难以深入，难以取得预期效果。教师催化剂角色的发挥，就是帮助、启发学生，通过一个又一个的提问向学生提出挑战，促使他们思考，将问题由表面引向纵深，一步步地朝着解决问题的方向发展。为达到这个目的，教师会不断地提出这类问题：这些方案的优点和缺点是什么？如果选择了这个方案将产生什么样的影响？会有什么反作用？有多大风险？必要时，教师还会主持一场表决，迫使学生做出自己的决策。同时，教师催化剂角色的发挥，还体现在促进学生相互交流沟通过程中。在学生交流过程中，发挥桥梁和穿针引线的作用，使各种思想相互撞击和融合，丰富教学的内容。要发挥好催化剂的作用，是很不容易的，需要悉心体会，不断摸索，长期积累，才可功到自然成。

5. 信息库。这不是教师的主要角色，但在某些情况下，特别是在进行“活案例”的教学过程中，这个角色的作用是必不可少的，甚至是非常重要的。在许多情况下，教师需要向学生适当地补充一些必要的信息，充作“提问”和“参考数据库”。在学生主动提出补充有关信息的要求时，教师就应该满足他们的要求。要发挥好这个角色，教师必须在备课时做好充分的材料和信息准备。

教师要自觉抵制诱惑，不能角色错位，充当自己不该扮演的角色：一是不当讲演者。高明的案例教学教师在课堂上往往少露面、少讲话，他们只铺路搭桥，穿针引线，最忌讳经常插话，长篇大论，形成喧宾夺主之势。二是不当评论家。教师不要频繁地、急急忙忙地对学生的见解和活动横加指责和干涉，不要吹毛求疵，评头论足，只能适当地诱导和提醒。教师应当更精心备课，对将要做研讨的案例有深刻的认识，就案例中隐含问题的分析和处理对策有自己的见解。在课堂上，教师也应当在必要时为学生释疑解惑，以及在展开讨论的基础上适当予以归纳、评论。然而，不应忘却和违背"导引而非替代"的宗旨，切忌讲解过度。要致力于引导学生多想、多说，以收到激发学生思考，集思广益之效。古人说："君子引而不发，跃如也"（《孟子·尽心上》），这对于成功的案例研讨是极为重要的。三是不当仲裁者。当学生之间产生争论时，不要马上出来评判是非，充当裁判员，教师的见解未见得总是正确、全面的，不能总以"权威"自居，教师若妄下断语，实际上就终止了讨论。

（二）做好教学准备

案例的教学准备是指在选择确定了具体案例之后，根据教学目标，就案例的内容、重点以及教学的实施方法等问题的酝酿筹划。

这些准备工作并不一定按照固定的顺序进行，通常应首先考虑教学目标，其次是案例内容，最后是实施方法，然后再回到内容和实施方法，如此不断地反复。对多数教师来说，课前的准备是不断地试验和纠正错误的过程，直到找出一种最适合自己的办法。

1. 案例内容的准备。以案例内容为主的准备工作包括了解案例的事实和对有关信息的透彻分析。教师对案例事实和数据越熟悉，在教学中就越主动。要避免出现在课堂上胡乱翻找关键的信息和统计数据的现象，所有重要信息都要做到信手拈来。不能因为以前教过了某些案例就认为掌握了这些案例，即使是教了十多遍的案例，也应该不断地翻翻这些案例，重视一下有关人物的姓名和职务，重温一下各种数据并记住在哪儿可以找得到。

除了对案例的情境有把握，教师还应对超出案例情节的相关情形进行了解，掌握更多的背景情况，争取对案例的内容有所扩展。这就要求教师不仅要研读案例，同时，还要阅读报纸杂志上的相关资料，并通过与相关人员的谈话，积累丰富的相关信息。

在案例内容的准备上，教学说明书或教学指导书有时会起更大的作用。通常，公开发表的案例教科书都伴有教学指导书或说明书。指导书的目的是为了帮助教师为课堂教学做准备，其主要内容一般包括识别案例问题、确定教学目标、建议的学生作业、在课堂讨论中可以提出的问题等。不同作者写的教学指导书都是为了某一特定的课程编写的。所以，每个教师在考虑使用一本教学指导书时，要看他的课程是否具备类似的条件。把某一环境中某一门课的一个案例搬到另一环境中的另一门课中往往很难取得理想的效果，需要教师认真把握。

2. 教学重点、难点的准备。由于教学的时间有限，因此，应该对案例中的重要议题做优先安排，根据教学的目标不同，教学重点也应有不同的侧重。有时，可以将重点放在传授知识、理解概念上，在这方面，其他教学形式也许更容易做到。案例教学特有的重点是对问题的识别与分析，对资料与数据进行分类与说明以及制定备选方案和决策。既可以是内容性的，也可以是过程性的，完全根据具体的需要进行选择和确定。在教学重点的准备过程中，必须考虑教学目标与学生特点等因素，避免凭教师的主观想象来确定教学重点，造成学生需要的没有作为重点，学生掌握不了的或已经掌握的，却被作为重点强调和发挥这样的局面。

3. 教学实施方法的准备。根据教学目标和教学重点，教师通常需要制订教学实施计划，明确一系列方法步骤。比如，教师希望课堂上发生什么？如何使其发生？讨论按什么顺序进行？是先做决策然后再分析，还是先分析再决策？案例的每一部分需要讨论多长时间？是对讨论进行控制，还是任其自由发展？以上所有问题都应在教学实施计划中做出回答。教学实施计划通常涉及预习思考题、课堂时间分配、板书计划及拟定提问学生名单等方面的问题。不同教师的课堂计划所包含的组成部分和具体内容不尽相同，其详细的程度也不一样，有的将其写在纸上，有的则存在脑子里。下面就以上几个方面的具体准备内容做一般性介绍。

（1）布置预习作业。由于案例教学的特殊形式和作用，在案例教学前让学生进行课前预习非常必要。因此，给学生布置预习作业就成为案例教学的重要一环，也是教学实施准备的基础工作。在案例教学中，学生的预习作业主要包括：阅读案例及其参考资料和针对具体案例的思考题。为了促进学生的课前准备，教师可以要求学生就自己准备的案例写一份书面分析。预习作业中的思考题，通常隐含教师的教学意图，对学生的分析起着导向的作用，是非常重要的一个环节，它可以作为“引子”，是值得认真琢磨和探讨的问题。案例教学中没有一定要遵循的布置预习作业的准则，由于教学风格的不同和教学目标的特殊需要，教师可以灵活安排，随时调整。

（2）课堂时间分配计划。为使教学时间得到有效利用，制订课堂时间分配计划是必要的，特别是对那些教学经验少的教师更是如此。课堂时间的分配计划不仅规定课堂上各种活动各占多长时间，而且还包括即将讨论问题的顺序。从教学经验来看，时间计划既不能规定太死，也不能毫无限制，时间计划性太弱，可能使教学发生任意性，容易使教学偏离目标。

(3) 板书计划。课堂上的板书往往不为一般教师所重视，特别是在案例教学过程中，板书的书写更容易被当做可有可无、可多可少的，是一件较为随意的事情。然而，一些对教学有丰富经验的教师，则尤为重视板书的作用，他们在教学之前，刻意做板书计划，对那些重要问题和重要内容常做一些强调，加强对学生的引导。有的教师甚至会对哪些问题写在黑板的什么部位都做预先的规定，比如，将分析的内容写在左边，将建议的内容写在右边。许多包含重要内容和重要问题的板书，往往会从头到尾地保留在黑板上。这些板书，无疑会对学生有着非常重要的提示和指导作用，教师根据教学的需要，可随时将这些"要点"展示在学生面前，学生从这些"要点"中受到提醒，使其思考问题得以连贯，学到的概念得以进一步的强化。

(4) 拟定提问名单。为了提高课堂讨论质量，创造良好的教学气氛，在事先对学生有所了解的前提下，拟定一个提问名单，不失为一种好方法。提问名单没有固定的模式，一般可以包括如下一些思路：一是确保班上每一个人在课堂里至少有机会依次发言；二是找到那些与该案例特定情境有相关的技能和经验的学生，并予以重点考虑；三是当分析案例遇有较大困难时，要确保选几个，至少有一个合适的学生来打破僵局；四是当课堂上没有人举手发言时，教师能有一个名单可用。制定提问名单同鼓励学生积极发言并不矛盾，即使名单上列出了某个学生，教师仍希望他们自己举手发言。关于教师应否使用提问名单，可以根据教学需要，自行处理。

(5) 课堂的课题引入与结束。如何使学生在案例教学中快速进入正题，如何使学生在讨论结束后有一个整合，这与课堂的开始和结束有很大的关系。好的开始是成功的一半。因此，教师需要就如何推动课堂讨论做认真的准备。好的教学需要找到合适的切入点，比如，如何引入案例，如何谈到所布置的阅读材料，如何就已布置给学生的思考题让其发挥。可供切入的点有许多，关键是要做到自然巧妙，能抓住学生的兴趣和注意力。同开始一样，一堂案例课的结束虽不是教学的主体，但却有独特的作用，是不可缺少的教学组成部分，形象一点地理解，可将课堂教学的结束看做"点睛"之笔，通过结束过程突出重点，使之显得有生气，这在很大程度上决定于如何去"点睛"，有的教师会对学生的活动进行总结，同时指出课堂讨论的优缺点；有的教师会既不总结也不评论，而把总结的任务留给学生独立完成。很难说哪种方法好，应根据实际情况而定。

4. 物质准备。在案例教学的准备过程中，往往容易被忽视，而又非常重要的是教学场地等物质设施的安排。物质性设施的准备是案例教学中的重要一环。教学之前，教师必须检查教室的布局是否利于学员参与学习，必须提供必要的条件，使教师能够迅速认识学员并使学员相互彼此认识，并保证和促进其交流与沟通。因此，明智的教师有必要在教室的物质性设施上动一番脑筋，下一番工夫。

理想的教室布局需要根据场地的形状、面积和学员人数进行灵活调整。因此，案例教学是不可能有固定教室布局的，但没有固定的布局并不意味着可以随意安排，而要遵循一定的原则。案例教学教室布局的原则主要有四条：一是要满足听与看的条件，即学生可以在任何位置上听到教师和其他学生的发言，不需移动位置就可以看到教师、写字板以及教室内设置的其他视听设备；二是要保证教师不受限制，可以走到每一个学生的位置前进行对话和指导；三是每个学生可以很便利地离开座位走到讲台前或其他学生的面前，进行面向全班的交流和学生之间面对面的交流；四是根据学生人数的多少，扩大或缩小课堂的沟通半径。

实际上，大多数大学和教育培训机构中的传统式教室（或许还应算上一些公共设施如酒店等的会议室）都是一间长方形的房间，室内一端放置有一个讲坛或讲桌，条桌和坐椅一排排地放置，布满全室。对于讲课这类单向沟通来说，学员的主要任务是聆听教师的讲解，这种布置方式是实用的。不过，这可能并不算是最佳的布局，因为后排的人往往很难看得见讲演者。但这是一种常规的布局方式。从案例教学的角度看，这种布局带来了不少困难。案例讨论要求的是双向沟通，这种布局方式使坐在后排的人发言时，只能面对前面各排同学的后脑勺，这很难实现流畅的双向沟通。对于坐在前面的学员来说，要他们扭过头去看着后排正在发言的同学，同样也非易事。从使用案例来考虑，这种布局对教师强调过多而对学员重视不够。

对于小组，使用案例的理想布局是一张完整的圆桌，坐椅呈环状布置。环状意味着全体参加者地位均等，平起平坐，大家的视线可以顾及到每一个人，使组员得以面对面地沟通。环形布局有一些其他变化形式。例如，可以利用方形或矩形布局，也可以采用六边形或八边形布局，在参加讨论的人数不多的情况下，六边形和八边形或矩形更可取，因为这两者都能改善学员的视野，但随着学生人数的增加，以上这些布局开始显现出不足。桌子的尺寸总是有限的，人数增加，参加者之间的距离就会随之迅速增加，桌子中央的无用空间不但被浪费，而且还成了沟通的障碍。对于较大的组，就不能像小组那样安排，而需要采用其他布局方案。以半环形、好似台阶式的方式，用成排的坐椅布置出的各种形式，是较为理想的方案。坐椅最好是可移动的，或至少是可转动的，以便前排的学生可以轻易地转过身来，看见他们身后的学生。放在每位学生前面的课桌或条桌的大小，应不但能使人舒适，还能放置案例和参考材料，其尺寸不必太大，比正常的打印案例尺寸宽一点即可，大约30厘米是较适当的尺寸。

（三）积极组织引导

课堂组织和引导的效果是否理想，课堂引导的原则是否得到较好的体现，教师的角色和作用能否得到较好的发挥，不仅取决于教师主观刻意的追求，更紧要的是要具备较厚实的功底，掌握并善于运用课堂组织引导的技能技巧。掌握了多种引导技能技巧，教师就能在课堂上进退自如，四两拨千斤；缺乏引导的技能技巧，就会面对复杂的教学环境，束手无策，难以驾驭课堂。课堂组织引导的技能技巧难以穷尽，何时何处在何种情况下采用何种技巧更难以在纸面上准确描述，而是需要教师经过一段时间的教学实践，不断地探索和积累，才能有所把握。

1. 善于把握教学节奏。课堂引导就如同带一支队伍，教师要尽力做到出发时有多少人，到达目的地时还有多少人，也就是说，当学习的过程完成后，所有学生都能达到预期的学习目的。由于案例教学前后延伸的时间长，经历的环节多，特别是始终处在较开放的教学条件下，因此，不可能像讲座那样可以由教师直接操纵和控制，教学行进速度和节奏可以不受其他因素的影响，完全由教师一人决定。在案例教学过程中，难免会遇到节外生枝、偏离主题的情况，如不能及时予以处理，就会影响和分散一些学生的注意力，渐渐地会使有的学生“落伍”和“掉队”。因此，在总揽全局、整体把握的前提下，教师必须根据教学的具体进展情况，不断地进行“微调”。其中，合理地把握教学的节奏就是进行微调的一个关键技能，值得教师去细心体会和认真掌握。进度的跳跃，会破坏连贯思维，使学生产生困惑；进度缓慢，会淡化学习的兴趣，使学生产生懈怠情绪。所谓合理的节奏，就是快慢适度，松紧自如。调整进度，把握节奏，可以采取以下方法和技能：

（1）具备善于澄清学生意见和见解的能力。具备善于澄清学生意见和见解的能力才能及时避免观点混淆和学生间的误解。课堂交流的效果是好还是不好，首先体现在发言人是否准确地表达了自己的意见，听取发言的人是否完整地理解了发言人的意思，两者中有一方出了问题，误解就在所难免。因此，要使教学能有效地进行，教师就要从最初较容易出现差错的地方着手，帮助学生表达和理解。为此，教师可以运用一些操作性、实用性较强的问句去引导和澄清学生发言中需展开和完善的概念，或请发言的学生进一步解释说明自己的意见，或通过教师表述其意思，然后征询发言学生意见。澄清概念和观点，不仅可以及时增进师生以及学生之间在语言含义上的理解，提高教学效率，同时，还常常可以避免许多无意义的争论。当然，案例教学适度争论是必要的、有益的。但一旦争论超出了一定的限度，就会造成无意义的纠缠，甚至攻击。一旦达到了这种程度，争论双方都会置初始的概念和见解于不顾，掺杂许多个人情绪，不是为了辨明是非，而是为了争胜负。这时，通过澄清概念，可以把学生拉回到最初探讨问题的状态中去，从紧张和对立的情绪中摆脱出来。同时，在概念澄清过程中，往往还可以发现许多共同点，进一步增进理解。

（2）要检查认同程度、把握学习进度。由于学生在思维方式、表达习惯、理解能力、经验积累等方面存在着差异，对教学中遇到的问题和探讨的道理，有的学生可能理解和接受得快一些，有的学生则慢一些，要保持全体学生相对同步，教师有必要适时检查学生思想进度及对问题的认同程度，进而适度控制进展节奏，以免学生学习进度的差距拉得太大，妨碍广泛的思想交流，影响课堂的讨论交流效果以及学生的参与程度。因此，教师在课堂上要注意首尾相接，不断提出问题，了解学生是否将注意力放在了问题的主线上，并了解学生是否对有关问题有了相应的理解。一旦发现有学生走得太快，及时引导，使其适当地放慢进度；对跟不上的学生，则集中力量加以引导，使其加快步伐，同全班保持同步。在检查学生对问题的认同程度、学习进度的过程中，还有另一个问题值得注意，由于学生研究问题的兴趣不同，一些学生往往被枝节的问题所吸引，而分散了注意力。因此，教师要善于体察学生的思想动态和心理过程，及时发现偏离主题的情况并加以引导，把其注意力集中到关键的问题上来。

（3）要善于做好阶段性小结和总结。在课堂引导中，教学节奏的明确标志体现在阶段性的小结和最后的总结上。当教学的一项内容或一个过程完成时，往往需要进行小结，归纳阶段性的成果和收获，使学生对全班的学习成果有一个概要性的认识，并进行条理化、结构化，明确要点和重点，为进行下一步的学习和研究打下基础。因为案例教学是一个分析问题和解决问题的过程，只有一环扣一环地探索和铺垫，循序渐进地向前推进，才能形成有说服力的方案和解决问题的方法。值得教师注意的是，阶段性小结和最后总结的内容不是教师自己对问题的认识、分析和看法，而是就学生对问题的分析和看法的重点进行归纳。总结也不一定需要太长时间，5分钟可以，15分钟也行，只要把握住重点，提纲挈领地理出几条，即能达到目的，切忌在总结中大发议论，喧宾夺主，影响学生学习的主动性和积极性。

2. 进行课堂有效沟通。管理案例的课堂教学是师生之间、学生之间进行沟通，实现思想交流、达成共识、取长补短、相互学习的过程。课堂上教师的发言总量的多少、沟通时机的把握、沟通方式的运用等种种因素，都直接影响课堂引导的质量和教学效果。因此，课堂上的沟通能否有效，在很大程度上取决于教师的沟通技能与技巧。

(1) 要给出明确的指导语。教师的主持人角色和发言人角色，具体体现在他对课堂活动所做的总体性和阶段性的安排及组织上。要发挥好这个作用，教师就要善于明确地、简要地将教学的目的、程序、方式、方法等向学生交代清楚，使学生能够尽早地在教师确定的规则下形成自组织状态。所谓自组织状态就是学生不需要教师的介入，自行组织进行教学活动的状态。指导语在案例教学中，是教师向学生进行授权，帮助学生达到自组织状态的关键。如果处理不好，就可能出现暂时失控的情况。因此，给出明确的指导语，是把握课堂教学的重要技能。指导语要恰当明了、突出重点，添枝加叶、反复解释会冲淡重要的信息，使学生难得要领。对关键的信息，重要的内容和程序，适当加以强调，有时还有必要适当举例和示范加以说明解释，引起学生的注意。

(2) 对学生在课堂上的表现和发言予以及时反馈。反馈是激励学习的重要手段，因为反馈是教师对学生发言内容的理解验证。要理解学生就必须真诚、精心地去听。除此之外，反馈是教师引导把握教学方向的有力工具。在课堂讨论中，教师可以通过反馈，讨论学习中的重点内容、观点，把有独到见解的发言提纲反映出来，使有价值的闪光点得到突出和放大，使学生能够朝着正确的学习线路进行思考和研究问题。反馈可以采取不同方式，比如，可采取言语表述方式，也可采取写板书的方式，必要时还可以与个别学生进行课外的交流并予以适当指导。有时，写板书的方式比只用言语表述的反馈效果会更好些。一是因为这样的反馈更直观明了，二是学生可能会受到更强的激励。值得探讨的还有一点，就是在对待学生所提出的尖锐问题和棘手难题时，教师不能回避，必须做出合情合理的解释和响应。来不及在课堂上说明的，可以采取课后单独交流的方式来完成。因为，学生提出的许多尖锐问题往往是其最关注的问题，非常希望得到教师的重视和认可，如果这时教师予以回避，势必会影响学生的学习积极性。

(3) 善于打破冷场。所谓冷场指的是当需要学生发表意见和看法时，课堂保持较长时间的沉默。冷场是教师和学生都不愿看到的事，但在整个教学过程中偶尔出现冷场的情况也在情理之中。重要的是，当出现冷场时，教师能否采取灵活的方式方法，运用恰当的技能技巧，及时有效地启发引导，打破沉默，使课堂气氛热烈起来。冷场的现象可能由不同的原因造成，因此要解决冷场问题，必须针对不同的原因，采取不同的方法。分析起来，冷场多是发生在以下几种情况之下，一种是在教学开始阶段，可能由于不熟悉，学生带有一些防备心理，慎于开口，这时教师可以采取一些“破冰”或称“热身”的方法，激励学生。所谓“破冰”、“热身”就是创造某种环境，使学生心情放松，在不自觉中参与培训的教学技能，就像体育运动所称的“热身运动”一样，教学开始阶段的“热身”和“破冰”，对帮助学生进入状态很有意义。在学生相互不熟悉的情况下，还可以通过点名的办法或者“顺序发言”办法，打破冷场，这对学生保持在以后的时间里继续发言也是非常重要的。研究发现，在集体讨论中，已经发了言的人往往再发言的可能性更大，而没有开口的人，则往往倾向于保持沉默。发言和不发言都犹如带着惯性。因此，在教学阶段教师就应尽力想办法让每一个学生都发言。另外，还有一种可能带来冷场的情况，当课堂中由几位擅长发言的学生主宰时，一旦他们不发言，冷场就出现。这时，既要引导擅长发言的学生继续发言，又要引导不开口的学生对面前的发言谈看法，逐步让缺乏自信和羞怯心理较重的学生适应讨论和交流的环境。为了避免冷场，教师还需讲究一下提问的方法和角度，尽量避免问题过空过大。过于抽象的问题，往往会使学生难以准确地把握问题的含义，无从开口。当教师提出问题后，没有得到响应，就回头来想想提的问题是否不够具体，指向是否够明确，一旦发现是这种情况，就应及时地将问题细化，做进一步解释和说明。

（4）出现背离正题，及时引回。许多人在一起讨论，很难避免出现海阔天空、离题万里的偏差，这时不必焦躁，也不妨静观一下，很可能会有学生主动出来纠偏。如果走得过远，时间宝贵，不容再等，也可由教师干预，但切忌粗暴，口气要委婉些。如能培养学生自治，集体控制讨论，那当然是上策了。

（5）做好讨论的收尾。收尾并没有什么固定的模式。有的老师喜欢做一个简要的结论性小结，或做一番讲评收尾。学生这时喜欢围绕着教师问这类问题：“老师，您说谁的说法对?”“要是换了您，会怎么办?”“什么才是正确答案?”明智一点，最好别正面直接回答。一是有违学生自学与自治原则；二是管理问题，本无所谓“唯一正确”或“最佳”答案，何况学生中很可能更有见解，所以，有的教师是让学生集体做总结，比如问：“大家觉得今天有哪些主要收获和心得?”也可以让一位学生带头小结，再让大家补充。因为既无所谓“标准答案”，因此，重要的是使每个人去总结自己的体会。在这个案例的具体情况下，问题及其原因已经找出了，你到底打算怎么办？当然还该知道，别人有不同意见吗？为什么？这些才是紧要的。

（6）课堂发言的掌握。在案例讨论的各个阶段，教师都面临着掌握课堂发言过程的问题。课堂发言是全班信息共享、达成共识的过程，利用好有限的时间，集中学生高质量的见解和解决问题的思路、办法，创造良好的交流氛围，也是教师掌握课堂发言的关注点和主导方向，这是教师引导教学的难点和重点，对教师的角色发挥和教学技能的发挥提出了很高的要求，其基本任务便是妥善处理四类常见的问题。

其一，发言过少。每次在讨论时总有一些人发言很少或完全不发言。两小时左右的讨论，很难使30个以上的学生都有效地参与讨论。因此，班级规模超过这个数，很多学生显然不可能发言，问题是要防止同一批学生每次讨论都不发言。因此，教师要尽力避免这种情况的发生，采取多种办法帮助那些发言过少或根本不发言的学生。要做好这一点，前提就是要了解学生。人与人之间有很大的差别，人们对不同事物的敏感度也不一样，教师应在教学过程中，注意发现学生的个性特点，对“症”下药。对那些要面子的学生则可以客气的方式，劝导其发言，对于过于腼腆的学生还可以私下与之交流，个别提供指导，给他们鼓励，帮助他们战胜怯场的弱点。同时，教师要注意搜寻那些新举手的人，及时给他们创造发言的机会，注意观察经常不发言者的兴趣，从他们的兴趣入手，引导他们发言，还可提一些简单的是非判断题请不善发言的人作答，由少到多地引导他们发言，有时还可以要求学生每人至少要说一句话，但不能重复别人已经说过的，或仅仅复述案例内容而没有个人见解或解决措施。总之，这些办法的真正作用，在于强调参与发言本身的重要性，对创造良好的交流氛围大有好处，至于采取哪些具体办法，可以根据教师的喜好和学生的特点灵活处置。

其二，发言过差。虽然学生都发言了，但其发言的态度与质量却不能令人满意，这种事情也是有可能发生的。偶尔放过一些水平不高的发言是可以的，也是正常的，但是，经常容忍学生低水平发言，最后会使整个学习班趋于平庸，所以有时必须采取一些措施，改善发言过差的情况。首先要分析其原因，看是教师方面的原因，还是学生方面的原因？不同的原因，应采取不同的对策和方法。是教师的问题，就要注意总结经过，分析是教师提出的要求和标准太高，学生无法达到，还是阅读时间的余地太小，难以深入解析案例？等等。发现问题，及时纠正。如果是学生的原因，属于能力等客观问题，可以原谅，属主观努力程度不够，没有很好地预习案例，课堂讨论得不好，可以要求学生重新再来，促使其认真对待。总之，解决发言过差的问题是为了提高讨论质量，带动全班学习的整体水平，教师要认真对待，慎重处理。

其三，发言过多。正像有些学生发言过少一样，也可能有些学生在课堂讨论中发言过多，这往往会影响其他学生的参与程度，破坏讨论的发言气氛。因此，适当对发言过多的学生加以限制是必要的。在院校学生的案例课上，那些口若悬河的人成不了太大的问题，因为，在一个大家彼此相处了较长时间的班级里，群体压力会迫使那些讲话滔滔不绝而又空洞无物的发言者有所限制，"自我矫正"。但在具有丰富经验的管理者的培训班上，教师所面对的是一批彼此相处不久的学生，如果讨论的题目撞在了他们的兴奋点上，很有可能一发不可收，教师要特别注意观察，必要时，可以有意识地限制他们发言，或者以诙谐的办法打断他们的长篇大论，限制他们发言的次数。有时，一堂课上，多数学生争相发言，都颇有见地，只是时间不够，不可能每个人都尽兴，那就只好限制每个人的发言时间。制定一个规矩，一个大家都必须共同遵守的规矩，比如，规定每个人就每个问题的发言最多不可超过 5 分钟。在这个规定前提下，教师再进行"协调"和"平衡"，则显得容易些了。

其四，发言过当。发言过当主要是指讨论中出现空洞无物、关系不太大或不得要领的发言。发言过当是影响讨论效果的原因之一，需要教师及时引导，及时纠偏。解决发言过当的问题，首先要由教师明确具体的讨论题目，要求学生将注意力集中到某一问题上或某一范围内。如果遇到与确定的问题有关但暂时还未涉及时，教师可以说：让我们把这个问题放一放。必要时，还可以把学生引出的这些问题记录在写字板上，这样，既可以调动发言学生的积极性，又可以将这些将要涉及的问题存下来，留做话题。当遇到那些空洞无物的发言时，可以适当地打断发言者，请他结合一些数据加以说明，有哪些证据支持他的观点？通过这些问题，可以引起发言者的思考，帮助学生学会分析问题的方法。当然，处理发言过当的情况还应该注意因人而异，不要采取一种方法对待所有学生。比如，一个从不发言的学生第一次发了言，即使没有讲出什么内容，也可以鼓励他，而对一个经常喋喋不休的学生，教师可以果断地打断他的发言。

到底采取什么样的发言引导办法，掌握讨论发言的过程，需要一个系统的考虑，必须从教学目标、课堂讨论的整体进程和学生的具体情况出发，不能"灵机一动"，随意处置，否则会迷失方向，丧失重点。为实现总体意图，采用的方法可以千差万别，但需要遵循的一个基本原则是：在任何情况下，都不能伤害学生的感情，至少不能从主观上面打击学生的积极性。有时，极个别学生的冷漠和不参与态度不能改变，那就让他去保持自我，其实教师不可能解决所有学生的所有问题。

三　管理案例的学习过程

学生是案例教学中的主体，案例教学的过程基本上是学生通过自己努力来逐步领悟的过程。换句话说，案例教学的过程，对学生来讲，既是一种收集分辨信息、分析查找问题、拟定备选方案和做出最后决策的纵深演进的过程，同时也是从个人阅读分析到小组学习讨论，再到全班交流，达成共识的过程。学生在案例教学过程中要做好以下工作：

（一）重视课前阅读

阅读案例是进行案例分析的基础，没有一定数量和一定质量的阅读，要做好案例分析是不可能的，实质上它是将纸上的情况变为脑中的情况的转换加工过程，能否既全面、客观又突出重点地接受案例的信息，首先取决于对案例的阅读质量，为了达到有效的阅读，可以从以下方面着手考虑：

1. 案例阅读的目的与时间安排。阅读的目的，不仅是为了了解案例的内容和所提供的情况，而且要能以尽可能高的效率做到这一点，因为学习负担总是那么重，谁能以最短时间读完并理解它，谁就能占优势。不过所说最短时间，不是指到了次日进行课堂讨论了，当晚才急匆匆翻阅、囫囵吞枣，不花工夫是无法理解、分析和消化案例的，大多数案例至少要读两遍，若要分析深透，两遍也不够，要知道教师们可能已经把案例反复读得很熟，甚至能背诵了，学生当然不必下这么大工夫去阅读，但要准备至少读两遍。

记住这一要求，便可以预做时间安排了。一般来说，一个大型综合案例，约 2 小时 30 分至 3 小时精读一遍，外文案例当然要更长些。如果同时有几门课，全有案例分析，合并专门时间（比如一整天或两个下午等）集中阅读效果较好。有经验的学生，总是安排在每周五、六和周日，先把下周要学习的案例阅读一遍，以便能有充足的时间深思，有备无患，万一下周出了应急情况，使你无法再读，但由于你已知道大概，不至于进课堂脑内空空、仓促应战。

2. 案例阅读的步骤与方法。不要一开始就精读，而应分两步走：先粗读，待知其概貌再精读，究其细节。粗读是浏览式的，而且要掌握诀窍，这就是先细看第 1、第 2 页，其中往往交代了背景情况及主要人物所面临的关键问题。有时候如果开始没有介绍背景，赶快先翻至末页，因为背景在最后介绍也是常见的。如果还没有读到，就只好从头读下去，直到找到为止。背景介绍找到后，要反复看，不可浮光掠影，要透彻了解，直到能用自己的语言描述出来为止；了解了背景后，应快速浏览正文中余下的部分，注意小标题，先看每一节的头一段的头几句，不必齐头并进，同样下工夫，因为粗读的目的是做到心中有数。很快翻完正文，就要迅速翻阅正文后面所附的图表，先注意是些什么类型的图表，有资产负债表和损益表，有组织结构系统图，有主要人物的简历列在表中，是否已列出一些现成的财务经营表，搞清这些可以帮你节省不少分析时间，否则你若盲目地读，做了许多分析，最后再看附图，其实已经提供了这些分析，岂不白花了你的宝贵时间与力气。图表分为两大类：一类是多数案例都常有的，比如，一般财务报表、组织结构图等；另一类是某案例独有的。对于前者，要注意有什么不同于一般的奇特之处，如财务报表里有一笔你没见过的特殊账目，就得标出来留待以后来细加探究，你若能在这些常被人忽略的地方有发现，则在全班讨论时就可能有独到之处。

对正文与附图有了大体了解后，就可以从容地从头到尾再仔细读之，如记点眉批和备注，但不要重复文中所述，应点出要害，引进你自己的观察结果、发现、体会与心得，记住与下一步分析有关的概念。如果是外文案例，做点摘要是有好处的。一边读正文，一边要对照有关附图，找出两者关联。对于技术、组织方面的复杂描述不要不求甚解，一定要搞清楚。要把事实和观点分开，还要分清人物说的和他们实际做的，看两者是否一致。不但要注意他们说过和做过什么，还要注意他们有什么没说和没做的以及为什么这样。千万不要对文中人物所说的看法和结论都照单全收，信以为真，而要想一想，真是这样吗？正文全看完后，要再细看附图，搞清其中每个主要组成部分。全班讨论前夕，最好挤出一点时间把案例重读一遍，温习一下。不过，步骤可不全同于上次。虽然先看背景情况，但接着先不要读正文，而是先看图表，顺序最好倒着看，即先从最后一幅看起，弄清细节，特别留心反常的图表或项目。这样做的原因是，因为粗读时，往往越读越累、越厌烦，也就越马虎，结果虎头蛇尾，对后面的理解不如前面的深入，尤其时间紧迫时，倒读更为保险。

（二）做好分析准备

个人分析与准备是管理案例学习的关键环节，其目的是完成信息的取舍，找到有效信息的因果关系，是学生创造性学习的过程。这个环节的基础打好了，不但可以为个人的决策提供可靠的根基，而且可以将全班的讨论交流朝着高质量、高水平推进。同样，做好个人分析和准备有其内在的规律，需要学生认真琢磨、体会。

1. 案例分析的基本角度。案例分析应注意从两种基本角度出发：一是当事者的角度。案例分析需进入角色，站到案例中主角的立场上去观察与思考，设身处地地去体验，才能忧其所忧，与主角共命运，才能有真实感、压力感与紧迫感，才能真正达到预期的学习目的。二是站在总经理或总负责人的角度。

这当然是对综合型案例而言。高级课程就是为了培养学生掌握由专业（职能）工作者转变为高级管理者所必需的能力。因此，这种课程所选用的案例，要求学生从全面综合的角度去分析与决策，这是不言而喻的。

2. 案例分析的基本技巧。这种技巧包括两种互相关联和依赖的方面。第一，就是要对所指定的将供集体讨论的案例，做出深刻而有意义的分析。包括找出案例所描述的情景中存在的问题与机会，找出问题产生的原因及各问题间的主次关系，拟定各种针对性备选行动方案，提供它们各自的支持性论据，进行权衡对比后，从中做出抉择，制定最后决策，并作为建议供集体讨论。第二，被人们所忽视的就是以严密的逻辑、清晰而有条理的口述方式，把自己的观点表达出来。没有这方面的技巧，前面分析的质量即使很高，也很难反映在你参与讨论所获得的成绩里。

3. 案例分析的一般过程。究竟采用哪种分析方法，分析到何种深度，在很大程度上要取决于分析者对整个课程所采取的战略和在本课中所打算扮演的角色。但不论你的具体战略如何，这里向你提供一个适用性很广、既简单又有效的一般分析过程，它包括五个主要步骤：①确定本案例在整个课程中的地位，找出此案例中的关键问题；②确定是否还有与已找出的关键问题有关但却未予布置的重要问题；③选定适合分析此案例所需采取的一般分析方法；④明确分析的系统与主次关系，并找出构成自己分析逻辑的依据；⑤确定所要采取的分析类型和拟扮演的角色。

4. 关键问题的确定。有些教师喜欢在布置案例作业时，附上若干启发性思考题。多数学生总是一开始就按所布置的思考题去分析，实际上变成逐题作答，题答完了，分析就算做好了。作为学习案例分析的入门途径，此法未尝不可一试，但不宜成为长久和唯一的办法。老师出思考题，确实往往能够成为一个相当不错的分析提纲，一条思路，但那是他的，不是你的，不是经过你独立思考拟定的分析系统。按题作答不可能是一套综合性分析，多半只是一道道孤立的问题回答。最好是在初次浏览过案例后，开始再次精读前，先向自己提几个基本问题，并仔细反复地思索它们：案例的关键问题，即主要矛盾是什么？为什么老师在此时此刻布置这一案例？它是什么类型的？在整个课程中处于什么地位？它跟哪些课程有关？它的教学目的是什么？除了已布置的思考题外，此案例还有没有其他重要问题？若有，是哪些？这些问题的答案往往不那么明显、那么有把握，不妨在小组里跟同学们讨论一下。这些问题要互相联系起来考虑，不要孤立地去想。最好一直抓住这些基本问题不放，记在心里，不断地试图回答它们，哪怕已经开始课堂讨论了。一旦想通了此案例的基本目的与关键问题，你的分析自然纲举目张，命中要害。要是全班讨论后你还没搞清，可以再去请教老师和同学。

5. 找出未布置的重要问题。真正很好地把握住案例的实质与要点，这是必须做的一步。一般凭自己的常识去找就行，但要围绕本案例的主题并联系本课程的性质去发掘。找出这些问题的一个办法，就是试着去设想，假如你是教师，会向同学们提出一些什么问题？有些教师根本不布置思考题，或讨论时脱离那些思考题，不按思考题的思路和方向去引导，却随着大家讨论的自然发展而揭示出问题，画龙点睛地提示一下，启发大家提出有价值的见解。你还得想想，在全班讨论此案例时可能会提出什么问题？总之，要能想出一两个问题，做好准备，一旦老师或同学提出类似问题，你已胸有成竹，便可沉着应战。

6. 案例分析的一般方法。案例的分析方法，当然取决于分析者个人的偏好与案例的具体情况。这里想介绍三种可供选用的分析方法。所谓一般方法，也就是分析的主要着眼点，着重考察和探索方面，或者是分析时的思路：

（1）系统分析法。把所分析的组织看成是处于不断地把各种投入因素转化成产出因素的过程中的一个系统，了解该系统各组成部分及其在转化过程中的相互联系，就能更深刻地理解有关的行动和更清楚地看出问题。有时，用图来表明整个系统很有用，因为图能帮助你了解系统的有关过程及案例中的各种人物在系统中的地位与相互作用。管理中常用的流程图就是系统法常用的形式之一。投入—产出转化过程一般可分为若干基本类型：流程型、大规模生产型（或叫装配型）、批量生产型与项目生产型等。生产流程的类型与特点和组织中的各种职能都有关联。

（2）行为分析法。分析着眼于组织中各种人员的行为与人际关系。注视人的行为，是因为组织本身的存在，它的思考与行动都离不开具体的人，都要由其成员们的行为来体现，把投入变为产出，也是通过人来实现的。人的感知、认识、信念、态度、个性等各种心理因素，人在群体中的表现，人与人之间的交往、沟通、冲突与协调，组织中的人与外界环境的关系，他们的价值观、行为规范与社交结构，有关的组织因素与技术因素，都是行为分析法所关注的。

（3）决策分析法。这不仅限于“决策树”或“决策论”，而且指的是使用任何一种规范化、程序化的模型或工具，来评价并确定各种备选方案。要记住，单单知道有多种备选方案是不够的，还要看这些方案间的相互关系，要看某一方案实现前，可能会发生什么事件以及此事件出现的可能性的大小如何。

7. 明确分析的系统与主次。这就是通常说的“梳辫子”，即把案例提供的大量而紊乱的信息，归纳出条理与顺序，搞清它们间的关系是主从还是并列，是叠加还是平行，等等。在此基础上分清轻重缓急。不论是你的观点还是建议，都要有充分的论据来支持，它们可以是案例中提供的信息，也可以是从其他可靠来源得来的事实，还可以是自己的经历。但是，案例中的信息往往过量、过详，若一一予以详细考虑，会消耗大量的精力与时间，所以要筛选出重要的事实和有关的数据。最好先想一下，采用了选中的分析方法分析某种特定问题，究竟需要哪些事实与数据？然后再回过头去寻找它们，这可以节省不少时间。此外，并不是所需的每一个事实都能找到，有经验的分析者总是想，若此案例未提供这些材料，我该做什么样的假设？换句话说，他们已对某一方面的情况做出恰当的、创造性的假设准备。分析的新手总以为用假设就不现实、不可靠，殊不知，在现实生活中，信息总难以完备精确，时间与经费都往往不足以取得所需要的全部信息，这就需要用假设、估计与判断去补充。既然是决策，就不可能有完全的把握，总是有一定的风险。最后还应提醒一点，能搞出一定定量分析来支持你的立场，便可以大大加强你的分析与建议的说服力。能创造性地运用一些简单的定量分析技术来支持自己的论点，正是学生在案例学习中所能学到的最宝贵的技巧之一。这种技巧一旦成为习惯或反射性行为，就能使你成为一个出类拔萃的管理人才。

8. 案例分析的类型与水平。案例分析的类型，可以说是不胜枚举，每一种都对应有一事实上的分析深度与广度（或称分析水平），不能认为在任何情况下都力求分析得越全面、越深入才好。有时你还有别的要紧事要做，时间与精力方面都制约着你。所以，究竟采取何种类型的分析为宜，这要取决于你具体的战略与战术方面的考虑。这里举出五种最常见的分析类型：

（1）综合型分析。即对案例中所有关键问题都进行深入分析，列举有力的定性与定量论据，提出重要的解决方案和建议。

（2）专题型分析。不是全线出击，而只着重分析某一个或数个专门的问题。所选的当然是你最内行、最富经验，掌握情况最多、最有把握的、可以充分扬长避短的问题。这样你就可以相对其他同学分析得更深刻、细致、透彻，提出独到的创见。讨论中你只要把某一方面的问题分析透了，就是对全班的重要贡献。

（3）先锋型分析。这种分析是你认为教师可能首先提出的问题。这似乎也可以算是一种专题的分析，但毕竟有所不同。开始时往往容易冷场，要有人带头破冰“放响第一炮”。所以这种一马当先式的分析，可能不一定要求太详尽，还要具体视问题的要求和教师的个人特点而定。这种分析，因为是第一个，所以还常有引方向、搭架子的作用，即先把主要问题和备选方案大体摊出来，供大家进一步深入剖析、补充、讨论。当然，这点做好了，是功不可没的。

（4）蜻蜓点水式或曰“打了就跑”式的分析。这种分析多半是一般性的、表面的、肤浅的。这种分析，只是个人因故毫无准备，仓促上场时采用，是一种以攻为守性战术，目的是摆脱困境，指望收瞬间曝光之效。这当然只能在万不得已时而偶尔为之，仅表示你积极参与的态度。

（5）信息型分析。这种分析的形式很多，但都是提供从案例本身之外其他来源获得的有关信息，如从期刊、技术文献、企业公布的年报表乃至个人或亲友的经历中得来的信息。这种信息对某一特定问题做深入分析是很可贵的，分析虽不能记头功，但功劳簿上仍要记上一笔的，因为你为全班提供了额外的资源。

9. 案例分析的陈述与表达。完成了上述分析，还有很重要的一步，就是把你的分析变成有利于课堂陈述的形式。学生分析做得颇为出色，可惜不能流畅表达，无法将高见传播得让别人明白。表达与说服他人是一种专门的技巧，它是管理者终身都要提高的技巧。关于这方面的一般要点，在此只想提出三点以供参考：一是要设法把你所说的东西形象化、直观化。例如，能不能把你的发言要点用提纲方式简明而系统地列出来？能不能用一幅“决策树”或“方案权衡四分图”表明备选方案的利弊，使比较与取舍一目了然？能否列表表明其方案的强弱长短？学生为课堂讨论预制挂图、幻灯片或课件应当受到鼓励并提供方便，因为这样可以大大提高讨论的质量和效率。二是可以把你的分析同班上过去分析某一案例时大家都共有的某种经历联系起来，以利用联想与对比，方便大家接受与理解。三是不必事先把想讲的一切细节全写下来，那不但浪费精力，而且到时反不易找到要点，还是列一个提纲为好。要保持灵活，不要把思想约束在一条窄巷里，否则教师或同学有一个简单问题请你澄清，便会使你茫然不知所措。

（三）参与小组学习

以学习小组的形式，组织同学进行讨论和其他集体学习活动，是案例教学中重要的、不可缺少的一环。这是因为，许多复杂案例，没有小组的集体努力，没有组内的相互启发、补充、分工合作、鼓励支持，个人很难分析得好，或者根本就干不了。而且，有些人在全班发言时顾虑甚多，小组中则活跃，充分作出了贡献并得到锻炼。此外，案例学习小组总是高度自治的，尤其在院校的高年级与干部培训班，小组本身的管理能使学生学到很多有用的人际关系技巧与组织能力。

1. 案例学习小组的建立。小组建立的方式对它今后的成败是个重要因素。这种小组应由学生自行酝酿，自愿组合为好，使其成为高度自治的群体。但小组能否成功地发挥应有的作用，取决于下述五个条件：

（1）建组的及时性。这指的是建组的时机问题。据有的院校对上百位管理专业学生所做的调查，搞得好的小组多半是建立得较早的，有些在开学之前就建立了。组建早的好处是，对组员的选择面宽些，组员间多半早就相识，对彼此的能力与态度已有所了解，学习活动起步也早些。

（2）规模的适中性。调查表明：最能满足学习要求的小组规模都不大，一般有 4—6 人，过大和过小都会出现一些额外的问题。小组超过 6 人（调查中发现有的组多达 10 人），首先集体活动时间难安排，不易协调。当然，人数多达 7—8 人的组办得好的也有，但都符合下列条件：一是建组早，彼此又了解在各自工作与学习方面的表现。二是时间、地点安排上矛盾不大，可以解决。三是第 7、8 位组员有某些方面的特长、专门知识或有利条件，还有的是组员们知道有 1—2 位同学确实勤奋，但因某种原因需要特别额外辅导、帮助，再就是有个别组员因某种正当理由（半脱产学习等），事先就说明不可能每会必到，但小组又希望每次学习人数不少于 5—6 人时，就不妨多接纳 1—2 人。

（3）自觉性与责任感。这是指组员们对小组的负责态度与纪律修养，尤其指对预定的集体学习活动不迟到、不缺勤。否则，常有人不打招呼任意缺席，小组的积极作用就不能充分发挥。你可能会问：干脆每组只要2—3人，组小精干，机动灵活，有什么不好？也许确实没什么不好，避免了大组的那些麻烦，但却可能因知识的多样性与经验不足，虽收到取长补短之效，却不能满足优质案例分析的需要，同时，也难营造小组讨论的气氛。而且与大组相比，分工的好处不能充分显现，每人分配的工作量偏多。很明显，小组规模的大小应因课程的不同而异，课程较易，对分析的综合性要求较低，且并不强调与重视小组学习形式的利用，则规模宜小，2—3 人即可；反之，则至少应有 4 人，但增到 6 人以上就得慎重了。

（4）互容性。如果组员间脾气不相投，个性有对立，话不投机，互容性低，就不会有良好的沟通，易生隔阂。调查中就有学生反映，尖子生不见得是好组员，要是大家被他趾高气扬、咄咄逼人的优越感镇住了，就不能畅所欲言。当然，强调互容性并不是认为一团和气就好，不同观点之间的交锋也是有必要的，关键是要保持平和、平等的态度。

（5）互补性。指相互间感到有所短长，需要互助互补。可惜的是，希望组内气氛轻松随和，就自然去选私交较好的朋友人组，以为亲密无间，利于沟通，却忽略了互补性。调查中有人说，我悔不该参加了由清一色密友们组成的学习小组，我们之间在社交场合已结交了很久，相处得一直不错，但却从未一起学习、工作过，结果证明不行，遗憾的是，学习没搞好，友谊也受了影响。这不是说非要拒绝好友参加不可，最好是根据课程性质和对个人特长的了解来建组，以收集思广益之效。

2. 案例学习小组集体活动的管理。根据经验，要建设并维持一个有效能的小组，在管理方面应该注意下列事项：

（1）明确对组员的期望与要求。如果你有幸成为组长，你首先要让大家知道，一个组员究竟该做什么？所以，必须在小组会上从开始就预先向大家交代清楚这些要求：一是小组开会前，每人必须将案例从头到尾读一遍，并做好适当的分析。二是人人尽量每会必到，如与其他活动冲突，小组活动应享受优先。三是要给予每人在小组会上发言的机会，人人都必须有所贡献，不允许有人垄断发言的机会。四是个人做出了有益贡献，应受到组内的尊敬与鼓励，首先让他（或他们）代表小组在全班发言。五是组内若有人屡屡缺席，到会也不做准备，无所作为，毫无贡献，就不能让他分享集体成果，严重的要采取纪律措施直到请他退组。有时小组为了程序方面的琐事（如定开会时间、地点、讨论顺序等）而争吵，或因为性格冲突，话不投机，拂袖而去，甚至为争夺影响与控制权而对立，也是有的。但关键是要看小组是否能出成果，对大家学习是否确有帮助，如时间花了，却没有收获，小组对大家没有凝聚力，各种矛盾就会出现。

（2）建立合理的程序与规则。所谓合理即指有利于出成果。一是要选好会址。这是第一个程序问题，会址除了要尽量照顾大家，使人人方便外，最要紧的是清静无干扰。最好有可以坐和写字的桌椅，能有块小黑板更好。二是要定好开会时间。一经商定，就要使之制度化、正规化。这可以节省每次协调开会或因变化而通知的时间，也不致因未通知到而使有的人错过了出席机会。不但要定好开会时间，也要定好结束时间，这更为要紧。每一案例讨论 2 小时，最多 3 小时就足够了，时间定了，大家就会注意效率。三是要开门见山，有什么说什么，节省时间。四是要早确定和发挥小组领导功能，可以用协商或表决的方式公推出组长，以主持会议和作业分派，也可以轮流执政，使每个人都有机会表现和锻炼组织领导能力。五是要尽早确定每个案例的分工。这种分工是允许的，甚至是受到鼓励的。多数老师允许同小组的同学，在各自书面报告中使用集体搞出的相同图表（报告分析正文必须自己写，不得雷同），有的组为了发扬每个人的特长，把分工固定下来（如某某总是管财务分析等）。但由于案例各不相同，若每次小组会能根据案例具体特点，酌情分工，可能会更有利于出成果。但由谁来分工好，较多情况下是授权组长负责，他得先行一步，早把案例看过，拟出分工方案。六是要在整个学期中，使每个人都有机会承担不同类型的分工，以便弥补弱点与不足。人们的长处常与主要兴趣一致，或是本来主修的专业，或是自己的工作经历等。通常开始总是靠每人发挥所长，才能取得最佳集体成效。但长此以往，人们的弱点依然故我，难有长进。因此，组长得考虑安排适当机会，使每个人在弱项上能得到锻炼。事实上，个人弱项进步了，全组总成绩也水涨船高。好的组长会巧妙地安排不善演算的组员有时也去弄一下数字，而让长于财会的同学适当分析一下敏感的行为与人际关系问题。至少学会在自己的弱项上能提出较好的问题，并观察在这方面擅长的同学是怎么分析的，对已在管理岗位上当领导者的同学更需如此。

(3) 学习小组的改组。有时会发现，由于各种无法控制的原因，小组不能做出富有成效的集体分析，这时可以考虑与另一个较小的组完全或部分合并。后者是指仅在分析特难案例时才合到一起讨论，可先试验几次，再正式合并。较大的组可能体验到相反的情况，指挥不灵，配合不良。这时，可以试行把它进一步分解为两个小组以增加灵活性，不是指彻底分解，而是有分有合，有时分开活动，有时则集中合开全体会议。

(4) 争取实现“精神合作”。从行为学的角度看，小组也像个人那样，要经历若干发展阶段，才会趋于成熟，变成效能高、团结紧密、合作良好的工作单元。但有的小组成长迅速，有的要经历缓慢痛苦的过程，有的永远不能成熟。成长迅速的小组，表面看来没下什么工夫，其实他们为了发展群体，是做出了个人牺牲的。他们注意倾听同伙的意见和批评，仲裁和调解他们中的冲突，互相鼓励与支持、尊重并信任本组的领导。组员只有做出了这种努力，才能使小组完成既定的集体学习任务，满足各位组员个人的心理需要，成为团结高效的集体。这里的心理需要指的是集体的接受、温暖、友谊、合作与帮助。案例学习小组的成熟过程，一般包括五个阶段：一是互相认识；二是确定目标与任务；三是冲突与内部竞争；四是有效的分工合作；五是精神上的合作。小组若是能具备适当的构成条件，又制定出合理的工作程序与规范，就易于较快越过发展的头三个阶段而达到第四个阶段，并有可能发展到最高境界即精神上的合作默契成熟阶段。那时，小组的成果就更多、水平更高、学习兴趣更浓，组员们也就更满意了。

(四) 置身课堂讨论

课堂讨论，对于教师来说是整个案例教学过程的中心环节，对于学生来说则是整个案例学习过程中的高潮与“重头戏”。因为学生在个人及小组的分析准备中所做的工作要靠课堂讨论表现出来，这也是教师对学生整个课程中成绩评定的重要依据。事实上，课堂讨论的表现也决定了随后书面报告质量的高低，并已为大量实践所证明，但不少教师不太重视书面报告评分。

1. 注意聆听他人发言。就是注意倾听别人（教师与同学们）的发言。许多人认为，参加讨论就是自己要很好地发言，这的确很重要，但听好别人的发言也同等重要。课堂讨论是学习的极好机会，而“听”正是讨论中学习的最重要的方式。有人还以为，只有自己“讲”，才是作贡献，殊不知，听也同样是作贡献，听之所以重要，是因为课堂讨论的好坏不仅决定于每一个人的努力，而且也取决于全班的整体表现。集体的分析能力是因全班而定的，它的提高不仅依靠个人经验积累，也要靠全班整体的提高。重要的是要使全班学会自己管理好自己，自己掌握好讨论，不离题万里，陷入歧途。初学案例的班常会发生离题现象，原因就在于许多人从未经过要强制自己听别人发言的训练，只想自己打算讲什么和如何讲，而不注意听别人正在讲什么，并对此做出反应。监控好全班讨论的进程，掌握好讨论的方向，从而履行好你对提高全班讨论能力的职责，这也是重要的贡献。只会讲的学生不见得就是案例讨论中的优等生，抢先发言，频频出击，滔滔不绝，口若悬河，还不如关键时刻三言两语，击中要害，力挽狂澜。如能在每一冷场、一停顿就插话、发言，使得讨论马上又活跃起来，那才可谓是位高手。许多人在讨论刚一开始，总是走神，不是紧张地翻看案例或笔记，就是默诵发言提纲，或沉浸在检查自己发言准备的沉思里。其实，正是一开头教师的开场白和当头一问，以及所选定的第一个回答者的发言最重要，是定方向、搭架子，你得注意听教师说什么，你是否同意教师的观点，有什么补充和评论，并准备做出反应。

2. 具备主动进取精神。前面提到有人总想多讲，但对多数人来说，却不是什么克制自己想讲的冲动问题，而是怎样打破樊篱，消除顾虑，投身到讨论中去的问题。这一点，教师必须尽力做好说服教育工作。就像生活本身那样，案例的课堂讨论可能是很有趣的，也可能是很乏味的；可能使人茅塞顿开，心明眼亮，也可能使人心如乱麻，越来越糊涂；可能收获寥寥，令人泄气，也可能硕果累累，激动人心。不过，追根到底，从一堂案例讨论课里究竟能得到多少教益，还是取决于你自己。为什么？因为案例讨论是铁面无私的，既不会偏袒谁，也不会歧视谁。正如谚语所云：“种瓜得瓜，种豆得豆。”你参加讨论并成为其中佼佼者的能力如何？你在讨论中所取得的收获大小怎样？决定因素是你有没有一种积极参与、主动进取的精神。足球界有句名言：“一次良好的进攻就是最佳的防守。”这话对案例讨论完全适用。反之，最糟糕的情况就是畏缩不前，端坐不语，紧张地等着教师点名叫你发言。这种精神状态，完全是被动的，怎么会有多少收获？你不敢发言，无非怕出了差错，丢了面子。你总想等到万无一失，绝对有把握时再参加讨论。可惜这种机会极为罕见或根本没有。你若有七八成把握就说，那发言的机会就很多。积极参与的精神能使你勇于承担风险，而做好管理工作是不能不承担风险的，这种精神正是优秀管理者最重要的品质之一。指望每次发言都绝无差错，这是不现实的，无论分析推理或提出建议，总难免有错，但这正是学习的一种有效方式。人的知识至少有一部分来自于教训，教师或同学指出你的某项错误，切不要为争面子而强辩，为了满足自己“一贯正确”的感情需要而拒不承认明摆的事实。这正是蹩脚管理者的特征。要知道，案例讨论中说错了，只要诚恳认识，不算成绩不佳、表现不佳；无所作为，一句不讲才是成绩不佳、表现不佳。其实，怕在案例讨论中发言不当，根本谈不上是什么风险。因为即使你讲得不全面、不正确，对你将来的工作、生活、职业生涯与命运，都无损于丝毫，倒是你的分析与决策能力以及口头表达与说服能力得不到锻炼与提高，反会影响你的前途与命运。既然如此，你又何不试一试呢？

（五）记录学习心得

参加案例课堂讨论的过程，是一个学习和锻炼的过程，也是一个积极进行思考从事复杂智力劳动的过程，在这过程中萌发一些心得体会和发现一些自己原来未曾想到的问题是常有的事，这正是在案例学习中已经意识到的点滴形态的收获，为了不使这些收获遗忘或丢失，有必要做好记录。

做心得和发现的记录，要讲究方法。有的同学过于认真，从讨论一开始就从头记录，结果记录一大篇，不知精华之所在，这就是方法不妥。正确的方法是，在认真听的基础上记重点，记新的信息。有的学生采取“事实、概念、通则”一览表的格式，颇有参考价值。这里不妨引一实例以作借鉴：

春季学期：××××年×月××日课堂讨论“兴办新事业”。

事实：①在美国的所有零售业企业中，50%以上营业两年就垮台了。②美国企业的平均寿命是6年。③在经营企业时想花钱去买时间，是根本办不到的。④美国在2000年有235万个食品杂货店。

概念：“空当”，各大公司经营领域之间，总有两不管的空当存在。大公司不屑一顾，小企业却游刃有余，有所作为。例如，给大型电缆制造商生产木质卷轴，就是个空当。

通则：①开创一家企业所需的资源是人、财、物，还有主意。②新企业开创者的基本目标是维持生存。

记录要精确、简明，对素材要有所取舍、选择。在课堂上，主要注意力要放在听和看上，确有重要新发现、新体会，提纲挈领，只记要点。此外，最佳的笔记心得整理时机是在案例讨论结束的当天。

（六）撰写分析报告

管理案例书面分析报告，是整个案例学习过程中的最后一个环节，是教师在结束课堂讨论后，让学生把自己的分析以简明的书面形式呈上来供批阅的一份文字材料，一般由2500字以下，最多不到3000字的正文和若干附图组成。但并不是每门课程所布置的案例都必须撰写书面报告，有些案例教师可能要求只做口头分析就够了。有些报告可能完全布置给个人去单独完成。书面报告是在全班及小组讨论后才完成，本身已包括了集体智慧的成分，是指教师允许同一小组的成员使用小组共同准备的同样图表，但报告正文照例要由个人撰写，禁止互相抄袭。还有的案例教师要求学生在全班讨论前呈交个人书面报告或案例分析提纲。这主要是为了掌握学生的分析水平，也便于在下次全班讨论前进行小结讲评。一般来说，要求写书面报告的案例比起要求口头讨论的案例要长些、复杂些、困难些，也就是教师希望在这些案例的阅读与分析上花的时间和工夫要更多些。其实，在书面报告上下点力气是值得的，书面报告的撰写是一种极有益的学习经历，这是在学习管理专业的整段时期内，在本专业领域检验并锻炼书面表达技巧的极少而又十分宝贵的机会之一。多数学生在如何精确而简洁地把自己的分析转化为书面形式方面，往往都不怎么高明和内行。这种转化确实并非易事，尤其篇幅与字数的限制又很紧，所以花点时间去锻炼提高这种可贵的技巧是必要的。

1. 做好撰写准备与时间安排。写书面报告，先要认真地考虑一下计划，尤其要把时间安排好，这不单指报告本身，要把阅读与个人分析以及小组会议（一般是开两次）统一起来考虑。一般的计划是，在两三天内共抽出12—15小时来完成一篇案例分析报告（包括上述其他环节，但课堂讨论不在内）是较恰当的。如果案例特难，也许总共得花20—25小时以上。但是，如果长达25小时以上，就会使人疲乏而烦躁，洞察力与思维能力会下降。不能满足于抽出整段总的时间，还得仔细划分给每项活动的时间，这种安排是否恰当将影响整个工作和效率。下面是一种典型的时间计划安排，共分六项或六个步骤，分析的作业是一篇较长的、具有相当难度的典型综合性案例，书面报告要求2500字以下，图表最多8幅：

(1) 初读案例并做个人分析：4—5 小时。

(2) 第一次小组会（分析事实与情况，找出问题及组内任务分工安排）：2—3 小时。

(3) 重读案例并完成分析：4—5 小时。

(4) 第二次小组会（交流见解及讨论难点）：2—3 小时。

(5) 着手组织报告撰写（确定关键信息，列出提纲，完成初稿）：5—7 小时。

(6) 修改、重写、定稿、打字、校核：2—3 小时。

上述项活动可分别归入“分析”与“撰写”这两大类活动。根据对 3000 多份案例报告的调查，无论是得分高低，大多数学生花在写稿方面的时间普遍不足，而花在分析上，尤其是小组会上的时间过多。要知道，既然总时数已经限定，则多分析一小时，写稿就少了一小时，而且又多出来一批需要筛选和处理的信息，会加重写稿的工作量，这种连锁反应式的影响，将使一些同学无法细致地利用、消化、吸收他们的分析成果，难以准确表达、陈述、综合归纳成一份有说服力的文件，很难使阅读他们分析报告的人信服和接受他们的见解。

下面是一段典型的对话：

学生：我花了那么多时间，没想到只得到这么点分数！不过，我把自己的报告又读了一遍，是看出不少问题。我怎么在写稿的时候竟然一点没意识到它会这么糟呢？

教师：怎么会没意识到呢？仔细谈谈你是怎么写的？

学生：报告是星期二早上上课时交的，我们小组是上星期五下午开的第一次会，开了好长时间，第二次会是星期一下午开的，会开完已经很晚了。当晚我就动手组织材料，拟提纲，动笔写初稿，搞到凌晨两点多才写完，但来不及推敲修改誊正就交卷了。

很明显，这位同学根本没时间修改，初稿就直接誊正，也没留足够时间消化、吸收和组织好他个人和小组分析的结果。遗憾的是，这种现象十分典型，是经常出现的。有人说：“根本不会有高质量的初稿，只可能有高质量的定稿。”这就是说，要写好分析报告，在报告的构思上得肯花时间，并安排足够时间用在修改和重写上。

2. 书面报告的正确形式与文风。要写好报告，当然要以正确的分析作为基础，问题还在于怎样才能把最好的分析转化为书面报告，由于受篇幅、字数的限制，这就自然引出对文风的要求，那就是简明扼要。写案例报告可不是搞文学创作，不需要任何花哨的堆砌修饰，但要做到一针见血，开门见山，却非易事。不许你多于2500字，你就只能把代表你分析的精髓的那一两点关键信息说出来，并给予有力的辩护和支持。

一般来说，2500字加图表的一份报告，教师评改得花15—20分钟，一位老师通常每班带50位学生，每一班他就要批阅50份报告，每份20分钟，就要花17小时才批得完，若同时教两班，每班平均每周两次案例作业……算算就知道，一份报告最多能占20分钟，所以，一定要干净利落，把你的主要见解及分析论据写得一目了然。手头有了分析与讨论所得的大量素材，可别忙于动笔，要先花点时间好好想想，怎样才能有效而清晰地把你的意见表达出来，到这一步为止，你就已经花了不少时间在案例阅读、分析和讨论上。一般是按照自己分析时的思路，一步步地把报告写出来，可是，教师和读者要知道的是你分析的结果，所以你的报告若不以你的分析为起点，而是以分析的终点入手，会显得明智得多。试考虑一下，能不能用一句话概括出你所做的分析的主要成果和精华所在？这应该成为报告的主体，并应在几段中就明确陈述出来，报告的其余部分，则可用来说明三方面的内容：一是为什么选中这一点来作为主要信息。二是没选中的其他方案是什么及其未能入选的理由。三是支持你的表现及其所建议方案的证据。慎重的方法是，把报告剩下这部分中的每一段落，都先以提纲的形式各列出一条关键信息来，最好每一段落只涉及一条重要信息，一个段落若超过700个字，就一定包含有几条不同见解，这会使读者抓不到要领。报告定稿后，正式打字前，最好要自己读一遍，以便发现问题，及时修改，打字后还应校阅一遍，看有无错别字和漏句、漏字等。老师批阅发回报告后要重读一遍，记下写作方面的问题，以免下次再犯。

3. 图表的准备。把数据以图表方式恰当地安排与表达出来，有效地介绍出你的许多支持性论证，但一定要使图表与正文融为一体，配合无间，让读者能看出图表的作用，还要使每张图能独立存在，即使不参阅正文，也看得懂，每幅图表应有明确标题，正文中要交代每幅图表的主要内容，图表应按报告正文中相应的顺序来编号。

四 管理案例教学范例

（一）管理案例讨论提纲实例

案例：中日合资洁丽日用化工公司

十几年前，洁丽公司与日本丽斯公司技术合作，向国内引进该公司丽斯品牌的化妆品，双方各投资40%，另有20%由建厂当地乡镇的个体户出资建成。日本丽斯品牌在日本不出名，由于中国当时改革开放不久，日用化工和化妆品缺乏，大家也不在乎名牌。十几年来，合资生产的丽斯牌化妆品，在江南一带颇具知名度，有数百个专柜遍布城乡各地的小百货商店，并有几百位化妆师（销售与推广）和美容店。近两三年来，由于人们消费水平提高的缘故，以及不少欧美品牌进入中国市场，丽斯牌化妆品在人们心目中的地位下降，销路萎缩，此时那几个占20%份额的小股东希望让出股份、撤资。假使你是洁丽公司的负责人，你有哪些应对策略和方案？

中日合资洁丽日用化工公司案例课堂讨论提纲

1. 有三种可能的方案

(1) 品牌重新定位。

(2) 收购散户小股东的股份，使洁丽公司控股超过50%，然后找一流的厂商技术合作或代理一流产品。

(3) 寻找机会，脱售持股。

2. 方案分析

方案1：

利：可利用原来已建立的销售渠道、服务人员以及与经销商的良好关系、化妆品本身的价值、较难衡量的较高附加值，重新定位锁住目标市场。

弊：因为市场变化快，进口关税逐渐降低，会使整个企业转型有较高的风险。

方案2：

利：可利用原有的销售渠道与服务人员，除可重新定位外，还可与其他知名品牌厂商合作，进入其他市场；控股权扩大，经营方式较有弹性。

弊：投资金额较大；日方态度不易掌握。

方案3：

利：避免激烈竞争，可将资金转做他用。

弊：原有的渠道和人员、队伍全部放弃相当可惜。

3. 建议：采用方案2，接受小股东的退股建议。

本题的关键点是：想要放弃原有的市场或产品，而进入全新的陌生领域，只想创造新产品，放弃原有产品有改善的可能，都可能使事业受到更大的损伤。

但是，产品创新或多角化经营，也有可能为公司创造更好的将来，成败的关键在于信息的收集是否齐全、利弊评估是否准确。

（二）管理案例分析报告实例

案例：威廉美食苑的创业

赵威大学毕业后，没有去政府分配的工作单位上班，而在省城里的一家肯德基快餐店当上了副经理，原来他在大学四年级时，曾利用假期和社会实践的机会在肯德基店里打过工，这次是他第一次告诉家里，没想到当乡镇企业经理的父亲还是理解他的，一年后他很快升为经理，再后来又升为地区督导等职。最近，他发现省城商业街有一店面要出售，这个地点位于商业闹市区附近的主要街道，交通流量大，写字楼也很多。赵威认为，这是一个很难得的快餐店地点，于是他决心自己创业。这是他由来已久的事业生涯规划，并与父亲商量请求财务支持，声明是借贷的，日后一定归还。家里表示可以支持他，但要求他认真规划，不要盲目蛮干，多几个方案才好，有备无患。

赵威自己创业的愿景是一个属于自己独立经营的快餐连锁店，它不是肯德基、麦当劳或其他快餐店的加盟连锁店。他很顺利地注册，资金到位也很快，房子的产权也办理了过户手续。不久，赵威很快就发现成立自己的店和当初在肯德基看到人家成立连锁店有很大的不同，他必须自己动手，从无到有地办理任何事情。比如，要亲自参与店面装潢设计及摆设布置，自己设计菜单与口味，寻找供货商，面试挑选雇用员工、自己开发作业流程，以及操作系统管理。他觉得需要找来在工商管理专业学习的同学好友帮忙一起创业，假如赵威选择的就是你。请你帮他搞一个创业的战略规划，试试看。

以下是摘要分析报告内容的主要部分：

创业的战略规划分以下五个步骤：①设定目标。②界定经营使命、愿景与经营范围。③进行内在资源分析。④进行外在环境分析。⑤可行性方案。

于是针对这五个步骤，分别说明：

1. 设定新目标。①提供更符合消费者口味、适度差异化的食品；②满足不喜欢西方快餐口味的顾客为最重要的目标。

2. 界定经营使命、愿景与经营范围。①提供消费者不同于西式文化、新的健康饮食概念。②提供融合中国人饮食口味与西式餐饮风格的新快餐。③塑造洁净、便利、快速、舒适、健康的企业形象。

3. 进行内在资源分析。可以就人力、财力等方面进行强弱势分析。

(1) 相对优势方面。①曾经在著名的西式快餐店工作，有相当的经验，对于西式快餐店的经营模式、生产方式及管理方法都有相当的了解。②经营的地点有很大的交通流量，是一个理想的快餐店设立地点。③财务有来自于家庭的支持。

(2) 相对弱势方面。①对于菜单的设计、分析消费者对于快餐的需求、生产流程规划，可能无法有相对的经验与优势。②在原料供货商方面，也无法像大型竞争者那样节省大量的进货成本。

4. 外在环境分析。

(1) 在威胁方面有以下方面要考虑：①在竞争者方面，目前市场中的主要竞争者众多。②就替代品方面，快餐产品也纷纷进驻便利商店，如烤香肠等。③就整体市场而言，传统的快餐产品竞争者众多，他们所提供的产品，同构性也很高，他们之间的竞争优势，多是建构在附加服务或是媒体的塑造，所以对于非连锁性的自创性商店，可能无法在广告上与其相抗衡。④就垂直整合程度与经济规模而言，这些竞争者的连锁店众多，也因此他们在原料的进货上可以借助量大而压低成本，在媒体广告上，更可以收到较大的效果。再者，这些竞争者也不断借助媒体塑造，有些快餐店在假日已经成为家庭休闲或是举办聚会的场所，这种社区关系的维系，也是新进入者需要考量的。⑤在竞争手段方面，由于这些竞争者的市场占有率高，也因此会和其他商品进行联合营销，如麦当劳在电影《泰山》上映时，同步推出玩偶，更吸引许多只为喜好赠品而来店消费的顾客，如此更加提高他们的竞争优势。

(2) 在相对机会方面。①由于快餐文化追求效率，使得他们在产品上无法做到顾客饮食差异化的满足。②就产品的广度与深度而言，这是目前竞争者较为缺乏的，不过，要达较佳广度与深度的境遇，可能与快餐追求快速有所抵触，这是一个值得考虑之处。③目前竞争者喜好推出的套餐组合，对于某些食品并不可以替换，例如，不喜欢吃薯条的人就不能要求换等值的产品，这是一个在无法提供大众差异化口味产品的前提下，另一种借助消费者产品组合满足需求的一种方法。④国内目前对于健康的重视，而西式的快餐又具有常被以为热量太高、被称为垃圾食物等问题，这也是一个在从事新式快餐店设立时确定产品种类的考量点。

5. 可行性方案。由以上的分析可以知道，自行创业从事快餐店，可能会遭遇的最大困难就是缺乏广告效果以及无法在生产原料上有规模成本的优势。

但是，可以从产品的差异化来满足顾客的需求，于是可以提出下列几个可行性方案：

(1) 发展中式口味，但又能兼顾生产效率的产品，如米食。

(2) 借助大量顾客差异化的观点，提供较能满足顾客差异化需求的产品。

(3) 提供顾客在产品套餐选择时有较大的自主性。

(4) 先建立地区性的口碑，再从事跨区域经营。

(5) 提供健康食品的概念，如可以卖素食、蔬果类素食以及有机饮料。

(6) 不要放弃西式快餐店的经营模式，如整洁的饮食环境、明亮舒适的饮食空间、亲切充满活力的店员，但要导入中式口味、健康概念的食品。

(7) 以食物作为竞争差异化优势，也就是强化食品的健康性、快速性，以及符合中国人的饮食口味。

由于这种产品的差异化，在快餐产业中，推介中式口味、健康概念的新快餐或许是一个缺乏媒体广告与附加商品支持的快餐创业者可以走的方向。

(三) 学生案例分析实录

以下学生案例分析实录选自梅子惠主编的《现代企业管理案例分析教程》(武汉理工大学出版社2006年版)，现转录于此供参考。

蔡×同学的案例分析

1. 实例选择统计表

学生姓名：蔡×　　指导教师：方××

实例命名：选能干的，还是选会说的

实例表述：

C集团是欧洲著名连锁超市集团，在某市筹建一家超市时，需要招聘超市工程部经理，在众多应聘者之中，有两位比较突出，其如下：

马卫达，27岁，机械制造大专毕业4年，大专后进入某中法合资汽车厂设备动力部，任助理工程师，一直从事汽车制造设备配件的采购工作，在业余时间自学取得科技英语专业本科毕业证1年。英语口语流利。余海宏，33岁，设备管理专业本科毕业，22岁毕业后到武汉一家大型百货商场任中央空调操作班长、配电设备主管、已任工程部经理3年，熟悉大型百货商场的配电、照明、动力、通风空调等设备的运行维护管理，自己机械维修的动手能力也很强，但英语口语不行。

在由店长法国人罗伯特主持的面试中，马卫达直接用英语回答了罗伯特的提问，并用流利的英语陈述了超市工程部的工作设想。余海宏在面试时，由于超市的翻译不熟悉设备管理的专业词汇，他对面试问题的回答没能准确地翻译给罗伯特，罗伯特给他分数远远低于给马卫达的。在店长坚持下决定录用马卫达为工程部经理。三个月后，德国 M 集团也在该市开了一家超市，余海宏成功应聘上了工程部经理的职务。

一年多后的 8 月份，由于中央空调操作工辞职，临时招聘不到操作工，马卫达自己亲自操作机器，由于他不熟悉操作规程，使中央空调超负荷运行，导致空调电机烧毁，给超市造成设备直接损失 10 万余元，这次事故使超市室内温度超过 36℃达一周之久，给超市营业收入和声誉带来重大的损失。

根据市商业管理委员会的统计，余海宏所在的 M 集团超市的各项设备经济技术指标如单位面积用电量、设备维护费等大大优于马卫达所在的超市。

《人力资源管理》和《跨国公司的人力资源管理》。

2. 案例分析

正确把握岗位能力要求，避免招聘失误

从案例中的情况来看有以下几点是 C 集团武汉超市工程部经理招聘甄选失败的主要原因。

(1) 母公司的岗位能力要求不能照搬到子公司

虽然一个跨国公司旗下的连锁超市的经营方式、组织结构、职位设置几乎完全相同，但由于所在国政府法规、供应商特点、客户需求等内外经营环境不同，其设置的职务名称虽然一样，但其工作内容可能差异很大。同样是超市工程部经理，在法国店里手下只管两个人，主要工作是选择设备维修服务商、配件供应商，监督服务的质量、进度和工作安全等，不必自己动手操作设备。在中国，由于设备运行维修服务市场还不成熟，缺少优秀的设备管理服务公司为超市提供全方位的运行和维修服务，再加上中国劳动力便宜，设备服务外包的成本远远高于自己组建一支队伍，进行自我服务。因此同样面积的超市，中国店的工程部人员比法国多得多，工程部经理的工作内容也因此相差很大。拿法国店工程部经理的甄选标准来招聘中国店的经理，显然是错误的。店长罗伯特以前在法国店当过工程部经理，以法国店的要求来衡量中国的应聘者，按这个要求马卫达是合格的。但中国的情况不一样，中国店的工程部经理不仅要善于跟供应商打交道，还要熟悉超市的各种设备的性能，基本掌握操作和维修技术，既要当好指挥员，必要的时候还要能亲自动手操作维修机器，当好战斗员。

外籍主试人应该克服语言障碍客观地对应聘者进行评价。

在面试时语言的交流是否通畅影响到主试者的判断，壳牌石油公司的经验是：

“对沟通能力的评价已经降低。”“理论上讲，沟通技巧是评价候选人的一项很好的指标，但实际上，如果应聘者的英语不流利，而面试人又不会说当地话，应聘者的得分肯定低于其应得分数。”因此当马卫达能不通过翻译用英语与罗伯特良好的沟通时，由于晕轮效应的影响，他参加工作时间不长，没有商场设备运行维修管理经验，机械专业的学历是大专，技术职称只是助理工程师等缺点被显得不那么重要了。但工程部经理这一职务对这些技能的要求是客观存在的，如果不具备这些技能，工作绩效肯定不高，从这一点来说，后来出现设备事故也是迟早的事。相反余海宏由于英语口语能力不强，需要通过翻译回答罗伯特的问题，翻译词不达意，使具有决定权的罗伯特认为他不行，其实是他口语能力不强的缺点掩盖了他具有多年商场设备管理经验、本科毕业、专业对口、有工程师职称等与马卫达相比的优势。

（2）不同的职位对外语能力的要求应该不一样

超市中各职位对外语能力的要求应该是不一样的。这一点一般外企都对不同级别的人外语水平要求不同，如对收银员外语要求肯定是比财务经理低，但同级别的中高层的管理人员对外语的要求也应该不同。需要经常与外籍经理和总部进行沟通的人外语要求高一些，如店长秘书、财务部经理等。不同职位对外语听、说、读、写能力要求的侧重点也应该不同，店长秘书的英语口语能力的要求肯定比工程部经理要高。当然在案例中，如果余海宏是一个全才，英语水平与马卫达一样，罗伯特也会选他不会选马卫达。但全才的工作选择余地大，对薪酬的要求高，雇用他们企业所付出的工资会比专业技能强，外语水平不高的人多得多，而且还不见得找得到这种人。因此必须对每一个职务进行科学的工作分析，依据不同职位对外语能力、技术技能、组织指挥能力、学习创新能力的不同侧重要求，得出对各种能力要求层次不同的招聘甄选标准，依照这样的标准才不会选错人。

跨国公司管理人员本地化是一个大趋势，在这个进程中，我们必须按照人力资源管理的客观规律认真做好工作分析，制定科学的招聘甄选标准，努力克服语言交流造成的评价偏差，让本地人在招聘过程中拥有更多的决定权，只有这样才能顺利完成本地化的战略目标。

3. 案例分析见解口头表述评估表

案例分析见解口头表述评估表

考核项目 \ 档次	好（20分）	中（15分）	差（10分）
案例是否清楚	清楚	较清楚	不清楚
	√		
研究角度是否正确	正确	较正确	不正确
		√	
分析是否新颖	新颖	较有新颖性	无新颖性
		√	
建议是否合理	可行	基本可行	不可行
		√	
表达能力鉴定	√		
定量分析合计	85		

4. 评语

本地化是许多跨国公司的重要战略。随着生产、研发、销售、采购本地化的推进，人力资源本地化变得越来越迫切。在执行层和管理层，本地人才完全能够达到职位要求，其本地化程度比决策层的高级管理职位高得多。招聘甄选这些员工的标准是与母公司所在国一样呢？还是应该根据子公司的实际情况，重新进行工作分析编写出新的职务说明书，按其要求招聘甄选？对员工外语能力的要求应该根据不同职务工作内容的不同有所不同，不能用一个标准来要求。外籍主试人应该尽量克服语言障碍客观地对应聘者进行评价。派往子公司的高级管理人员中，能使用驻在国语言和熟悉其文化特征的人，可以更好地执行人力资源本地化的战略。

实例叙述得清楚、简洁、完整，这是正确展开案例分析的前提和基础，本实例分析的成功之处在于，能从外资超市管理的实际事例中，发现跨国公司人力资源管理这一伴随着我国改革开放程度的提高出现的新问题，并对人力资源本土化中最关键的环节——招聘中出现的问题进行了比较深入的分析。在分析中应用的理论依据正确，提出的建议具有可行性。

从上可以看出，该生能够运用所学管理理论知识分析和解决实际问题。

仅此。

指导教师：方××

××××年×月×日

(四) 哈佛案例教学实录

其一，哈佛拍“案”惊奇。以下是哈佛大学公共管理硕士孙玉红女士在其译著《直面危机：世界经典案例剖析》一书中有关哈佛案例教学的文章，希望对读者有所启发。

提起哈佛商学院，人们自然想起案例教学。

案例教学（Case Study）是哈佛教学的一大特色。不管是商学院、法学院，还是肯尼迪政府学院。对于商学院来说，所有课程，只用案例教学，全世界独此一家，可以说是很极端的。包括“公司财务”等看起来技术性很强，似乎不存在多大讨论余地的课，也用案例教学。为什么？

我们常说，学以致用。对于 MBA 和 MPA 来说，教学目的很明确。他们培养的学生不是搞研究的，而是解决问题的。在哈佛培养的是一种解决问题的思维方法，不是对一个理论有多深的研究（那是博士要做的事），而是做决定的水平。

虽然对于案例教学我并不陌生（我 1999 年写的《风雨爱多》被国内一些大学 MBA 用做教学案例，而正在应哈佛商学院之邀修改应用），但是对于只用案例教学我一直心存疑惑。

“如果我对一些课程基本知识都不懂怎么办呢？”有一天，我问一位教授。他说：“有两种可能：第一种是我们招错了人，第二种是该读的书你没有读。”

半年下来，我才明白了其中的含义。第一，两个学院招生基本要求有4—5年以上的工作经验；对肯尼迪学院高级班学员来说，要求有 10 年左右工作经验。所以，不大可能对一个领域完全不懂。第二，更重要的是，2 小时的课堂时间，课余平均要花 8—10 小时的时间进行准备。包括阅读案例、建议阅读的书和材料。如果有困难，助教随时恭候，教授有固定的工作时间。你可以预约请教。这种设计的前提是你有足够的能力自学一门知识。课堂只是讨论它的应用问题。这既是对学生自学能力的挑战，也是一种锻炼。联想到为什么像麦肯锡这样的咨询公司喜欢哈佛商学院的人，是因为学生有这种能力与自信，面对陌生的行业和比自己大几十岁的客户，敢于高价出售自己的看法。想象一下郭士纳 23 岁离开哈佛商学院时那种自信的感觉。

还有一个妙处是最大限度地利用学生的时间和能力。将所有该学的知识部分压缩到课堂以外，难怪哈佛学生要自学的第一门课是“求生本领”。

哈佛所有的案例几乎全为自行撰写，均取自真实发生的事，姓名、地点偶尔做些改动。案例要经该公司认可，保证所有数字和细节的真实性。MPA 的案例有一半是肯尼迪政府学院自己编写的，有一半是商学院的。均明确注明，版权保护，不得随便使用。当然，这些案例也对外公开，用于教学的价格是一个学生一次性5美元。也就是说，如果有100个学生在课堂上使用这个案例的话，你需要付500美元的版权费。

案例有长有短，长的30—40页，像南美某国的财政危机；短的只有一页纸。我印象最深的是公共管理第一堂课的案例，短小精悍型，题目是：宪法应该被修改吗？(Should the Constitution be amended?)

事情是这样的：参议员胡安遇到了他政治生涯中最令他头疼的事：他要在24小时之内做出决定，是否投票赞成修改宪法。12年前，该国人民推翻了军人独裁统治，并颁布了宪法。宪法规定总统一届6年，不得连任。现在该国总统弗洛里斯已经干了5年，并且在这5年中使国家经济取得了巨大成就，深受人民爱戴。要求修改宪法，使总统连任的呼声很高。胡安本人是不赞成修改宪法的，因为他知道民主政治在本国还很脆弱。但是面对民意调查多数人支持的结果，面对他自己明年也要进行连任竞选。如果你是他，你该做出什么决定？

在这个案例中，描述了一个两难的困境，需要胡安做决定。没有分析，只有事实。如果你是胡安，你会怎么做？

班上50多位同学，职业各异，信仰各异，知识结构各异。有的本身就是参议员、外交官，有的是效益至上的跨国企业的首席执行官，有的是社会观察者。有的深信民主政治体制，有的心存怀疑。一开始就分成两派，争论不休。支持修改宪法的基本观点是，既然现任总统受人民欢迎就应该支持他干下去，换新总统对国家的风险很大，支持胡安同意修改宪法的理由被汇总成1、2、3、4、5写在黑板上；反对总统连任的观点认为，随意变动国家体制对国家未来的风险更大。理由也被汇总，写在黑板上，1、2、3、4、5。有的说决策所需要的资料不全，无法做出决定。最后大家等着教授总结，给出答案。教授说："你们已有了自己的答案。没有做出决定的同学需要立即做决定：下课！"

大家面面相觑。到哈佛是学什么来了？数星期之后，终于理清了案例教学法的基本思路：

分析案例围绕着四个方面的问题：

(1) 问题是什么？

(2) 要做出什么决定？

(3) 有什么可行方案（所有的）？

(4) 现在要采取的行动是什么？

通过案例教学，训练一种系统的思考问题的方法和采取行动的决心和勇气。它的价值在于：

(1) 领导就是做决定。案例取自真实生活的片断，通常是让决策者处于一种两难的困境。这是所有领导者经常面临的困境：没有绝对的对与错，没有人告诉你答案。案例教学的目的，就是让参与者置身于决策者的角色中，面对大量的信息，区分重要和次要，做出自己的决定。案例教学没有正确答案。

(2) 领导在于采取行动。案例不只是研究问题，是在分析的基础上采取行动。一切分析是行动的向导。在案例教学中，你就是参议员，你就是企业的技术主管，你就是阿根廷的总统，你就是主角。这是案例教学与传统教学的最大不同。

(3) 找出所有的可能性。所有人的积极参与，可以让你惊讶于这么多不同的选择。每个人想两个方案，50 个人就有 100 个方案。其中许多是你从来没想到的，或者从来不敢去想的。你能从同学那里学到很多，你能否从中收获，取决于你的参与程度。提出自己的观点，支持它；倾听别人的观点，评价它；敞开思想，随时准备改变自己的观点；做决定，避免模棱两可。

案例教学并不神秘，为什么哈佛案例独行天下？我想原因有几个：

第一，哈佛案例均为自行采写。哈佛的资源使它可以拥有全世界最有价值的案例，从南美国家改革的真实数字到跨国公司的财务情况，从中国北京旧城改造的难题到《华盛顿邮报》的家族危机，均拥有第一手材料。学生经常需要为跨国公司，为一个国家的大事做决定，不知是否在无形中培养了他们做大事的感觉和准备？

第二，凭借哈佛的名声，可以请到总统、总裁们到课堂上亲自“主理”。到哈佛商学院演讲的总裁们通常会出现在一节相关的案例课上。在肯尼迪学院，我记得在学宏观经济学的时候，美国农业部部长专门来讲过美国农产品出口问题；学演讲沟通的时候，不仅有好莱坞演技派明星专门来过，还有四届美国总统顾问亲自上课……这些都是哈佛案例的附加价值。

第三，哈佛拥有最好的学生。他们的观点、他们的眼界，常常使你受益最多。

第四，哈佛案例教学并不仅仅是就案例论案例，一个案例课过后，通常会开出一个书单，从这些书中你会找到分析此案例可能需要的理论支持，掌握一套科学的思考方式，建筑你自己的思考习惯。

写到这里，我已经在担心哈佛要起诉我侵犯知识产权了。但是，好在你我都知道：哈佛是无法复制的。如果你想了解更多，欢迎你到哈佛来。

其二，哈佛案例教学经历自述。

……第二天所用的案例，是我们在哈佛商学院要用的总共大约800个案例中的第一个，正躺在我的书桌上等着我去阅读、分析和讨论，我看了一眼题目："美国电报电话公司和墨西哥"，内容并不太长，大约有15页，实际上内容之长短并不很重要，因为哈佛商学院教学案例的挑战性不在于阅读过程之中，而在于准备在课堂上就案例发表自己的见解。在课堂上，每个案例是通过以教授和全班同学对话讨论的形式来完成的，学生们必须在课前阅读和分析每个案例，在课堂讨论时说出自己对案例的分析和看法，课堂讨论的进程由教授掌握，使全班同学的想法达到某种程度的一致，或者至少得出案例本身所能阐明的几个结论。

我拿起案例资料开始阅读，内容引人入胜，我不知不觉地就读完了，中心议题是美国电报电话公司的一位经理要决定是否在墨西哥建立一个答录机生产厂。该案例所涉及的伦理问题包括：使一些美国人失去工作机会；剥削第三世界廉价劳动力；在一个充满贿赂和腐败的环境中如何定义行为的适当性。我认为前两项不成问题，在第三世界国家投资建厂，给那儿的工人提供比当地平均水平较高的工资和较好的工作条件没有什么不对。只是对第三点，即如何应付当地的腐败的做法，我没有清楚的具体想法。

我又将案例资料阅读了两遍，并在旁边空白处及白纸上做了详细的笔记，花费大约半个小时考虑所附的三个思考题。有一个问题是这样的：该经理选择在墨西哥建厂，他应该就工资水平、工人福利、废料管理、童工问题、雇用工人时性别上的要求以及贿赂问题做出什么样的决定？这使我忽然想到一个问题：如果教授让我做开场发言怎么办？尽管可能性并不大，精确地讲被叫的概率是1/92，但是我并没有冒险的心情，我早就听说过被叫起做开场发言是商学院生活中带有传奇色彩的一个事实。如果说毕业后能拿到高薪工作的前景是吸引数千名学生在商学院拼搏两年的胡萝卜，那么被教授选做开场发言的潜在威胁就是那大棒。有人告诉我，大部分课是由任课教授叫起一名同学做开场发言而开始的，这位同学要做5—10分钟的发言，总结案例中的几个要点，为理解案例提供一个分析框架，还要为解决案例所描述的问题提出行动方案。

接下来，他可能不得不对其他同学对他发言的指责进行反驳。他发言得分的情况在很大程度上取决于其他同学的反应。我想起两种对付被教授叫起发言的方法：一是每天晚上都认真准备每个案例；二是偶尔认真准备一下，抱着侥幸的心理，希望教授不叫到自己。鉴于是第一堂课，我决定认真准备，制定一个详细的发言提纲，半小时后我才将提纲列出，准备输入电脑。

学习小组在哈佛商学院也是一个很重要的传统。学习小组的成员通常是在深夜或者早晨上课前的时间聚在一起进行讨论。在这种讨论会上大家互相启发，确保案例中的要点不被遗漏，并且可以在一个比较安全的环境中发表自己的见解。参加过学习小组讨论，大家对于明天的案例做了几乎过于充分的准备。第二天，走进教室，环顾四周，发现每个人的座位前都摆放着一个白色姓名卡，整个教室看起来像联合国的一间大会议室。

8点30分整，我们的教授迈进教室，他站在教室前部的中央，扫视了一眼，全场鸦雀无声，突然他吼叫道："让冒险历程开始吧！从今天起我们有许多事情要干，但在我们开始之前，我要求在座诸君为自己热烈鼓掌，因为你们大家都做了十分出色的事情，今天才能坐在这里，你们应该得到鼓掌欢迎！"这句话打破了大家的沉默，教室响起了雷鸣般的掌声。

教授接着向我们介绍了他的背景、课程的有关情况以及哈佛商学院的一些情况，他风度极佳，讲话极富感染力，然后，他开始谈论我们的情况，时而引用一些同学们填写在调查问卷上的内容。"你们中有一名同学，"他说道，"在调查问卷上写了一句妙语，现在我愿意与在座各位一同欣赏它。"他开始引用原话："我喜欢挑战、成长和激励。"他一边说一边迈步登上台阶，走向"警示线"。"请推动我——"教授做了一个戏剧性的停顿，才接着说道："使我发挥自己最大的潜力。"他停在一位坐在"警示线"中间的同学面前，"克拉克先生，"教授问道，"MBA生涯中第一堂课由你做开场发言算不算是一个足够的挑战?"可怜的克拉克同学几乎要昏过去了，此时大家哄堂大笑。教授的讲话完美无缺，就像CBS电视台大腕主持人大卫·莱特曼主持晚间电视节目一样，真是棒极了。

克拉克努力使自己镇静下来，结果做出一个很不错的案例分析发言。他得出的结论是：在墨西哥建厂是正确的，条件是美国电报电话公司要确保那些墨西哥工人的工作条件和该公司在美国的工厂工作情况大体一致。教授对他的模范发言表示感谢，然后问大家有什么要补充。至少有7名同学举起手，争先恐后地要求发言。两位同学曾告诉我，一旦开场发言结束，当那个做开场发言的同学在角落里颤抖的时候，其他同学争夺发言机会的战斗就开始了。不管发言内容是多么中肯贴切或者是纯粹的迂腐空话，只要发言就能得到课堂参与分。尽管教授一再言明课堂参与分不是根据发言次数而定，每个人仍然是极力争取尽可能多的课堂发言机会，以使自己能在同伴中脱颖而出。

同学们争夺课堂发言机会的表现因人而异。有的人审时度势，制定了一套什么时候发言、怎样发言以及发言频度的策略。有的人在发言时首先肯定其他同学的正确见解，然后指出不足，提出自己的意见。有的人采取“鲨鱼战术”，如果有同学的发言不妥或显得可笑，他就唇枪舌剑，将对方批驳得体无完肤，用打击别人的方法来为自己得分。最终，每位同学的名誉和彼此之间的关系将在很大程度上取决于课堂讨论时的表现，问题的关键是课堂参与情况在每门功课的最后得分中占多达50%的比例。

教授对几个关键问题讨论的进展把握得游刃有余。这个案例产生不一致的原因相对较少，在墨西哥建厂实际上对美国人的工作并不构成威胁，它能给所在国带来的好处也是不言自明的，唯一产生争执之处是当地的腐败问题。一个拉美同学说：“当地腐败盛行，如果公司想在当地建厂，就不得不入乡随俗。”另一名同学援引《国外腐败行为法案》说：“如果公司在当地有任何失检行为，它将在美国陷入麻烦。”这个问题把同学分为两个阵营：实用主义者认为，小规模的行贿是可以接受的，只要通过它能实现建厂的目的；理想主义者认为，任何行贿行为都是不可忍受的；还有几个人从实用主义角度支持理想主义者，认为一旦有向当地官员行贿的行为，那么将来就面临更多被敲诈的可能。

课堂讨论一直持续了将近4个小时，每个人都发过言，我本人持实用主义和理想主义相结合的态度，做了几次不太重要的发言。最后，教授通过告诉我们实际发生的事情结束了当天的案例分析。美国电报电话公司在墨西哥建一个厂，极大地推动了当地经济的发展，向所有有关当地官员表明了该工厂绝对不会行贿的立场。这一原则得到坚持，腐败问题从来也没有成为一个问题。教授最后说，我们大家做得很好，我们用鼓掌的方式结束了第一堂伦理课，并且大家对第一个做开场发言的同学也表示了祝贺。

其三，哈佛商学院案例课堂讨论实录。下面是哈佛商学院的一次案例课堂讨论课的写实，内容是关于新日本制铁公司面临的人力资源管理问题。

戴着一副深度眼镜的乔克第一个被教授叫起来发言：“我不清楚这里的问题究竟是什么。看起来很明显是新日铁公司无力将员工的退休年龄从55岁延长到60岁，但这是日本政府已经宣布在全国企业中推行的，而且工会也要求公司这么做。”

以定量分析擅长的乔克在这次有关人力资源管理的案例课堂讨论中，说了这样一句话作为开场白。他接着说：“根据我的计算，由于钢铁市场需求减少，这家公司已经有3000名富余员工，这些人占了员工总数的10%。这种局面正在吞噬着企业的盈利。如果延长员工的退休年龄，那么，公司在今后五年时间内，还要承担7000多名富余人员。”

刹那间，所有的人都沉默了。要是在往常，“开局者”总会受到许多人的围攻，他们都试图对其逻辑中的漏洞予以曝光。而领头发言的学生，常常畏畏缩缩地回到座位上等待着一场哄堂大笑。接着，教授请第二个学生起来，对这个问题增加一些定性的分析。

“我们应该回顾一下过去，在做出草率判断之前，应该先考察一下这种情况的动态变化过程。首先，我们要看一看当时做出这项决策的条件。国际市场对日本钢铁的需求一般很大，只是在过去的两年时间里才开始减少。在这种环境下，新日本制铁公司采取了降低劳动力成本的经营战略，所以使它成为世界钢铁生产的领先者。这个战略的具体实施办法就是，当旧的工作岗位被撤销后，公司把现有的工人调换到新工作岗位上去，这样就同时解决了辞退和新招工人的矛盾，而且没有花太大的代价。

另外，社会上普遍认为这家公司有一个开明的雇主。这种认识对行业的发展很重要。因为这是一个重群体甚于个体的社会。尽管日本政府现在开始减少干预，但在历史上，政府一直在资助这家公司和钢铁行业的发展。劳资关系一直很融洽，工人们没有进行过罢工，但却得到了较好的福利。日本银行也一直与这家公司密切合作，银行实际上给该公司的经营提供了100%的资金。现在的退休年龄虽说是55岁，但人的寿命在不断延长，工人们已经不能再接受这么早就退休的现实了。

我们再看看公司目前的人力资源政策。这些政策适用于钢铁行业的环境，并且相互之间妥当配合，与社会价值观保持一致。有许多利益群体牵涉进来，他们参与子公司的决策。管理人员希望与劳动者保持和平共处，同时也希望能减少劳动力规模，并且对钢铁行业中出现的衰退现象进行负责任的管理，以便维持在本行业中的领先地位和取得长期的利润。管理人员和工人们与工会紧密联手，共同建造对各方都有利的工作环境。管理人员总是将决策问题摆在员工面前，而且向他们提供所有有关的材料，决策过程还是相当透明的。

工会希望把退休的年龄延长到60岁，同时希望避免罢工和维持一个全面有效的人力资源计划。工会领导者还希望继续保持他们的中立立场，以便工人们既得到应有的福利，又不致发生罢工现象。

工人们通过自主管理小组，对企业中各项工作如何开展，具有相当程度的发言权。他们希望保持他们的工作，并有一个良好的工作条件，同时也希望延长退休年龄。

政府也希望延长退休年龄，这样做的好处是可以减少社会的福利保障。政府还认为，钢铁是日本工业发展的一大关键行业。

公司人力资源流动方面的政策和程序。到目前为止，也还适应环境条件的要求。比如说公司实行了员工终身雇用制。这项对员工的投资，使得这家公司可以实行缓慢的晋升政策。这种缓慢的晋升与强有力的培训和发展机会相配合，才确保了在组织的各个层次中，有知识的人都能够轻易地在水平方向上移动。尤其是在工作堆积、需要加班的时候，员工的调动就更加普遍。公司对员工进行了投资，反过来，员工也对公司给予了相应的回报。

公司的奖酬系统很好地支持了人员流动政策，公司按资历计付报酬，这样也就为员工忠诚于公司提供了激励。而且外在的激励也不仅仅是公司提供的唯一奖酬。

这家日本公司的工作系统设计，反映出公司对工作的内在激励极为看重，比如，工作职责说明一直是灵活的、不那么正规的，只设置少数几个职务层级。决策总是在尽可能低的组织层次中做出。第三层次的管理人员负责开发和考评工人；第一层次和第二层次的管理人员则负责制定经营战略并与银行和政府部门打交道。

从案例中我们还可以看出，由于决策权的适当下放，蓝领工人组成的自主管理小组，能在几个小时之内开发出一个程序来改进工作中的安全保障问题。

最后，我们再来看看这些管理政策到目前为止所产生的效果。公司由于实行了一整套人力资源政策，在降低成本、提高员工对公司的忠诚感等方面取得了良好的效果。公司中有才干的员工数量正在增加，他们只要求中等水平的工资，并通过自主管理小组活动，使公司的年度成本开支节约了相当于雇用成本20%的水平。公司的员工也获得了自尊和安全的感觉。对于整个社会来说，这样一种企业正在成为经济发展的一大推动力量。

依我看来，这里的管理者们正在进行一件有益的事。社会人文因素的变化，使得劳动力队伍和社会逐渐老年化，加之市场对钢铁需求的减少，这些因素都促使公司的人力资源政策必须做出相应的改变。的确，人员配备过多会造成成本上升，但鉴于该公司有银行提供财务资助，所以利润并不那么紧要。如果公司与劳方发生对抗，可能对所有各方的利益都没有好处。

为了保持公司在世界范围内成本水平的领先地位，关键的是要在维持生产率水平的同时，尽可能降低劳动力成本。也许他们应该延长退休的年龄，忍受人员富余可能造成的成本增加，然后再努力寻找办法削减未来的员工。这样做是与公司的战略和行业传统的成功因素相吻合的。”

当第二位发言者的长篇大论刚结束，坐在教室另一角的一位焦虑不安的女同学急忙抢着说：

“我原则上同意你的意见，尽管我到现在才终于搞清楚你的意见是什么。如果他们想赢得时间产生创造性解决问题的方案，那么有一个现成的办法就是，先不要执行新的退休年龄计划，而应该等到一年以后。”

坐在她左边的一位男同学反对说：

“你这个办法仍然不能解决这种长远性的问题，也就是对劳动力队伍的中期影响问题，它会使劳动力结构向老年化倾斜，而且在年功序列工资制下，还会使公司的工资支出增加。另外，除了减少招聘新员工，是不是就没什么新主意了?”

坐在教室中间的一位“高瞻远瞩者”认为，不管采用什么方案，都必须对利弊得失做出衡量。他补充说：

“所选定方案的执行方式，对于成功有着至关重要的影响。我认为，决策应该按他们传统的自下而上方式和惯用的程序来做出。然后，像往常一样，还要在所有有关情况都充分介绍的基础上，才能提出最终的决策。而劳资双方的密切合作，是一项很重要的财富，不能轻易破坏。”

尽管已经进行了近 100 分钟激烈的课堂讨论，教授和同学们心里都很清楚，案例中仍有许多问题尚待解决，许多事实需要明确交代。下课时间快到了，教授在做了简短的总结后宣布这堂讨论课就此结束。同学们边离开教室边带着意犹未尽的劲头争论着。像其他案例讨论课一样，有些同学离开教室时仍然遗憾课堂的讨论没有取得更一致的意见，心中纳闷最好的解决方案应是什么。另一些同学不以为然地反驳说：“我们在这么短的讨论时间内就触到了这么多的问题，想到了这么多的好主意，该知足了吧?”有人甚至引用教授前些日子曾说过的话来这样开导学友：“现实中的管理问题本来就没有一个唯一正确的答案嘛！关键是把握分析问题的角度，学会怎样去分析问题和解决问题。过程是第一位的，结果是第二位的。教授不是说了嘛，技能的锻炼才是最重要的，问题的解决方案可能因时、因地甚至因人而异!”

其四，海尔案例在哈佛。

1998 年 3 月 25 日，美国哈佛大学迎来了一位特殊的客人。他就是来自中国海尔集团的总裁张瑞敏。海尔集团以海尔文化使被兼并企业扭亏为盈的成功实践，引起了美国工商管理界与学术界的极大关注。哈佛商学院搜集到有关信息后，认为“这简直是奇迹”。经过缜密研究，决定把海尔兼并原青岛红星电器厂并迅速使其发展壮大的事实编写成案例，作为哈佛商学院的正式教材。

这一天，《海尔文化激活休克鱼》的案例正式进入课堂与学生见面。张瑞敏总裁应哈佛商学院邀请前去参加案例的研讨，并当堂指导学生。上午9点，教授林·佩恩——一位精干的女士——高兴地见到了海尔案例的主角张瑞敏先生。下午3点，上课时间到了，学生们陆续走进教室。

张瑞敏总裁步入课堂，U形教室里座无虚席，讨论开始了。“请大家发挥想象力，回到1984年，那时，张瑞敏先生面临的挑战是什么？”佩恩教授意在启发每个学生研究企业时首先研究其文化背景，包括民族文化、企业文化。

学生们主要来自美国、日本、拉美国家以及中国台湾、香港特别行政区。其中有2/3的人举手表示曾到过中国大陆。

“铁饭碗，没有压力。”来自中国台湾的一位学生首先发言。

“没有动力，每个人缺乏想把事情做好的动力。”

发言一个接一个，学生们从各个角度理解这个对他们在思想观点上来说是遥远的中国。

教授及时把讨论引向深入：“请大家把讨论推进一步，什么是海尔成功的因素？你们若是处在张先生的位置，你们怎么决策？”

“张先生注重管理，抓了质量与服务，他认为人最重要，他用不同方法来建立危机感，砸毁了不合格的库存品，我可能不会做得这么好。”一位美国学生的发言使大家笑了。

“张能改变公司文化，干得好奖励，干得不好要反省。”中国香港的陈小姐说。“张先生不在西方生活，在中国长大，他却有这样先进的观点，引用西方先进的管理来改变职工的思想。如果让我把东方文化中的精华传播到西方，我不知道我能否做到、做好，但张先生做好了，这是他成功的原因。”另一位美国学生说。

发言从一开始就十分激烈，一个人话音刚落，一片手臂便齐刷刷地举起来，有的同学连举几次手也没有得到教授的点名，急得直挥手。佩恩教授抓紧时间，把这堂课的“伏笔”亮了出来：“我们荣幸地邀请到了海尔总裁张瑞敏先生。现在，由他来讲解案例中的有关情况并回答大家的问题。”

张瑞敏总裁走上讲台。

“作为一个管理者看哈佛，哈佛是神秘的。今天听了案例的讨论，我的感觉不像是上课，而像是在海尔召开一次干部会议。”学生们听了这风趣的语言都开心地笑了。来自中国的这位企业家也像西方人一样幽默，他们开始被张瑞敏吸引了，“大家能在不同的文化背景下对海尔的决策有这样的理解，我认为很深刻，要把一条休克鱼激活，在中国的环境下，关键是要给每一个人创造一个可以发挥个人能力的舞台。这样，就永远能在市场上比对手快一步……”

学生们开始提问，从原红星电器厂干部的削减办法、效果谈到如何解决两个品牌，从扭转人的观念谈到改变公司文化的措施。问得尖锐，答得精彩，以至于下课时间到了，教授不得不让学生停止提问。

“我非常高兴地通知张先生，海尔这个案例今天第一次进入课堂讨论后，我们将要做进一步修订、核对，然后放在我们学院更多的课堂使用。定稿后，由我来签字认可，把案例交到学校案例库，作为正式教材出版。哈佛的案例教材是全美商学院通用的。美国以外的国家选用哈佛的案例做教材也相当多，因为哈佛始终是以严谨的治学态度对待每一个案例的编采、写作。这样，将会有更多的 MBA 学生和经理们看到海尔的文化，我相信他们一定会从中受益的。”佩恩教授真诚地说。

第一章 管理概述

组织需要的是由一群平凡的人，做出不平凡的事。

——彼得·德鲁克

管理从思想上来说是哲学的，从理论上来说是科学的，从操作上来说是艺术的。

——余世雄

一 管理的含义

管理是个含义极为广泛的概念，从字面上讲，管理就是管辖、治理的意思。通俗的说法有："管理就是管事理人"；"管理就是让别人按自己的意思去把事情办好。"关于管理的定义，中外学者从不同的研究角度出发，对管理做出了不同的解释。

管理就一般意义而言，管理是指一定组织中的管理者，通过实施计划、组织、人员配备、指导与领导、控制等职能来协调他人的活动，使别人同自己一起实现既定目标的活动过程。管理的这个定义包含以下几方面的含义：

其一，管理是为实现组织目标服务的，是一个有意识、有目的的活动过程。一个组织要有一个远大的目标，管理是为实现组织目标服务的，组织的目标就是管理的目标，管理的目的在于实现组织的目标。管理必须使活动实现预定的目标，追求最优的活动效果。当管理者实现了组织目标时，他们的活动就是有效的。

其二，管理作为一个过程，是由一系列相互关联、连续进行的活动构成的。管理活动是通过计划、组织、指挥、协调和控制等职能来实现的。马克思曾经指出：一切规模较大的直接社会劳动或共同劳动，都或多或少地需要指挥，以协调个人的活动。一个单独的提琴手是自己指挥自己，一个乐队就需要一个乐队指挥。

其三，管理工作要通过综合运用组织中的各种资源来实现组织目标。管理的效果是管理工作极其重要的组成部分，它主要是指输入与输出的关系。对于管理者来说，生产经营资源的输入是稀缺的，他们必须关心这些资源的有效利用，管理就是要使资源成本最小化。对于给定的输入，如果能获得更多的输出，就提高了管理效率；对于较少的输入，能够获得同样的输出，也同样提高了效率。

管理的有效性如何，集中体现在它是否使组织用最少的资源投入，取得最大的、符合需要的产出成果。管理效率涉及的是活动方式，管理效果涉及的是活动结果，二者是互相联系的。如果管理者不顾管理效率，就很难达到理想的效果，当然，低水平的管理绝大多数是既无效率又无效果的。

其四，管理工作是在一定的环境条件下开展的。管理必须将所服务的组织看做一个开放的系统，它不断地与外部环境产生相互影响和作用。管理者必须正视管理环境的存在。

二 管理的特征

（一）复杂性

管理的复杂性，是指管理所面对的环境及影响因素很复杂。企业组织是一个开放的系统，它与外部大系统发生各种联系，这个大系统即政治、经济、技术、社会文化等环境及其变化都对管理活动产生影响。从企业本身来说，企业目标和管理行为要考虑企业的所有者、员工和顾客的利益。虽然这三方存在根本利益上的一致性，但也存在矛盾与冲突。综合考虑这些复杂的影响因素，做出合理的、有效的管理决策，是管理者所面临的挑战。

（二）综合性

管理的综合性，是指管理者需要运用各种知识和技能，这是由管理的复杂性决定的。例如，管理者要具备经济学知识来预测市场环境以确定企业经营目标；要具备科技知识了解产品及其发展前景；要具备心理学知识来理解人的行为，以便更好地激励员工；要具备哲学知识以确定管理理念等。

（三）科学性

管理的科学性，是指管理的理论是科学的。管理理论是对大量企业管理实践的科学总结，是对管理规律的概括。管理理论的完整理论体系，管理理论应用于管理实践所产生的巨大效果，管理教育的蓬勃发展都充分证明了管理理论的科学性。只有承认管理的科学性，才能摒弃那种单凭管理者的个人经验和直觉去管理的模式，认真、积极地学习先进的管理理论。

(四) 艺术性

管理的艺术性，是指管理理论的应用要结合具体的管理环境，灵活运用。任何管理理论都离不开具体的应用条件，而管理者所面临的管理环境又十分复杂，如何选择和应用管理理论，需要管理者的理性判断和经验技巧。同样的管理理论和方法，在不同国家、不同企业，由不同的管理者应用，其效果大不相同，这就体现了管理的艺术性。只有承认管理的艺术性，才能有的放矢地利用管理理论，不盲目地引进和照搬管理模式，才能发挥管理者在管理实践中的创造性。

(五) 经济性

资源配置是需要成本的，管理具有经济性。首先，管理的经济性反映在资源配置的机会成本上。管理者选择一种资源配置方式是以放弃另一种资源配置方式的代价而取得的，这里有个机会成本的问题。其次，管理的经济性反映在管理方式、方法选择的成本比较上，在众多可帮助进行资源配置的方式、方法中，其成本不同，故如何选择就有个经济性问题。最后，管理是对资源有效整合的过程，选择不同的资源供给和配比，就有成本大小的问题，这是经济性的另一种表现。

三 管理者

(一) 管理者的定义

一个企业有大量的成员从事生产第一线的工作，也有的从事生产辅助性的工作、勤务性的工作，还有的从事管理工作，各有分工。其他组织也与企业相类似。我们把从事管理工作负有领导和指挥下级去完成任务职责的组织成员称为管理者。

(二) 管理者的类型

按管理者在组织结构中的层次来区分管理者类型，可以研究不同的管理者在组织中、管理过程中的地位和作用，而不会涉及具体的业务内容。一般可分为以下几类：

1. 高层管理者。通俗地说，就是一个组织的头头。组织有大小、成员有多少，但只要是代表该组织的管理者，就是高层管理者，不必看称谓是什么。大学、中学、小学的校长，都是他所代表的那个学校的高层管理者。大公司的头头称总裁或总经理，部门的头头称经理，但这个经理就和一般小公司的头头也称经理就大不一样了。高层管理者除了代表一个组织外，主要是要把握该组织的发展方向，确定长远的目标，沟通与其他组织的联系。

2. 中层管理者。我们通常称为中层干部。他们是一个组织中各个部门的负责人，如公司中的部门经理、企业中的车间主任等。他们要贯彻、执行高层管理者的意图，把任务落实到基层单位，并检查、督促、协调基层管理者的工作，保证任务的完成。他们要完成高层管理者交办的工作，并向他们提供进行决策所需的信息和各种方案。他们的作用主要是上情下达，下情上达，承上启下。

3. 基层管理者。他们是组织中最下层的管理者，直接面向在第一线工作的组织成员，组织他们按要求去完成各项任务。企业车间里的班组长，职能部门中的科长或股长或组长们。他们所接到的指令是具体的、明确的，所能调动的资源是有限的，为完成任务所必需的，任务也是明确的：带领和指挥下级有效地完成任务。他们要向上级报告任务的执行情况，反映工作中遇到的困难并请求支持，也要起到承上启下的作用。

（三）管理者的作用

管理者的作用主要表现在人际关系、信息、决策等方面。

1. 人际关系方面：

（1）代表性。任何层次的管理者都有一种代表性，高层管理者代表整个组织，中层管理者代表一个部门，基层管理者代表一个基层单位。但是，中层和基层管理者的代表性只在本组织内部有意义。这种代表性体现于管理者可以在相应的正式场合或社交场合中代表自己所在的组织（或部门或基层单位）、与对等的组织进行沟通、在相应的文件上签字等。

（2）沟通。管理者在管理过程中主要是和人打交道，要向自己的上级汇报任务执行情况，要与同级的管理者交换情况，要向下级布置工作。除此之外，人与人之间也需要交流思想感情。因此，任何一个管理者都要在组织内部，与上下左右进行沟通。通过沟通，可以使信息在组织内部畅通，及时发挥作用；一旦组织做出一项决策，可以在充分交换意见的基础上，统一思想，统一行动；在组织成员之间，特别是在上下级之间建立和保持良好的人际关系。为了使沟通能发挥其应有的作用，提倡沟通的双方要进行双向沟通，即一方把沟通的内容告诉了另一方，另一方要把自己的想法、感受反馈给前者，往复进行。双向沟通较为费时，但起到的作用大。

（3）指挥和激励下级有效地完成任务。作为一个管理者，在与下级进行双向沟通中要发挥作用，但沟通并不是目的，而是要通过沟通更好地带领大家去完成组织交给的任务。在这一过程中，管理者对下级负有管理的责任，要指挥和激励他们，安排好每个人的工作，协调好彼此间的关系，对每个人的工作要给予指导或进行培训，考核每个人的工作，根据考核标准再给予奖励或惩罚，用各种方法来调动每个人的积极性。这样才能真正负起管理下级的责任。

2. 信息方面：管理者在信息方面除了要向上下左右传递信息，进行沟通外，还要起以下作用：

（1）发现信息。管理者在组织中要接受他人传递来的信息，更重要的是去发现、收集有关自己工作范围内的各种信息以及与本组织相关的信息。其来源可以是调查研究的结果，社会公众的反映，报纸、杂志、广播、电视上的消息，出台的政策、法规，公布的统计数据、资料，相关组织或竞争对手的动向。这些有用的信息将对本组织制定发展目标、计划和政策起到极大的作用。

（2）加工信息。由于了解到的情况可能有水分，或是竞争对手放的烟幕，或是传递环节过多引起了信息的失真，作为一个管理者还有对收集的情况进行加工的责任，进行适当的分析，做到去伪存真、由表及里、由此及彼。

（3）保持信息渠道的畅通。这有两重含义：一是信息的传递是双向的，发送者除了把信息传递到接收者外，还应能及时收到反馈信息，保证接收者明确无误地收到了。二是要保证信息正确地传递到需要的一方。现在办公自动化设备越来越普及、性能好、操作方便，为信息传递带来了便利的条件，同时也带来了负面影响，即每个人收到的信息越来越多，造成了灾难性的局面：管理者被淹没在信息的海洋中。管理者要花费大量的时间和精力才能从收到的大量信息中找到对自己有用的信息。信息的正确传递，有助于避免这种堵塞现象。在一个规模较大的组织内部，会存在类似信息中心这样的部门，它的职责除了保证计算机系统的正常运行外，当然是收集、加工、分析、传递信息，但这并不能代替每个管理者在信息方面的作用。

3. 决策方面：一个管理者在自己的工作范围内，总是会遇到各种各样的问题，需要他拿主意、作决定，也就是说，在决策方面发挥作用，大致有以下几个方面的内容：

（1）提出供决策用的方案。遇到了问题，如在自己的职权范围内可以解决的话，他要在几个可以用来解决问题的方案中反复进行权衡，选出最合理、最好的方案。如需要请求上级帮助和支援时，他也要给上级提出几种可供选择的方案。

（2）调配资源，实施计划。根据实施计划的要求，管理者调配自己所掌握的各种资源，随着实施过程的进展，及时根据进度和外界环境的变化，调整资源的使用。合理地使用资源，包括资源使用量与时间的配合，才能保证资源使用的效率和任务的完成，以最小的投入获得尽可能大的产出。

(3) 协调好各方面的关系，解决好内部的矛盾和分歧。一个管理者往往要协调好三方面的关系。首先是和上级的关系要协调好，及时向上级请示汇报，争取支持，也要交流各自的思想感情，建立良好的关系。其次是要和组织内部各个部门的管理者建立良好的关系，以便在工作中发生困难和产生矛盾时，彼此间能相互理解和支持。最后是要协调好下级间的关系，每个人的职责明确，保证在工作中彼此间不推诿、不扯皮，在工作中有矛盾时，认真听取各方的意见，不偏袒任何一方，真正做到一碗水端平，化解矛盾，解决分歧。

(四) 管理者的技能

尽管不同的管理者具有不同的任务和职责，但他们所能发挥的作用大小，能否开展行之有效的管理工作，在很大程度上取决于他们是否真正具备了管理者所需要的相应的管理技能。根据罗伯特·卡茨（1974 年）的研究，管理人员应该具备技术技能、人际技能和概念技能。在基层管理中，技术技能是最重要的，并且其重要程度随管理层次的上升而下降；概念技能的重要程度随管理层次的升高而增大；在全部管理层次上，人际技能都是很重要的。

1. 技术技能。技术技能是使用某一专业领域内有关的工作程序、技术和知识完成组织任务的能力。如财会人员、医生、工程师等，他们都掌握有相应领域的技术技能，在他们各自的领域或专业中，都需要技术技能，管理人员必须具备技术技能。对于管理者来说，他们可以依靠有关专业技术人员来解决专门的技术问题，没有必要使自己成为精通某一领域技能的专家，但他们必须了解并初步掌握与其管理的专业领域相关的基本技能，否则就很难与他所主管的组织内的专业技术人员进行有效沟通，从而也就无法对他所管辖的业务范围内的各项管理工作进行具体指导。当然，不同层次的管理者，对于技术技能的要求程度是不相同的。相对来说，基层管理者需要技术技能的程度较深，高层管理者只需要简单的了解。

2. 人际技能。人际技能是与处理人际关系有关的技能，具体表现为与他人融洽相处，时常激励别人，并能有效地与他人沟通。包括对下属的领导能力和处理不同小组之间的关系能力。管理者作为小组中的一员，必须非常重视改进与同事、下级和上级的人际关系，其工作能力取决于人际技能。

管理者除了领导下属人员外，还与上级领导和同级同事打交道，还得学会说服上级领导，学会同其他部门同事紧密合作。因此，人际技能对于高、中、低层管理者进行有效管理是非常重要的，每一个管理者都必须与组织内各层次的人员进行有效沟通，相互合作，共同实现组织目标。

3. 概念技能。概念技能是纵观全局、洞察组织与环境相互影响的复杂性的能力。它包括理解事物的相互关联性从而找出关键影响因素的能力，确定和协调各方面关系的能力，权衡不同方案优劣和内在风险的能力。一个管理者必须具备将组织视为一个整体的能力，而不能单独从本部门的角度进行决策。任何管理者都会面临一些混乱而复杂的环境，需要认清各种因素之间的相互联系，以便抓住问题的实质，根据形势和问题果断地做出决策。管理者所处的层次越高，面临的问题越复杂，越无先例可循，越需要概念技能。

要想成为有效的管理者，必须具备技术技能、人际技能和概念技能，缺乏其中任何一种技能都可能导致管理工作的失败。管理技能、角色、职能是紧密联系的，明智的有进取心的管理者会不断地通过最新的教育培训以提高其技术技能、人际技能和概念技能，以适应当今不断变化且日益激烈的竞争环境。

案例1　升任公司总裁后的思考

一　案例介绍

郭宁最近被一家生产机电产品的公司聘为总裁。在准备去接任此职位的前一天晚上，他浮想联翩，回忆起他在该公司工作20多年的情况。

他在大学时学的是工业管理，大学毕业获得学位后就到该公司工作，最初担任液压装配单位的助理监督。他当时感到真不知道如何工作，因为他对液压装配所知甚少，在管理工作上也没有实际经验，他感到几乎每天都手忙脚乱。可是他非常认真好学，他一方面仔细参阅该单位所订的工作手册，并努力学习有关的技术书刊；另一方面监督长也对他主动指点使他渐渐摆脱了困境，胜任了工作。经过半年多时间的努力，他已有能力独担液压装配的监督长工作。可是，当时公司并没有提升他为监督长，而是直接提升他为装配部经理，负责包括液压装配在内的四个装配单位的领导工作。

在他当助理监督时，他主要关心的是每日的作业管理，技术性很强。而当他担任装配部经理时，他发现自己不能只关心当天的装配工作状况，还得做出此后数周乃至数月的规划，还要完成许多报告和参加许多会议，而没有多少时间去从事自己过去喜欢的技术工作。当上装配部经理不久，他就发现原有的装配工作手册已基本过时，因为公司已安装了许多新的设备，吸收了一些新的技术，这令他花了整整一年时间去修订工作手册，使之切合实际。在修订手册过程中，他发现要让装配工作与整个公司的生产作业协调起来是需要有很多讲究的。他还主动到几个工厂去访问，学到了许多新的工作方法，他也把这些吸收到修订的工作手册中去。由于该公司的生产工艺频繁发生变化，工作手册也不得不经常修订，郭宁对此都完成得很出色。他工作了几年后，不但自己学会了这些工作，而且还学会如何把这些工作交给助手去做，教他们如何做好，这样，他可以腾出更多时间用于规划工作和帮助他的下属工作得更好，以及花更多的时间去参加会议、批阅报告和完成自己向上级的工作汇报。

当他担任装配部经理6年之后，正好该公司负责规划工作的副总裁辞职应聘于其他公司，郭宁便主动申请担任此一职务。在同另外5名竞争者较量之后，郭宁被正式提升为规划工作副总裁。他自信拥有担任此一新职位的能力，但由于此高级职务工作的复杂性，仍使他在刚接任时碰到了不少麻烦。例如，他感到很难预测一年之后的产品需求情况。可是一个新工厂的开工，乃至一个新产品的投入生产，一般都需要在数年前做准备。而且，在新的岗位上他还要不断处理市场营销、财务、人事、生产等部门之间的协调，这些他过去都不熟悉。他在新岗位上越来越感到：越是职位上升，越难以仅仅按标准的工作程序去进行工作。但是，他还是渐渐适应了，做出了成绩，以后又被提升为负责生产工作的副总裁，而这一职位通常是由该公司资历最深、辈分最高的副总裁担任的。到了现在，郭宁又被提升为总裁。他知道，一个人当上公司最高主管之时，他应该自信自己有处理可能出现的任何情况的才能，但他也明白自己尚未达到这样的水平。因此，他不禁想到自己明天就要上任了，今后数月的情况会是怎么样？他不免为此而担忧！

（资料来源：王风彬、朱克强编著：《管理学教学案例精选》，复旦大学出版社 1998 年版）

二 案例分析

实践是培养管理者的重要一环。郭宁从基层管理者升任总裁的过程中，他的管理责任加重了。要成功地胜任公司总裁的工作，必须具备很强的概括分析能力、人际交往能力和相应的业务技术能力这三项基本技能，要扮演好联络官、代言人、谈判者三个角色，促进公司绩效的提高。

三 思考·讨论·训练

1. 你认为郭宁当上公司总裁后，他的管理责任与过去相比有了哪些变化？应当如何去适应这些变化？

2. 你认为郭宁要成功地胜任公司总裁的工作，哪些管理技能是最重要的？你觉得他具有这些技能吗？试加以分析。

3. 如果你是郭宁，你认为当上公司总裁后自己应该补上哪些欠缺才能使公司取得更好的绩效？

案例2 一次失败的探索

一 案例介绍

黄河企业集团是以家族成员为核心进行经营管理的一家民营企业，集团的掌门人杨纪强，从企业发展的长远着想，一直做着将企业由家族式企业转为现代企业的探索。1993年12月，集团拿出部分优质资产，成立了由其控股的黄河企业股份有限公司。

黄河集团的发展和向现代企业转制的努力和探索，得到了当地政府的热心扶持，1997年，甘肃省获得6个上市名额，其中一个指标就给了兰州黄河股份有限公司。

准备上市时，杨纪强希望借公司上市的机会，把转制再向前推进一步，1997年9月，杨纪强聘请了曾长期跟踪报道黄河集团的记者王元为黄河集团公司副总经理，并任兰州黄河企业股份有限公司副董事长兼总经理，负责股份公司的上市和宣传工作。1999年6月23日，兰州黄河股票上市，杨纪强出任公司董事长，王元任该公司副董事长兼总经理。此外，聘请了包括国内知名学者，中共中央党校教授王珏，国内公司法专家，中国人民大学副教授董安生等7名非出资人担任董事，王珏和董安生为独立董事，这7人占据11名董事席位的多数席位。

杨纪强是在矛盾中尝试着将自己的家族企业转为现代企业的。一方面，他认识到家族管理对企业发展的制约，特别是利用资本市场方面的局限，所以发起成立股份公司，并聘请社会人士出任董事会成员和经理人员；另一方面，他又想将股份公司置于自己的控制之下，这是造成日后他同董事会一些人士产生矛盾的隐患，加之王元个人方面的原因，冲突很快爆发。

股份公司上市后不久，杨纪强与王元的矛盾逐渐暴露出来，最后到了剑拔弩张，不可调和的地步。王元指责杨纪强的家族公司即第一大股东，滥用控股地位，侵占股份公司资产，三次强行从股份公司划拨募集资金5107万元，从而招致一些董事会成员的不满，并提出辞职。而杨纪强指责王元未经董事会授权，并背着第一大股东和股份公司董事长，在多数董事会成员不知情的情况下，私自以低价转让第一大股东的股权。其间，两人多次召开各自召集的由部分董事会成员参加的董事会会议。两人的矛盾发展成为一部分董事会成员同另一部分董事会成员的矛盾。1999年11月6日，甚至发生了董事长杨纪强和总经理王元分别在兰州和北京同时召集董事会的事。

为了恢复公司秩序，兰州黄河企业股份公司监事会和3家大股东按照有关规定申请并获有关方面批复，于1999年12月29日，召开了临时股东大会，占公司股份49.08%的6家发起人股东代表全票通过了会议议案：免去上一届全部董事和监事，选举产生了新一届董事及监事。继续选聘杨纪强为公司董事长，杨纪强之子杨世江为公司副董事长，解聘全部高管人员，由杨世江兼任总经理。在新组成的董事会中，上届8名董事被全部换掉。其中王珏、董安生两位独立董事请辞也未获挽留，董事长和他的两个儿子占据了11席中的3席。这次临时股东大会使董事长与总经理的个人冲突暂时画上了句号，公司的经营管理恢复了正常。但上市后公司的内部纷争，董事会人士的大更迭，使杨纪强企业转制的努力受到挫折。

（资料来源：《管理杂志》第308期，台北）

二　案例分析

对于黄河事件，从不同的角度观察，可以总结出不同的结论。从完善民营企业向现代企业转制的方面探讨，该事件表明，民营企业转为现代企业需要在制度的完善上下大力气。

（一）改革发起人规则

我国民营企业组建股份制公司，一般采取发起设立方式。为了避免个别企业对发起的股份企业的绝对垄断，《中华人民共和国公司法》规定，发起设立者应不少于5家发起人。但公司设立一般要有主要发起人，主要发起人为了避开外部力量对其控制权的制衡，尽可能回避外来出资人充任发起人而自己拼凑发起人，结果常常导致股份制所确定的权力分列原则得不到贯彻。1995年，兰州黄河改制时，增添了3位自然人，而且均来自发起人黄河集团公司。公司控制权仍然是高度集中，高度集权的背后是权力涣散，出资人对经理人员的监督不到位，而一旦大股东行使监督职能时，监督与被监督却演变成个人恩怨。

改革发起人规则，最重要的一点，不仅要限定发起人人数，还要限定发起人的最高和最低出资比例，以及发起人之间不得存在关联。

（二）完善公司治理结构的董事会设置

董事会设置是决定公司治理结构的核心内容，董事会的合理设置，并不仅仅是保证制约和监督经营管理者为大股东服务，而且还包括为全体投资人服务并提高资源配置效果。黄河股份公司上市之初，为了实现向现代企业的转制，采取了引进独立董事等非出资者董事占据董事会多数席位的做法，但在现行法律制度下，这些做法常常流于形式，董事会成员的选聘，从某种意义上讲，只是控股股东所做的一种人事安排而非制度安排。因此，这种安排不但没有改变原有的集权制管理模式，反而造成不同团体利益的激烈冲突。

如果一个家族企业不改制，不上市，可以沿袭家族式管理模式，但一旦成为一个上市企业，必须按现代企业制度的要求去规范和管理，而要做到这一点，以制度规定治理结构是必要的，包括董事会中独立董事的设立等其他规定都需由有关法律明确规定下来。

（三）形成通过市场选择企业家的机制

杨纪强同王元的矛盾表面上看，是控股股东代表的家族企业同股份公司的矛盾，但实际上，主要还是家族民营企业在转制中内在矛盾的表现。即杨纪强过分依赖主观判断，轻率确定公司的管理人员。不是靠制度保障，通过经营者市场选择一个合格的企业家。在出任黄河集团公司副总经理和黄河企业股份有限公司总经理之前，王元并没有多少管理企业的经验，仅凭其与杨纪强的个人关系以及杨纪强的个人判断，便被聘请为上市股份公司的副董事长兼总经理。

虽然企业家的职能是多方面的，但对投资人而言，企业家应该是人格化的资本，其作用是使所运用的资本收益达到最大。判断一个经营者是否为合格的企业家，应该是市场而非投资人的主观愿望。民营企业要实现转制的目标，在选择经营管理者时，应通过市场选择那些合格的企业家。

（四）建立出资人的"脚投票"制度

企业的发起人特别是控股股东发起人的集权倾向，与现行股份公司的股权设置结构密切相关。按我国股份公司的股权设置结构，股份公司上市，发起人股权不能上市流通，若发起人想要放弃股权，只能通过转让方式，资本的流动性较差，一旦经营管理上出现问题，出资人很难通过"脚投票"的办法维护自己的利益。

人们一般把出资人选聘经理人员的做法称作"手投票"，即由出资人决定经理人员的去留。"脚投票"是与"手投票"相对应的一种做法，出资人不是靠选举，而是靠投资与否表明对经理人员的取舍，即根据企业经营管理者以及企业的市场表现选择自己的投资行为。为了形成出资人的"脚投票"制度，目前首先应通过降低交易税等手段，为企业股权转让创造有利条件，其次还要从根本上改变发起人股份不能流通的规定。

三 思考·讨论·训练

1. 假如你是杨纪强，应该如何实施公司的股份制改造？

2. 黄河股份公司上市之初，为了实现向现代企业的转制，采取了引进独立董事等非出资者董事占据董事会多数席位的做法，你认为是否合适？为什么？有没有其他做法？

案例3 陈书友的悔恨

一 案例介绍

1986年5月，台湾地区总源色拉油公司宣布停工，并将员工裁减到只剩30多人。消息一传出，公众皆为之哗然：向来营运状况良好、资金雄厚的总源色拉油公司何以到了今天这步田地呢？

总源色拉油公司在台湾地区可谓家喻户晓，妇孺皆知，其创始人陈书友更是一位富有传奇色彩的人物。陈书友出生于台湾地区彰化县埔盐农村，从小就有"要干出一番事业"来的雄心壮志。1953年，他开设的源泉制油厂问世了，而雄心勃勃的陈书友并未满足，1960年，他又开台湾地区溶剂制油之先河。企业规模的扩大使他感到自身知识的匮乏。1963年，他只身赴日本学习并于1967年获得学士学位。四年的学习使他眼界更加开阔，他注意到一种新型食用油正在发达国家萌芽，而在台湾地区尚未开发生产。于是经过两年的技术攻关，他终于攻克了这项食用油再精炼技术，生产出色拉油。他为这种新产品取名叫"Saladoil"并译成"色拉油"，正式投放市场。

为了能让消费者接受，陈书友又从广告、售价和品质三方面进行了艰苦卓绝的努力。"精诚所至，金石为开。"色拉油终于被消费者所了解和接受，销量节节上升。上市的第一个月销出5吨，第二年上升到每月200吨，到1972年总源色拉油的销量达每月2000吨，成为台湾地区最大的生产色拉油企业之一，其市场份额占全台湾的20%。然而，在公司蒸蒸日上的发展中，由于用人失误给企业带来了毁灭性的打击。

20世纪70年代，美国和日本等发达国家纷纷采用经营权与所有权相分离的管理方法。1971年，陈书友赴日本和美国参加食用油会议，这种管理方法对他触动很大。他深刻感到，要使总源企业管理现代化，并参与国际竞争，就必须采用这一先进的管理方法。

从这以后他便开始了这一计划。他先后花了两年时间进行准备工作和物色人选，最后决定聘请日本人中川全权负责公司的经营管理。中川当时年届四十，应用化学专业毕业，曾在日本一家油脂公司担任过技术部和营业部的经理，有过20年油脂业的经营经验。为了严格遵守两权分离的原则，陈书友还特地将公司中的家族成员和与他一起创业的学历较低的职员全部调离原职，以便中川在经营管理中能丝毫不受干扰，而陈书友则致力于产品开发和产品质量的研究。

然而，新的管理方法刚刚实行不久，问题就显露了出来：中川虽然有丰富的工作经验，但他不具备一个领袖人物的才略，突然大权在握却显得有些不知所措。此外，中川对中国传统文化及中国的企业管理不熟悉，而生搬硬套日本的那套管理方法，结果“张冠李戴”，使企业的管理乱了分寸。起初，对于有关中川的种种议论，陈书友皆一笑置之，不轻易相信，而是充分信任他，对亲朋好友的劝告也不放在心上，甚至于中川上任的开始使总源赔了钱也毫不在意，第二年总源公司又赔了钱，陈书友认为这只是阵痛，而不去调查赔钱的真正原因。哪知第三年总源依然是赔钱，而且企业的运营也乱成一片。这时，外界对总源的不满也越来越多。在这种情况下，陈书友不得不亲自过问企业的经营状况了。一查他才发现原来企业内部存在着许多问题：管理混乱，账目不清，回扣现象严重……再一查账发现总源在中川任职的三年内竟亏损了1.2亿元，轻率的用人和盲目的信任，终使总源埋下了危机的种子。

迫于无奈，陈书友收回了管理权。然而，“冰冻三尺，非一日之寒”。要彻底解决这三年来经营管理上的弊端又谈何容易。

由于连续三年亏损，企业在公众及金融界的形象大减，这使总源的财源成为了一个大难题。在以后的几年里，陈书友一面小心翼翼地维持着局面，天天为钱奔波，为钱烦恼，另外由于以前用人的失误，也给他带来了很大的精神压力。原本很平易近人的性格这时变得越来越孤僻，不仅对职员戒备心重，而且处处不肯容人。公司员工谁达不到工作标准，他便严词斥责，不考虑斥责的方式和场合。这种对员工的过分不信任使许多高级职员另谋高就。甚至连他的5个女婿也先后辞职。总源从一个吸引金凤凰的“梧桐树”变成了一个留不住人才的“秃树”。

在企业的管理遭受严重打击的同时，企业的信用也受到挑战。当时，台湾地区的油脂业有职保制度，进口黄豆办理结汇需职保人盖章。总源已买了一批黄豆，只等开到信用证便可装船。开信用证的前一天，陈书友请职保的同业盖章，但由于总源印象已令人望而却步，对方拒绝了。为此陈书友四处托人，对方仍不肯盖章。不盖章就无法开信用证，没有信用证货就不能装船，就得受罚。结果，不仅急需的原料黄豆运不来，还要赔偿船务公司空船费300万元，海外厂商200万元，共500万元新台币。最终不仅生意砸了，还失信于人，更使总源的形象一落千丈。

1985年3月，总源大难临头的日子来了。总源的债主中华贸易公司，因自身经营困难需收回融资7000万元，加上总源欠华侨银行5000万元的债务申请延期未获批准，其他银行也先后抽走银根，使总源一下子短缺2亿元资金，陷入了财务的“泥潭中而不能自拔”。

为渡过这一难关，陈书友连忙向台湾当局的“财政部”申请贷款。经“财政部”批准，通过了7家银行办理联合贷款1.4亿元。但其中的农民银行和台北银行提出条件，总源要先增资6000万元，这对于身陷绝境的总源来说是不可能做到的，8个月过去了，联合贷款分文未拿到手，总源的情势日趋恶化，只好于1986年5月底停工，宣布破产。

（资料来源：《管理杂志》第308期，台北）

二 案例分析

1. 陈书友这位台湾地区的“色拉油”大王，20年的创业经历，终于把总源色拉油公司办成了台湾地区家喻户晓、妇孺皆知的公司。色拉油产品占有台湾地区20%的市场份额。然而由于在改革企业管理方法上，用人错误且麻痹大意，终使自己创下的江山毁于一旦。本来他在20世纪70年代学习发达国家的经营权与所有权分离的管理方法是非常正确的，但是他在用人方面请了个日本人中川，此人生搬硬套日本方法，忽视中国的文化、传统习惯，加上管理上的一些缺陷使总源公司连续亏损三年，到了不可挽回的程度。而陈书友不听众人意见，过于相信外来的和尚，缺少对中川的有效监督，是总源公司衰落的一个主要原因。美国钢铁大王卡内基曾说过：“假如将我所有的工厂、设备、市场、资金全部夺走，只要保留我的组织人员，4年以后，我仍是一个钢铁大王。”这说明用人正确与否对一个企业的兴衰是何等重要啊！

2. 该案例告诉我们，无论在学习外国先进技术还是先进管理方法时，务必与自己的具体情况结合起来，在吸收、消化的基础上加以创新，切忌生搬硬套。

三 思考·讨论·训练

1. 是什么原因使总源从一个吸引金凤凰的“梧桐树”变成了一个留不住人才的“秃树”，甚至连他的5个女婿也先后辞职？

2. 陈书友认为，要使总源企业管理现代化，并参与国际竞争，就必须采用先进的管理方法，使所有权和经营权分离。你认为这一说法对不对？

3. 假如你是陈书友，你该怎么做？

案例4 北京钟表公司扭亏为盈四步棋

一 案例介绍

北京钟表公司成立于1987年，其前身北京手表厂是1958年兴建的国有大型轻工企业。目前公司下属企业包括北京手表厂、北京钟表专营公司、北京表盘厂、第二元件厂，以及长城表业有限公司、力齐表业有限公司、龙昌表业有限公司3个合资企业。公司现有职工2534人，固定资产原值9747万元，净值5272万元。工厂占地面积约157亩，建筑面积11.3万平方米。拥有设备仪器2500多台（套），其中进口设备仪器700多台（套）。主要产品为机械手表和电子手表两大系列，机械表、单机表、单历表、双历表、3130石英电子表和新型DB51石英电子表5个品种，共200多个花色。产品除了国内市场外，还出口印度、中国香港、西欧和南美近10个国家和地区。1994年企业完成工业总产值6000万元，生产手表186万只，组装表24万只，手表销量达220万只（其中内销60万只，出口160万只），实现销售收入5500万元，实现税金300万元，实现利润总额500万元，人均收入达到4800元。

然而，这曾是个连续亏损的老大难企业。自1987年北京钟表公司成立以来，企业就连年亏损，到1992年年初，企业累计亏损达2526万元，欠税2900万元，手表及机芯积压160万只。1992年头4个月，企业每月销售收入还不够发工资的，账面上只剩下4万元钱。由于公司不景气，企业人员外流严重，三四年间就有几百人调走。这种状况一直持续到1992年才有了改观。

有人将北京钟表公司扭亏为盈的过程概括为四步棋：

（一）有了一位好厂长

北京钟表公司的持续亏损和巨大的市场压力，使上级主管部门选择企业带头人的标准变得简单而明确，谁能使企业盈利，谁就当厂长。在这种状况下，1992 年 4 月 18 日，刘冀虎走马上任了。

这位新任厂长 1963 年毕业于西安交通大学工业自动化专业，他先后从事过钟表科研、技术服务、产品销售等工作，曾任北京钟表公司下属的北京手表工业专营公司经理。1988 年，针对当时机械表市场萎缩，港、台表销售正旺，北京钟表公司产品积压近 200 万只的现实，他果断地决定以成本价格出售积压的机械表芯，并组织了近百人的直销队伍，将目标瞄准教育、卫生部门，实行价格优惠，将积压手表很快销售出去，缓解了资金困难。1989 年，专营公司组建了自己的装配厂，引进港、台的表盘、表壳，选择上海和东南沿海一带为目标市场，根据最新市场需求，设计生产流行款式手表，对传统的“双菱”手表进行改造，装配成款式新颖别致的耐用手表。1989 年，北京钟表公司亏损 600 多万元，而在其领导之下，专营公司盈利 900 多万元，以至于 3000 多人的北京钟表公司要靠 300 多人的专营公司发工资。然而，当刘冀虎根据自己在市场上多年来的经验和想法给当时的公司领导写了一份“适应市场需求，振兴北京手表工业”的报告后，却被认为有“争权”之嫌，换来了一纸免职书，被发配为门市部经理。

1992 年，刘冀虎上任北京钟表公司厂长后，奇迹在北京钟表公司发生了。不到 3 个月，企业的回款就超过前 5 个月的总和；1992 年年底比 1991 年减亏 747 万元。1993 年，企业经营状况继续好转，在全国 38 家定点手表生产厂家普遍调低产量的情况下，北京钟表公司却扩大产量，企业实现了连续亏损 6 年后的首次盈利，全年实现利润 342 万元，成为全国手表行业的盈利状元。与此同时，职工收入翻了一番以上，数百名调走的职工纷纷要求调回，企业呈现出前所未有的生机，在不到两年的时间就完成了原定 4 年时间的扭亏计划。1994 年，企业经济效益继续上升，实现利润 502 万元。北京市领导曾称赞：“北京钟表公司扭亏是个奇迹。”

（二）建立了一个好的机制

在旧体制下，企业的一切工作围绕着生产转，销售和科研只不过是跑龙套的配角。如果将北京钟表公司比作一条大龙的话，那么这条大龙的结构是：以手表厂为龙头，以手表研究所为龙身，以专营公司为龙尾。这是因为，在传统体制下，企业不存在产品销售问题。那时，手表作为人民生活消费品的“老三件”产品之一，是稀缺产品，由国家收购，根据计划配额供应市场。然而，在市场经济体制下，旧的企业生产经营管理体制就不适应变化了的客观环境了。刘冀虎上任伊始就从机构改革入手，建立了以销售部门为龙头，研究机构为龙身，生产制造厂为龙尾的新的龙结构，一切以销售为中心。原有的科室精简为六部一室，使机关工作人员减少了18.3%，充实加强了经营销售机构。

调整后的专营公司不仅设立了市场科和销售科，建立了负责境外营销的星华进出口公司，而且将成品装配车间划归其领导，将研究所纳入其核心层。市场科随时了解市场需求，向决策部门提供决策依据，研究所立即投入力量研制。成品装配车间根据市场需求及时提供合适产品。企业“前店后厂”、技工贸一体，形成了面对市场的快速反应机制，使产品进入市场的周期由半年缩短到1—2个月，最快的20天即可交货。由于对销售人员实行了全额风险承包责任制，实行回收在途货款优惠政策，使回收周期由原来的33个月缩短为10个月，仅此一项就节约银行贷款利息200万元。

北京钟表公司下属的钟表研究所是全国最大的钟表研究机构之一。过去由生产指挥，既开发产品又加工产品，科研开发长期徘徊不前，一个新产品从设计试制到出成品需要两年。如今研究所进入专营公司核心层，专心研制产品，科研力量得到扩充和充分发挥，加上设立了新产品开发基金，实行了科技人员享受产量销量提成奖等优惠政策，极大地激发和调动了科技人员的积极性。转制5个月后，就开发出电力机车速度表等3种新产品。1992年，一年新增款式品种达120多个。

（三）推出了一批好产品

手表市场的竞争是品种、款式、性能、质量、价格的竞争。在消费者特别看中手表的品种和款式的情况下，北京钟表公司老“双菱”牌产品已经难以适应市场需求，要走活市场这棋盘，必须开发出有强大竞争力的新产品。因此，实施产品创新，重塑双菱家族，是北京钟表公司扭亏为盈的第三招。

第一，调整产品结构，抓好机转电工作，将以开发机芯为主转移到以开发整机为主。在不到一年的时间内，北表就开发出了20多个高档款式，50多个中低档款式的新品种，个个走俏市场。其中完成了DB51新型石英电子表小批试制和试生产，工艺基本稳定，具备了批量生产条件。完成了DB51双历机构设计，以及健身手表小批试制工作和薄型自动表样机试制。

第二，搞好产品“嫁接改造”。北京钟表公司机芯的质量是驰名国内外的，但产品的外形款式落后，过去企业赔本出口优质机芯。为了发挥优势，弥补不足，北京钟表公司从港台引进外形新颖的表壳表盘，与自己的优质机芯相配套，优势互补，赢得市场。同时，借鉴国外产品的最新款式，推出自己的新产品。

第三，目标市场的正确选择，是企业产品赢得市场的前提。北京钟表公司确定了让开“大路”、占领“两厢”的产品发展战略，及时退出竞争激烈的中档表市场，迅速进入低档表和高档表市场。研制出售价不到50元的廉价型DB51电子石英表。这种表既有瑞士全塑表基座又有中国机械表的传动装置，因而有质量稳定又易修理的优点。为开发高档表，北京钟表公司集中了全厂科研生产的优势力量，专攻高档精品型“海神”表。该表模仿瑞士永不磨损型雷达表，以外观精美、用料高档、走时准确大受消费者青睐。虽然售价600多元，却成为各销售柜台的抢手货。

第四，注意市场动向，抓住市场机会，开拓了生产“纪念表”的市场领域。1992年起，我国手表市场开始了生产“纪念表”热，北京钟表公司及时抓住这个机会，瞄准集团消费领域，开拓了一个新市场。澳星发射，赛特、太阳城开业，甚至美国555香烟都以北京钟表公司生产的纪念表留念。1992年，北京钟表公司承做“纪念表”15万只；1993年上半年为200多个单位承做了30多万只。目前，市场上的纪念表大多产自北京手表厂。

第五，多角化经营，利用关联技术，开发了一批非计时表产品。如与北大生物工程系联合开发了康乃尔综合治疗仪，可用于治疗高血压、糖尿病、脑血栓等慢性病；研制出的腕式心脏病急救器，在全国新产品新技术博览会上获金奖；研制出了电力机车速度记录器，铁道部已经决定将速度记录器开发基地设在北京钟表公司的钟表研究所，并与北京钟表公司共同解决速度表国产化的问题。机车速度表开发成功后，将在全国铁路系统推广。该产品的年产值将超过北京钟表公司目前全部手表的产值。在国内首创研制出了卡表，该产品是可以广泛用于机械加工、冶金建材、轻工等多行业的新型厚度测量工具，当年测量卡表小批量出口德国，成为出口前景看好的产品之一。除此之外，北京钟表公司还推出了自行车速度里程表、自动顺刷式电动牙刷、高科技牙齿再生设备、环境保护仪等。

（四）建立了一个好的管理制度

新厂长上任后，进行了三项制度改革，即人事制度、劳动用工制度和分配制度的改革，建立了“全员参与”的职工激励机制。例如，推行新的劳动用工制度，实行全员劳动合同制，形成职工能进能出的机制，打破了职工就业的“铁饭碗”，增强了职工的危机感和与企业共命运的使命感；实行干部聘用制，搬掉“铁交椅”，打破论资排辈的做法，能者上、庸者下，并形成干部任用中能上能下的机制；在定编定员定岗定额的基础上，实行岗位工资，使职工收入拉开档次，工资、奖金向一线工人和技术人员倾斜，打破了平均主义“大锅饭”。目前，企业又实行了全额工资承包。通过实行全额工资承包制，分配进一步向一线倾斜，多劳多得的原则得到了充分体现。同时，车间有了二次分配权和劳动用工权，能够更灵活地运用经济手段调动职工的积极性，更好地对劳动力进行优化配置，从而使每个车间都成为市场竞争的直接参与者，大幅度地提高了劳动生产率。

（资料来源：《企业管理》2000 年第 3 期）

二 案例分析

1. 面向市场、转变观念，是企业扭亏为盈的前提条件。20 世纪 80 年代后期，我国钟表制造企业在国外产品的冲击下纷纷落马，正是企业经营观念和经营机制不适应变化了的市场环境的结果，北京钟表公司连续六年的亏损便是一个深刻的教训。在不到两年的时间内，企业还是这个企业，人还是那些人，企业的外部条件和内部条件也没有太大的变化，北京钟表公司却扭亏为盈，“死而复活”，其根本原因就在于采用符合市场经济规律的经营方式，面向市场，按照市场需求调整产品结构，组织生产和经营。当一个企业的产品在市场上找到最佳位置时，它的经济效益也就最大限度地体现出来了。

2. 深化改革，转换机制是企业扭亏为盈的根本出路。北京钟表公司扭亏为盈的事实充分说明企业只有拥有自己独立的经济地位和经济利益，才会有不断创新的动力。企业只有实现了制度的创新、管理的创新，并不断进行技术和市场的创新，才能在激烈的市场竞争中成长和发展。

3. 加强管理，练好内功，提高经营管理水平，是企业稳定发展的基本保证。企业竞争能力的增强，企业经济效益的提高，归根结底要依赖于企业素质的提高，依赖于企业管理水平的提高。应该看到，尽管北京钟表公司已经连续两年盈利，但是企业的经营状况并不十分理想。1994 年年底，企业贷款余额仍达 4881 万元，年利息支出 333 万元。而企业两年的利润总和不过 800 多万元。要想使企业持续稳定地发展，还必须花力气，下工夫，提高企业的经营管理水平，为从根本上改善企业经营状况，提高企业经济效益水平提供基本保证。

造就一大批企业家是企业扭亏为盈的希望所在。企业家是一种特殊的社会资源，在企业发展中有着独特的先锋效应和动力效应。北京钟表公司刘冀虎的上任使企业扭亏为盈的事实，说明企业家是率领企业走出困境的重要力量。然而由于历史和体制原因，我国缺乏一批精通市场经济运作规律的企业家。这是因为，传统体制下我国缺乏企业家产生和生长的土壤，而我国传统的企业干部选拔制度又是以“官本位”为主体的。北京钟表公司八换厂长而不力，以及刘冀虎几下几上的经历，都说明了传统企业干部制度的缺陷。必须结合现代企业制度的建立，改革旧的人事干部制度，建立和完善企业家选择机制。

三 思考·讨论·训练

1. 你认为北京钟表公司扭亏为盈的主要原因是什么？
2. 要想使企业持续稳定地发展，应该采取哪些有力措施？

案例5 以诚信取人的世界船王

一 案例介绍

包玉刚，举世闻名的世界船王，属下环球航运集团鼎盛时期拥有210艘轮船，总载重吨位达2100万吨，船只数量与吨位均名列世界第一，超过当时美、苏两国船队总吨位之和。包玉刚获得如此巨大的成功，他自己认为有三点主要原因：首先是有自己的个性特点；其次是获得了银行界的信赖和支持；最后是与日本航运界及造船界人士有着良好的关系。

包玉刚的确有着鲜明独特的个性。在灯红酒绿的商界里，像他这样一个不抽烟、不嗜酒的大老板实在寥寥无几。就是谈生意，包玉刚也从不迁就客人的陋习，比如日本商人谈生意都喜欢在酒馆里边喝边谈，但包玉刚从来不去，每次都是在他的豪华会议厅里，用高雅的话题、名贵的茶叶来招待客人。在一种友好的氛围中，他们极有耐心地商讨着“共同的利益”。包玉刚严谨的生活作风体现在工作中，就是他那严格的工作、超人的勤奋和独特的经营理念。

包玉刚对所属船队实行分权管理，每一条船就如同一个家庭式的公司，这样既可以节省管理成本，调动每条船的全体员工的积极性，使得在一条船亏损时不致影响其他航船公司。在分权管理的基础上，航船公司的秘书和会计业务则集中由管理公司管理，管理公司对航船公司收取一定的管理费用。通过这种分散与集中紧密结合的处理方法，包玉刚有效地控制着他的船队。

据说希腊船王奥纳希斯曾经十分看不起这种管理方法，但后来事实证明包玉刚的经营方式令人折服。于是这位希腊船王在预约登门拜访包玉刚时，表达了他钦佩的心情。

包玉刚经营航运的另一个显著特点就是坚持与长期客户合作，不追求短期行为。因为他认为，长期客户虽然付的租金较低，但收入稳定，容易得到银行的支持，而短期的散租虽可随行就市，却因为没有固定的收入，船主要冒很大的风险。他的经营作风似乎与当时航运业的传统不合，却与他的性格十分相合。20世纪50年代，包玉刚开始从事航运的时候，香港和国际上的船东大都采用把船短程租用或“散租”的经营方式，视航运需求率而定租金。当业务兴旺时，从短期的眼光来看，这一经营方法容易获取较高的利润。包玉刚舍弃了这种富有吸引力，然而风险极大的“散租”业务，采取了完全不同于传统航运经营的长期租赁法。他把属下船只以长期合约方式定期租赁，把船只长期租予用户，租期可分为三年、五年至十年，租户按月交纳租金。包玉刚的长租经营使他躲过了石油危机的考验，也躲过了使大多数船王遭受灭顶之灾的危机。再后来，在海运业日益衰落的形势下，包玉刚没有故步自封，而是用巨资收购了地产公司九龙仓，从此弃舟登陆，开辟了更广阔的陆上事业。

1956年年底，他买进一艘3300吨的货船。最初租给香港某客户，租约到期正值1956年苏伊士运河关闭引起运费飞涨的高峰时期，那人想尽办法要求继续租用该船，主动要把租金提高一倍，显出让船东有厚利可图。但包氏了解此人从事投机，没有稳定的货运合同，又嗜赌如命，所以断然拒绝再租船给他，而将此船租给了一家可靠的日本航运公司，租费低得多，租期长得多。后来那位客户仍从多方面租到许多条高租金船只，香港多数船东都有船租给他。可是不久埃及战事终止，运河开放，船只需求量减少，运费暴跌，此人入不敷出，宣告破产。有些船东因此蒙受损失。唯独包玉刚在此期间既没有受到运河重开而引起的营业波动，又没有遭到租户破产带来的损失。

包玉刚的第一条船“金安”号就是得到日本银行的贷款购买的，可能正因为此，包玉刚与日本商界的关系很深。包玉刚90%以上的船是在日本造的，他的船85%又租给日本的客户。日本人非常乐意和包玉刚做生意。

日本造船商人称包玉刚为“我们最尊贵的主顾”。因为从1961年以后，他一直在日本订造船只。每逢造船业淡季，日本船厂吃不饱、亏损大时，包玉刚宁可自己吃些亏也在日本订船。1971年，航运业生意不振，他依然向日本订造了6艘船，总吨位达150万吨，造船商为此感激涕零。后来生意兴旺，船东争得头破血流也要在日本造船。造船商忙不过来，不肯接单，但只要是包玉刚订的船，船商二话不说，立即命令船厂动工，为其造船。

说起包玉刚和银行界的渊源，可以追溯到他在上海时从事的职业生涯：

1945年年初，包玉刚就担任过上海银行的业务部经理，两年后他升任上海银行副总经理。成为世界船王之后，他又兼任着日本兴业银行高级顾问、美国大通银行国际咨询委员会成员、香港汇丰银行董事会首席副主席、渣打银行董事、世界金融投资有限公司和IBJ金融（香港）有限公司主席、香港恒生银行董事、有利银行董事之职。包玉刚对银行一直有着特殊的感情，同时银行界对包玉刚的事业发展也起了关键的支持作用。正是由于获得了源源不断的银行贷款，才使得他的事业得以飞速发展。尤其是汇丰银行，对包玉刚的支持更是功不可没。1964年，汇丰银行第一次在包玉刚新建的公司里投资，占股1/3。后来又增至2/5。1970年，汇丰银行又和包玉刚合资成立了“环球船运投资有限公司”，汇丰银行占股45%。不久，包玉刚又成立了“环球租赁国际有限公司”，其中汇丰银行股份达37.7%。在包玉刚集团中第二位的大机构“亚洲航业公司”中，汇丰银行也从中购得10万股股票。据估计，汇丰银行对包玉刚集团的投资，账面价值已达5000万美元，市场价值则还要大得多。

几十年来，包玉刚靠着自己的智慧和中国人特有的吃苦耐劳的作风，为“中国人”这个称谓赢得了骄傲。在他73年的人生历程中，他创造出的辉煌奇迹，或许会随着岁月的流逝而渐渐被人们遗忘，但他留给我们中国人的实实在在的东西，却永远不会被遗忘。

（资料来源：《管理杂志》第310期，台北）

二 案例分析

1. 航运业萧条的冲击，使企业受到很大的影响，包玉刚洞悉先机，成为率先采用“长租”经营方式的第一人，其中的哲理，许多世界船王在经历了挫折之后才能理解。

2. 独特的人格品质是古今中外成大事业者必备的素质。大多数人在人生的逆境中却渐渐丢失了自我，因而也就注定不能成为独具魅力的领袖人物。包玉刚能够在鱼龙混杂的商界始终如一，坚持诚信、自尊、刚毅、正直的人生原则，终于一步步走向事业的巅峰。

3. 商海变幻，风云莫测，机遇与挑战常常并存。正如当时包玉刚率先摒弃“散租”的传统经营方式一样，日后当他敏锐地觉察到海运市场的衰落已不可避免时，便毅然放弃了心爱的航运事业，弃船登陆，终于使得他庞大的事业得以继续保持青春。我们从这位已故的世界船王身上看到了他不故步自封，不断锐意进取的可贵品质。

三 思考·讨论·训练

1. 要想成为一名成功的管理者应当具备什么样的素质？
2. 包玉刚得以成功的经验是什么？

案例6 谁是中国企业未来选择

一 案例介绍

（一）车间主任经济VS老板经济

中国区域经济有多种发展模式，其中，青岛和温州是两种比较典型的模式。青岛区域经济主要靠大企业支撑。在青岛有海尔、海信等十大集团。它们的贡献占整个青岛经济的50%以上，而青岛的民营经济却不怎么发达。

温州区域经济主要靠小企业支撑。温州有近10万家中小企业，它们对温州经济贡献率高达90%。由于历史原因，国家对温州很少有投资，温州几乎没有什么大型国有企业和集体企业。

如果把青岛经济和温州经济比作两片森林，则青岛经济这片森林主要是由几棵大树支撑起来的，而温州经济这片森林则主要是由众多小树支撑起来。

青岛模式和温州模式是两种经济组织形式。在青岛，较多的经济活动被少数大企业纵向一体化或横向一体化，即用企业内部的行政协调代替了企业之间的市场协调。在温州，除邮政、电信、电力、银行等部门外，几乎所有的经济活动都由众多的中小企业分散进行。大家分工很细。如打火机，一个小小的产品由几百家企业分头生产，有的企业只生产打火机的弹簧，有的只生产外壳，然后通过市场交易进行组装。因而温州经济是用企业之间的市场交易代替企业内部的行政协调。结果，在温州老板比较多。每个企业就算只有一个老板，在温州就有10万个老板。一个打火机、一双皮鞋、一个低压电器产品，都是由众多老板组织生产出来的。这种经济可称为老板经济。在青岛则是车间主任多，分公司经理多，一个产品是由众多车间主任、分公司经理组织生产出来的。这种经济可以称为车间主任经济。

车间主任与老板的区别在于：前者只拿少量奖金。车间主任一月创造1000万元的效益，公司总部可能只给他10万元、20万元奖金；而老板创造

1000万元、2000万元效益，全部归自己所得。因此，后者的动力比前者就大得多。如果把老板比作车头，把车间主任比作火车厢，则在青岛，一个火车头拉了几十个甚至几百个车厢。而且，有些火车头还不一定是真火车头。比如，海信是国有企业，周厚健并非真正的老板，他也是工资劳动者，也是车厢。只不过，因为周厚健本人奉献精神比较强，他通过职能错位，假老板当做真老板，将国有企业作为自己的企业来打理，才使海信这一列车有了一个动力很强的火车头。在温州，一列长长的火车被拆开，每节车厢上加了一个火车头。结果，整个温州经济的动力很强。

老板组织生产的零部件，是通过市场交易进行配套的，生产同一种零部件的企业不止一家，而是有数十家，只有那些质量最好、价格最低的企业才能优先出售。在这种竞争性配套体制下，企业面临较大的竞争压力，迫使它们不断创新，不断进取。车间主任组织生产的零部件，是垄断性配套。即使成本高一点，即使质量不是最优，最后也得用上。由于内配，车间主任就很少有来自市场的压力。

两种经济模式的直接表象是，在温州是老板多，创业者多；在青岛是打工仔多，连张瑞敏也是一个高级打工者，因为海尔不是他的，他只是海尔的职业经理人。

（二）儒家文化VS永嘉文化

在青岛与温州两个地方之所以能产生两种不同的经济模式，既有历史的原因，也有文化的影响。

从历史看，在计划经济年代，国家对青岛有较多的投资，形成了一定规模的国有企业。改革开放以后，青岛经济是在原有的国有经济的基础上形成的。正因为有国有企业，青岛人有地方上班，有地方拿工资，一般就没有足够的动力去自己创业。

而温州则不同，因为那里与台湾较近，在台海关系较紧张的情况下，国家不可能在那里有大量投资。几十年的计划经济，国家对温州投资很少，温州的国有企业也就少，再加上温州人均不到三分地，为了生存只能大家自己创业。

从文化渊源来看，青岛作为山东的一部分，作为孔圣人的故乡，儒家文化比较浓，企业家的政治抱负比较强。而在温州，则主要是永嘉文化，这种文化使人具有较强的创业意识和打拼精神。

近年来，我国上上下下都在喊一个口号，即“做大做强”。但我国企业界一个很残酷的现实是做大做亏，做大做垮。

为什么会出现这种现象？因为企业规模越大，管理层次就越多，加上企业分布区域更广泛，委托—代理链条就延长，在一根根较长的委托—代理链条上，集结着众多的有可能捞一把就走的人，即所谓的代理人。在这里，之所以用“有可能捞一把就走”来描述代理人，其中包含了以下几点：

其一，代理人有决策权，具备了捞一把就走的有利条件。

其二，代理人有信息优势，他可以用所掌控的信息优势欺骗委托人。当他捞的还不是很多的时候，委托人很难发现，继续委以重任。

其三，如果整个社会信用环境很好，如果代理人的职业操守很好，他不会辜负委托人的期望，不会捞一把就走；如果整个社会信用环境较差，如果经理人素质较差，则他一旦有任何权力，都会放大使用，以权谋私。

其四，国家的法制是否健全，执法是否严。如果法制健全，执法较严，代理人的任何违规，都会受到法律严惩，则绝大多数代理人有了权力之后，都不敢捞一把就走。比如，如果国家有职业经理人的竞业限制，即离开现有企业之后，几年之内不能到竞争对手的企业工作，则整个社会就不会有那么多人把企业技术和客户带走，自己另起炉灶，与原有企业对着干。

其五，管理水平。如果企业的管理水平很高，企业长大一倍，管理水平提高 1.5 倍，这样，即使管理层次较多，委托—代理链条较长，代理人也没有多少空子可钻。

以上说明，在两权分离的情况下，代理人具有“捞一把就走”的条件，企业规模越大，委托—代理链条越长，有可能“捞一把就走"的人就越多；这种可能是否变成现实，在多大程度上变成现实，那就看这个社会的信用环境，职业经理人的素质，法制状况，管理水平等。而目前的中国社会，信用状况并不理想，职业经理人的素质有待提高，法律有待完善。浙江经济之所以充满生机充满活力，浙江的许多产品之所以具有国际竞争优势，能把美国、日本、欧洲的企业打败，就是因为家族模式是浙江经济的主体。但温州模式也有问题，比如，嵊州市有1000多家企业做领带，有近百个品牌。但是，没有一家企业能像海尔或海信这些企业，能挥出几千万创品牌。没有哪一家企业能拿出几千万或几个亿在全国甚至国外建市场体系，没有哪一家企业能拿出几千万进行科研开发。

取长补短的具体办法是，在青岛的一些大企业，可以通过业务外包，在大企业周边，培养一大批老板，然后用较低的市场交易成本来降低企业管理成本，把一部分经济由车间主任经济变成老板经济。

在温州，甚至在整个浙江，需要在众多“小狗”中尽快长出几只“老虎”。这方面，柳市镇已经很成功。该镇从众多小型低压电器企业中，成长出了正泰和德力西两家大企业，即在一群“小狗”中，长出了两只大老虎。既保留了家族模式的优势和小企业的活力，又有大企业进行资源整合，在国内外建渠道，创品牌。这样的生态，应该是一种比较理想的企业生态。

（资料来源：http：//www. e－works. net. cn）

二 案例分析

现代企业制度是以公司制度为主体的市场经济体制的基本成分。现代企业制度，是指适应社会化大生产和市场经济要求的产权明晰、权责明确、政企分开、管理科学的一种新型企业制度。现代企业制度的特征是由现代企业的特征决定的，可以从不同角度去理解它的特征。如从财产关系看，它具有产权明晰、法人财产、有限责任等特征；从组织管理制度看，它具有两权分离、相互制衡、激励和约束兼容等特征；从企业行为看，它具有目标明确、分配规范、管理科学等特征；从企业生存的外部条件看，它具有公平竞争、优胜劣汰、法制约束等特征。但归纳起来，主要有以下五方面：

1. 产权关系明晰。即企业是法人团体，具有民事行为能力，独立享有民事权利，承担相应的民事责任。企业产权关系清楚，出资者享有企业的产权，企业拥有企业法人财产权。

2. 享有法人财产权。即企业法人有权有责，企业以其拥有的全部法人财产，依法自主经营、自负盈亏、照章纳税，并对出资者负责，承担资产保值增值的责任。

3. 实行有限责任制度。即出资者按投入企业的资本额享有所有者权益，也就是拥有资产受益、重大决策和选择管理者等权利；企业破产时，出资者只以投入企业的资本额对企业债务负有限责任。

4. 政企职责分开。政府依法管理企业，企业依法自主经营，不受政府部门直接干预。政府调控企业主要用财政金融手段或法律手段，而不用行政干预。

5. 权责明确的管理制度。即一方面有相互制衡的法人治理结构，如股份制公司中的股东会（权力机构）、董事会（决策机构）、监事会（监督机构）和总经理（执行机构）等；另一方面具有权责明确的经理式的管理层级制，善于管理，提高效率。

三 思考·讨论·训练

1. 青岛模式和温州模式的区别在哪儿？

2. 根据现代企业制度的要求分析青岛模式和温州模式的优缺点。

3. 请你为中国企业选择一个发展模式。

案例7 方太——家族制与现代企业制度的嫁接

一 案例介绍

“在中国的家族企业中，家族必须绝对控股，家族企业的股权安全系数在70%—90%之间。”在位于浙江省慈溪市经济开发区的方太厨具有限公司总部接受本刊记者采访时，方太集团董事长茅理翔语出惊人。

在多数论者看来，家族企业要想做大做强，股权的不断稀释当是题中应有之义。就此来讲，茅理翔无疑属于保守一派。前者结论的得出，缘于西方国家家族企业航母的发展轨迹；而茅理翔的结论则是基于方太在中国的成功。

革命与改革孰是孰非，答案因企业具体情况而异。方太集团作为样本所能给我们提供的，只是中国家族企业发展的一个可能的路径。这种路径具体含义在于：既要坚持家族制，又要建立现代的企业制度。如何拿捏两者之间的平衡？茅理翔给出了一个自己的答案。

(一) 启蒙者茅理翔

“在中国家族企业研究领域，我也许不是水平最高的一位，但正是因为我的努力，中国的家族企业才真正进入了人们的视线。”茅理翔颇以自己在家族企业研究领域的成果和影响为荣。

在茅理翔看来，要想让人们了解坚持家族制的意义，就要先让人们了解家族制企业本身。这一工作更大的意义在于启蒙，因为一向管理粗放的家族企业如何可持续发展的问题已经开始困扰中国的家族企业。如若把背景放大，茅理翔所要面对的，是中国长达几千年的重农抑商文化，以及流毒未尽的“大锅饭”意识。

如今的茅理翔，工作状态全然不像一个企业家，倒更像一位学者。而且他自己现在好像也偏好后一个定位，这当然不仅仅是因为他有着儒雅的风度。现在仍任董事长一职的他将时间分配为三个1/3：1/3用来讲课，1/3用来写书，1/3用来会见朋友，接待记者。

显然，茅理翔的家族企业研究，背靠的是自己家族一手创办的方太集团这棵大树。在中国厨具生产领域位列第二的方太公司，既是茅理翔的理论实践的成果，又是试验品本身。

作为家族企业的第一代创业者，茅理翔与儿子茅忠群之间已经顺利地完成了交接，而后者将方太打理得井井有条。方太交接成功的意义不仅在于中国民企传承有了一个经典案例，也使得茅理翔开始意识到家族制作为一种古老的企业制度的价值所在。

"中国的民营企业当中，有90%以上是家族企业，否定家族企业就是否定民营企业，"茅理翔说，"在世界500强企业中，家族企业占了1/3强。"

"家族企业有着明显的优势，如产权清晰、委托—代理成本低、决策灵活等。"茅理翔说。

但是，家族企业的弊端也是显而易见。"江苏有四兄弟，开始很团结，大家共同创业，但是在企业做大以后，四兄弟便闹起了分家，由于老四抢先注册了共同的商标，兄弟们就打起了官司，不可开交。"茅理翔给《法人》记者举了一个例子。

在目睹了为数众多的类似的家族企业由于管理不善或者家族成员内部不和，导致苦心经营的企业轰然倒塌的事件后，茅理翔开始思考在保持家族所有权属不发生根本改变的前提下，如何有效地解决家族企业内在弊端的问题。

思考的结果，就是淡化家族制，为家族企业嫁接现代企业制度。

（二）茅理翔跪求理解

"让家的感觉更好"是方太的广告语。而为了让自己的家族企业的感觉更好，为自己的企业嫁接现代经营管理制度，茅理翔颇花了一番心思。

为了摆脱家族企业任人唯亲导致的管理混乱，最终使企业分裂或者坍塌的宿命，茅理翔采用了极具中国传统特色的方式：向母亲下跪。

当下岗待业的四弟要求进入方太任干部时，极重亲情但又不能破坏企业管理制度的茅理翔向母亲跪下了。跪了有十分钟，向老母亲陈述自己的理由，寻求母亲的理解。

"开始创业时，兄弟们往往很团结，但在企业做大以后，一般在做到一个亿之后，矛盾就会显现，"茅理翔说，"老大有老婆舅子，有舅子老婆，就会有一帮人；老二也会有老婆舅子、舅子老婆，七大姑八大姨的都在企业里面，家族矛盾与管理矛盾一旦搅和在一起，造成管理错位，加上利益、权力和发展思路的纷争，必然会出乱子。"

在企业创办伊始，茅理翔就与妻子约法三章：两人的兄弟姐妹、亲戚可以在企业工作，但不能担任车间主任以上的职务。这一规定被严格执行到现在。

“这种下跪是传统的力量和制度的力量较量的过程，这个过程应该是一个非常艰难、痛苦的过程。”中国社会科学院民营经济研究中心主任刘迎秋教授说。

茅理翔的一跪颇具象征意义：方太从此得以完成从传统家族企业管理制度向现代企业管理制度的嬗变。

较量的结果是茅理翔安排他的四弟在一个相对比较小的、与总部分开的办事处做了主任，随后又用一些其他方式解决了两个大学毕业的侄子的就业问题。

“民营企业在创业初期一定要依靠家族制；民营企业发展到一定规模，一定要淡化家族制。”茅理翔指出。

目前的方太，除了董事长和总经理由茅氏父子担任外，其他中高层管理人员没有一个家族成员和亲戚，都是外聘的本科生、硕士生或者博士生，并且方太员工中40%来自外地。

茅忠群在答应父亲任方太公司总经理时，作为条件他就提出要成立新公司，不起用父亲原公司飞翔公司的员工，而是重新搭建自己的管理团队，独立运作经理层。儿子提出的社会化性质的管理当然也对茅理翔有了某种启示。

茅理翔自称自己所致力于建立的，是“现代家族企业管理模式”。在其所著《管理千千结》一书中对此做了阐述。茅理翔称目前这一模式还在不断探索当中，边研究边实践，方太就是试验田。研究的成果将是他即将出版的另一本著作——《现代家族企业管理模式》。

当然，茅理翔还是选择了自己的儿子茅忠群做总经理。这种选择，一方面基于茅忠群上海交通大学硕士研究生的学历背景和突出的个人能力；另一方面则是出于对中国职业经理人队伍尚未形成和法律、信用体系尚未完善的客观原因。

此外，还有一个难以否认的解释是：对家族制的坚守。

（三）把握产权多元化的“度”

“我认为美国式的股份制不适合中国国情。”茅理翔说。茅理翔此番言论当是对其“股权安全系数在70%—90%之间”言论的呼应。

“即使在西方国家的家族企业，家族相对控股的也在少数，”茅理翔说，“很多相对控股的家族企业最终面临被收购、兼并或者转为股份公司的命运。”

在茅理翔看来，要把握家族企业产权多元化的“度”，除了要求家族企业绝对控股外，股份参与者的人数也不宜过多。人多了反而无效率。

"在国内很多家族企业为了激励员工，会对员工有股权的奖励，但这种股权也只是虚股，人在企业时能够享有分红的权利，一旦人离开企业，股权也就相应消失，不能够带走。"茅理翔指出。

产权清晰作为现代企业制度的最主要的特征之一，在家族企业最主要体现为家族成员内部的股权要明晰。

对于此茅理翔有著名的"口袋理论"：钱要最好放在一个口袋里，否则会给企业埋下"定时炸弹"，最终将导致家族和企业的分裂。

茅理翔认为自己和夫人、儿子属于同一个口袋，不会有利益上的冲突；女儿和女婿属于另一只口袋。所以，他就把儿子和女儿分开，拨出一笔资金让女儿自己创业。目前女儿经营的凌克公司也搞得有声有色，与儿子的公司在产品上也形成了互补。儿子和女儿之间也会经常有一些在企业发展方面的切磋。茅理翔显然对自己的这一安排颇为自得。

现在茅理翔夫妇和儿子共同持有方太公司80%多的股份，女儿一家持有14%的股份，但不参与公司经营。出于激励的目的，公司也在管理人员中进行了一些产权转移，但是为数有限。

事实上，茅理翔同儿子一起投资3000万元进行"二次创业"时就有着产权明晰化的考虑。起先茅理翔经营的飞翔公司有着千丝万缕的国营背景，产权很不明晰。于是他才考虑创立了完全属于自己的公司。对于自己的老部下，他则造了另外的"口袋"：在方太外围创立了6个协作厂家，分别由以前的战友和部下掌管。这些厂家与方太只有业务上的联系，没有产权上的联系。这样既保证了创业元老的利益，又保证了方太的利益。

（四）审慎的魅力

方太的口号是"不争第一，永当老二"。这一口号部分反映了茅理翔的稳健与平和的作风。当然，对于一个以中庸的家族企业模式运作的企业来讲，这也是一个情理之中的目标。

与中国众多豪气冲天的家族企业领袖相比，书卷气十足的茅理翔显然缺乏大肆扩大公司规模的野心。他要做的是专而强，而不单纯是流之于大。这既是因为目睹了中国太多浮夸的民营企业的坍塌，也是因为对家族企业发展路径的深刻洞察。

茅理翔认为，长寿企业多是强势品牌企业和稳健发展的企业。所以对于跨行业发展和上市融资，茅理翔都表现得兴趣索然，他要做的是厨房"专家"。

对于方太的产权模式和经营模式以及企业发展战略我们都无法做出斩钉截铁的质评，这需要交由时间检验。我们所能称道的，是茅理翔父子在探索家族企业发展路径时表现出的清醒和兢兢业业，以及作为一个企业家的审慎的魅力。

（资料来源：http：//www.226e.net/article/75/Article3875_1.htm）

二 案例分析

茅理翔自认为自己的企业已应该算作现代意义上的家族企业了。茅家虽拥有公司80%的股权，但在董事会中已吸收了一些非家族成员，而且从总经理助理到普通的管理层人员很多是从外地引进的高学历人员，从而避免了决策的片面性和局限性，减少了发展的风险。

茅理翔说，在家族企业中，管理专业化的重要标志就是非家族成员也能担任公司中的高级职位，并得到信任。

家族企业与现代企业并不相抵触，与现代公众公司相比，家族企业依托亲缘关系而降低了交易费用，简化了监督机制，但这并不是说家族企业不会发生制度变迁。

三 思考·讨论·训练

1. 家族企业如何与现代企业制度对接？
2. 家族企业应如何选拔接班人？

案例8 沈经理的报告

一 案例介绍

老沈是宏大鞋业有限公司的总经理，主管生产业务20多年，近年来，在激烈的市场竞争中为本公司公司创下了可观的利润。这天，他打电话请小张下午4时来经理室一趟。小张是去年才参加工作的大学生，为人谦虚谨慎，现正在公关部试用。

下午4时，小张准时来到了经理室。沈经理热情地招呼他进来，并请秘书为小张泡了杯茶。让座后，沈经理便打开话题，提出了他的问题。

“最近管理者协会地区会邀请我就‘管理是一种专业’这个题目作一次报告。说实话，从中学毕业后参加工作到现在，虽然几十年来接触生产工作、管理工作，但就这一题目还真不知从何谈起，今天请你来就是想听听你的看法。”

小张听后凝思良久，上大学时他倒也接触过，但是为了慎重起见，他说：“我也许可以为你解决这一问题提供帮助。我们学管理课时用过一本书，其中专门有一章论述这个问题。我记不得那本书的作者了，但这本书我可能还保存着，让我回去找一下，明天给您回音。”

小张找到了那本书并在第二天交给了沈经理。沈经理看后又一次约小张来到了经理室。

“小张，那本书我看了，谢谢你的帮助。我找到了一些对我报告有用的材料。但我还想谈我自己的一些看法。那本书作者似乎支持‘管理是一种专业’的主张，可他结论又不是非常肯定，你觉得呢？”

小张回答道：“我重读后觉得，我同意作者的观点。我认为，管理确实像医学、法律那样是一种专业。管理知识非常丰富，而且管理人员在经验水平上发展了很多管理技能。”

“但是，医学知识不是有更多的科学性吗？而且，医学领域研究的内容更加广泛，回答问题也更多。”

“不过，我确实不这样想，比如说，医生对如何治愈癌症实际上知道得并不多。”

“但是，即使这样，我们可以感觉到医学专业对医生们的重要性，而我的很多从事管理工作的同行们却很少有人学过管理专业，而且他们每个人虽然在工作中采取的管理方法不尽相同，但很多人的工作都很成功，因此管理工作也不像医学专业那样有可执行的严格标准。”

“您说得也有道理。但我认为仅凭有没有严格的标准似乎不能断定管理是不是一种专业。”

“但法律和医学是以维护社会、维护人们的生命财产为目的，含有高度的利人主义动机，作为一种专业应该为社会为人类服务，而不是追逐金钱。”

“您说得有道理，利润确实是管理效益的一种体现，但我们都曾向医院付过医疗费，不是吗？”

（资料来源：http：//zhidao. baidu. com/question/56568834. html）

二　案例分析

管理学是研究管理活动的基本规律、普遍原理及其应用的学科。管理是一门综合性学科，管理学既是科学又是艺术，管理的实践性比较强，同时管理又是一门不精确的学科。

三 思考·讨论·训练

1. 你同意小张关于“管理是一种专业”的观点吗？为什么？
2. 你认为沈经理的报告应如何论述这一问题？

第二章　管理思想的形成和发展

无论从事何种领域的研究，理论家永远是时代的人和时代的产物。与其他理论一样，管理理论的演变反映了日常现实和变化的环境。同理，管理者必须对不断变化的环境保持敏感并乐于改变。如果不这样，他们必将被更加灵活的对手超越。

——詹姆斯·斯通纳

管理思想的产生可以追溯到世界上有了人类那个时候，随着人类社会的进步管理思想逐步发展起来。发展阶段大致可以分为五个，即早期管理思想、管理学思想的萌芽阶段、古典管理理论阶段、新古典管理理论阶段和现代管理理论阶段。

一　早期的管理思想

原始社会的产生力水平非常低，人们为了在恶劣的自然环境中生存，必须集体从事生产活动，如在狩猎时需要由一群人来合作进行，有的从事驱赶，有的挖掘陷阱，有的担任射杀任务，捕获了猎物后进行分配，等等，这些活动都需要组织起来协助进行。实际上这就是管理活动。

直到18世纪，在这漫长的历史时期，生产力增长十分缓慢，庄园式的自给自足的农村经济和作坊式的手工工艺，基本上都是以家庭为单位进行的，家长在从事生产活动的同时进行简单的管理工作。尽管在古代，中国外国都有一些浩大的工程，其组织工作的复杂连今人也都自叹不如。毕竟在当时的历史条件下虽有管理活动和管理实践，但无法形成系统的管理思想。

二　管理思想的萌芽阶段

从18世纪到19世纪末为管理思想的萌芽阶段。

早在14—15世纪，欧洲就产生了资本主义的萌芽，英国、法国先后爆发了资产阶段革命，推翻了封建地主阶级的统治，为生产力的进一步发展扫清了道路。经过18—19世纪的工业革命，才最后确立了资本主义。

工业革命的标志是1733年英国人约翰·怀亚特发明了纺织机，机器的大量使用使手工作坊向工厂发展，大量的工人在一起从事生产活动，社会生产力大大提高。工厂制逐渐替代了手工作坊，也带来了一系列的新问题，在专业化生产的条件下，许多工人彼此之间如何协调工作，工人与机器之间、机器与机器之间如何配合，怎样对工人进行培训、激励和管理，等等，这些问题与手工作坊的管理完全不相同。在这样的背景下，管理工作中的计划、组织、控制等职能逐渐形成，同时专门从事管理工作的管理人员从工人中逐渐分离出来，在实践的基础上开始形成管理思想。同期出版的许多著作中也开始探讨管理思想。

三 古典管理理论阶段

从19世纪末到20世纪30年代为古典管理理论阶段。随着生产力的提高，整个社会发生了巨大的变化。技术进步加快，企业的规模越来越大，遇到了中、小型企业中没有遇到过的问题，如效率低、管理困难、机构如何设置，怎样运用一套完整、科学的管理思想和管理方法来解决这些管理上的新问题，使之与迅速扩大的生产力相适应。

工厂主靠自己的经验，采用传统的方法进行管理，为了能获取更高的利润，往往采取延长劳动时间、加大劳动强度的办法，这样做必然激起工人的反抗，引起劳资双方关系的紧张。单靠经验的传统管理方法不行，迫切需要通过改进管理来缓和劳资之间的矛盾，又能增加工厂主获得的利润。

在以上原因的推动下，许多管理者和工程师进行了对改进管理的研究。其中以泰勒为代表，成就显著，被后人尊为“科学管理之父”，他的代表作为1911年发表的《科学管理原理》。在这一阶段管理学逐步形成。

四 新古典管理理论阶段

从20世纪30—40年代为新古典管理理论阶段。

泰勒的科学管理理论和方法得到了广泛的应用，对劳动生产率的提高起了很大的作用，但是，科学管理思想的特点是重视物而轻视人的因素，把人看做机器一般，强调对工人严加管理，以规范化和标准化的措施，辅以金钱的刺激来提高劳动生产率，而没有看到工人在社会生活中对人与人之间的交往和精神上、感情上的需求，其结果并不能有效地提高劳动生产率，反而引起了工人的不满和反抗。

随着科学技术的进步，企业的生产规模不断扩大，工人的文化水平和技术水平都有了提高，这种情况下，采用严格管理和金钱刺激工人就失去了过去所能起到的作用。在新形势下，需要研究人的因素，研究怎样才能调动工人的积极性从而提高劳动生产率。

当初为了验证生产环境对工人劳动生产率的影响，于1924年开始在位于美国芝加哥郊外的西屋电器公司霍桑工厂进行实验。但是，实验的结果却发现与原来的想象并不一致，那么到底是什么因素与工人的劳动生产率有关呢？于是西屋电器公司邀请了哈佛大学梅奥（George E. Mayo）和罗特利斯伯格（F. J. Roethlisberger）从1926年开始进行试验，直到1932年结束。这就是管理思想发展过程中具有重要意义的“霍桑实验”，并在此基础上创建了“人际关系学说”。

这一阶段管理思想的特点是把人看做是社会的人，研究与人相关的因素和社会因素。

五　现代管理理论阶段

第二次世界大战后至今为现代管理理论阶段。

第二次世界大战后，许多国家都致力于本国经济的发展，科学技术迅速发展，生产规模急剧扩大，生产的社会化程度日益提高，这一切都推动了生产力的迅速发展和对管理研究的进一步深入。许多学者结合前人的经验和理论，从不同的角度出发，对管理进行多方面的研究，提出各种不同的分析方法和思想，产生了多种管理学派，出现了“管理理论丛林”现象。这种现象的出现，说明管理受到了社会各界的广泛重视，大家都来进行研究，出现了“百家争鸣”的局面，这些学派之间互相补充，从各方面阐述管理中的有关问题，极大地丰富了管理思想和管理科学。

这一阶段的另一个显著特点是，数学在管理中得到了日益广泛的应用，主要是运筹学（Operational Research，缩写为OR）。在第二次世界大战期间，英国为了使其有限的空中力量能与德国大规模的空中力量相抗衡，并取得最佳战果，于是请数学家来解决空中力量的最优配置问题。无独有偶，当时美国组织了盟国的船队穿越大西洋向英国等欧洲盟国运送弹药、给养等军需品和人员，船队在大西洋遭到了德国潜艇肆无忌惮的攻击，损失惨重。怎样配置和协调使用飞机和水面舰艇来护航，以至于如何确定深水炸弹的最佳投弹深度，来提高盟国船队的生存概率，成了亟待解决的重要问题。在数学家的帮助下，运用数学方法圆满地解决了这一难题。第二次世界大战中发展起来的运筹学在战后得到了广泛的应用，特别是在管理工作中。

运筹学是一种定量的科学方法，它研究的是在一定条件下，统筹安排各个环节、各个活动，从许多可行的方案中选择一个最好的方案，达到最好的效果或最高的效益。在计划、决策和控制等方面能发挥很大的作用。

数学模型在管理工作中得到越来越多的应用，加上计算机技术的迅速发展，促进了管理科学的进一步发展。

当然，管理思想发展阶段的划分并不是绝对的。从不同的研究角度出发，划分的阶段也不一样，起讫年代也可能不一样。一个阶段的主导管理思想往往孕育于前一个阶段之中，如对人的心理因素研究早在泰勒为代表的阶段就开始了，只是霍桑试验对人类行为的研究起了巨大的推动作用。

案例1　管理理论真能解决实际问题吗

一　案例介绍

海伦、汉克、乔、萨利四个人都是美国西南金属制品公司的管理人员。海伦和乔负责产品销售，汉克和萨利负责生产。他们刚参加过在大学举办的为期两天的管理培训班学习。在培训班里主要学习了权变理论、社会系统理论和一些有关职工激励方面的内容。他们对所学的理论有不同的看法，现正展开激烈的争论。

乔首先说："我认为社会系统理论对于像我们这样的公司是很有用的。例如，如果生产工人偷工减料或做手脚的话，如果原材料价格上涨的话，就会影响到我们的产品销售。系统理论中讲的环境影响与我们公司的情况很相似。我的意思是，在目前这种经济环境中，一个公司会受到环境的极大影响。在油价暴涨时期，我们当时还能控制自己的公司。现在呢？我们要想在销售方面每前进一步，都要经过艰苦的战斗。这方面的艰苦，你们大概都深有体会吧？"

萨利插话说："你的意思我已经知道了。我们的确有过艰苦的时期，但是我不认为这与社会系统理论之间有什么必然的内在联系。我们曾在这种经济系统中受到过伤害。当然，你可以认为这与系统理论是一致的。但是我并不认为我们就有采用社会系统理论的必要。我的意思是，如果每个东西都是一个系统的话，而所有的系统都能对某一个系统产生影响的话，我们又怎么能预见到这些影响所带来的后果呢？所以，我认为权变理论更适用于我们。如果你说事物都是相互依存的话，系统理论又能帮我们什么忙呢？”

海伦对他们这样的讨论表示有不同的看法。她说：“对社会系统理论我还没有很好地考虑。但是，我认为权变理论对我们是很有用的。虽然我们以前亦经常采用权变理论，但是我却没有认识到自己是在运用权变理论。例如，我有一些家庭主妇顾客，听到她们经常讨论关于孩子和如何度过周末之类的问题，从她们的谈话中我就知道她们要采购什么东西了。顾客也不希望我们‘逼’他们去买他们不需要的东西。我认为，如果我们花上一两个小时与他们自由交谈的话，那肯定会扩大我们的销售量。但是，我也碰到一些截然不同的顾客，他们一定要我向他们推荐产品，要我替他们在购货中做主。这些人也经常到我这里来走走，但不是闲谈，而是做生意。因此，你们可以看到，我每天都在运用权变理论来对付不同的顾客呢。为了适应形势，我经常都在改变销售方式和风格，许多销售人员都是这样做的。”

汉克显得有些激动地插话说：“我不懂这些被大肆宣传的理论是什么东西。但是，关于社会系统理论和权变理论问题，我同意萨利的观点。教授们都把自己的理论吹得天花乱坠，他们的理论听起来很好，但是他们的理论却无助于我们的管理实际。对于培训班上讲的激励要素问题我也不同意。我认为，泰罗在很久以前就对激励问题有了正确的论述。要激励工人，就是要根据他们所做的工作付给他们报酬。如果工人什么也没有做，就用不着付任何报酬。你们和我一样清楚，人们只是为钱工作，钱就是最好的激励。”

（资料来源：杨先举主编：《工商企业管理案例》，中国人民大学出版社 1994 年版）

二 案例分析

社会系统理论认为，组织是一个开放系统，它与外部环境不断进行能量和信息的交换，同时，系统又是由许多子系统组成的，各子系统之间又是相互影响相互作用的。权变理论认为，组织和组织成员的行为是复杂的，加之环境的复杂性和不断的变化，使得普遍适用的有效管理方法实质上是不可能存在的。尽管主管人员早已体会到没有一种可以到处适用的最佳方法，但却难以确定所有影响的随机因素，并指明它们的关系。

三 思考·讨论·训练

1. 你同意哪一个人的意见？他们的观点有什么不同？
2. 如果你是海伦，你如何使萨利信服系统理论？

3. 你认为汉克关于激励问题的看法怎样？他的观点是属于哪一种管理理论的观点？

案例2　智邦公司

一　案例介绍

在台湾地区的科技产业中，智邦可以说是最具“人文”特色的公司，这种人文的企业文化，从领导人的身上及办公环境可以得证。

虽然网络科技日新月异，但杜仪民始终将工作与假日生活区分分明。周一到周五全力投入工作，周六、周日则全部奉献给家庭，而且要充分与家人沟通，取得家人谅解。不过由于企业主的工作实在太过忙碌，杜仪民偶尔还是会用无线的网络电脑，在饭桌前敲敲打打。而为了让员工对公司有“家”的感觉，智邦非常鼓励员工同人结婚，一来可以让员工的心安定下来，再者夫妻同在一家公司上班，了解公司文化，也比较能相互了解及体谅，对公司及家庭生活皆有所助益。因此，1999年12月1日，人事处公布一项新规章，本公司员工结为夫妻，男女同人皆加薪3000元。此外，为了让员工更安心上班，智邦还在公司内设立托儿所，并在托儿所装设网络猎取影像系统，让员工随时可以通过桌上的电脑，看到孩子上课的情形。

喜欢品尝日式生鱼片以及意大利菜肴的杜仪民，经常在寿司吧台品尝寿司之余，和寿司师傅讨论如何做出好吃的寿司。同时古典音乐是杜仪民的另一项重要嗜好，尤其是巴洛克音乐，更是他的最爱，在他的房间内更是放满了整屋的CD唱片。或许是受到杜仪民的影响，每天一到下午，整个智邦大楼沉醉在悠扬的古典音乐声中。整个智邦科技大楼充满历史、古色古香、美食、艺术气息的办公环境，无处不是惊奇。走进智邦大楼，迎面摆放在大厅内侧的，是古色古香的中式家具，在右手边的服务台后方，挂着“文化源智”、“科技兴邦”的对联；一楼的员工餐厅内，以深海的风景彩绘布置而成，坐在此地用餐，让人得以放松心情，尽情享受美食。办公室走廊的两旁，挂着一幅幅画，这些画都是智邦员工的绘画创作，仿佛令人置身在画廊、美术馆中；即使是公司开发、生产的各种网络硬件产品，在透明玻璃、蓝色镁光灯的照映下，原本冰冷的科技产品，也散发出铁汉般的柔情，仿佛就像艺术品的展示区。洁白的墙上，随处可见一幅幅书法与画作，连洗手间的门都画着美丽的女神维纳斯、温馨小品及短篇笑话集，贴心地提醒每一个人，敞开心胸，笑一笑，别让工作压力给逼坏了。

看来一向在园区创造新话题的智邦科技，“文化源智”、“科技兴邦”的八字对联，正道出智邦的企业文化精神——文化的生活，让科技人更有智慧、更有创意！

（资料来源：杨先举主编：《工商企业管理案例》，中国人民大学出版社 1994 年版）

二 案例分析

主管人员，特别是高层主管人员是企业风气的创立者。他们的价值观影响着企业发展的方向。在许多成功的企业中，在价值观推动下，领导人起了模范带头作用。他们制定了行为的标准，激励雇员们，使自己的公司具有特色，并且成为对外界的一种象征。

三 思考·讨论·训练

1. 智邦公司的组织文化是什么？这一文化是如何影响雇员的？
2. 智邦公司的组织文化，是帮助还是阻碍该组织实现其目标？

案例 3 微软文化的魅力

一 案例介绍

微软是世界领先的计算机软件公司，其市值超过 7500 亿美元，其创始人比尔·盖茨是一位技术精英和商业奇才，只用了短短的 20 年时间，便将一个名不见经传的小公司，发展为今天员工近 3 万名的庞大软件帝国，并将微软的影响扩展到世界的每一个角落。盖茨在自己四度荣登“世界首富”宝座之时，也造就了微软数以千计的百万富翁和少数的亿万富翁。

企业竞争的最高境界是文化竞争。微软的成功，与其说是技术和创新的成功，倒不如说是盖茨先生所创立的微软文化的成功。

（一）宁缺毋滥的选人机制

有人说，微软是由聪明人组成的公司，是一个“精英俱乐部”。微软的选人模式是非良才不用。微软在招聘人才时条件十分苛刻。盖茨告诫他的招聘人员，即使职位长期空缺，给小组的其他人员造成困难，也不要找一个勉强合适的员工，要将位置留给最合适的人才。宁缺毋滥是微软招聘人才的原则。微软在招聘员工时有如下八个特点：

1. 智力比经验更重要。即遵循“知识支配一切”、“智力高于一切”、“天赋中心论”、“唯智能论事业”的选人模式。把许多并非专门搞电脑的人招收进来，只是因为他们的智力超群。如 1986 年才加盟微软的纳森·梅尔沃德，原本并非学计算机，但他天资聪慧，博闻广识，19 岁获得加利福尼亚大学的数学学士学位和地球物理及宇宙物理学的硕士学位，23 岁获得普林斯顿大学经济学硕士学位和理论物理博士学位。如今他已成为微软的“首席技术官”，并为微软引入了上百位优秀员工。

2. 十分重视“球星”。即使你不是球星，微软也会让你感觉到你可以当球星。在招聘下属时，主管最喜欢问的问题是——你什么时候能够接替我？他告诉前来应聘的员工，你必须勇挑重担，挑战极限。如果你很能干，你肯定会有机会升迁；如果你不能干，那这个位置你也做不了多久，你会很快被解雇或被贬成普通员工。微软的能人总是在不断找寻并努力培养能接替自己的人，使得那些身处一线、有专业、懂技术的行家里手被提拔到管理岗位上来，这与许多公司启用非技术专家——通用型工商管理硕士来管理公司的做法背道而驰。

3. 奉行“技术和经营不可分割”的原则。微软的独到之处就是力戒经营由一套单独班子管理，而技术由另一套班子处理的观念。公司的每个管理者既要思考公司的经营问题，又要思考公司的技术问题。微软的信条是：经营和技术不可分割，在高技术产业中，经理们无论是高级的还是基层的，都应该对本公司业务领域有深厚的知识功底。聘用有活力、具创新精神的顶尖人才，然后把权力和责任连同资源（人、财、物）一并委托给他们，以便使他们出色地完成任务，这是微软的用人策略。

4. 对刚毕业尤其是名牌大学的大学生情有独钟。微软新雇员的 80% 是从大学招募来的。在盖茨看来，刚出校门的年轻人更愿意学习，更乐于提出新见解，贯彻微软开发软件的态度和方法也更彻底。

5. 招聘率比同行要低得多。微软每年只从大约 12 万名应聘者中录用极少数人。如 1988—1994 年，微软每年只招募 150—175 名员工。真可谓百里挑一，优中选优。

6. 严把“入门”关。即在雇用之前就对应聘者进行严格评估考核，把各方面都优秀的人招进来。微软认为，即使将极少数表现不好的员工解雇，也会影响其他员工的士气。将一名工作马虎的庸才解雇将是一件令人难办的事情，除非主管冷酷无情。

7. 专门成立“招募人才快速反应小组”，以“挖墙脚”的方式把其他公司的优秀人才“挖”过来。其成员给全国各地的潜在人才打电话，努力寻找想与其交谈的人。如果人才招聘人员发现一个城市中有5个以上的人愿意就某一件事情进行交谈，微软公司就会马上派一名工作人员火速飞往该城市，与他们进行一系列面谈。公司仅用一名人才招聘员就能寻找到大量的有前途的候选人。1993年，微软“招募人才快速反应小组”从苹果公司“挖”过来两名颇具影响力的人物，还从普林斯顿“挖”来两名数学教授和一名制图专家。尽管如此，微软仍认为还有许多优秀人才没有注意到微软，尚有大量杰出的技术人才未能加入微软，微软应行动起来，寻找那些并没有意识到微软正热切希望吸纳他们的人才。

8. 尽量雇用同盖茨一样“精明、精力充沛，富有幻想”的人才。盖茨极力寻求并任用与自己类似的既懂技术又善于经营的经理人员，并极力在公司内部和应聘者中挖掘同自己一样富有创新和合作精神的人才并委以重任。

上述八个特点使微软搜罗到了比其他公司多得多的顶尖人才。微软与其他公司之间的利润分配不是算术级数，而是几何级数的差异，原因也许就在于此。

（二）“人尽其才、才尽其用”的激励机制

盖茨真正关注的是怎样最大限度地发挥雇员们的聪明才智，使其转化为经济效益。他的“绝招”是着力营造一种“差别”氛围，让员工时刻有一种危机感和紧迫感——让优秀的员工更优秀，让平庸的员工不平庸。

1. 微软的软件开发人员比非软件开发人员享有更多的“特权”：一是前者分红更多；二是在办公室极为短缺的情况下，前者的单人办公室神圣不可侵犯；三是当员工持续增多致使公司不得不另外择地时，前者可以继续留在环境优美舒适、设施齐备的微软科技园区，而后者却不能。

2. 微软为了掌握未来的方向，同时保持今天的产品开发竞争力，将大量的经费投资在研究和开发上，给软件开发人员提供足够的资金。微软一年的研究开发经费超过20亿美元，因为盖茨明白，该公司销售的每项产品，在几年之内就会落伍。他们在世界各地建立许多研发中心，如斥资8000万美元在中国建立微软（中国）研究院等。微软“视窗2000”的研究开发耗时3年，斥资10亿美元，动用员工6000名，其中包括2000名软件实验者和1000名程序员，并与50家公司合作，请70万个实验者使用该软件，来验证该软件的可靠性。这种高标准、高质量，充分为消费者服务的宗旨，无疑使微软的产品自然而然成为行业标准。难怪当“视窗2000”即将上市的消息一传出，微软股票立即飙升，使得微软总股值达到5600亿美元，稳坐第一把交椅，而盖茨在一夜之间竟增加财富77亿美元。

3. “让一部分人先富起来”。曾有人估计，在1989年加盟微软的那批人中，有不下2200名软件开发员在短短的两年里变成了百万富翁。难怪有人说，如果一名微软员工与你擦肩而过，或是在飞机上坐在你的邻座，他很可能就是百万富翁。

4. 微软给雇员提供了全面而周到的福利，这在同行业是无与伦比的。公司每年给予每位雇员的非指令性福利开支达8000美元，公司也把这个数字明明白白地告诉受益人。20世纪90年代初，公司每年给予每位雇员715美元的餐饮补助费，任何含有咖啡因的饮料都免费。值得一提的是，微软雇员家属也可享受医疗保健方面的福利，男女雇员均可休四周产假，工资照拿。

5. 采取“低工资高股份”的模式激励员工。微软公司是第一家用股票期权来奖励普通员工的企业。微软公司股票的价格在过去十年翻了将近100倍。微软公司的员工可以拥有公司的股份，并可享受15%的优惠，公司高级专业人员可享受更大幅度的优惠。公司还给任职满一年的正式雇员一定的股票买卖特权。微软公司职员的主要经济来源并非薪水，股票升值是主要的收益来源。公司故意把薪水压得比同行业的竞争对手还低，创立了一个“低工资高股份”的典范。微软公司雇员拥有股票的比率比其他任何上市公司都高。

正因为如此，微软的人员流动数目要比同行其他公司低得多，微软的员工离职率（8.7%）明显低于美国电脑公司的平均水平（20.8%）。其人员流失现象主要发生在非软件开发部门，另立门户并与微软展开竞争的人寥寥无几。

（三）达尔文式的管理

微软的管理十分残酷，它采用的是一套“达尔文式”的管理模式，即物竞天择，适者生存。

1. 启用比工作所需更少的人——“$n-1$”是公司的法宝。微软欣赏的是雇用尽可能少的人，以挑战极限的方式，来完成尽可能多的工作。如果你工作不专心致志，竭尽全力，微软就不适合你。盖茨本人就是一位工作狂，自创立微软以来，他总是在赶时间。1997年，他在4天之内踏遍欧洲5个国家，拜会一位王子和4位政府首脑，发表8篇演说，主持一家海外办事处的开业仪式，并签订两份重要的企业协定。他每天废寝忘食地从早晨九点半一直工作到深夜，用比萨饼充饥，用咖啡饮料提神，成为微软工作模式的典范。盖茨的独特个性和高超技能造就了微软崇尚英雄的文化品位。

2. 不断灌输、培育、强化危机意识。当今时代，技术创新快，产品改型换代快。自然，企业成长快，衰落也快。"企业繁荣之中孕育着毁灭自身的种子，你越是成功，垂涎的人就越多，他们一块块地窃取你的生意，直至你一无所有。作为一名管理者，最重要的职责就是常常提防他人的袭击，并把这种防范意识传播给手下的工作人员。"比尔·盖茨还有一句名言："微软离破产永远只有18个月。"正是在这一名言的激励下，微软怀着巨大的危机感，不断积极进取，短短20年就发展成为世界最大的软件企业，其操作系统占有90%以上的市场，成为绝对的垄断者。在这个"十倍速"时代，成功的企业家们往往善于宣扬和制造某种"危机感"，宣扬存在的危机或潜在的危机，使员工不要因胜利而冲昏头脑。比尔·盖茨曾说道："在这个产业内，没有一家公司拥有万无一失的地位。"

3. "勤俭持家"，降低管理成本。微软向来有一个好的文化传统——雇员出差时着便装，买二等车船票，住价格适中的饭店，不开高级轿车，不设领导餐厅，不在办公室摆设不必要的家具。这与盖茨本人以身作则，注意在员工心目中树立生活俭朴的形象有关。他乘坐国内航班时坐的常常是麦道飞机二等舱，并自我解嘲地说："坐经济舱，花费较少，你和搭乘头等舱的人同时抵达目的地。"

（资料来源：清华大学经济管理学院工商管理案例研究组编：《工商管理800例》，世界图书出版公司1998年版）

二　案例分析

1. 微软的成功实质上是微软文化的成功——微软建立了一套吸引顶尖人才、珍视杰出人才，并让他们实现人生价值最大化的机制。盖茨这种特意而为之的做法正是微软公司成功的最主要因素，而这恰恰又是人们最易忽视的一点。难怪1992年盖茨坦言："如果把我们公司的20个顶尖人才挖走，微软就会变成一家无足轻重的公司。"

2. 未来企业间的竞争是人才的竞争、产品质量的竞争，但归根结底是企业文化的竞争，文化竞争是企业间竞争的最高境界。一个企业最重要的是要建立自己强有力的企业文化，以此征服世界。企业文化是企业长期生产、经营、建设、发展过程中所形成的管理思想、管理方式、管理理论、群体意识以及与之相适应的思维方式和行为规范的总和，其核心是企业共同的价值观。微软的成功，是因为他们一直遵循这样的价值观——创新、正直、为消费者服务、合作、重质量和奉献社会。

3. 企业文化是企业家的文化。成功的企业家总是善于选择与本企业文化相一致的人作为自己的员工，也善于使那些与企业文化不一致的员工一改初衷，转而与企业文化相协调。在企业文化的建设过程中，企业家起着至关重要的作用。企业家的人格魅力是企业文化形成、塑造、定型、强化的基础。企业家率先垂范，身体力行，树立什么样的榜样，有什么样的工作作风、管理风格、行为方式等，将左右该企业文化的形成和强化，左右企业员工共同价值观的形成以及企业经营宗旨、企业精神、企业作风、经营理念等基本构架的形成。可以说，盖茨乐于从事“极富挑战性”的工作和“从早晨九点半一直工作到深夜，用比萨饼充饥，用咖啡饮料提神”的“癖好”，是微软文化实力雄厚的根本原因之一。

4. 企业文化的建设非一朝一夕，非一蹴而就，它是企业家有目的加以培育和长期建设的结果。盖茨本人从建立微软公司的那一天起，就开始着手培育自己的企业文化，着力塑造、提炼、强化自己的企业精神，即“让每个家庭、每张桌子都摆上一台计算机”。着力培育微软员工的共同价值观，即创新、正直、为消费者服务、合作、重质量和奉献社会。这些价值观是微软自创立以来逐渐丰富、充实、演化而来的，并贯穿于一切经营活动的始终。它们并不是什么全新的东西，而是公司长期以来的一些原则，奠定了微软与消费者、合作伙伴和员工的关系。

微软的成功实质上是其“招贤纳士，集思广益”文化的成功。微软的真正魅力在于其文化。

三　思考·讨论·训练

1. 微软的成功实质是什么？
2. 为什么说企业文化是企业家的文化？
3. 你认为“低工资高股份”的模式对激励员工有什么好处？

案例 4 WATE 公司重塑企业文化

一 案例介绍

WATE 市政公司是美国芝加哥市给排水公用事业团体，它雇有 2600 名职工，年度预算达 6700 万美元，每年技术措施费用 200 万美元。

这些年来，WATE 以恰当的方式执行了它的委托管理。不过它在发展过程中也面临着很多的困难和争议，其高级官员时时受到责备，被判定为滥用公共基金。

WATE 所面临的第一个问题，是众多的保护人问题。历届行政当局都设法把亲信人物安插到 WATE 的不大的职工工资名册之中，这样既增加了经费负担，又影响决策效率。WATE 所面临的第二个问题是官僚主义蔓延——这是组织理论家亨利·明茨伯格认为影响到一切较老组织的一个问题。一般的合同需要 72 个部门分别签署，且要花近 9 个月时间在官僚机构中作公文旅行，最后才能得到通过。

虽然有一套现代化的计算机系统在运行，WATE 中仍有至少一套的人工记录系统在分别运行。并且这些系统的反馈还有差别，没有人能肯定地说出任何时候的职工名册上到底有多少人。

WATE 的一切业务都用高度规范的官方备忘录格式进行。日常事务的处理都用书面方式，而不是面对面的——没有写在纸面上的事情别指望办成。

到了 20 世纪 70 年代后期，由于城市用水量的不断上升，用水量已超过系统的设计容量，使得这个机构的效率低下问题愈发突出。根据联邦环境保护局的有关法规，WATE 必须改善其设施。州环境保护局长认为，在 WATE 处于目前这种低效无能的官僚主义状态下，向这一组织增加投资是极不慎重的。而且，他还认为，要使这死气沉沉的公司恢复生机是十分困难的。尽管如此，WATE 的新总经理亚当斯·李决定接受这项挑战。在变革 WATE 的过程中，亚当斯·李是个关键人物。亚当斯在接管 WATE 时年近六旬，已退居二线。他是个成功的企业家，富有进取精神，他的上任使 WATE 中的绝大多数人受到鼓舞。

在使 WATE 恢复生机的头几个月中，亚当斯对该组织做了认真的调查，调查结果并不令人鼓舞。WATE 特别臃肿的上层，使尽管在职务上规定由亚当斯负责该组织的运行，但大多数事情无论巨细都要受到一个顾问委员会的评审，任何决定都要委员会表决通过，尽管亚当斯拥有否决权。

更使亚当斯难以理解的是这一高度集中化的组织要向执行主管——一名人事文职官员汇报。设置此职位的原始意图是杜绝倾心政治的总经理们利用WATE去牟取私利。而实际上，这一意图使亚当斯在WATE的日常管理中仅有很小的直接权力。因为每件事他都要向这位执行主管汇报。而后者能越过亚当斯直达顾问委员会。

从WATE的工作人员来看，存在着激励和不满的基础。最大的问题是人员的平均年龄达到55岁或更大。机构中大龄化的人员在第二次世界大战刚结束时就加入了公司，且其全部经历就是在这个机构中工作。所以，由退职而伴随的知识和技能的损失是有待亚当斯处理的一个严重的长期问题。而在另一方面，绝大多数人的忠诚和激励却是异常出众的。尽管在公众印象中，这是一个充斥保护人的官僚主义机构，但这些人员确实富有献身精神，他们真诚地盼望WATE尽可能有效地运行。

亚当斯在这一变革中的目的，不折不扣地是要把WATE从一种倒退的、官僚主义的文化转变为他过去在自己公司内所熟悉的主动、肯干的状态，从按部就班型文化向努力工作、尽情娱乐型文化转移。

经过6个月的研究之后，亚当斯认为已到了行动的时机。为了重新塑造企业文化，他开始采取两个重大步骤：他聘用咨询顾问以加强这种变革的力量。并向WATE的主体——2600名正式职工发布了一项备忘录，声明他开展变革的结果不会开除或解雇什么人。他说，他的目的是与WATE的有才能的职工们一起工作，以改进它的效能。后来人们对这第二个步骤很有争议：赞成者认为它为巩固某些基本变革赢得了时间，反对者则认为以宽济宽，有失公允，会形成不良惯性。

由4名咨询顾问组成的小组开始花6周时间来熟悉WATE。在这一时期结束的一次会议上，决定了变革过程的第一个动作——建立由WATE职工组成三个重要的特别工作组与咨询顾问们在三个一致认为成问题的领域内一起工作。所选定的三个领域是合同、公司运行和维护、人事。①合同，大家普遍认为应该做某些工作以加速签订合同的过程。②运行和维护，不顾执行主管下属的职能经理们的反对，委派了对运行和维修工作负责的第二个特别工作组。③人事，WATE的经理们全都认为，有了人事方面的种种约束，不论问题的性质如何，事情没法按不同方式处理。

总共有25名专业或中层管理人员被指派组成这些不定期全脱产的特别工

作组，这一动作本身在机构中引起了很大震动，WATE 中的人们习惯于毫无保留地执行命令，因而 25 名成员很负责地出席了安排他们工作的首次会议。

与此同时，亚当斯又安排与执行主管、职能官员、总经理及他们的助手召开每周工作人员例会。他特意不把特别工作组成员作为例会成员，他要自己单独与他们一起工作。特别工作组在第一周并没做多少事。成员们不习惯于独立的工作，他们中有不少人感到对新任务不适应。到了第二周，小组成员开始在他们的会议桌上侃起来了。例如，合同工作组的工程师们在曾为之工作的项目未能为操作人员热情地接受时，听到了不满之声。他们惊讶地得知，由于工程师们未能向操作人员所做之工作进行指导，加上他们交付的设备难以操作和维护，使操作人员十分烦恼。双方都同意十分有必要就项目进行更好的相互联系。在其他工作组中，情况也颇类似——每个人都大为惊异。

到了第三周，所有工作组都十分卖力地工作，以图就如何处理他们已辨明的问题酝酿意见。他们的建议书（在第七周时提交）由亚当斯、高级经理人员和顾问委员会审阅。在等待管理部门做出反应之前，这些工作组就已回去执行他们的建议了。工作组又增加了半打以上的成员。随着时间的推移，看来每个人都越来越专心致力于变革过程了。后来，反对设置工作组的人认为此举换汤不换药，公司高层领导应对前几周的混乱负责。

六周之后，各工作组提出他们的最终建议书——基本上是按他们的原始方案提供具体细节。高级管理部门提出某些反对意见并讨论修改。接着，注意力转向咨询顾问们关于使 WATE 顺利运行和权力分散化的建议书。他们提出：①取消执行主管一职；②取消各职能经理助理职位；③建立一条业务线（即排水和给水结构系统）；④对于重要职能，诸如工程和环境计划等，重新委派工作人员，以期在排水和给水两个部门内建立真正的工程职能核心；⑤为新的计划系统设置计划主任这一新职位；⑥设立合同管理处，以掌握项目管理和合同系统。经过评审后，此方案已得到签署。

文件一签署，亚当斯就迅速行动。果真按照原先的诺言，没有解雇一名职工，人们全都各得其所。改组是十分全面的，事实上，就位的是一个新的经理班子。

六个月之后，再也没有人怀疑 WATE 已经发生了显著变化。尽管仍然有许多的文件和书面材料，但是也有了很明确的一致同意的重点。贯彻这些重点的真正的紧迫感，以及开始出现一种“我们能使事情发生”的精神。亚当斯相信，按此新模式运行一年或几年之后，新的企业文化将真正地巩固起来。

（资料来源：杨先举：《工商企业管理案例》，中国人民大学出版社 1994 年版）

二　案例分析

企业的发展依靠什么？答案也许很多，但绝不是依靠臃肿的机构、烦琐的制度。其实，这也是一种价值观、一种方法。我们需要变谬误的价值观、旧文化为正确的价值观和创新的文化。

三　思考·讨论·训练

1. 什么是企业文化？企业文化的价值体现在哪里？
2. 企业文化变革的条件是什么？

案例5　H公司行为科学应用

一　案例介绍

H公司是一家电器生产企业，多年来在市场上有不俗的表现，消费者也颇为认可。1990年，公司张总经理因年龄已大，身体也不够好，提出了辞职退休的要求。董事会再三挽留不住，只得另外聘任年轻的李志强先生为公司新的总经理。临别时，张总告诉他的后任李志强先生："我公司过去之所以取得良好的业绩，在市场的竞争中保持了相当大的优势和市场份额，全依赖公司员工上下一条心，有很强的凝聚力。只要万众一心，就没有战胜不了的困难。希望李总千万不要忘了这一点。"对于张总的一番话，李志强颇为赞同，深感自己责任的重大，因为自己过去虽然也做过一些高级管理工作，但大都与业务有关，如何激励员工保持凝聚力的确未曾很好实践，也缺乏经验。

李志强走马上任后对公司各方面作了调查研究，召开了一些各职能部门管理人员、公司一般员工的座谈会，了解情况。一个月后，一个增强企业内部和谐氛围，增强员工协作与努力的方案在李志强的脑海中形成了，于是他召开了总经理办公会议，诸副总、部门经理一起讨论他的方案。

"各位同事，经过一个月的了解，我感到H公司的确是在各方面都有骄人业绩的公司，管理方面尤其突出，这些成绩的取得的确应归功于全体员工上下一条心，把公司看做是自己的家，把公司的事业看做是自己的事业来努力。这方面我们应该继续下去，即过去各种好的做法可以不变，大家可以大胆地照原来的惯例进行工作。

“我也注意到成绩的背后，在经验的背后，还有一些问题尚未解决，例如员工间、部门间因工作产生的纠纷近来时有出现，纠纷出现是正常的，问题是解决的方法。我们原来采用的方法是由上级或上级部门裁决，裁决后尽管纠纷各方面都服从了，但我知道其中一定有一方心中不痛快或不服帖，如果长此以往，必定会使我们公司凝聚力强、上下一条心的集体精神遭到破坏。把青蛙扔进开水锅里，它倒死不了，因为它能马上跳出来；而把青蛙放进温水里慢慢加热，使它在不知不觉中送了命。为此，我们提出一个解决员工间、部门间工作纠纷的新方案。具体地说，就是纠纷双方自己坐下来协商解决，即自我管理。”

望着下属们不解的眼光，李志强清了一下喉咙，继续说：“公司专门设一大房间，注意，这房间我特意请了心理学家和行为科学家来布置。凡发生工作纠纷的各方请自动一起到那个房间坐一坐，我相信，最终一定是各方心情愉快，纠纷圆满解决。”

李志强的话刚结束，下面就像开了锅，大家议论纷纷，好像天方夜谭一般，充满了迷惑。“这样吧，我先带大家参观一下这个房间，然后我们再接着开会。”李志强笑嘻嘻地说着，便起身招呼大家跟他走。大家来到了那间神秘的大房间，有一位工作人员打开了门，让大家进去。

原来这间大房间被分隔成四小间，一间套一间。进入这大房间先得进第一小间，第一小间迎面立着的一个屏风上装有一大块玻璃镜，绕过镜子几步就进入第二小间；第二小间的门口挂着一个大沙袋，非得推着它，人才能进去；第三小间的墙上，挂满公司历年所获各种奖状，公司优秀员工的事迹与照片，公司各年业绩的图示，等等；第四小间就是几个沙发和小桌椅，旁边还有可自取的咖啡、茶、饮料等，似乎就是一个小会议室，另还有一扇门可供外出。

李志强带着他们回到会议室，这下可好了，大家议论开来……

（资料来源：http：//zhidao. baidu. com/question/56568834. html）

二　案例分析

组织行为学的研究可分为三个层面：一是有关员工个体行为的研究，主要包括人的需要、动机和激励以及企业中人的特性问题。二是有关员工群体行为的研究，突出地强调了企业中的员工而不是互相孤立的个人，而是各式各样正式和非正式群体的成员，彼此之间存在着一定程度的相互接触、相互影响和相互作用。三是有关组织行为的研究，是针对组织整体这一最高层次展开的行为方面的研究，主要包括“以人为中心”的领导理论、体现人本原则的工作设计与组织设计理论，以及组织发展和组织变革理论等。本案例在这些方面都有着充分的应用。

三 思考·讨论·训练

1. 李志强总经理上任后应该先做什么工作？
2. 李志强总经理的新方案是基于什么理论？为什么这么做？
3. 有没有更好的方法来解决员工与部门间因工作产生的矛盾冲突？
4. 行为学家把房间布置成那个样子，其目的功效究竟是什么？

案例6 管理的理论流派

一 案例介绍

某大学管理学教授在讲授古典管理理论时，竭力推崇科学管理的创始人泰罗，鼓吹泰罗所主张的“有必要用严密的科学知识代替老的单凭经验或个人知识行事”的观点，并且宣传法约尔的十四条管理原则。

后来，在介绍经验主义学派的理论时，这位教授又强调企业管理学要从实际经验出发，而不应该从一般原则出发来进行管理和研究。他还说，欧内斯特·戴尔（Ernest Dale）在其著作中故意不用“原则”一词，断然反对有任何关于组织和管理的“普遍原则”。

在介绍权变理论学派的观点时，这位教授又鼓吹在企业管理中要根据企业所处的内外条件，随机应变，没有什么一成不变、普遍适用的“最好的”管理理论和方法。

不少学生却认为，这位教授的讲课前后矛盾，胸无定见，要求教授予以解答。教授却笑而不答，反倒要求学生自己去思考，得出自己的结论。

（资料来源：http：//www. jyu. edu. cn/caijing/wlkt/glx/6alfx. html）

二 案例分析

管理在漫长的发展过程中，形成了很多理论。管理理论与方法要通过实践来检验其有效性；同时，有效的管理理论与方法只有通过实践，才能带来实效，发挥其指导实际工作的作用。

三 思考·讨论·训练

1. 你是否认为教授的上述观点是前后矛盾的？为什么？
2. 在企业管理中，有无可能将管理原理原则与实践正确结合起来的？

第三章　管理的计划职能

最好的计划也不能事先预测出所有可能发生的意外事件，但它可以考虑到这些事件的可能性，并准备了在意外时刻可能需要的武器。

——亨利·法约尔

在长期和短期之间平衡是管理的本质。

——杰克·韦尔奇

计划是任何一个组织成功的核心，它存在于组织各个层次的管理活动中。管理者的首要职责就是做计划。有些管理人员认为计划工作是管理的首要职能，组织和控制是第二位的。无论计划职能与其他管理职能相对重要程度如何，一个组织要有效地实现目标，必须做出计划。一个组织适应未来技术或竞争方面变化能力的大小也与它的计划息息相关。

一　计划工作的特征

计划工作可以定义为管理者确定目标、预测未来、制定实现这些目标的行动方针的过程。它是组织各个层次管理人员工作效率的根本保证。我们知道，只有组织中每个人都清楚地了解了工作的目的和目标，以及实现方法，每个人的工作才能取得有效的成果。计划职能就是使人们知道自己被希望去实现的是什么，这样组织整体的努力才有效。计划是管理最基本的职能，也是管理的基本活动。但计划工作就像一座桥梁，尽管我们所处的现实与预期的目标有天壤之别，但计划工作能帮助我们实现预期的目标。计划工作有以下特征：

1. 目的性。各种计划及其所有的派生计划，都应该有助于完成组织的目的和目标。一个组织能够生存，首先是通过有意识的合作来完成群体的目标，这是管理的基本特征，计划工作是最明确反映管理基本特征的主要职能活动。

2. 首位性。由于计划、组织、人事、领导和控制等方面的管理活动，都是为了支持实现企业的目标，而计划工作直接涉及制定整个集体努力完成的必要的目标，因此，计划工作放在所有其他管理职能的实施之前是合乎逻辑的。虽然在实践中，所有的管理职能相互交织形成一个行动的网络，计划工作直接影响且始终贯穿于组织、人事、领导和控制等管理活动中。图 3－1 概略地描述了这种相互关系。

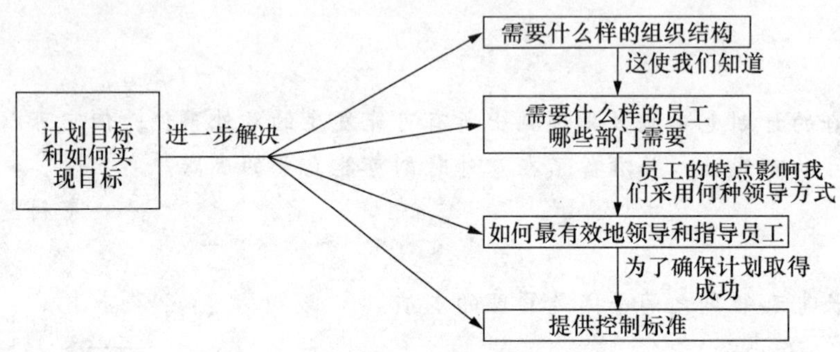

图 3－1　计划位于各种管理职能首位

计划对组织、人事、领导工作的影响表现在，企业要实现某一特定的目标，可能要在局部或整体上改变组织的结构，比如，设立新的职能部门或改变原有的职权关系，这就需要在人员配备方面考虑委任新的部门主管，调整和充实关键部门的人员以及培训员工，等等。而组织结构和员工构成的变化，必然会影响到领导方式和激励方式。

计划工作和控制工作更是不可分割的。计划是控制的基础，为控制工作提供标准。因为控制就是纠正偏离计划的偏差，以保证活动按既定方向进行，显然未经计划的活动是无法控制的，没有计划指导的控制是无意义的。另外，要有效地行使控制职能，就要根据情况的变化拟订新的计划或不断修改原有计划，而这又将成为下一步控制工作的基础。计划工作与控制工作这种相辅相成、连续不断的关系，通常被称为计划—控制—计划循环。

3. 普遍性。虽然计划工作的特点和范围随各级管理者的层次、职权不同而异，计划工作是每个管理者无法回避的职能工作。每一个管理者，无论是总经理还是班组长都要从事计划工作。高层管理者不可能也没必要对自己组织内的一切活动做出确切的说明，他的任务应该是负责制订战略性计划，而那些具体的计划则由下级完成。这种情况的出现主要是由于人的能力是有限的，而现代组织中工作却是纷繁复杂的，即使是最聪明、最能干的领导人也不可能包揽全部的计划工作。另外，授予下级某些制订计划的权力，还有助于调动下级的积极性，挖掘下级的潜力，使下级感受到自身存在的价值。这无疑对贯彻执行计划，高效地完成组织目标大有好处。

4. 效率性。计划的效率是用来衡量计划的经济效益的。它是实现企业的总目标和一定时期的目标所得到的利益，扣除为制订和实施计划所需要的费用和其他预计不到的损失之后的总额来测定的。要使计划工作有效，不仅要确保实现目标，还要从众多方案中选择最优的资源配置方案，以求得合理利用资源和提高效率。就效率这个概念而言，一般是指投入和产出之间的比率，但计划效率这个概念，不仅包括人们通常理解的按资金、工时或成本表示的投入产出比率，还包括组织成员个人或群体的满意程度，后者对计划效率的影响也是不难理解的，如果计划使一个组织内很多人不满意或不高兴，那么这样的计划甚至连目标都不可能实现，更谈不上效率了。

5. 创造性。计划工作总是针对需要解决的新问题和可能发生的新变化、新机会而做出决定的。因而它是一个创造性的管理过程。它是对管理活动的设计，这一点类似于一项产品或一项工程的设计。正如一种新产品的成功在于创新一样，成功的计划也依赖于创新。

二 计划工作的程序

1. 估量机会。虽然估量机会要在实际编制计划之前进行，但是，分析组织所处的外部环境以及组织的内部条件却是计划工作的起点。这样，组织充分认识到自身的优势、劣势，分析将面临的机会和威胁，才能真正摆正自己的位置，明确组织希望去解决什么问题，为什么要解决这些问题，我们期望得到的是什么等。要确立切合实际的符合组织宗旨的目标，就要对上述问题有个清楚的认识。

2. 确定目标。在估量机会的基础上，就要确定整个组织的目标以及每个下属部门的目标。在确定目标的过程中，要说明基本的方针和要达到的目标是什么，说明制定战略、政策、规则、程序、规划和预算的任务，指出工作的重点。

3. 拟订前提条件。计划工作的前提条件就是计划工作的假设条件，也就是计划实施时的预期环境。负责计划工作的人员只有充分细致地了解计划的前提，对此达成共识，并能够始终如一地运用它，计划工作才能做得更协调。

确定计划的前提条件主要靠预测。但这个预期环境是复杂的，影响因素很多，有的完全可以控制，如开发新产品、新市场、资源分配等；有的不能控制，如税率、政治环境、政府政策等；也有的在相当范围内可以控制，如企业内的价格政策、劳动生产率、市场占有率等。我们所说的预测环境、确定计划的前提，并不是对将来环境的每一个细节都给予预测，而仅对计划工作有重大影响的主要项目进行预测，如经济形势的预测、政府政策的预测、销售预测、资源的预测等。

4. 拟订可供选择的方案。调查和设想可供选择的行动方案是计划工作的第四步。完成某一项任务总会有许多方法，即每一项行动都有异途存在，这叫做异途原理。但并不是所有可行方案都是显而易见的，通常最显眼的方案不一定就是最好的方案，只有发掘了各种可行的方案才有可能从中抉择出最佳方案。另一方面，方案也不是越多越好，因为即使我们可以采用数学方法和借助计算机，彻底检查每一个候选方案的效果也是不可能的。

5. 评价可供选择方案。确定了各种可供选择的方案之后，就要根据计划目标和前提来权衡各种因素，比较各个方案的优点和缺点，对各个方案进行评价。比较和评价可供选择方案时，首先，要特别注意发现各个方案的制约因素，即那些妨碍实现目标的因素，只有清楚地认识到这些制约因素，才能提高选择方案的效率。其次，将每个方案的预测结果和原有目标进行比较时，既要考虑到那些有形的可以用数量表示的因素，也要考虑到许多无形的不能用数量表示的因素，比如企业的声誉、人际关系等。最后，要用总体的效益观点来衡量方案，因为对某一部门有利的方案不一定对全局有利，对某项目标有利的方案不一定对总体目标有利。在评价方法方面，由于在多数情况下，都有很多可供选择的方案，而且有很多可待考虑的可变因素和限制条件，会给评估带来困难，通常可以采用一些数学方法进行评估，如运筹学中较为成熟的矩阵评价法、层次分析法以及多目标评价方法等。

6. 选择方案。方案选择是计划工作的关键一步，也是决策的实质性阶段——抉择阶段。计划工作的前几步都是在为方案的选择打基础，都是为这一步服务的。方案选择通常是在经验、实验和研究分析的基础上进行的，有时我们经过评估会发现一个最佳方案，但更多的时候可能有两个或两个以上的方案是合适的，这时主管人员必须确定应优先选择的方案，然后将另外的方案进行细化、完善，以作为备选方案。

7. 拟订派生计划。选择了方案，并不意味着计划工作的完成，因为一个基本计划总是需要若干个派生计划来支持，只有在完成派生计划的基础上才可能完成基本计划。

8. 编制预算。预算是数字化了的计划，是企业各种计划的综合反映，它实质上是资源的分配计划。通过编制预算，对组织各类计划进行汇总和综合平衡，控制计划的完成进度，才能保证计划目标的实现。

三 计划工作原理

计划工作作为一种基本的管理职能活动，有自己应遵循的规律和原理。

1. 限定因素原理。所谓限定因素，是指妨碍组织目标实现的因素，如果它们发生变化，即使其他因素不变，也会影响组织目标的实现程度。其含义正如木桶原理所表述的那样：木桶所盛的水量，是由木桶壁上最短的那块木板条决定的。这就是说，管理者在制订计划时，应该尽量了解那些对目标实现起主要限制作用的因素或战略因素，才能有针对性地、有效地拟订各种方案，计划方案才可能趋于最优。

2. 灵活性原理。确定计划实施的预期环境靠的是预测，但未来情况有时是难以预测的。因此，计划需要有灵活性，才有能力在出现意外时改变方向，不至于使组织遭受太大的损失。这就是计划的灵活性原理。灵活性原理在计划工作中非常重要，特别是承担任务重、计划期限长的情况，比如战略计划，它的作用更明显。虽然计划中体现的灵活性越大，出现意外事件时适应能力越强，对组织的危害性越小，但灵活性是有一定限度的。比如，不能为保证计划的灵活性而一味推迟决策的时间，未来总有些不确定的因素，当断不断，则会坐失良机。

3. 承诺原理。计划应是长期的还是短期的？计划期限的合理选择应该遵循承诺原理。长期计划的编制并不是为了未来的决策，而是通过今天的决策对未来施加影响。这就是说，任何一项计划都是对完成各项工作所做出的承诺，承诺越多，计划期限越长，实现承诺的可能性越小。这就是承诺原理。该原理要求合理地确定计划期限，不能随意缩短计划期限，计划承诺也不能过多，致使计划期限过长，如果主管人员实现承诺所需的时间比他可能正确预见的未来期限还要长，他的计划就不会有足够的灵活性适应未来的变化，他应减少承诺，缩短计划期限。

4. 改变航道原理。计划是面向未来的，而未来情况随时都可能发生变化，所制订的计划显然也不能一成不变，在保证计划总目标不变的情况下，随时改变实现目标的进程（即航道），就是改变航道原理。应该注意的是，该原理与灵活性原理不同，灵活性原理是使计划本身具有适应未来情况变化的能力。而改变航道原理是使计划执行过程具有应变能力，就像航海家一样，随时核对航线，一旦遇到障碍就绕道而行。

四 计划工作的方法

随着现代科学技术的迅速发展，越来越多的数学方法、电子计算机被应用于管理实践，提高了管理活动的科学性和准确性，使计划方法对计划的效率和质量有很大影响。现代计划工作中使用的技术与方法有很多，这里简要介绍滚动计划法、网络计划技术和投入产出分析法。

1. 滚动计划法。对于中长期计划而言，时间跨度较长，计划在执行过程中，常常有许多难以预测的变化发生，这些变化都要求对计划进行相应的调整，如果计划继续实施下去，可能导致重大的错误和巨大的损失。因此，编制计划需要采用近细远粗的方法，根据计划的执行情况及环境变化情况定期修改未来的计划，并逐期向前推移，每次计划修改都使计划向前滚动一次，这就是滚动计划法。滚动计划能够提高组织在面对外部环境变化时的应变能力，提高计划的准确性和质量，有效地保证计划对实际工作的指导作用。滚动计划的优点是提高了计划的适用性、计划的应变能力，而且使短、中期与长期计划相互衔接，提高了计划的连续性和一致性。但是，这种方法要求不断地修订计划，工作比较烦琐，大大提高了编制的费用，这可以说是滚动计划的缺点。

2. 网络计划技术。又称计划评审技术，我国称统筹法，是 20 世纪 50 年代由美国科学家首先开发的一种系统分析技术。这种技术是以网络图的形式反映管理对象中各工作项目的相互关系，然后通过分析计算，找出完成任务的最优方案，最后以最优方案进行工作安排和控制工作进度，从而获得最好的经济效益。用这种技术进行计划管理和进度控制，能有效地节约人力、物力、财力和时间，工程项目越复杂，网络计划技术的使用效果就越明显。

3. 投入产出分析法。投入产出分析法是 20 世纪 40 年代美国经济学家列昂惕夫首先提出的，是用数学方法从数量方面对国民经济各部门或组织内各组成部分各环节之间的相互依存、相互制约关系进行研究的一种方法。投入产出分析法认为，任何系统的经济活动都包括投入与产出两大部分，投入是指组织为了进行经济活动而发生的消耗，包括物质资源及劳动力等方面；产出是指生产活动的结果，包括物质产品和服务产品。在社会生产活动中，投入与产出之间存在着一定的数量关系，可以利用这种关系建立投入产出表，根据投入产出表对投入与产出的关系进行科学分析，在此基础上编制计划并进行综合平衡。

案例1　东方电力公司

一　案例介绍

玛格丽特·奎因（Margaret Quinn）是东方电力公司总经理。这家公司是美国东部的巨大电力公用事业之一。这位总经理长期以来相信，有效地编制公司计划，对成功来说是绝对必要的。她花了十多年的时间，一直想方设法把公司的计划方案编制起来，但是没有取得很多成效。在这段时间里，她先后连续指派了三位副总经理掌管编制计划，虽然每位副总经理似乎都努力工作，但是她注意到，个别部门头头继续自行其是。然而公司似乎在漂泊无定，而部门头头的各自决策相互之间总是不一致。主管调整事务的高级管理人员老是催促州委员会准许把电费提高，但无很大进展，因为委员会觉得费用虽然可以上涨，但是不合理。公共关系的领导不断地向公众呼吁，要理解电力公用事业问题，但是各社区的电用户觉得，电业赚的钱够多了，因此，公司应该解决它的问题，而不应提高电费。负责电力供应的副总经理受到很多社区的压力，要他扩大电路，把所有输电线路埋入地下，避免出现不雅观的电线杆和线路，同时向顾客提供更好的服务。他觉得顾客是第一位的，而费用则是第二位的。

应奎因女士要求，一位咨询顾问来公司检查情况，他发现公司并没有真正地把计划做好，副总经理——编制计划，而他的职员正在努力地进行研究和做预测，并把研究和预测情况提交给总经理。由于所有部门的头头把这些工作看做是对他们日常业务没有重要性的文牍工作，因此，他们对此兴趣不大。

（资料来源：清华大学经济管理学院工商管理案例研究组编：《工商管理800例》，世界图书出版公司1998年版）

二　案例分析

明确编制计划的步骤关键是要明确计划的期限，计划应是长期的还是短期的，应如何协调短期计划和长期计划，这些问题表明计划期限的长短是多种多样的。在有些情况下，事前做一周的计划可能绰绰有余，但是，在其他情况下，可行的期限可能是若干年。因此，即使在同一企业、同一时间，对各种事情可能存在不同的计划期限。

三 思考·讨论·训练

1. 如果你是顾问，你建议将采取什么步骤，使得公司有效地制订计划？
2. 关于将来的计划期限多长，你将给公司提出什么样的忠告？
3. 你将怎样向总经理提出建议使你推荐的事情付诸实施？

案例2 麦当劳快餐馆

一 案例介绍

雷·克罗克（Ray Kroc）在1955年开设第一家麦当劳餐馆。他的餐馆，在菜单上的种类不多，但在质量高、价格公道、环境清洁条件下，迅速地给顾客提供食物。麦当劳餐馆以质量、服务、清洁和价格四好著称。这家连锁餐馆扩大到美国的每一个州。1983年前，麦当劳餐馆在美国已经拥有6000家以上的餐馆。

1967年，麦当劳餐馆在美国国外——加拿大开设第一家餐馆。在1985年前，国外销售额大体上占麦当劳总收入的1/5。然而，快餐几乎还没有普及到很多文化生活。虽然90%的东京日本人已经吃上麦当劳的汉堡包，但是除东京以外，几乎没有什么人知道汉堡包是什么东西。在欧洲，麦当劳餐馆在餐馆行业的销售额里并非占很大的百分比，但是，在快餐市场里控制很大市场份额。

快餐的口味是美国式的，但在国外，比国内流行得更快。麦当劳餐馆在国际上的销售额每年都在不断地增加很大百分比。每天在40多个国家，有1860万以上的人在麦当劳餐馆吃饭。

麦当劳餐馆的传统菜单一直取得惊人的成功。有多种饮食习惯的人已高兴地采用各种馅的夹饼和炸制食品。麦当劳餐馆在向日本人介绍法国炸制食品以前，土豆仅仅用做制淀粉用。德国人认为，汉堡包是来自汉堡城的人。

快速、面向家庭服务、清洁、价格公道，是麦当劳餐馆取得很大成功的原因。麦当劳餐馆是欧洲接待有子女家庭的首批餐馆之一。在餐馆，儿童们不仅仅是受到欢迎而已，而且在很多餐馆，还提供彩色蜡笔和纸，开设游艺场，或者罗纳德·麦克唐纳（Ronald McDonald）玩具人（能讲20种语言等），以此款待儿童。

在麦当劳金色拱门里的每家餐馆，规定相同的基本菜单和四项标准——质量、服务、清洁和价格。它的产品、配料和烹调程序，以及厨房设计实行标准化和严格管理。

麦当劳餐馆取消了第一个在法国的经销地区，因为它们没有达到快速服务和清洁的标准，即使它们有高额利润。这样可能已经延误了它在法国业务的扩大。

餐馆由当地管理人员和各种人员经营管理。业主和经理必须到靠近芝加哥的汉堡大学学习如何经营麦当劳餐馆和保持质量、服务、清洁和价格四项标准。这家大学的校园图书馆，现代化的电子教室（包括同声翻译系统），为很多大学所羡慕。

麦当劳餐馆通过控制分配的每个环节，保证产品的一致性。地区分配中心采购产品，并把产品分配给逐个餐馆。如果符合具体规格，它们将向当地供应商购买。麦当劳餐馆对能供应的产品，都给以特惠待遇。例如，要采用欧洲的爱达荷土豆是很困难的。

麦当劳餐馆在每个国家采用的竞争策略基本上是相同的：首次进入市场，采用强大的广告宣传，尽可能快地创建牌子。新餐馆开业要大张旗鼓。一家东京餐馆开业时，参加的人数多极了，警察不得不关闭街道，禁止车辆通行。这种策略帮助了麦当劳餐馆在快餐市场上占有强大市场的份额。

广告运动要以当地生活习惯的主旋律为基础，要反映不同环境。在日本，夹饼是一种小吃点心，所以麦当劳餐馆和糖果点心店以及新“快寿司”餐馆都在进行竞争。现在，当地餐馆推崇麦当劳餐馆支持国外许多慈善事业的做法。

麦当劳餐馆一直愿意把最大控制权交给它在远东经营业务的机构，因为在那里很多餐馆是与当地企业家合资经营的企业，当地企业家拥有餐馆的50%或更多的股权。

欧洲和南美洲的餐馆一般采用公司经营形式，或特许经营权方式（虽然在法国有很多联营机构——合资企业）。像美国特许经营权，允许餐馆在国外试办。在日本，汉堡包的个儿比较小，因为大家认为汉堡包是点心小吃。1/4磅的计算方法，对使用十进位制的人来说，是没有意义的，所以把1/4磅的汉堡包叫做双夹饼。德国一些餐馆供应啤酒，有些法国餐馆供应酒。一些远东的麦当劳餐馆出售东方面条。但是，这些新项目不许破坏现行的经营业务。

（资料来源：清华大学经济管理学院工商管理案例研究组编：《工商管理800例》，世界图书出版公司1998年版）

二 案例分析

计划是管理的首要职能，计划工作的前提就是要做好环境分析。环境分析可以分为外部环境和内部环境。对目前和今后的外部环境一定要在良机和噩兆方面做出评价，这样的评价集中在经济的、社会的、政治的、法律的、人口统计的和地理的因素。此外，考察环境时要注意技术发展，市场的产品和服务，以及决定企业竞争形势所需要的其他因素。同样地，企业的内部环境，就有关它们资源和研究与发展的弱点，生产、经营、采购、营销以及产品与服务等方面，应该进行审计和评价。在分析内部环境和外部环境的基础上，提出各种可供选择的策略方案。一个组织可能寻求多种不同种类的策略。

三 思考·讨论·训练

1. 麦当劳餐馆面临什么良机和噩兆？如何克服？还有什么方案可供选择？

2. 在麦当劳餐馆进入欧洲市场前，没有多少人相信快餐能在欧洲成功。为什么你认为麦当劳餐馆是成功的？它推行了什么策略？这些策略不同于它在亚洲的策略，怎样不同？

3. 麦当劳的基本哲理是什么？它如何实施这种哲理和适应不同的环境？

案例3 东方通信，挑战世界强手

一 案例介绍

东方通信股份有限公司的前身是邮电部杭州通信设备厂，原名为邮电522厂，该厂建于1958年。1988年，施继兴（现公司董事长，当时的党委书记）接任厂长，他看到了当时中国移动通信市场已初露端倪，下决心调整产业结构，制订了年产8000部手机的计划，并抢先立项，超前引进，1990年年底与美国摩托罗拉公司签订了蜂窝电话手机技术引进合同，于1992年投产，当年销售收入4亿多元，跨入全国500家最大工业企业行列。1994年，它以2亿元净资产支撑着约201亿元的产业规模，使企业资本净增20倍，产业规模扩大40多倍。1996年销售收入40亿元，与1990年相比，企业劳动生产率增长150倍，经营规模扩大100多倍，在全国现有1680万部移动电话手机中，有300

万部是东方通信生产的，在移动电话基站设备中，东方通信占 A 网设备的 30%。

1997 年是东方通信迅速发展的一年，企业实现销售收入达 50 亿元，利润 5 亿多元，在全国移动电话产品市场上，东方通信的产品占 25% 以上，成为中国最大的移动电话手机和系统设备的制造商和供应商。现在企业国有法人股占 63.16%，其余是公开上市的 A、B 股。该公司的负责人表示要永远高举“国有”的大旗。不少外国公司要求与他们合资，他们明确表示，合资可以，但必须由中方控股。东方通信现有职工 3000 人，在 25 个主要城市设有认可维修及保养中心，帮助 40 家客户建立了维修中心，尤其是在基站设备方面，及时周到地把第一流的服务送到客户手中，赢得了广大客户的信赖。

(一) 企业发展的目标与定位

在中国电信事业飞速发展的环境中，机遇与挑战并存。东方通信股份有限公司勇于接受挑战，果断引进国外高新技术，自 1990 年起，与世界移动通信技术领先的摩托罗拉公司密切合作，建立了中国第一条世界级技术水平的移动手机生产流水线，生产经营不断取得飞跃发展。十年来，企业的产业规模扩张了 100 多倍，在全国电子行业百强企业中排名第八，面对众多的超级跨国公司的激烈竞争，东方通信知难而进，迎接挑战。

东方通信在实施发展战略中，一是将企业经营活动中形成的“超越自我、产业兴国”的理念转化为全体员工的行动，使全体员工了解和认同东方通信所致力建设的事业——建成中国最大的移动通信系统设备制造商和供应商。二是通过这个系统来增强企业员工的荣誉感和企业凝聚力，从而使每个员工的言行与企业整体形象达到最大限度的统一。

在市场竞争中，企业如何主动、积极地开拓市场，提高企业竞争力和市场占有率，是企业经营的重要目标。东方通信的战略目标和定位是建立在追求世界通信产业一流水平基础上的。他们用全球 30 家通信设备制造商的排行榜来激励自己的想象力和创造力。要求每一个员工思考：怎样从一个比较落后的起点出发去实现一个伟大的目标，企业分析了追赶世界水平的优势：第一，中国有世界上最大的通信市场，有世界级的市场就会孕育世界级的技术。第二，有程控交换机发展的成功路子。程控交换机的发展经过了购买国外设备、中外合资、国内研制三种不同形式。第三，有中国人的智慧，有国家对通信产业的支持。

当然，摆在中国人面前的形势也是非常严峻的。从世界范围来看，1997 年 2 月，世界贸易组织签订了 2000 年信息技术产品零关税和开放电讯市场的全球协议。信息技术产品零关税的结果是，后进国家难以抵挡发达国家的全球竞争。开放电讯市场，将带来电讯业世界范围的寡头垄断。信息技术的发展，已经从最基础的技术层面上混淆了电讯、电子、媒体和文化企业的产业界限。为此，前些年美国实施了重大改革，将电讯和媒体统一立法管理，引发了一场电讯、电子、媒体和文化企业的交叉兼并和产业重组。经济自由化解除了行政管制，短短几年，英国开出150多个电讯经营许可证。美国联邦通讯委员会仅拍卖“大哥大”营业许可证一项就收入101亿美元。20世纪80年代以来，世界20多个国家出售国营电讯企业的股权，金额达1400亿美元。美国电话电报公司用115亿美元收购了美国最大的移动电话公司MCCAW；BBC用170亿美元收购了太平洋电信（PACIFIC TELESIS）；大西洋贝尔（BELL ATLANTIC）与奈恩克斯（NYNEX）宣布了500亿美元的合并；美国第四大国际电讯公司——世界通讯（WORLDCOM）用140亿美元买下了WFS。全球按总资产计算，电讯业是仅次于保健医疗和银行的第三大产业。目前，在6000亿美元的全球电讯市场中，只有20%可以自由竞争。1997年2月15日签订的全球基础电信协议为全球电讯市场的自由竞争创造了条件，但形势也越来越急迫。1998年1月1日该协议生效后，开放的电讯市场面临着更为激烈的竞争；同时也意味着企业必须提高质量和服务的意识。据称，未来几年内，协议的直接结果将导致国际长途电话的价格下降80%以上。在今后5—10年里，只有2—3个企业才能活下来。英国《经济学家》早在1995年就指出：“到21世纪中期，只能剩下极少数几家真正大型的全球性企业。绝大多数原来一国一个的电讯企业都要关门或干别的去。眼下，则是富裕国家抢占全球市场份额的时候。”美国是目前电讯最便宜的国家，开放协议一签，对美国直接意味着增长100万个就业机会。中国的信息产业怎么发展？这是摆在电讯企业每一个员工面前十分严峻的问题。东方通信深感责任重大，公司董事长施继兴表示：有志者事竟成，勇于追求终有收获，无所追求永无收获。东方通信把企业发展目标定位为实现跨世纪超百亿元的产业规模，以构筑东方通信的新辉煌。

（二）深化改革与转换机制

东方通信的改革是从生产体制的改革做起的。1990年企业组织构架以工艺专业化为对象，以后转变为以产品专业化为对象。所谓工艺专业化就是供应、生产、质量、销售等部门分门别类纵向管理。比如，厂部的生产部门要集中调度到每一个车间，甚至涉及原材料、零部件的管理。由于涉及的环节太多，跨度太大，效率太低，每到月底，通信设备机架总装配一旦发现零件有遗漏或差错就要电镀、油漆、机加工各车间的相关工序都组织加班。怎样缩短这些管理环节和周期？用最简单的办法就是“一刀切”，把相关车间捆绑在一起，成立一个相对独立管理的分厂，这样总部指挥起来就容易得多。公司要求加工分厂生产的不是零部件，而是加工好的完整机架，作为其产品销售给整机分厂，把生产部门的权力下放，打破了20年延续的旧体制。有人认为这么做是“外行”，怎么能把机架、机加工、模具、油漆、电镀等不同层次的加工工序捆绑在一起呢？但是实践证明，分厂内部直接调度，差错大大降低，责任明确，即使发生问题处理起来效率也很高。这样，第二年产量增加了1倍，根本不需要再加班了。

企业的第二步改革是针对营销体制进行的。过去是集中销售，公司销售科负责推销各种产品，每一个销售人员需要熟悉各种产品的性能。即使销售出去，在工程督导和回收资金的时候也会遇到很多问题和矛盾，解决起来也十分麻烦。因为销售部门和生产部门等都是平行部门，销售部门不容易与产品设计和制造部门直接沟通，产品设计与制造部门又与市场脱节，一旦出现差错各自都会找出很多理由表明不是自己的部门出了问题。公司经过调查研究，从有利于占领市场、方便用户、提高运营效率出发，下决心把销售职能分解到各个整机车间，改为分厂制，后来又改为事业部制。企业要求各分厂和事业部从生产、销售、工程、服务到资金回收、实现利润，全面独立核算，实施经营承包，这样就比较接近和符合国际厂商的通行管理惯例。

这样的体制改革也遇到了不少的阻力，有些大事业部如移动电话系统部和手机部，经营规模大，考虑到不能随意安排一个普通中层干部去当经理，于是就派了当时的副厂长去兼职总经理。这样又产生了心态不平衡的问题——有人认为似乎权力缩小了，地位下降了，后来大家才感受到真正的实权大都已下放到基层了。

在没有改革之前，大家都认为企业完成不了当年的生产计划和目标。几位副厂长任事业部经理后，重组骨干队伍，增强了群体合力，一举实现了15亿元销售额，提前7年超过了原定的10亿元目标，全厂上下深感震惊。此后，企业进一步完善事业部制，不断激发出活力和应变能力。

第三步是科技体制的改革。企业过去有一个独立的产品研究所，应用性的产品开发也都要集中管理。在市场销售上发现问题需要改进，市场人员必须通过企业领导，再由领导向科技开发部门传达，延误了决策时间。后来企业下决心把相关的应用产品研究室下放到事业部、分厂，也就是把科技人员推向市场，让他们走向市场参与竞争，这样他们就更接近用户，可以直接听取用户的意见和要求。通过接近用户，科技人员按照市场和用户的要求，改进了产品质量，工作业绩很出色，他们都感到实现了自身的价值。

公司制定的发展方针是“产品国内领先，质量世界一流，工作精益求精，服务顾客满意”。企业的质量要求是与国际接轨，这也是形势所迫——面临的竞争对手都是跨国公司，质量要求不与国际接轨根本不行。

（三）创造产品和服务的优势

在生产和经营的实践过程中，东方通信创造了如下生产和服务优势：

1. 缩短项目管理和建设周期。作为引进项目，程序很复杂，一般订货要半年时间，最快也得3个月，移动通信工程多数很紧张，这么长的周期经常等不及。移动通信是一个网络系统建设工程，包括规划、设计、勘探，所有这一切论证好以后，还要办理进口批件和财务担保才能签订合同，由于公司根据预测提前把进口材料安排好，按计划组织生产，一般可做到签订合同之后一两周之内就交货。在特殊情况下，合同的前期准备工作没有及时做好，如有的地方信道过度拥挤，就先借用部分设备，为客户提供了方便。

2. 满足重点工程和紧急工程需要，并及时做好售后服务工作。1995年夏，吉林、辽宁等地洪水泛滥，当地邮电管理局向公司紧急呼救，因为重灾区有线电话全部中断，只有移动电话可以使用，但信道特别拥挤，根本打不进去。希望增加一些基站设备。公司立即租用军用直升机抢运20多个信道的基站设备抵达受灾区，并连夜安装开通，抢救了许多生命财产。

3. 一切从用户出发，帮助用户进行有效的培训，并提供基站所需的维修材料和更换部件。公司精心为用户进行网络优化，帮助提高网络的运行效率和管理质量，这对于我国复杂的地貌环境和网络构成是极为重要的。公司还给用户提供融资渠道或融资方案，缓解部分用户资金紧张或短缺的困难。

（四）锲而不舍与灵活应变

许多人认为移动通信是海外跨国公司的一统天下，移动通信领域的国有企业基本上都被外商控股或变相控股，但东方通信公司决心从中突围。突围包括两方面：一是寻找国际“盟军”，利用国际盟军进行经济反击；二是利用国际巨头之间的竞争空隙，悄悄转移，建立自己的战略根据地。

爱立信和诺基亚瞄准了GSM这个目标和机会大举进入中国市场，东方通信现在瞄准了CDMA技术这个未来发展方向，并已成立移动手机和基站系统两家合资公司，准备再度捷足先登，大展宏图。公司认识到，经营CDMA这种码分多址技术产品，更有前途，频率资源的利用率更高。东方通信的经营理念中有两个特色：一是锲而不舍的精神。在逆境中不灰心，关键时刻咬紧牙关不放弃，终会柳暗花明；二是灵活应变，在做决策之前审时度势，周密论证，仔细推敲，不放过任何一个影响决策的要素，执行决策时就破釜沉舟，雷厉风行。

公司通过迂回战术，在全国移动电话产品市场上坚守了20%的阵地，在此基础上突围，有效地变被动为主动，变压力为动力。

（资料来源：清华大学经济管理学院工商管理案例研究组编：《工商管理800例》，世界图书出版公司1998年版）

二 案例分析

从某种意义上说，企业精神是企业家的人格化。东方通信董事长施继兴要求所有管理者和全体员工向人的极限、管理的极限挑战。他把挑战极限作为企业最根本的生存观和发展观。正是靠着这种锲而不舍的精神，经历了三年多的股份改制和多方攻关，公司终于于1996年上市，成为第一家一年中同时发行并上市A、B股的公司。一切改革和发展的机会及条件，都要靠自身争取和创造，没有任何人会给你恩赐和施舍。如果自己信心不足或知难而退，那么机会就会从你眼前溜走。成就任何一项事业，哪怕是一件看来简单的事，没有锲而不舍的精神往往是要落空的。东方通信大楼从项目筹建开始，逐级报批，走了132个部门，足足花了一年多的时间，终于办完了全部手续。盖一座大楼要跑132个部门，盖132个图章。这就是现实，还得认真去办。1996年8月大楼竣工并正式交付使用，整整花了近4年的时间，它也是企业克服艰难、跳跃发展过程的写真。

东方通信努力使企业的每一个员工认识到个人的发展和公司的发展是紧紧联系在一起的，因为公司深知，只有每个员工全身心投入和真诚付出，以振兴中国通信产业为己任，励精图治、自强不息，把企业的信念和员工的追求紧密地结合起来，才能达到企业三个“一百”的跨世纪目标，即产业规模一百亿、总资产一百亿、股票价格超过一百亿。为此，东方通信在企业内部实行公正、公平、公开竞争，鼓励每一个员工在真诚合作和责任承诺的基础上展开竞争，公司为每个员工提供公平的机会与条件；在企业外部，让社会公众、消费者、股民认知、认可公司在各方面所做的努力，以超群的品质、优质的服务赢得顾客，不仅在中国GSM移动通信市场占有了一席之地，而且必将在中国CDMA移动通信市场占有更大份额。

三 思考·讨论·训练

1. 通过这个案例的分析，能否总结出几条该企业成功的经验来？
2. 东方通信以什么样的经营战略挑战世界强手？

案例4 科龙集团的"第一"战略

一 案例介绍

1984年10月，科龙集团前身——广东顺德珠江冰箱厂宣告诞生，这是一家凭9万元起家，年产冰箱不过3000台的乡镇企业。在15年的时间里，科龙集团从一个名不见经传的小企业发展成为中国最著名的大型家电企业之一。科龙的发展战略是不熟不做，其经营领域以制冷业为核心，将最大力量放在冰箱上，并在此基础上发展相关的制冷产品——空调和冷柜，同时利用品牌优势开拓洗衣机等业务。目前，科龙集团共有容声、科龙、华宝三个品牌，已是拥有净资产10亿元，年增长速度40%的国际集团公司。它的近期战略目标是成为全球第一大冰箱企业、全国第一大空调生产厂家和全国冰柜出口第一的企业。

（一）质量"第一"

科龙有两个最为骄傲的"第一"，一个是连续八年产量全国第一；还有一个，就是同样已保持多年的产品出厂合格率全国第一：达到99.8%。科龙最看重后一个"第一"。用集团前董事长兼总裁潘宁的话说，质量稳住了才能快。如果质量稳不住，上得快，跌得更快。

1984年年底，科龙预定第二年生产5万台冰箱。就在这时，一家当时产量已突破百万台的国内最大冰箱厂发生严重质量事故，潮水般涌来的退货，使企业一下子跌进难以自拔的泥潭。

事情发生在人家厂里，潘宁却让全厂干部工人就此事停产进行大讨论：如果这样的事发生在科龙怎么办？理不辩不明。大讨论使全厂干部职工达成共识：企业发展速度必须与质量控制、综合管理能力同步。有多大能力办多大事。科龙果断将当年生产目标由5万台降为3万台。当质量与产量发生矛盾时，科龙的选择义无反顾：质量第一。当质量与成本控制发生矛盾时，科龙的选择同样毫不含糊，还是质量第一。潘宁说：不能规模上天，牌子砸地。

近年来，国内不少冰箱企业为降低生产成本，纷纷将冰箱的散热管由用铜材改为用铝材，一台就降低成本100多元。潘宁曾因下属多花100多元钱买会议请柬而大发雷霆，而对这涉及上百万台冰箱的"100多元"，潘宁回答："做散热管，没有比用铜材质量更好的，不管多贵我们都用。”仅此一项，每年的费用就是一两个亿。

在科龙，成立最早、机构改革中最稳定而且越改人员越多的，就是曾由潘宁亲自负责的全面质量管理办公室。而最舍得投资的，也正是以提高产品质量和可靠性为主要目的的技术改造。1988 年以来的十年里，科龙在技术改造方面总投资累计达 10.14 亿元。一台冰箱在生产线上的平均在线时间，最能反映一个企业的综合管理水平。1994 年，科龙年产冰箱 91 万台，平均产出一台冰箱的“节拍”为 48 秒；1995 年，产量增加到 122 万台，这个“节拍”降为 36 秒；1996 年，年产量 181 万台，“节拍”更快，为 26 秒；1998 年，冰箱产量高达 248 万台，而“节拍”仅 24 秒。从 48 秒缩短到 24 秒，等于一个厂变两个厂！

（二）把冰箱做大做强

1996 年 7 月，科龙在香港成功上市 20135 万股 H 股，筹得人民币 12 亿元。翌年扩股，又筹得人民币 7.5 亿元，加上吸纳国际金融财团 7000 万美元低息贷款，两年从国际市场就拿回 25 亿元资金。这样一笔巨额资金，向哪儿投？不少人认为，科龙已把冰箱做到国内领先，应该借此机会搞多元化。地方主管部门明确指示科龙发展冰箱要“适可而止”。然而，科龙紧接着出手几个大动作，依然还是坚持把冰箱做大。

动作之一：1996 年下半年，投资 21 亿多日元，在日本神户置地建楼购买设备，聘请数十名日本技术专家组成专业开发队伍，在日本创办了第一个研究所——“日本科龙株式会社”，将世界最新的两面开门、电脑模糊等技术应用于冰箱新产品的设计开发。

动作之二：1996 年 12 月，注资 2.7 亿元，在四川成都以控股方式，与成都飞机制造公司组建成都科龙公司，建设年产 50 万台的无氟冰箱生产基地。仅过 20 天，又挥师北上，在辽宁营口，注资 2.4 亿元，以同样方式成立营口科龙公司，又是年产 50 万台的能力。

动作之三：在顺德本部扩建厂房，引进设备，改造生产线，进行第六期技术改造，扩大规模。科龙选择的发展之路越走越顺，越走越快。1995 年，科龙冰箱年产量首次突破百万台。从 1984 年的 3 万台冰箱起步到上百万台，科龙用了 12 年时间。而 1997 年，科龙年产冰箱近 250 万台，这第二个百万台台阶，科龙人用了不到两年。

1998 年 3 月 28 日，成都科龙公司正式投产。与时下有些企业采取的扩张方式不同，科龙新创办的这家企业，不仅输出品牌和管理，而且投入巨资高起点规划、高起点建设。生产的产品是符合国际环保潮流的全无氟冰箱，引进的设备是经过优选的具有国际20世纪90年代中期先进水平的生产线，在许多方面超过科龙顺德总部的水平。比如顺德的生产线5个岗位需要7人，而成都科龙的生产线同样岗位只需1人。

1998年，科龙冰箱已形成了300万台的生产能力。到1999年生产能力已达到350万台以上。350万台意味着什么？意味着世界上数一数二的生产规模。科龙距离“世界第一”已经不远了。

（三）把空调做大做强

1998年，科龙为了把空调做大做强，采取了两项重大战略行动：与美国花旗银行合资和与华宝空调厂联合。

1998年4月28日，由美国花旗银行与中国科龙公司合资组建的广东科龙空调器有限公司正式成立。美国花旗银行以现金入股科龙空调，拥有该公司40%的股权。在近年来中国家电行业刮起的“合资风”中，外国品牌往往以51%的股份取得100%的控制权。许多外国公司或跨国公司也想以这种方式与科龙合作，而科龙公司屡次拒绝与这些公司合作，这就使科龙的这次合资格外引人注目。

据新上任的科龙集团董事长王国瑞透露，原广东科龙空调器厂经国际西门资产评估公司按国际惯例进行评估，有形资产为3亿元，科龙空调品牌的无形资产经“花旗”和“科龙”双方议定为1.68亿元，共计4.68亿元人民币。“花旗”以1.87亿元溢价获得40%的股权，入股后，“花旗”不参与科龙空调业务的正常运作，整个企业的经营管理仍由中方负责。这种合作方式清晰地传递出几个信息：第一，科龙空调的品牌价值在此次合作中占了相当的分量；第二，“花旗”对科龙的管理能力投出了绝对信任票；第三，科龙在这次合作中占了主导、主动地位。

花旗决心入股科龙空调，主要是看中了科龙的盈利能力、技术能力和管理能力。这家自20世纪90年代起始终领导着中国制冷行业冰箱产业升级和消费潮流更替的大型集团，1997年年底利用低温吸附触媒除臭技术，攻克了直冷冰箱除臭的世界难题，同年世界经济论坛授予科龙“东亚地区全球最佳经济增长公司”称号。1998年年初，《亚洲货币》将科龙评为“亚洲地区管理素质最佳公司”和“最佳投资者关系公司”。

科龙愿意让出40%的空调股权，并非看中了1.87亿元，而是看中了对方在1.87亿元之外的优质资本，希望借此进一步改善科龙空调的资本结构。注入的资金将用于引进先进技术、发展销售网络和提高产品质量，而花旗中国投资管理公司董事长范佐华也表示希望与科龙共同开拓国内空调市场。

1998 年 10 月 9 日，科龙与华宝宣布实现强强联合，组建国内最大的制冷集团。这是我国空调行业中规模空前的企业联合个案。

1994 年以来，空调市场由于供大于求而展开了为时多年的恶性竞争，不少生产商，特别是不具备规模效益的企业，面临淘汰出局的厄运，市场竞争实际上在具有雄厚实力的大集团之间进行。规模、市场份额、产品更新和服务决定着企业的生死存亡，科龙集团顺势而为，在较长时间的市场调查和论证后，决定利用双方联合后空调生产能力可达 150 万台以上、成本下降 20% 的优势，走强强联合、优化资源、优势互补之路。

与科龙一桥之隔的华宝空调厂，是国内首家生产分体式空调的企业，经过 10 年的努力，其产品形成了系列化，并拥有国内先进的生产设备，在同行中率先将计算机集成制造系统运用于生产线，在广东空调行业中第一家取得 ISO9001 质量体系认证，拥有单班年产分体式、窗式、柜式空调 100 万台的能力，柜机走红全国，1996 年又创 2P 柜机的先河。华宝曾采用灵活的营销政策，在全国建立了包含 800 多家的营销网络，尤其在华东开拓了自己的市场，深受消费者宠爱，1997 年销售额达 23 亿元，使华宝空调在国内空调市场上占有相当可观的份额。

科龙、华宝强强联合后，华宝品牌仍将使用，但华宝空调厂的决策、市场营销、新品开发、技术改造和市场定位，将归科龙集团统领，华宝变成一个重要的生产基地。联合之后，华宝员工与科龙员工实行同工同酬，部分高、中层管理人员带职在科龙集团适应另一种企业文化。

随着世界范围内跨国大公司不断地兼并、联合，国内企业实施的存量资产调整和产业升级，将进一步巩固名优品牌在行业的领导地位。科龙集团董事长兼总裁王国瑞对科龙华宝强强联合后的前景评述说："形势逼人，形势喜人。只要敢于竞争，我们一定能够成为国内最强、最大的空调企业。科龙将因此实现资本跨国流动、市场重新划分，在更广泛的领域和深度参与国际经济分工。"

（四）定牌生产，切入洗衣机市场

近年来，科龙在加强核心业务发展的基础上，开始探索进入制冷业以外的家电领域。1999 年 6 月 2 日，科龙集团与全球白色家电巨头美国惠尔浦公司在广东顺德进行战略伙伴合作洽谈。根据双方的协议，1999 年内，惠尔浦将为科龙定牌生产洗衣机 5 万台左右，在未来三年内，这个数字将达 30 万台。

在国际上，定牌生产是一种相当普遍的模式。惠尔浦公司除了自身品牌的产品在全球拥有巨大市场份额，1998 年销售额达 100 亿美元外，同时也是一家实力雄厚的 OEM 供应商，在国外，它已生产了 300 多万件定牌产品。

1997 年以后，我国洗衣机年生产能力已达 2500 万台以上，而市场年需求量在 1000 万台左右，实际产量仅占生产能力的 50%，大量生产能力处于闲置状态。另外，一些地区、企业仍在引进生产线，上新项目，结果出现新的产业同构现象。科龙选择通过与国际大公司和知名品牌联合的方式进入洗衣机领域，避免了不必要的重复引进和重复建设。

王国瑞表示，他希望利用惠尔浦的实力，首先在国内市场上推出科龙品牌洗衣机，以后再通过惠尔浦庞大的全球销售网络，打入国际市场。而惠尔浦公司执行副总裁兼欧洲和亚洲总裁杰夫·费迪的说法是，惠尔浦看好中国市场的前景，很愿意通过向中国市场介绍 OEM 这一业务运作形式，为中国市场尽快与国际接轨做些贡献。OEM 将为双方在其他领域和产品方面的合作带来机遇。同时，通过多种形式的产品生产和销售组合，惠尔浦也可以稳固在中国市场的地位，从而实现在中国的长期目标。

（资料来源：杨先举：《工商企业管理案例》，中国人民大学出版社 1994 年版）

二 案例分析

科龙在十几年时间内，从一个默默无闻的乡镇企业，成长为今天中国家电产业中的著名集团之一，其主要原因在于实施了正确的经营战略。科龙发展战略的主要特点：

1. “不熟不做”。坚持有限多元化经营，将主要业务限于冰箱、空调、冰柜，以取得核心技术的发展与协同运用，取得竞争优势。

2. “做大做强”。凡是自己所经营的业务，都务必要把它做好，一是规模要大，二是市场地位要高。这一指导思想充分体现在科龙的近期战略目标——“三个第一”上面。

3. 运用资本经营与产品经营相结合的方式，实现高速成长。科龙 15 年的历史，可以分为两个大的发展阶段。从创业之初到 1996 年 6 月，科龙主要依靠原始资本积累加以发展，从一家仅有资产 9 万元的乡镇企业一跃成为中国规模最大的冰箱企业。在 H 股发行成功以后，科龙进入了以资本经营为主的扩张时期。它通过控股、合资与联合等方式，不仅使冰箱生产规模逼近全球第一，而且将自己规划为空调中的老大，加快了“做大做强”的步伐。

三 思考·讨论·训练

1. 你能说出科龙集团所采取的是什么样的经营战略吗？

2. 如何理解科龙集团的“不熟不做”和“做大做强”？

案例5　青岛啤酒走出困境

一　案例介绍

青岛啤酒公司是我国啤酒业的龙头老大。青岛啤酒酒液清澈透明，泡沫洁白细腻，口味香醇可口，长期以来，不但在国内市场销量雄居榜首，而且在境外也很畅销，占我国啤酒出口总量的50%以上；在美国则占我国啤酒出口量的98%，在美国的进口啤酒中名列第二；在澳门，青啤也占啤酒市场的66%。据一次对3400个家庭的调查，在他们熟悉的10个商品中，日本6个，美国3个，中国1个，这唯一的1个就是青岛啤酒。青岛啤酒久负盛誉，早在1906年就获慕尼黑金牌奖，1981年、1985年在美国国际评酒会上获冠军，1993年在新加坡国际饮品博览会上获国际金奖。在国内，1980年、1985年青啤两次获国家质量金奖，多次被评为著名商标，是我国十大驰名商标之一。

青岛啤酒公司的前身是青岛啤酒厂，1903年，由德国人在中国创办，当时名为日耳曼啤酒股份有限公司，年产1200吨，是我国第一家啤酒厂。1916年，该厂被日本人强行收购后，年产量达到4500吨。1949年，青岛解放后改称为青岛啤酒厂。1993年，青岛啤酒厂改制，将原有的青岛啤酒一厂、二厂、四厂、青岛啤酒厂合组成青岛啤酒股份有限公司，并获准在香港、上海股市上市，获得了14亿元资金。改制以后，实行了董事会领导下的总经理负责制，公司比过去有了更多的自主权。

青岛啤酒厂是国有企业中的佼佼者，公司具有非常丰富的酿造经验，我国啤酒的酿造操作法就是以青岛啤酒的操作为蓝本确定的。但是，就是这么一家历史悠久，质量上乘，资金充裕，设备一流的大型国企，却在这几年的啤酒大战中步步后退。青岛啤酒厂的市场占有率1992年是2.45%，1993年是2.3%，1994年下降到2.2%，与此同时，它的效益也在滑坡。青啤公司是在香港上市的公司，它的经营状况在境外引起了人们的关注。香港某报惊呼“青岛啤酒成为啤酒大战的受害者”。这家报纸说：“越来越多外国大型啤酒商及外省厂家引入资金和技术，使产品质量与生产效益得以提高，他们的价格颇具吸引力，市场推广工作也搞得好，令青啤的市场地位动摇。”

面临困境，许多啤酒厂选择了与外商合资或是寻求地方保护的两条路。走前一条路，把控股权转让给外资，甚至牌子也卖掉，这样可以获得大量的资金，企业也许能得到大发展，不过控制权将落在外商的手里，大量的利润流入外商口袋。一些外国大啤酒商早已看准了青啤，资金投入将是很可观的。但是，青啤对此说："不!"青啤不拒绝外资，但必须以我为主。作为在香港上市的国企H股，青岛啤酒公司原来就有外资投入，但是青啤始终没放弃控股，而是牢牢控制了其中50%以上的股份。1995年，青啤公司在北京举行的保护啤酒民族工业战略研讨会上确定的原则就是：以民族资本为主，以民族品牌为主。

但是，在对外开放的条件下，市场竞争是无情的，外国企业的资金、技术比国内企业强是不争的事实。至少在目前，包括青啤在内的民族啤酒工业在与外商的竞争中处于下风。要不要明确地提出保护民族啤酒业的口号，并制定出相应的保护政策？对此，青啤的回答也是"不!"青啤认为，任何一个国家都要保护自己的利益，国家应制定相关政策，在一定时期内对一些工业部门给予扶持和保护。但作为一个企业要努力提高自己，发展自己，战胜对手，不能靠保护过日子，不能保护落后。

这两条好走的路都不走，那么青啤的出路在哪里，更重要的是青啤的希望在何方?

青岛啤酒最大的问题就是不能完全革除计划经济的陋习，因而也就不能真正适应市场。因为青岛啤酒厂已在计划经济体制中生存了40多年。尽管成立了属于市场经济范畴的股份有限公司，但是在某些方面的惯性还是不可避免的。

长期以来，青岛啤酒处于供不应求的状态，在销售上一直保留了一支笔批条子的做法。在品种上，青岛啤酒虽然保留了自己的特色，但品种比较少，装潢上也比较单一，不但不能充分满足不同消费者的需求，反而减少了商品的附加值，影响了企业的效益。另外，青啤在发展策略上也有一些不当之处。青啤公司在规模发展上一直以在本地自建新厂为主。新建一个厂，不仅投资巨大，而且产品运到外地，运费增高，成本将加大，运力也满足不了。在资金的运营效率方面，青啤也有待提高。其实，青啤的资金是宽绰的，如何把这笔钱盘活，而不是存在银行或借贷出去获息，将是青啤面临的一个新的课题。总之，青啤在许多方面还是用计划经济体制下的手段经营市场经济的股份公司。

针对上述问题，青啤公司近几年来做了不少改进，在市场销售、开发新品、资金运营、科研投入上做了很多的努力。

在市场销售方面，青啤开始面向市场，强化销售，改变几十年来实行的批条子的销售方法，成立了销售公司，将全国分为6个区，实行代理制，并辅以直销等多种方式。因时因地制宜进行多种促销活动。1996年春节，青啤推出了龙凤罐酒、礼品套酒，在广州地区促销，获利甚丰。在澳门，10个瓶盖给一张彩票，并抽奖一次，300人入围，一等奖3两黄金，这一促销方法十分成功，市场占有率迅速提高到66%。

在增加产品品种方面，青啤改变了产品十年一贯制，开发新品种，1995年下半年先后推出金质啤酒、棕色啤酒、礼品套酒等一批高附加值产品，这么做不但满足了不同消费群体的需要，而且大大提高了产品附加值。因此，当年下半年尽管销量比上半年减少，但利润却提高了25%。

在资本运营中，青啤逐渐改变了自己投资建厂的单一模式，采用市场经济中通用的收购、兼并、控股等方式以扩大生产规模。青啤公司放弃了投资大、周期长、运输成本高、运力不足的在青岛建厂的方案，收购了扬州啤酒厂和西安汉斯啤酒厂。

另外，青啤还投资2000万元成立了科研所，加强质量管理和品种开发。1995年青啤质量达到100%优良率，同年通过了ISO9002国际质量认证。

从1996年开始，青岛啤酒公司的利润出现了大幅度增长的可喜局面。头两个月的利润比上年同期增长了9倍。青岛啤酒公司终于从市场竞争中找到了发展规模和提高经济效益的路子，走出了市场份额下降和效益滑坡的低谷。一直关心和熟悉我国国货和洋货之争的某权威人士说，青啤的经验为正确认识和保护民族工业提供了有益的启示。

（资料来源：清华大学管理学院工商管理案例研究组编：《工商管理800例》，世界图书出版公司1998年版）

二　案例分析

1. 中国的啤酒行业里，属于自己的著名品牌已经不多了，掰着指头算起来，北京还有个誓死不出卖品牌的燕京啤酒，青岛还有个高擎国啤大旗的青岛啤酒，广州还有个不声不响硬挺着的珠江啤酒，除此之外的国啤阵地几乎已全部落入外商之手。面对这种严峻的局势，我们的民族工业怎么办？青啤的做法给我们带来了启发：开拓销售、增加品种、加强资本运营、增加科技投入，丢掉不切实际的幻想，靠自己的实力与洋酒商竞争。否则，完全押在国家保护的砝码上，最后的结果是不言而喻的。

2. 外国啤酒厂商蚕食中国市场的手段不外是利用国内啤酒厂资金紧缺、设备落后、技术匮乏的困难，施以金元诱惑，一举取得国有啤酒厂的控股权，随后以自己的洋品牌取代原有的国啤品牌，从而把中国的工厂变成自己的罐装基地，达到占领中国市场的目的。武汉的百威，广州的生力，还有蓝带、嘉士伯等无一不是以此种方式生产的，中国的啤酒厂商若要生存下去，就需要制定出相应的对策。

三 思考·讨论·训练

1. 你认为青岛啤酒公司的经营战略是否正确？下一步还应该怎么办？
2. 你认为企业如何才能做出正确的经营决策？

案例6 矢志创一流的江苏泰兴啤酒厂

一 案例介绍

泰兴啤酒厂坐落于长江北岸的江苏名镇——刁铺，该厂前身是一家小型粮油加工厂，建于1956年。1975年转产啤酒，经过整整20年的艰苦创业，泰啤人用勤劳和智慧的双手造就了一座现代化国有中型企业。目前，全厂职工总数近800人，占地面积约76000平方米，固定资产7000万元，已成为国内贸易部系统、江苏省啤酒生产的骨干企业（省同行仅此一家），是国内贸易部系统的优秀企业，所生产的“环溪”、“三泰”两大啤酒系列在评比中屡获殊荣，连续夺得5届省部优称号，被评为“中国公众名牌产品”、“中国最佳明星啤酒”等。该厂设备能力排在全省第八位，而产、销、利在江苏40多个啤酒生产企业中位居榜首，走出了一条低投入、高产出、良性发展的新路子。

现代商战千变万化，风云莫测，但不管竞争如何激烈，市场如何变幻，质量是企业夺标取胜的最根本保证。当初，泰兴啤酒厂一无资金设备，二乏技术经验，人们硬是凭着一股闯劲和坚忍不拔的意志，靠两间简陋的厂房起家，创下了如今的偌大家业。他们的成功原因之一就在于自始至终把产品质量视为企业的命根子。近几年，产品优质率保持在99.5%以上，其产品的各项理化指标均达到国家啤酒A级标准。

泰兴啤酒厂在重视产品质量方面有很多成功的经验。首先是注重强化全员质量意识。厂里明确指出：“谁砸企业的牌子，企业就砸谁的饭碗”。并且善于利用板报、橱窗等阵地和职工培训班，以多种多样、活泼有效的形式进行质量教育。通过多年努力，目前，企业内已形成人人关心质量、人人重视质量的良好风气。其次，把质量管理放在企业生产管理的首位。针对每个操作环节，制定和完善了一整套质量标准体系，建立起了从厂部到车间直至班组的三级管理网络，实施从原料入库到产品出厂的全方位、全过程监控。最后，建立质量反馈机制。厂里在各大市场都设立了质量信息员，对产品消费过程进行跟踪和调查，及时把出现的问题报告到厂，予以改进，尽可能使消费者满意。同时，宣传部门利用新闻媒介，经常就啤酒选择、饮用及安全等方面进行社会公益性的宣传，引导消费，受到同行的钦佩和用户的赞扬。

依靠严格的质量管理，泰兴啤酒厂站稳了脚跟，创出了牌子，赢得了信誉。1989 年前后，江苏省啤酒行业普遍滑坡，一些厂家纷纷亏损、停产，而泰兴啤酒厂的产品却依然在市场上独放异彩，经营单位竞相求购。

现代企业的腾飞离不开科技。科技兴厂的战略思想贯穿了泰兴啤酒厂运作的每个过程和环节，使企业得以不断添注活力，领先市场，在动态中实行良性循环。

早在 1984 年，泰兴啤酒厂在同行业首家实行了糖化工艺的微机控制管理，随后又在发酵、麦芽生产线上安装了自动化控制系统。理化检测中心先后耗资 200 多万元购置了先进的仪器设备。财务、物资管理也逐步走向电算化……这些措施使该厂在引进现代化管理手段上抢占了“制高点”，从而以“新”和“先”取胜。

该厂在生产过程中，注重把着眼点放在提高产品科技含量上，经过长期的摸索和试验，他们将国内和德国的优质酵母杂交培育出自己的酵母，成为我国拥有酵母菌种最多最好的厂家之一。该厂为打破产品单一的局面，积极与高科技部门协作，研制开发新产品。泰兴是全国闻名的“银杏之乡”，当地的银杏产量占全国 1/3 以上，且以果大壳薄，浆足味浓而著称。他们利用这一良好资源优势与专家教授们一道，利用当地丰富的银杏资源开发出了“三泰”白果汁。这一集营养与保健等多功能为一体的新一代饮料，一经投放市场，便受到专家和消费者的广泛好评。

科学的管理方法是企业取得良好经济效益的源泉，一批管理素质较高，具有科学头脑的带头人善于把科学的管理方法运用到企业中来，并进行有创造性的发挥。值得一提的是，这个厂 1991 年就把生产费用与工资挂钩，使内部管理市场化，因而该厂的物化指标在全省一直处于先进水平。1993 年的粮食消耗、综合能耗和啤酒总损又分别比上年下降了 2.4%、13.8% 和 0.02%，其中漏酒和灌装损耗仅为 0.86%。在全国也是不多见的。

分配机制的改革一直是国有大中型企业的一大难题。长期以来，“大锅饭”、平均主义造成了企业的经济效益低下，职工劳动积极性受到抑制。近几年，泰兴啤酒厂主动顺应市场经济的要求，首先在省内同行业推行以分配制度为主要内容的内部改革，运用经济杠杆激活内在生产要素，取得了显著的经济效益。

1992 年年初，小平同志南方谈话后，厂里就如何深化改革进行民主讨论。厂领导拓宽思路，坚持走群众路线，发动全厂职工提合理化建议，拿改革方案。同时亲自率领企管、劳资、生产部门的同志深入一线调查摸底，经过上上下下、反反复复几次测算评估，终于在分配问题上跨出了关键性的一步，一举取消了多年一贯制的“级别工资”，实行“合格品吨酒工资制”。具体来说，就是在车间以产量、质量及消耗为依据，进行收入总承包。车间核定用工人数，“增员不增资、减员不减资”。其次，在个人分配问题上，确定了 4 条原则，即以劳动强度、技术含量、岗位责任和工作环境为依据，让职工代表对每个岗位逐项打分；根据加权平均法，得出各岗位的个人分配系数。

整个改革始终坚持“从群众中来，到群众中去”的思想路线，职工们也心平气和，干劲倍增，面貌也焕然一新。泰兴啤酒厂改革的成功经验引起上级部门的重视和同行的瞩目，并得以推广。

人的因素总是第一位的。全员素质的优化是企业发展腾飞的最大后劲。多年以来，泰兴啤酒厂坚持社会主义精神文明和物质文明一起抓的方针，不遗余力地从多方面提高企业职工素质。围绕增强凝聚力，狠抓领导班子建设，着力在班子内部弘扬奉献精神，加强勤政廉政。班子中间还注重创造协作高效气氛，实行民主集中制，大事一起商讨。在决策形成前，他们深入调研，及时把握职工的思想脉搏，鼓励和启发大家提出意见和建议，为决策提供全面准确的依据；在决策过程中，大家献计献策；决策付诸实施后，一方面利用宣传阵地统一认识，增加透明度；另一方面带领干部走车间访科室，跟踪决策实施的全过程，及时清淤除障，排疑解难。

围绕提高两个素质，加强职工队伍建设。每年生产淡季，厂里都要举办职工政治学校，还组织学员到先进企业参观，开阔视野，并开展知识竞赛、演讲比赛等丰富多彩的活动。全员培训率在 85% 以上，青工及骨干培训率达 100%。通过培训，激发了职工的主人翁责任感，培育了“力争上游，勇夺第一”的企业精神。

围绕增强竞争力，抓好科技人才建设。近年来，该厂先后选派 40 多位各方面素质较好的同志外出深造。厂里还积极与高等院校科研单位合作，聘请了十多位专家教授担任常年顾问，以帮助解决技术难题，或来厂讲学，送经传道，或提供信息。现该厂拥有中高级职称的人才 23 名，各类专业技术人员 112 人，占职工总数的 14%，形成了人才引进、使用的良好局面。

面对啤酒行业这个危机与发展共在、挑战与机遇并存的局面，泰兴啤酒厂不断地开拓创新，为增强实力，努力朝着大型化、集团化、现代化方向发展。我们也衷心希望泰兴啤酒厂这朵啤酒大花园中的奇葩，在改革开放的春风吹拂下，越发娇艳，芳香四溢。

（资料来源：杨先举：《工商企业管理案例》，中国人民大学出版社 1994 年版）

二　案例分析

泰兴啤酒厂作为一个地处农村，只有 800 人的中型企业，在设备能力排全省第八位的情况下，产、销、利不仅在江苏 40 家啤酒生产企业中位居榜首，而且在部属同行中名列第二。这是一个值得骄傲的成绩。

泰兴啤酒厂的领导人以"矢志创一流"的精神，以质量兴厂，发挥名牌产品的最大优势；科技驱动，实行投入产出的最大化；深化改革，激发内部机制的最大活力；两手齐抓，谋求全面"质量的最优构成"四方面入手，使泰兴啤酒厂从一家小型粮油加工厂发展成啤酒行业的优秀企业。它的成功经验，很值得我们借鉴和学习。

三　思考·讨论·训练

1. 泰兴啤酒厂在产品质量方面有哪些成功的经验?

2. 分配机制的改革一直是国有大中型企业的一大难题，泰兴啤酒厂是如何进行分配制度改革的?

案例 7　IBM 的三次兴衰

一　案例介绍

IBM（国际商用机器公司）曾是美国四大工业公司之一，营业额高达到六七百亿美元，职工人数多达 40 余万人。但从 20 世纪 80 年代末开始，它逐渐陷入困境，1991—1993 年间累计亏损达 162 亿美元，几乎是每天亏损 1480 万美元。令人惊奇的是，时隔三年，IBM 公司就在 1996 年实现了 770 亿美元的营业收入，在收支相抵和扣除所得税后净赚 60 亿美元。IBM 公司东山再起有何奥秘？

IBM 的前身是 CTR 公司。1914 年，在收款机公司当销售员的托马斯·沃森加入了 CTR 公司。他很快被提拔为公司销售经理，继而成为公司总裁。1924 年，沃森任董事会主席，同时将公司更名为 IBM，意在突出向国内外市场提供商用设备的经营宗旨。20 世纪 20—30 年代，IBM 借助其强大的销售力量，以及向商界出租打孔计算设备而推销配套打孔卡的经营办法，很快成为最有实力的商用设备企业。第二次世界大战临近结束时，世界上第一台电子计算机问世了，宣告了电子数据处理时代的到来。恰在这时，沃森的两个儿子进入 IBM。小沃森认识到电子计算机取代机械计算的前景，说服父亲及公司投资开发了 700 系列、650 系列电子计算机，并以其强大的销售服务及高层经理对销售的支持，超越先行者占领了计算机市场。50 年代末，IBM 已成功地占有了计算机市场 75% 的份额，小沃森也在 1956 年接替老沃森成为董事会主席兼首席执行官。

晶体管（1956 年）和集成电路（1959 年）的发明，推动了计算机技术进步。IBM 投入 4000 人的研究开发阵容和 50 亿美元的开发经费，1964 年向市场投放了与原有计算机都不兼容的 360 大型计算机，打击了包括霍尼韦尔电气公司、原国民收款机公司（更名为 NCR）、通用电气公司和雷明顿兰德公司等在内的竞争者。这时，IBM 以每月 1 万美元收费出租的 5 万台计算机为公司带来了 60 亿美元的营业收入和 9 亿美元的净收益，并以 70% 的占有率垄断了美国大型计算机市场。

1971 年，小沃森退休，利尔森接管公司。到 1973 年，弗兰克·卡里接任了公司董事长。计算机行业面临着一个复杂多变的市场。但是，IBM 高层经理得意于公司的巨大成功，并没有意识到市场的潜在威胁。第一，由于技术进步使大型机市场寿命周期缩短，迫使 IBM 每两三年就得更换租赁或售出的产品，从而使开发成本的回收越来越难。IBM 放弃了产品租赁策略，改为全额销售。但这一策略的实施，实际上为顾客选择其他厂家打开了缺口。同时，市场上也出现了一些企业对淘汰机器加以改装，再以只有 IBM 新机器 10% 左右的价格售出。第二，成本低的日本计算机开始进入美国市场。面对这一竞争，IBM 在 20 世纪 80 年代中期先后投资 400 亿美元降低产品制造成本，同时极力使 IBM 产品差异化。第三，从 70 年代初开始换代的 370 系列大型机，虽然被对手视为赶超目标，但基本只是原 360 系列机器的升级，无重大技术突破。没多久市场上就出现了370系列的兼容机制造厂商，它们以很低的价格同IBM竞争。所有这些使得1984—1990年间，IBM大型机销售额的年增长率从12%急剧下降到5%左右，市场占有率跌到40%以下。

以大型机为主的经营还受到了来自其他厂商的市场细分产品的竞争。1965年，与IBM竞争的数据设备公司（DEC），先行开发出了小型计算机，但IBM因受大型机视野制约，没有投入资源进行小型机的技术开发。直到1986年，IBM才研制出AS/400小型机参与竞争，但小型机市场的领先地位已被DEC占据了。更为麻烦的是，更大的挑战来自于迅速兴起的个人电脑。1977年，苹果计算机公司先声夺人，向市场投放了内存少、没有数据库、运行速度慢、计算能力差但价格低廉的个人电脑，这更加剧了IBM大型机的悲哀。

面对这种形势，IBM做出了一项重大决策，即成立了由50人组成的个人电脑开发小组，给予场地、资金和人力支持，并责成该组负责人直接向董事长本人汇报工作。其结果，科研开发小组在不足一年的时间里，就研制出了远胜于苹果机的IBM PC电脑，并很快成为世界个人电脑的行业标准，紧接着，1981年8月，IBM的第一代PC机开发成功。研究小组又着手进行扩展型的XT个人电脑和提高型的AT个人电脑开发，接连取得了出乎预期的成功。到1984年，IBM个人电脑营业额已达到40亿美元，1985年占据了市场份额的80%。

尽管IBM迅速发展壮大个人电脑，但是，因为核心软件和硬件全靠外购（如依靠微软为其提供DOS操作系统，英特尔提供中央处理器芯片），为别的厂家通过仿效追赶自己提供了机会。另外，IBM的个人电脑从1985年起改由原通用产品分部经理比尔·洛接管，1988年又易手给来自大型机分部的吉米·坎内维诺。这样，IBM也就由面向市场的营销者、创新者变成了守业者。集中统一管理的营销力量与烦琐耗时的新项目审批程序窒息了员工的创新精神。而后于IBM发展起来的竞争者们却一刻也没有停止追赶和超越。对于走下坡路的IBM，致命的一击则来自公司领导拒不接受386芯片技术上的决策失误。1984—1986年，畅销一时的IBM的AT微机，采用英特尔生产的80286中央处理器芯片，建立在286的16位技术基础上。1984年，英特尔开始开发新一代386CPU芯片。由于386是32位元的中央处理器，386的开发成功意味着微机技术的革命。虽然英特尔在386开发中就向IBM打招呼，并希望IBM首先使用386芯片开发出386微机，但IBM表现得极为冷淡。直到1985年年末，386芯片生产出来，IBM仍然拒绝采用。IBM拒绝采用386来更新产品有它的考虑：当时286在市场上是畅销货，而286芯片属于老产品，价格低，利润颇为丰厚，如果产品换代，不但配套元件和外围设备要重新设计，整个生产线也需要彻底改造。由于386芯片价格很高，IBM电脑整机的利润就会大大下降。另外，此前只有大型计算机才使用32位元技术。如果IBM带头在微机上使用32位元技术，将对自己的大型机形成挑战。从自身利益出发，IBM做出了只在老产品上做技术延伸改进，而不采用革命性技术的决策，利用自己在电脑市场上的统治地位和微机技术标准制定者的身份，阻碍386技术的推广。但是，市场并不会听命于既有权威。在成熟健全的市场里，顾客才是真正的上帝。只有倾听市场呼声，善于创新的企业才能昌盛。当IBM把送上门来的新技术拒之门外时，康柏、宏碁等公司却抓住了机遇，向IBM的霸主地位提出了激烈的挑战。1986年，康柏公司推出了使用386芯片的新一代计算机，紧接着，德尔计算机公司以其独特的邮件销售方式使个人电脑售价大幅度降低。而后，康柏和盖特韦200等公司又加入了新一轮竞争。面对严峻的挑战，IBM公司逐渐丧失了竞争力和获利能力。

到了20世纪80年代中期以后，IBM往日的辉煌已经不存在。1984年，IBM获得65.8亿美元的税后净收益，销售利润率达14%。这是美国所有公司至今为止最高的盈利记录，同时代表着IBM事业的顶峰。此后，IBM便逆转直下。面对海外低成本制造商和国内兼容机厂商的价格竞争压力，从大型机分部提拔上来担任公司总裁的约翰·埃克斯迅速采取了大量精简员工（万余人退休自然减员和给部分员工高额补贴，促其自动辞职）、增强销售力量（5000名销售员）、重用产品租赁策略和重构组织结构等措施，但却未取得预期效果；1986—1990年间，IBM的营业收入年增幅只在3%—6%，抵不上营业支出的增长幅度，从而盈利大幅度下降。1986年，净收益从上年的65.6亿美元下降到47.9亿美元，下降27%。虽经过努力，效益有所回升。但到1989年，净收益又下降到37.2亿美元。虽然1990年IBM取得了59.7亿美元的盈余，但这笔收益的大部分是来自一些短期因素的作用。IBM高层领导没有意识到这一业绩的不稳定因素，反而认为改革初见成效。受这一认识误导，证券分析家也乐观地预测IBM公司1991年盈利将达70亿美元，埃克斯本人也许诺股票分红将提高35%。然而，到1991年第一季度，IBM即发生了17亿美元的亏损。1992年年初，证券分析家再次预测IBM本年度将有40亿美元盈余。可结果，IBM在1991年亏损28.6亿美元后，1992年出现了商界少见的49.7亿美元的大亏空。1993年1月，IBM股票价格跌至每股40美元以下，达到了17年来的最低价，从而构成了改组公司高层领导的压力。1993年1月，埃克斯在宣布了将公司的红利分配削减55%后，不得不提出辞职。

身置衰落境地，IBM 董事会经过两个多月的多方寻找，选定了年纪 54 岁，并无计算机行业经验但有 27 年管理经历的纳比德科公司董事长路易斯·郭士纳担任新一届董事长兼首席执行官。股票投资者对郭士纳的上任怀有重重疑虑。郭士纳从 1993 年 4 月接管起便大规模更换公司高层经理，以“外来者”取代公司原首席财务审计官、市场营销副总裁、磁盘驱动器业务负责人和人事部门负责人等，为公司注入了新鲜血液。与一般人认为的新任首席执行官会继承其前任的分权改革做法相反，郭士纳重视 IBM 商标的价值和集中使用营销力量的必要。他反对将公司的各个分部都改组为独立的单位，而是强调各部门间资源、技能和思想在更大程度上的共享。为此，他与新班子花了近一年时间，研究如何对 IBM 进行“再造工程”（如 IBM 信用公司融资业务流程，“再造”使业务处理的周期从至少 1 周缩短为 4 个小时，促进业务量成百倍地增长，强化企业与顾客之间以及总部与分部之间的联系）。与此同时，郭士纳重新强调了技术创新对于高技术企业发展的重要性（恢复了被其前任放弃的将营业收入 10% 用于研究开发的传统做法），明确指出，技术创新不应围绕公司产品展开，而应着眼于顾客和市场的需要。为了解用户需求，郭士纳花 40% 的时间听取客户的意见。在三年半时间内，他飞行过 542 次，走访了许多大客户的董事长。当他听到顾客抱怨 IBM 大型机软件收费过高后，立即决定将价格削减 30%。1994 年年末，IBM 与第一银行、国民银行、美洲银行等 15 家拥有 6000 万储户的银行，联合开发和建设共享的全国性在线金融服务网络系统，为家用电脑使用者提供不用出家门的存贷款金融服务，加强了同顾客的联系。IBM 公司在 1996 年向市场投放的一种新大型机，3 个月内就被抢购一空。IBM 近年来在承接大型项目的投标竞争中，以 80% 的平均中标率打败了许多竞争对手，为全球各大公司提供计算机及各种信息产品。IBM 在 1995 年取得了 540 亿美元的营业收入，1996 年营业额继续增长 8%，达到 583 亿美元。个人电脑营业额，1996 年取得了 25% 的高增长。刚刚引起 IBM 特别注意的计算机服务业，1994 年的收入为 97 亿美元，1995 年和 1996 年增加到 127 亿美元和 160 亿美元。1996 年，IBM 公司总营业额达到 770 亿美元。尽管公司近 2/3 的营业收入来自销售利润率较低的个人电脑、工作站和计算机服务业，但 IBM 还是取得了 60 亿美元的税后净收益（注意：郭士纳接手公司的第一年还亏损 83.7 亿美元）。1996 年 11 月 22 日，IBM 公司的股票收盘价达 158.5 美元，成为股市中的抢手股票。

（资料来源：清华大学经济管理学院工商管理案例研究组编：《工商管理 800 例》，世界图书出版公司 1998 年版）

二 案例分析

IBM 的三次兴衰经历确实耐人寻味。从中不难看到，IBM 的“兴”，多来自正确的决策和内部管理，适当的外部竞争策略。而其“衰”，则主要因为决策的失误。如果 IBM 早年（20 世纪 60 年代中）适时开发个人电脑，20 世纪 80 年代中期适时尽早采用英特尔公司的 386 机芯，那么第一、二次“衰落”是可以避免的。目前，IBM 正处于第三轮“兴势”。能否保持这一势头，关键就看 IBM 能否汲取前两轮的教训，自觉地坚持围绕市场需求抓好高技术创新和市场营销、用户服务。

三 思考·讨论·训练

1. 20 世纪 80 年代中期，IBM 公司为什么不采用英特尔公司的 386 机芯？
2. 如果你是公司的首席执行官，对公司未来的发展战略有什么看法？

案例 8 准确决策与盲目投资

一 案例介绍

禹洲市建筑卫生陶瓷厂是一家国有中型企业，由于种种原因，1995 年停产近一年，亏损 250 万元，濒临倒闭。1996 年年初，郑丙坤出任该厂厂长。面对停水、停电、停工资的严重局面，郑丙坤认真分析了厂情，果断决策：治厂先从人事制度改革入手，把科室及分厂的管理人员减掉 3/4，充实到生产第一线，形成一人多用，一专多能的治厂队伍。郑丙坤还在全厂推行了“一厂多制”的经营方式：对生产主导产品的一、二分厂，采取“四统一”（统一计划、统一采购、统一销售、统一财务）的管理方法；对墙地砖分厂实行股份制改造；对特种耐火材料厂实行租赁承包。

改制后的企业像开足马力的列车疾速运行，逐渐显示了规模跟不上市场的劣势，从而严重束缚了企业的发展。怎么办？有人主张贪大求洋，贷巨款上大项目；有人建议投资上千万元再建一条大规模的辊道窑生产线，显示一下新班子的政绩。郑丙坤根据职工代表会的建议，果断决定将生产成本高、劳动强度大、产品质量差的 86 米明焰煤烧隧道窑扒掉，建成 98 米隔焰煤烧隧道，并对一分厂的两条老窑进行了技术改造，结果仅花费200万元，便使其生产能力扩大了一倍。目前，该厂已形成年产80万件卫生瓷、20万平方米墙地转、5000吨特种耐火材料三大系列200多个品种的生产能力。1996年，国内生产厂家纷纷大上高档卫生瓷，厂内外也有不少人建议郑丙坤赶上“潮流”。对此，郑丙坤没有盲目决策，而是冷静地分析了行情，经过认真调查论证，认为中低档瓷的国内市场潜力很大，一味上高档卫生瓷不符合国情。于是经过市场考察，该厂新上了20多个中低档卫生瓷产品。这些产品一投入市场，便成了走俏货。目前，新产品产值的占有率已提高到60%以上。

与禹洲市建筑卫生陶瓷厂形成鲜明对照的是，河南省洁达陶瓷公司是长葛市一家生产建筑卫生陶瓷的国有中型企业，20世纪90年代初，它曾是全省建材行业三面红旗之一、长葛市利税大户。然而，近年来，在市场经济大潮的冲击下，由于企业拍板盲目轻率，导致重大决策失误，使这家原本红红火火的国有企业成了一个债台高筑的“老大难”。

1992年，由国家建委、省计经委批准，投资该公司1200万元建立大断面窑生产线。但该公司为赶市场“潮流”，不经论证就将其改建成为辊道窑生产线，共投资1700万元。由于该生产线建成时，市场潮流已过，因此投产后公司一直亏损。在产销无望的情况下，公司只好重新投入1000多万元再建大断面窑，但这时却已失去市场良机，致使公司陷入进退两难的境地。从此，公司元气大伤，债台高筑，仅欠银行贷款就达3000多万元。6年来，该公司先后做出失误的重大经营决策6项，使国有资产损失数百万元。企业不仅将以前积累的数百万元自有资金流失得一干二净，而且成了一个“老大难”企业。禹洲市建筑卫生陶瓷厂由衰变强和河南省（长葛市）洁达陶瓷公司由强变衰的强烈反差对比，在国有企业界引起反响。

（资料来源：张秀玉编著：《企业战略管理》，北京大学出版社2002年版）

二　案例分析

同在一个城市，同生产一类产品，同是中型国有企业，一个由衰变强，一个却由强变衰——禹洲市建筑卫生陶瓷厂和河南省（长葛）洁达陶瓷公司的兴衰史证明：企业领导决策正确与否直接关系到企业的命运，在强调重大决策必须交职代会通过的同时，应对决策失误责任者追究经济和刑事责任，在国企中推行“依法治企”，用“法”来杜绝“拍脑门决策”的现象。

三 思考·讨论·训练

1. 决策包括哪些基本活动过程？其中关键的步骤是什么？
2. 科学决策要注意哪些问题？

案例9 毛家湾饭店奇迹的启示

一 案例介绍

毛家湾饭店原是毛主席家乡的一个饭店，该饭店的创业史简直是一个奇迹。

创办毛家湾饭店的企业家叫汤瑞仁，是一位年近80岁的老太太。她在70多岁时创办了这家饭店，是饭店的董事长。汤瑞仁是毛家湾的一位老贫雇农，没上过学，更没读过MBA，也没有资本，但她却创建了一个大饭店——毛家湾饭店。目前，饭店早已跨出了毛家湾，长沙、武汉、广州、北京都有她的毛家湾饭店，她还想把饭店开到国外去。她曾为希望工程捐款30万元，毛家湾修了一个毛主席纪念馆，总投资10万元，她一人就捐了1万多元。那么，她是凭什么创建了这个大饭店呢？汤瑞仁在旧社会受剥削、受压迫，在毛主席的领导下，终于在政治上当家做了主人——但在经济上仍比较贫穷。邓小平同志主持工作后，实行“大包干”，鼓励人们劳动致富。这一政策给汤瑞仁指出了方向。

可是，怎样才能致富呢？根据毛家湾的现实，她找到了可以致富的几条路子：一是办工业可以致富；二是开商店也可以致富；三是开饭馆也可以致富，另外，还有搞旅游等路子。那么，她该走哪条路子致富呢？结合自己的情况，她选择了开饭馆。但是，开饭馆需要钱，需要人，需要物，这些东西她却没有。于是，她就从在路边摆小摊卖大米粥做起。为了卖大米粥，她向别人借了1元7角钱，用1元钱买大米，7角钱买白糖，从此开始了她艰难的资金积累。没有人，她就收养一些流浪孩子，供应孩子吃、穿、住、学习，同时帮助照顾饭店。她还注意突出毛家湾饭菜的特色，利用她同毛主席的合影照片大搞公关活动，从而使饭店越办越大、越办越好。那么，汤瑞仁究竟是靠什么办起毛家湾饭店的呢？是靠资本吗？不是。因为她没有本钱，卖大米粥的1.7元钱还是借别人的。是靠技术吗？也不是。因为她没有学过怎样开饭馆。是靠学历吗？

更不是。因为她从小就没有上过学。

（资料来源：张秀玉编著：《企业战略管理》，北京大学出版社 2002 年版）

二 案例分析

毛家湾饭店的成功，究竟靠的是什么呢？它靠的就是企业家的思维，她的思维具有企业家思维的典型特征。这些特征可以归纳如下：①机会在哪里？②我怎么向这个机会投资？③我需要什么资源？④我怎么取得对这种资源的控制权？⑤什么结构是最好的？

与企业家思维针锋相对的是官僚型管理者思维。后者的思维特征是：①我控制的资源是什么？②什么结构决定了我们的组织与市场的关系？③在我力所能及的范围内，我怎么使各种因素的冲击最小化？④什么机会是适当的？

毛家湾饭店的奇迹给我们提供了一个重要启示：要创办一个企业，干一番事业，物质条件固然是必要的，但更重要的是精神条件，即企业家思维。有了这一条，已有的物质条件会得到更好的利用，缺少的物质条件则会被创造出来，从而实现“精神变物质”，做到白手起家，干番事业。推而广之，要想搞好企业的战略管理，实现战略制胜，就要求企业家必须具有战略思维——这样才可能推动企业健康、高速、稳定地发展。

三 思考·讨论·训练

1. 什么叫企业家的战略思维？它有哪些特征？

2. 企业战略管理的基本矛盾有哪些？每对矛盾解决的实质问题是什么？哪个矛盾是主要矛盾？为什么？

3. 指导企业战略管理的总体思路是什么？

案例 10 竞争才能竞合

一 案例介绍

大庆农场，位于小兴安岭余脉的黑龙江省五大连池风景名胜区内，是大庆石油管理局所属的大型二级企业。从 1961 年建场以来，该农场一直是吃管理局财务的大户，2000 年进行转轨变制改革，取消了以往给予农场的财务补贴，实行自收自支、自主经营、独立核算、自负盈亏。从此，农场开始了自己建场以来的第二次创业历程。

2000年8月11日，在农场的会议室里，刚刚上任的王飞扬场长正在召集场级领导干部开会，共商农场的发展大计。

王场长首先听取了全场综合性工作汇报，然后就农场的未来发展谈了自己的看法。他说："大家都知道，今天的农场已经今非昔比了，过去那种靠财务补贴的日子已经一去不复返，从现在起我们只能靠自己的双手去创造美好的生活。当前我们急需解决的问题，除了想办法渡过经济上的暂时困难外，更重要的是如何应对激烈的市场竞争，实现农场的生存和长远发展，其中一个重中之重的问题便是农场的竞争战略的重新定位，这是生死攸关的事情。"

紧接着，副场长许财等同志也谈了自己的看法，会议在热烈的讨论中结束了。在会后回家的路上，刚才大家在会上的各种见解不时在王场长脑海里再现，他陷入了深深的思考中。从宏观经济环境来看，改革开放20多年来，我国的经济已获得了长足的发展，中国农业生产正经历着由解决温饱向满足人们更高层次需要的方向发展，随着人民生活水平的提高和个性化消费趋势的发展，追求绿色健康饮食成为时尚，生态绿色农业必将成为大庆农场和其他农业企业共同角逐的对象，竞争会十分激烈。从大庆农场的微观环境来看，农场地处第四积温带，气候、土质、常年有效积温等自然条件都十分适宜发展大豆、木耳等种植业和相关产业的发展，而且农场地处五大连池风景名胜区内，自然生态系统没有遭受人为破坏，远离污染。从农场自身资源条件来看，40年来农场的发展已具备一定的经济规模，积累了丰富的生产经验，所生产的产品在国内和省内都有一定的知名度，但和同行业其他大型企业相比，在资金、技术、管理和信息等方面都存在着一定的差距。从大庆农场的企业文化来看，自建场时的拓荒开始，近三代的大庆人在这里劳动、生活，他们勤劳质朴，与大庆的黑土地结下了不解之缘，深爱着这片土地，热切地希望以自己勤劳的双手建设自己美丽的家园。这些都是农场的实际，也是农场在制定竞争战略时必须清楚地予以考虑的问题。在对农场进行深入地了解、经历了无数次思想斗争、无数次方案筛选，又无数次地予以否定之后，一个竞争战略的雏形渐渐地在王场长的脑海中形成了。

经过几次会议的集体讨论、研究，在对农场的历史、现状和各种环境因素进行了客观的分析和比较之后，大家普遍认为将农场未来的经营定位于以种植业为中心建设"绿色生态"农场，符合农场的实际，是实事求是的。并就如何培养农场的竞争优势，选择符合农场实际的竞争战略这一问题，达成了以下共识：

1. 将差异化作为农场的竞争基础。这是在对大家公认的三种总体战略，即成本领先、差异化和集中一点，结合农场的实际和各种环境因素进行分析、对比之后所做出的选择。大家认为，农场目前及在今后的一段时间尚无法达到实施成本领先总体战略所需的经济规模，也不具备实施集中一点总体战略所能预见的市场前景，而将差异化作为农场的竞争基础，正好迎合了生活水平提高后的人们追求绿色食品和个性化消费的需求，这一选择是切合实际的。

2. 在“后向一体化”和“前向一体化”的基础上，将建立巩固的动态联盟作为战略行动方向。随着体制的转换和管理局的“断奶”，农场已成为直接面对市场竞争的企业法人实体，此时的农场既面对中国市场经济大发展所带来的无限商机，又面临诸多的具体困难。首先，相对于国内大型农场来说，大庆农场的规模小，资源有限，规模经济效益不明显；其次，面对国内大型农业企业的竞争优势，农场明显处于劣势位置；再次，农场作为农业生产企业，其盈利率低、受自然条件影响较大，且位置偏僻，交通和信息都受到不同程度的影响；最后，在近 40 年的农场生活中，农场人已习惯了有“靠山”的生活，体制的转换和管理局的突然“断奶”，使更多的农场人就像经历了一场“噩梦”一样，对应对市场挑战还没有足够的心理准备。

面对机遇和挑战，农场人对自己在行业中的优势和劣势及自身的资源条件从战略的高度进行了审慎的分析，认为在以差异化作为竞争基础的前提下，只有寻求与各方协作才能发挥后发优势，并在“后向一体化”和“前向一体化”思想的基础上，提出了建立“动态联盟”的战略构想。所谓动态联盟，是指企业为了快速响应已出现或根据预测即将出现的市场机遇，与其他企业或集团自发或自觉结成的利益共同体。以王飞扬场长为首的场领导集体认为，从市场需求出发，运用快速生产的思想自觉地组成动态联盟并制定工作流程，在农场及外部联盟企业间有计划地运行，符合农场的经营实际，有助于快速占领目标市场，在各联盟方实现“共赢”的基础上，实现农场的跨越式发展。

3. 在建立巩固的动态联盟的基础上，将进行联盟内有效的合作和维持联盟各方的忠诚作为战略实现方法。动态联盟是某一时间阶段、某一市场需求的产物，它针对某个市场机遇或某项新技术、新发明的应用及新环境的特殊要求而产生，当这一前提失去之后，联盟便自动瓦解，联盟呈“动态”变化，具有一定的生命周期。企业动态联盟强调通过企业间的精诚合作，实现资源和信息共享，增强联合竞争能力，促进共同盈利的合作机制形成。在实现与有关方面建立动态联盟时，应主动出击、多方谈判，寻求利益共同点，通过签订双边或多边协议、授予特许权等多种形式，进行联盟成员间有效的合作。同时要求在联盟体系运作过程中，合作各方要珍惜自己的努力成果，主动克服困难，采取相互让步、共赢的合作态度，友好地对待联盟各方，并通过建立相应的沟通和对话机制，避免联盟关系破裂或瓦解，最大限度地丰富农场的联盟体系。

任何事情都是利弊并存的，构成动态联盟的企业在寻求积极合作的同时，也面临实施中的诸多问题，特别是由于联盟是动态的，呈现多变性，以往亲密的联盟伙伴，有背离垦区企业或同时与农场的竞争对手联盟，以多方牟取利益。因此，农场在对联盟方诚实守信，忠实履行联盟义务的同时，应建立有效制约机制，加强道德风险防范，这也是联盟动态性特征的客观要求。

（资料来源：李树林：《管理案例库教程》，中国科学技术出版社 2004 年版）

二 案例分析

随着我国社会主义市场经济体制的深入发展和在世界贸易组织框架下我国市场的逐步全面开放，国内、国际竞争会日趋激烈，每一个参与市场竞争的企业如何审时度势，扬长避短，选择符合自身发展实际的竞争战略，这对于培养企业的竞争优势，实现企业长久的生存和发展是至关重要的。企业竞争战略属于第二个层次的战略，它是在第一个层次的战略，即公司战略的指导下进行的，同时企业竞争战略选择应是一个复杂的、理性的决策过程，它需要对环境、资源和价值观等诸因素进行科学的分析，然后对构成一个竞争战略的三个部分，即竞争基础、行动方向和发展方法做出切合实际的选择。一个好的竞争战略是企业成功的前提，特别是在环境激烈变化的现代市场经济条件下，企业更应从管理上予以高度重视。

三 思考·讨论·训练

1. 大庆农场在进行竞争战略分析时，重点应考虑哪些因素，大庆农场在这方面又是如何做的？

2. 依据大庆农场动态联盟战略的基本构想，分析在企业发展过程中竞争与竞合的关系？

案例11 牵动企业发展之道

一 案例介绍

丛林集团的前身，是诞生于20世纪80年代初的一家乡镇企业。20多年来，该集团遵循“膨胀主导产业，发展相关产业，培育新兴产业”的发展思路，发扬“永不服输、永争一流、永不满足”的丛林精神，实现了持续快速发展，成为国家级大型民营企业集团。

目前，丛林集团辖有年产80万吨的丛林水泥，年产550万平方米的丛林胶带，年产230万米的丛林胶管，年产4.5万吨的丛林铝材，3.9万千瓦装机容量的丛林热电，15万吨的丛林球管，1.5万吨的丛林管件，1.2万吨的丛林铝厂，以及丛林机械、丛林精密机械、丛林塑管、丛林汽车等18处企业。其中，五大骨干企业全部通过IS09000质量体系认证，丛林铝材、丛林球管、丛林胶带三大企业被评为省级高新技术企业。整个集团固定资产达23.3亿元，流动资金4.5亿元，去年销售收入24亿元，实现利税2.37亿元。

(一) 丛林集团的创立和发展

20世纪80年代，丛林还只是一个由4500名员工组成，年产4.4万吨的小水泥厂。90年代初，国内水泥行业随着固定资产投资的快速增长，出现了一轮增长高峰，但这一阶段水泥工业出现了严重的低水平重复建设，生产企业数量激增，整个水泥行业对产能的增长失控，水泥市场出现了供大于求的局面。企业间激烈的市场竞争使水泥价格一路走低，企业效益大幅度下滑。

水泥工业属于“资源密集型”、“劳动密集型”和高能耗产业，产品的技术含量不高；另外由于产品重、运输成本高以及受气候条件影响等方面的限制，使得水泥产业具有地域性、周期性以及规模效应等市场特性。

我国是世界水泥消费大国，也是水泥的生产大国，但我国水泥行业明显存在产业集中度低、新型干法水泥比例低、散装水泥比例低的“三低”现象。在我国水泥企业中，工艺落后的小型企业占绝大多数；长期以来的区域保护、恶性竞争导致了整个行业发展面临极为尴尬的被动局面。

从20世纪80年代起，随着我国改革开放进一步深入，以及受发达国家对本国水泥工业的冲击，并向发展中国家转移等因素的影响，海外一些大型的水泥企业开始进军中国：如韩国的大宇，日本的太平洋水泥公司，中国台湾的台泥、亚泥、嘉泥等水泥企业纷纷来中国大陆合资或投资设厂，使得整个水泥行业的竞争更加激烈。

（二）外向牵动型战略的选择和实施

水泥工业的发展与国民经济，特别是固定资产投资的增长密切相关。虽然由于国家政策的支持，固定资产项目的投资在不断增长，但作为山东省龙口市的一家民营水泥企业，受地理因素的影响，丛林集团在国内并无太大的竞争优势。国家的一些大的项目工程并没有对企业产生重大的影响，附近又有外资企业烟台三菱水泥的竞争，丛林集团的发展空间受到相当大的限制。丛林集团必须寻找一条适合自身的发展战略，才能在市场竞争中立于不败之地。

随着发达国家对水泥产能的收缩，国际市场对水泥产品的需求大大增加。丛林集团作为山东龙口市的一家企业，西靠龙口港，北接蓬莱，隔海与日、韩相望，海上交通极为便利。经过分析，公司管理层决定，积极发展出口业务，开拓国际市场。通过外向型牵动战略，来拉动企业的发展，从而避免了行业内的恶性竞争。

1990—1996 年，丛林集团共出口水泥 2000 多万吨，累计创汇 7000 多万美元。这一佳绩是集团以外向型为导向，实施全方位对外开放的外向牵动战略的结果。围绕积极开拓国际市场，增加出口创汇的战略目标，丛林集团重点在以下几个方面着手战略实施工作：

1. 领导挂帅，提升观念。首先，为了实质性推动全集团实施外向牵动战略，在总部设置了进出口部，负责全公司的进出口业务。在总经理直接领导下，广开信息渠道，与中国五矿总公司、山东五矿、中国新型建材进出口总公司等 16 家有出口经营权的单位建立了长期信息合作关系。通过它们并利用现代化通信工具，随时了解国内外市场行情，及时做出决策。其次，在集团各项经济指标在全省乃至全国都有一定位次的大好形势下，针对一些人“松口气、歇歇脚”的思想，集团多次组织干部到先进地区参观学习，跳出丛林看丛林，换位思考，使他们认识到企业要想大发展就不能安于现状、守摊子，要居安思危，才能长期生存与发展。

2. 建立专门机构，培训合格报关员。为保障进出口业务顺利进行，集团在总部设置了进出口部，配备专职报关员，并通过外部培训和内部学习相结合的方法，提高业务素质。仅 1995 年，就为集团下属泛林水泥公司等代理进出口报关 68 次，为公司节省代理费近 20 万元。

3. 加大投入，改善硬件设施。集团在储存、运输和包装三个环节均投入巨资进行硬件设施提升，为出口合格水泥提供可靠保证。如储存上，修建了总计 28 万平方米，可储存 5 万吨水泥的仓库；在运输上，购进了 170 多部配有防雨设施的运输车辆，一天可将 4000 多吨水泥安全运至码头；根据外商要求，对水泥包装先后进行了 3 次改换，由过去的 50 公斤袋装改为 20 公斤的太空装和散装。从而大大提高了工效，使每船装货时间由原来的 6 天减至 3 天，为外商节约了大量的压港费用。

4. 提高进出口服务水平。首先，完善出口服务。产品化验和办理出口签证手续繁杂，往往需要周旋一大圈，加盖许多印章。集团为方便外商，从实际出发努力提供方便服务。比如，1990 年以来，先后为外商代办出口许可证、商检证、外销合同书等达 20 余次、100 多份，并承担部分费用；及时发往国外样品 20 批次，让外商在国外检验，方便了外商，赢得了赞誉。其次，代表客户提供业务服务。比如，在龙口港专门成立一个由 10 多人组成的综合服务小组，该小组代表用户利益，履行特殊职责：一方面监督装船，防止短重；另一方面热心为用户跑单证，联系泊位，提供一切方便。正是以外向牵动战略为指导，集团采取灵活的经营策略，该增加投入的增加投入，该改善服务的改善服务，该让利的让利，该承担损失的承担损失，从而在外商中树立了良好的企业形象，建立了较高的信誉，密切了与外商的合作关系，赢得了外商的信赖，最终巩固、开拓了国际市场。

采取上述措施后，企业的各项出口业务得到了顺利开展，从而保证了企业的战略得以顺利实施，使企业走出了国内恶性竞争的怪圈。

（资料来源：李树林：《管理案例库教程》，中国科学技术出版社 2004 年版）

二　案例分析

企业战略管理是企业对战略制定、实施、控制进行的管理。丛林集团在发展中遇到的问题，是任何一个企业发展过程中都会遇到的。一个企业的发展环境是不断变化的，企业管理者必须根据变化的环境，及时调整公司的发展战略，才能使企业立于不败之地。公司战略是公司管理层所制定的“策略规划”，其目的在于：确立公司在市场中的位置，成功地同竞争对手进行竞争，满足顾客的需求，获得卓越的公司业绩。但是，一个卓越的战略并不一定保证公司获得一流的业绩，只有用卓越的战略制定和卓越的战略执行这个双重标准来衡量一家公司是否管理有方。这是一条基本的管理原理。公司战略制定得越周全，战略执行得越有力，企业就越可能在市场上成为一个有力的竞争者，成功地获得生存和发展空间。

三 思考·讨论·训练

1. 影响丛林集团的外向牵动战略选择实施的因素有哪些？

2. 公司战略管理的内容是什么？有人说，公司战略管理各环节中，执行是关键。你如何评价丛林集团在实施公司战略的过程中所采取的各项措施？

3. 假如你是丛林集团的董事长，请你针对集团自身的问题以及当前的国内外经济环境，为集团未来的发展制定一套行之有效的发展战略。

案例 12 做大企业新策

一 案例介绍

兴发集团始建于1988年7月，其前身是“五家镇大兴肉鸡公司”，1991年更名为“元宝山区大兴肉鸡公司”，1993年更名为“内蒙古大兴肉鸡公司”，在1993年内完成股份制改造后，1993年6月又更名为“内蒙古赤峰兴发集团”。在实现超常规发展后，集团于1997年在深交所发行股票。至今，集团总资产达20多亿元，已发展为农工商一体化的大型企业集团。

十年创业，十年奋斗，十年风风雨雨，十年硕果辉煌。走过十年创业历程的兴发集团，已不是蹒跚学步的孩童，而是成长为健步前行的青年，这些都得益于企业的兼并战略的抉择。

1994年，投资2000多万元的兴发二期扩建工程准备上马。但如此巨额投入，光靠银行贷款显然不现实，而工程不能如期完工又势必错过抢占国际市场的良机。那时的张振武总裁在思索一个问题，以什么形式解决这一问题？摆在张总裁面前有三种可供选择的方案：

其一是合并。合并是指公司在相对平等的基础上将相互的业务进行整合，通常其拥有的资源和实力合在一起能够比各自独立发展产生更强的竞争优势。

其二是兼并。兼并是指一家公司通过购买另一家公司的部分或全部股权，将被兼并公司的业务纳入其战略投资组合，从而达到更加有效地利用其核心竞争力的目的。

其三是接管。也属于兼并的一种，但被兼并的目标公司往往并非出于自愿与收购者达成交易协议。

当时与兴发集团在同一地区的国有企业和集体企业，都正遭受着效益低下的困扰，大部分资产闲置。而且，在当地很少有和兴发集团实力相当的相关企业。经过领导班子认真审慎的讨论，并充分估计兼并中的问题（如整合的困难、对兼并对象评估不充分、巨额或超正常水平的负债、难以形成协同和合力、过于多元化、高管层过于关注兼并以及公司过于庞大等）之后，兴发集团决定对原平庄饲料公司、元宝山食品公司、平庄食品公司实施兼并战略。其战略优势充分体现在以下几方面：

其一，进一步增强市场力量。兴发集团能按照比竞争对手更高的价格出售产品和服务，其经营活动成本比竞争对手更低，企业已经具有的市场力量拥有了核心竞争力，但二期工程若不能如期开工建设，就保证不了企业上规模，这样会使兴发无法充分利用其资源和能力。而市场力量通常都来自于企业的规模以及所拥有的能够在市场中竞争的资源和能力。因此，兴发决定采取“相关兼并”的方式，将元宝山食品公司、平庄食品公司以股份制形式整体并入兴发，以达到获取更强市场力量的目的。

其二，可以使被兼并企业越过市场进入障碍。原平庄饲料公司虽然拥有年产2万吨的生产能力，却因主营饲料与市场脱节，资产闲置，企业亏损。而兴发可以通过大量的生产和服务提供而获得显著的规模经济效应，且消费者熟悉兴发的品牌，其忠诚度较高。被兼并的企业愿意借兴发之名，越过市场进入障碍，而兴发则可以兼并危困企业，吸纳被兼并企业资产进行技术改造，为二期工程解决资金困难，在盘活资产的同时，壮大自己的实力。

其三，降低兼并双方的新产品开发成本，降低市场风险。元宝山食品公司、平庄食品公司以股份制形式整体并入兴发后，兴发可以投入技改资金，将两个食品公司改建成加工速冻肉鸡系列产品和熟食系列产品的加工企业，开发兴发的系列新产品，从而降低兼并双方开发新产品的成本，以降低新产品开发、技术创新以及进入市场的风险。

其四，加快进入市场的速度。引用两名市场研究人士的话：“兼并是让企业获取新的市场核心产品的最快的途径。”而且通过快速进入市场和推出新产品，企业可以占据最有利的市场位置。被兼并方可以借兴发之名迅速进入市场，打开销路；兼并方，兴发可以缓解二期工程建设资金的压力，加大企业规模，拓展市场范围。

其五，为适应产品多元化的需要，重构企业的竞争力范围。由于兴发的战略是成为以绿色食品开发为方向，以农牧业产品开发为特色，以“鸡”、“羊”为两大主要产业的大型企业集团。因此，兼并平庄饲料公司，将元宝山食品公司、平庄食品公司以股份制形式整体并入兴发，一是可以盘活其闲置资产；二是可以补充兴发“鸡”、“羊”两大产业链，适应产品多元化的需要，走专业一体化之路；三是可以减轻剧烈的行业竞争对兴发财务状况的影响，降低兴发产品对饲料及加工产品市场的依赖程度，使兴发的竞争能力得以增强，并获取高于行业平均水平的利润。

兴发集团看准了这一机遇，大胆提出并实施兼并危困企业。兼并后，兴发集团注入600万元资金发展饲料生产，当年就生产饲料近万吨，1996年实现了超负荷生产；公司先后投入120万元技改资金，将两个食品公司改建成加工速冻肉鸡系列产品和熟食系列产品的加工企业，开发出五大类60多个品种的熟食制品，成为市场畅销货。仅两年的时间，兴发集团实施的兼并战略便收到了巨大的经济效益和社会效益，被兼并企业的3000万元资产注入兴发集团经济运行的主动脉，壮大了集团实力，实现了二期扩建工程的发展目标，赢得了参与市场竞争的主动权。兼并后完成技术改造的企业全部扭亏为盈。到1996年，兴发集团总资产由转制前的1700万元增加到17亿元。

兼并至今，兴发集团已有种鸡场、祖代种鸡场、肉鸡加工厂、种猪场、工厂化养猪场、熟食加工厂、烧烤制品厂、速冻食品厂、涮羊肉加工厂、健康食品厂、学生营养餐食品厂、酱菜厂、出口蔬菜加工厂、饲料一厂及二厂等20余家生产企业，以及以食品开发研究所、动物营养研究所、禽病防治研究所组成的技术研究开发中心和技术服务公司等组成的配套服务体系。生产“兴发”牌系列食品，包括速冻肉鸡、熟食制品、速冻食品、烧烤制品、羊肉精品、补铁产品、补钙产品、调理食品、调味食品、蔬菜制品10大类1000余个品种。生产基地辐射内蒙古自治区大部分盟市，以及相邻的辽宁省。产品销售网络遍及西北、东北、华东、华北、华南，并远销日本、法国、德国、俄罗斯、阿联酋等国家与地区。企业创业的硕果累累，形成了产业优势、产品优势、营销优势、技术优势和管理优势，如今，兴发集团的“龙头”已高高昂起，“龙身”迅速壮大，他们的目标是“问鼎全国，走向世界”。

（资料来源：李树林：《管理案例库教程》，中国科学技术出版社2004年版）

二 案例分析

兴发集团张振武总裁在当年所面临的问题是所有发展到一定规模的企业在发展过程中都会遇到的战略选择难题。兴发兼并战略的成功在于兴发集团与被兼并公司之间具有“有效兼并”的特性。比如，被兼并方具有兼并方互补性的资产或资源（其兼并结果——通过保持优势取得高协调作用和竞争优势）；

兼并行为是善意的（其兼并结果——迅速有效地整合；较低的费用）；兼并方认真地选择目标公司和进行细致的谈判（其兼并结果——兼并最具有互补性的公司，并且避免了超额支付）；兼并方有宽松的财务状况（其兼并结果——以较低成本获得融资）；具有管理变化的经验，具有灵活性和适应性（其兼并结果——快速有效地整合为达到协同效应提供便利）；一贯持续地重点关注研发和创新（其兼并结果——在市场上能够保持长期的竞争优势）。

三　思考·讨论·训练

1. 试对兴发集团通过兼并战略来取得竞争优势的原因进行分析。

2. 试根据案例说明企业在利用兼并战略取得竞争优势的过程中所面临的主要问题。

3. 兴发集团兼并战略具有哪些成功之处？为什么？

4. 假如你是张振武总裁，你将如何分析影响兴发成功实施兼并战略的障碍？

案例13　多元化经营

一　案例介绍

漳州香料总厂是漳州市经委隶属的全民所有制企业，为国家二级企业，集香料、香精、药品生产于一体，是一家有40年历史的老厂，是我国第一家生产风油精的厂家。在漳州市香料总厂几十年的创业、发展过程中，有过成功的喜悦，也有过失败的教训。20世纪80年代初以来，漳州香料总厂根据市场需求，积极开发新产品，取得了竞争的优势。为了进一步提高企业的竞争与发展能力，漳州香料总厂与福建省青山纸业股份有限公司、厦门中坤化学有限公司共同组建为福建青山漳州香料有限公司，为漳州市国企改制的成功范例。几十年的风风雨雨让漳州香料总厂的高层管理者认识到在营运竞争激烈的市场中，没有经久不衰的产品。企业要求得生存和发展，就必须实施不断开发生产适销对路的新产品战略。

（一）超前的战略选择

然而，该厂的成功之路却是艰辛的。该厂在建厂之后的相当长的一段时间内，只生产香料、香精两类产品，而香精又是以香料为原料，产品十分单调，经营风险是显而易见的。单一产品的生产经营就如同独守孤舟，难以摆脱沉没的厄运。市场的激烈竞争使该厂的决策者们认识到，企业要发展壮大就不能光守着单一的产品，只有持续不断地开发新产品才能适应外界环境的变化，才能使企业立于不败之地。企业要想发展壮大，就必须依靠科技进步，开发出适销对路的新产品，提高产品的科技含量和附加值，走药品、香料、香精生产销售一体化的道路。

为避免产品单一导致的企业风险，公司总经理原漳州香料总厂厂长吴青决定在业务的拓展和新产品开发方面实行多角化经营战略。在经过对大量市场调查的基础上，该厂迈出了具有历史意义的一大步——跨行业经营。该厂调动全厂的技术力量，研制开发了“水仙牌”风油精，并很快形成了规模，取得了规模经济效益。20 世纪 80 年代初，该厂根据人民生活水平提高的实际情况及化妆品市场的发展趋势，利用驰名产品“片仔癀”开发出极具市场价值的片仔癀珍珠膏，并及时组织生产，产品迅速走俏并占领市场。至此，该厂形成了以药品生产为龙头，以香料、香精、化妆品为后盾的四大类产品的横向经营模式。

在企业的经营过程中，该厂在新产品开发方面提出了“比别人多想一点，想远一点，想新一点”的口号，坚持了“生产一代、储存一代、研制一代、构思一代”的“四个一代”的原则，搞原材料的深加工，提高企业产品的技术含量。建厂初期，该厂只有柠檬桉油和香昔醇等合成香料二级产品。在“四个一代”的原则的指导下，该厂开发了玫瑰香型的各类化妆品和药用香料三级产品，并在此基础上研制生产出食用型和混合型烟用香精，进一步发展了产品链。这样的产品结构，既为本厂生产提供了原料，又渗透到省内外食品、卷烟、日化、纺织、酿造等多个行业；既提高了产品的附加值，又扩大了企业的生存空间；既拓展了本企业的价值链，又有利于对下游企业进行纵向控制。因此，企业的竞争力得到了较大的提高。在日趋激烈的市场竞争中，该厂以新取胜，使产品更新换代异常迅速，产品开发不断向纵深系列方向发展。在化妆品开发方面，该厂开发出了片仔癀香波等系列新产品。成功的产品开发战略使得该厂的化妆品产品形成了高中低档并存、护肤疗效保健兼容的结构，使化妆品生产的销售有了一个广阔的前景。

（二）独特的竞争优势

从漳州香料总厂的发展历程可以看出，多角化经营战略及与之配套的持续不断的新产品开发战略使得企业取得了自己独特的竞争优势和良好的经营业绩。

多角化经营战略使企业有了广阔的生存空间，相当程度地分散了企业生存与发展的风险，企业在激烈的市场竞争中的应变能力增强了，经济效益提高了。

在多角化经营的过程中，漳州香料总厂得以发展壮大的另一个原因是企业实行的持续不断的新产品开发战略。可以设想，如果没有与多角化经营相配套的“生产一代、储存一代、研制一代、构思一代”的“四个一代”的新产品开发战略，没有形成高中低档并存、护肤疗效保健兼容的产品结构，漳州香料总厂要想发展到今天的水平是不可能的。因此，在企业的发展过程中，实施多角化经营是重要的，是企业发展战略的关键，但与之配套的产品发展的多元化战略更是构成多元化经营的基石，具有十分重要的意义。

另外，在生产经营过程中，该厂总经理吴青还非常强调和重视产品结构与品牌，除继续发挥“水仙牌”系列产品的名牌优势外，还要求全体员工树立“市场意识、质量意识、品牌意识、用户意识、服务意识”，切实转变公司的营销理念。这也构成了企业成功的一个重要因素。顾客是上帝，质量是生命。在企业管理过程中强调产品结构与品牌，树立质量意识、市场意识、用户意识、服务意识是企业生存与发展的关键，是战略发展的重要支撑，必须予以高度重视。该厂正是重视了这些方面意识的建立与提高，才使得企业的发展战略有了坚实的基础，才使得企业取得成功。

（资料来源：李树林：《管理案例库教程》，中国科学技术出版社 2004 年版）

二 案例分析

从这一案例可以看出，制定适合企业发展需要的企业发展战略具有十分重要的意义。漳州香料总厂正是在正确的企业发展战略的指导下，通过成功的企业经营与管理运作，才取得了今天的成功。当然，企业多角化经营并不是每一个企业都必须使用的灵丹妙药，企业需要根据自己的实际需要制定自己的发展战略并组织实施，而不是亦步亦趋，盲目照搬。企业的发展是没有止境的，漳州香料总厂也面临着进一步的发展问题，也需要思考自己的进一步的发展战略，还需要不断地与时俱进，创新发展，才能立于不败之地。

三 思考·讨论·训练

1. 漳州香料总厂的多元化发展战略有什么特点？
2. 影响企业实施多元化经营的因素有哪些？
3. 针对漳州香料总厂多元化战略选择，试分析其利弊。

案例 14　企业战略态势

一　案例介绍

赵家堡集团前身为赵家堡暖气片厂，地处太原市郊，始建于1976年。经过近30年的艰苦创业，集团公司已有两个总公司、14个分公司、24个工厂和若干个服务性经营单位，总资产24亿多元，年产值在1994年就突破5亿元大关，在全国500家乡镇企业中排名第九，被誉为山西省农业第一村。

1994年，赵家堡村"掌门人"赵贵发庄严宣布，赵家堡集团正式成立了。之后，他满怀豪情地作了集团的战略规划的主题报告，报告指出：集团的任务是：用高科技制造好产品；集团的目标是：1995年产值60亿元，1996年产值70亿元，1997年产值100亿元，1998年产值135亿元，1999年产值180亿元，2000年产值230亿元。集团今后业务领域为：①加强对现有灰铸铁暖气片的市场拓展；②开发铝合金暖气片；③投资6000万元建设金属镁厂，希望它成为赵家堡灰铸铁暖气片的"换代产品"和建造第二个赵家堡的支柱产业；④拟将和加拿大共同开发压缩液态二氧化碳、冷藏集装箱等工程项目；⑤拟开发钛白粉、不锈钢焊条、铝冶炼等产品；⑥继续加强在房地产、建材行业、商业等领域的扩展。

集团的战略措施为：①将企业资金统一管理，建立内部银行，并设立专门基金，建立浦东窗口，研究市场和金融活动，培养自己的金融人才；②对现有暖气片市场进行调查、预测、细分，扩大市场活动队伍；③对销售人员进行培训，使他们能正确运用营销组合策略。

（一）赵家堡集团面临的机遇与挑战

1994年，赵家堡集团和1976年赵家堡的暖气片厂面临的环境已发生了翻天覆地的变化，而这将为企业的发展带来机遇和挑战。主要表现在以下几个方面：

（1）国内形势稳定，沿海发达地区的资金和劳动密集型产业向内地转移。自1978年以来，随着我国改革开放进一步深入，国内经济形势总体看好，但不排除个别年份经济波动。国内沿海发达地区的资金和劳动密集型产业向内地转移将给赵家堡集团发展带来新机遇。

（2）世界经济一体化加强，国际合作项目将增多。中国加入世界贸易组织已成为必然，赵家堡必须按国际准则重组、重建、重构内部管理制度，以便向国际市场进军。发达国家的技术密集度低、劳动密集度大的产业正向第三世界转移，许多国家瞄准中国巨大的市场，希望在中国寻找合适的合作伙伴。目前，赵家堡正在和加拿大开发金属镁、压缩液态二氧化碳、冷藏集装箱等项目。

（3）暖气片行业发展的潜力有限，行业竞争激烈。暖气片行业从20世纪70—90年代，已经得到快速发展。整个行业规模呈快速增长的势头，增长最快的时期是80年代。90年代中后期，其行业规模增长速度明显下降，行业已处于成熟期，市场需求日趋饱和。多年来，赵家堡集团暖气片一直是该行业的老大，但由于暖气片生产的准入程度低，技术工艺简单，市场上出现许多同类品，行业竞争越来越激烈。赵家堡已处于众多暖气片生产和经营公司的包围之中。

（4）暖气片产品不符合可持续发展的要求。20世纪70年代以来，抑制污染，保护环境是人类的共同目标，赵家堡的支柱产业暖气片工业，产生了大量的“负”产品——粉尘、废气、废水等，污染比较严重。赵家堡要立足于暖气片产品，其进一步发展就必须解决环境污染问题。

（二）赵家堡集团内部资源优势与关键问题

1. 集团积累了较大规模的资源与财富。到1994年年底，集团拥有固定资产5000多万元，流动资金1.2亿多元，年产值超过5亿元，总资产达24亿元。这为集团做强做大，拓展新的业务提供了条件。

2. 集团积累了许多经验，形成了朴实的经营作风，提高了信誉。赵家堡村，在山西省早已是家喻户晓的村落，其影响力正逐渐波及全国，其良好的信誉，朴实的经营作风，敢为人先的创业精神，得到社会各界的尊敬。此外，赵家堡人在经营管理方面积累了许多经验和教训，他们更加注重企业的宣传和公共关系的运作、新产品开发和资本运作。

3. 集团内部存在意见分歧，致使战略规划实施困难。赵家堡集团战略规划是否科学、有效、合理是许多有识之士所怀疑的。集团另一位创始人——王学娃认为，集团任务表述极不明确、集团目标制定也缺乏科学依据。如果按波士顿矩阵分析其业务组合，集团中真正的金牛类产品只有暖气片项目，房地产、建材和将开拓的金属镁、铝合金暖气片、液态二氧化碳、冷藏集装箱等属问题类产品，砖厂、保丽厂属狗类产品。目前还缺乏明星类产品，如何使一些有潜力的问题类产品转化成明星产品是集团要重视的问题。集团对一些狗类产品采用关、停、并、转，而不是像战略规划所述的那样，采取多角化经营，全面发展。

4. 集团内部管理问题很多，且缺乏改进措施。这主要表现在：集团缺乏制度化管理，管理效率不高，财务上漏洞百出，打白条行为很多，资产流失严重。在营销管理方面，企业还没有完全走出“产品营销”观念，在销售渠道设计和促销手段的选择上还缺乏经验。集团1.2万余名职工中，平均文化程度只达初中水平，高级技术和管理人才不足1%。职工文化素质低，技术和管理人才少。此外，两位赵家堡集团的创业者赵贵发和王学娃出现一些裂痕，集团内部存在一些不和谐的因素。

（资料来源：李树林：《管理案例库教程》，中国科学技术出版社2004年版）

二 案例分析

战略规划是企业为了能长期生存和发展而确定的战略，一个好的战略规划能指引企业走向成功，一个坏的战略规划却可能会把企业带到万劫不复的深渊。战略规划要在不断变化的环境和企业自身资源之间的动态平衡中寻找支点。20多年前，赵家堡人寻找到了这个支点，他们把“暖气片”战略实施得淋漓尽致，他们取得了巨大的成功。20多年之后，环境变了，企业也成长了，赵家堡人的金属镁、铝合金暖气片、液态二氧化碳、冷藏集装箱等战略究竟怎么样？这是决定他们二次创业成败的关键所在。

三 思考·讨论·训练

1. 请你利用SWOT分析法，对1994年度赵家堡集团将发展的金属镁、铝合金暖气片、液态二氧化碳、冷藏集装箱等项目进行评估，并提出自己的看法和观点？

2. 你认为赵家堡集团在实施其发展战略时可能遇到的主要问题是什么？如果你是“掌门人”你会采取哪些方法？

案例15 企业战略使命

一 案例介绍

梅雁股份公司是20世纪80年代初在一个乡村建筑施工队雁洋工程队基础

上发展起来的，90年代梅雁企业集团宣告成立。1994年公司挂牌上市，到1996年年末，公司总资产为6.5亿元，净资产为5.19亿元，1996年主营业务收入为2.67亿元，利润总额为0.82亿元，税后利润0.55亿元。到2000年，公司资产总值达15亿元，营业总收入17亿元，利税总额6亿元，企业在原有建筑施工基础上，进军汽车配件、生物工程、精细化工和水电工程等领域，形成多元化发展格局，并逐步成为一家向高科技、高效益、外向型企业转型的大型企业集团。

虽然自股份制改组和公司上市以来，公司已步入发展的快行道，但董事长杨钦欢心里清楚，要实现上述目标并非易事。因为现阶段仍然有许多问题困扰公司发展，有些逐步显露出来的深层矛盾并未得到很好的解决。比如，公司快速扩张与可持续发展的问题，主业经营与多元化发展的关系如何处理的问题，企业面临的核心竞争力打造与盈利能力提升的现实难题，尤其是企业一直没有一个较清晰的关于未来发展的蓝图描述，以及围绕企业长期发展方向组织实施的一套行动纲领。因此，针对企业发展现实，重新审视和界定企业发展战略使命，为企业发展指明方向，是保证企业战略目标实现的关键。

（一）喜忧参半的现实

1. 环境变化带来的挑战。首先是外部环境变化带来的挑战。其一，随着国际竞争加剧，增加了企业进入国际市场的准入成本和贸易风险；其二，国内市场由卖方市场向买方市场转型过渡，势必加剧国内市场竞争力的挑战；其三，随着企业改革的深入，企业要建立和完善与市场经济体制相吻合的企业产权制度和管理制度，企业管理体制必须不断地完善与创新，才能在竞争中不断发展壮大；其四，随着政府行为渐趋理性化，银行商业化改革的深入，国内融资条件渐趋严格，企业必须建立多渠道融资手段，更多的不是依赖股市而是依赖于企业本身的发展业绩，寻找新的利润增长点，放弃对微利、低档次产品的开发投资，调整资本结构，安排好长线与短线投资的关系，保持合理的负债率。

其次是企业内部经营结构和行业风险带来的挑战。从经营结构看，公司的生产经营活动主要集中在汽车客货运输、旅游、饮食服务、建筑、建材等行业上，在产值中建筑业占68%，商业服务业占20%，运输业占6%，工农业占5%，偏重于建筑业，工业比较薄弱，产品结构过于单一，企业发展显得后劲不足，也容易受国家宏观调控的冲击。因此，公司在生产和经营上存在着一定的结构性风险。从行业来看，我国全方位改革开放，必然带来同行业间的激烈竞争，尤其是公司经营的汽车客货运输、建筑、旅游、饮食服务等第三产业，这些行业受地区经济发达程度和经济周期变化影响也较大，因而存在着一定的风险。

2. 粗放发展向集约经营转化难题。梅雁十多年的发展可谓一个超速扩张的过程，梅雁人在较短时间内完成了资本积累，形成了梅雁进一步发展的基础。首先是建立了以梅州山区为中心，辐射全国的投资基地。在广州、北京、上海、珠海等地设立分公司，构筑信息网络，成为对外拓展的桥头堡。其次积极向新产业进军。1994 年公司上市时，通过增资配股募集的资金，投资我国和东南亚各国汽车生产、修配行业。1996 年公司通过配股资金兴建了 5 万平方米的螺旋藻养殖场，进军高科技生物工程领域。

综观企业的这些扩张行为，虽形成企业一定发展优势，但仍摆脱不了一种投资冲动情结，是企业粗放发展的结果，加快向企业集约经营转化是企业必须解决的现实难题。

3. 一对深层矛盾的克服。目前，梅雁股份横跨第一、第二、第三三大产业，旗下数十个公司（含控股、合资、独资等）。企业面临着的资产分散及资本利用率低，同企业核心竞争力与盈利能力提升之间的这对深层矛盾，正逐步凸显出来。要保证企业可持续发展，必须通过整合资产，优化产业结构来提升企业核心竞争力，通过提高资本利用率，实现产业转移，在强化主业的同时，大力发展高科技、高附加值、高效益产业，增加企业利润来源，保持和提高其业绩水平。

（二）公司使命选择

梅雁未来发展的总体战略是：立足于建筑行业，实行多行业、全方位、跨地区的多元化经营战略，以交通运输、建筑建材、旅游服务以及汽车配件制造等产业为基础，立足梅州本地资源，面向国内、国际市场，调整产品结构，实行组合投资，多元经营，充分调动企业职工的积极性，利用自身的有利条件寻求新的利润增长点，保障公司经济持续快速增长。

充分发挥公司现有宾馆、旅游业、商业的优势，进一步开拓服务项目与服务范围，提高公司的经济效益。针对梅州地区交通不便的特点，扩展公司交通运输业务，发展贯通闽西、赣南边区主要运输线路的营运业务，提高公司汽车客货运输能力。继续大力发展建筑业。在 20 世纪末，建筑业仍是公司发展的龙头行业，应使公司经营保持稳定增长；建筑业在过去十多年发展中具备了一定优势，今后仍是公司利润的增长点。

扩大原有企业的生产规模，增加产量。通过对公司所属的中外合作南华汽车配件有限公司、金雁水泥有限公司、金盘汽车配件厂、珠海力佳液压件有限公司和电焊条厂、维修蓄电池厂的技术改造，扩大生产规模，形成更大的生产能力。在原有产业发展的基础上，把继续加快汽车配件业的发展，加快新投资项目建设进度，提前建成投产，作为新的利润增长点。关键是要加快汽车轮胎厂的建设，尽快形成生产能力。开发高、新技术产品，增加产品的附加值，继续投资螺旋藻养殖及其系列产品开发项目，建成面积10万平方米的螺旋藻养殖及产品加工厂，作为2010年后的新的利润增长点。筹集资本，建立3座水力发电站，其中一座中型，二座小型，装机容量5万—5.5万千瓦时。

（资料来源：李树林：《管理案例库教程》，中国科学技术出版社2004年版）

二 案例分析

每一个企业都试图在复杂多变的客观环境中，寻求生存与发展的方向和途径。由于不同时期，企业发展的不同阶段，企业客观环境条件不同，企业生存与发展的道路则会相异，因此首先必须从总体上考察企业生存与发展战略问题。

著名管理学家彼得·德鲁克曾指出，当企业进行面向未来的战略思考，确定企业战略使命和目标时，都要面对下面这些问题：你干的是什么样的事业？谁是你的顾客？你能对顾客提供什么样的价值？你的事业将何去何从？你的事业将来应该成为怎样？这些问题听起来简单，许多公司正是因为能正确回答这些问题而成功。

三 思考·讨论·训练

1. 试评价影响梅雁股份未来发展的关键因素。
2. 运用彼得·德鲁克的观点，对梅雁集团的战略使命进行分析，并指出它的成功之处与失败之处。
3. 讨论梅雁股份立足主业与企业多元化发展之间的关系。
4. 追踪企业发展现状，分析企业战略使命对企业发展的影响。

案例16 LG的经营转型

一 案例介绍

除了核心技术，“设计经营”正在成为全球消费电子市场竞争的一个方向，而韩国的LG、三星正是抓住了这股潮流，让韩国的消费电子品牌开始在世界范围内掀起一阵阵“韩流”，成为挑战原有日系企业索尼、松下等最强有力的竞争对手。LG电子中国区总裁孙晋邦表示：“LG在核心技术和设计经营方面无疑都具有明显的优势，作为一个国际化的企业，我们一直致力于研究全球发展趋势，开创引领全球时尚的设计，并要将更高端、更前沿的产品提供给中国消费者。”LG在韩国的地位，相当于海尔之于中国，尤其在这个民族性非常强的国家，国产品牌的受欢迎程度还要更高。不过，就像海尔的国际化道路探索充满艰难一样，LG公司也曾经面临着同样的苦恼，尤其是如何打入品牌林立的欧美市场。

在两年以前，当欧美消费者听到LG的名字时，还十有八九会把它与品质不高的产品联系在一起。但是，仅仅两年的时间，LG就一举改变了自己在世界消费电子品牌中的形象。2004年1月，LG在美国拉斯维加斯规模宏大的世界消费电子产品博览会上出尽了风头。不仅是它琳琅满目的产品吸引了人们的目光：从售价180美元、只有火柴盒大小的MP3播放器，到价格高达7.7万美元的71英寸等离子电视机，更重要的是，在此次展会上LG公司一举夺得了16项创新奖，超过了其他任何一家参展公司。

能在两年内“翻身”，是与LG公司在亚洲金融危机后坚持走设计经营化道路分不开的。LG最早被人们所认识，还是最初的品牌“乐喜—金星”(Lucky－Gold Star)。1958年创办时它还只是一家小小的电扇生产商，一年后开始生产收音机，成为韩国有史以来第一家从事电子产品制造的企业，1995年以后它正式更名为LG公司。现在，LG公司的营销人员更希望人们彻底忘掉这个品牌原来的含义，因为一年前他们绞尽脑汁为LG这个名字赋予了新的品牌意义，“生活真美好”(Life's Good)，并希望强化这个概念。

现在，LG的触角已经延伸到了家电、电梯、手机、监控系统、化妆品、电池、塑料制品等各个方面，其中甚至包括竹盐牙膏和蝶妆这样的日用品和化妆品品牌。

可是LG的扩张道路并非一帆风顺，并在亚洲金融危机时遭遇了挫折。直到20世纪90年代中期，LG、三星还在为争夺韩国电子产品制造商头把交椅而相互较量，那时它们也难分伯仲。但此后双方共同经历了金融危机，而三星很快便进行了痛苦的结构调整，并投入巨资进行品牌塑造，结果一下子跨入了全球电子业领导者的行业。而LG公司却把赌注错押在了电信产业上，包括有线通信、移动电话服务和交换机系统等，这些后来一路滑坡的行业，造成了LG股票的暴跌。今天，相比起三星公司2004年100亿美元的盈利，LG公司接近13亿美元的盈利还相形见绌，虽然三星约有一半的收益来自芯片生产部门。

如今，LG公司那一度不切实际的电信战略已经成为了历史，取而代之的是对“设计”的理解与坚持。此后它不仅迅速恢复了元气，并由此完成了从制造型企业向设计创新型企业的转型。

（资料来源：http：//www. e - works. net. cn）

二　案例分析

企业战略已经成为决定企业竞争成败的关键与核心问题之一。企业战略是企业在市场经济激烈的竞争环境中，在总结历史经验、调查现状、预测未来的基础上，为谋求生存和发展而做出的长远性、全局性的谋划或方案。战略管理则是企业为实现战略目标，制定战略决策，实施战略方案，控制战略绩效的一个动态管理过程。

三　思考·讨论·训练

1. 战略管理的要素包括哪些？
2. LG的战略类型是什么？
3. LG的战略转型给我们的启示是什么？

案例17　西部航空公司的竞争战略

一　案例介绍

美国西部航空公司建在菲尼克斯，是一个“职员所有”的企业，拥有一组波音737飞机，最初服务于美国西南部10个城市。现在，该公司已将航线扩展到60个城市，范围从西部的夏威夷到东部的波士顿。这家新公司表现出了惊人的胆略，因为它进入的领域已经由美洲航空公司和三角洲航空公司等牢牢控制，而且西南航空公司也在吞噬市场。更大胆的是（在一些人看来是莽撞之举）时机选择：放松管制预示着吞并小航空公司的步伐将加快。

美国西部航空公司拥有一支经验丰富且具有创造性的管理队伍、训练有素的辅助人员和有效的内部系统。很显然，初出茅庐的企业没有财力像美洲航空公司和三角洲航空公司那样服务于全国市场，更不用说全世界了。但是，服务区域狭小使它能做一些大公司做不了的事。该公司以菲尼克斯为枢纽，每天以比两个大公司更低的价格，提供更多的航班。在许多情况下，美国西部航空公司提供直达线路，因而相对地缩短了航行时间。而美洲航空公司和三角洲航空公司则为了覆盖所有地区，使得转机时间长、价格更高。

西南航空公司的竞争战略与美国西部航空公司的主要服务地区相同，也是提供频繁的低价航班，不同之处只是它们的飞机是旧波音737。因此，看起来这两家航空公司的短兵相接，可能注定有一家将被淘汰。

西南航空公司的机票价格分为两档，高峰价和非高峰价。乘客没有必要在凌晨一点钟打电话“询问过去10小时价格的变动”。可以电话预订机票，但必须通过旅行社或机场服务台付款。不事先指定座位，乘客按登机顺序选择座位。机上通常提供免费软饮、果汁或花生。在长途航线上提供夹奶酪或花生酱的饼干，含酒精饮料要花钱。除了经常往返的短途航班，其他航班中途停留时间较长，取行李也并不是快捷便利。

迄今为止，美国西部航空公司通过多方面的努力迎接西南航空的挑战。乘坐美国西部航空公司的飞机，乘客可以电话预订并以信用卡支付，这为许多人带来了便利。同样，也可通过电话预先确定座位。与西南航空的订票政策不同，旅行社可以通过SABRE预订系统为乘客订票。飞机上提供《今日美国》、《华尔街日报》、免费饮料和花生，长途航班上还提供三明治、沙拉、奶酪、水果和甜食等小吃。在所有航班上，都可以托运行李。

（资料来源：骆建彬：《提升中层执行力》，北京交通大学出版社2004年版）

二 案例分析

在竞争战略方面，波特提出了三种竞争战略，分别是总成本领先、差异化和集中化战略。

总成本领先战略的主导思想是以低成本取得行业中的领先地位。按照这一基本方针，要求坚决建立起大规模的高效生产设施，利用经验曲线全力以赴降低成本，尽量压缩各项管理费用。尽管质量、服务以及其他方面不容忽视，但贯穿于整个战略之中的是单位产品成本低于竞争对手。

差异化战略使企业在行业中别具一格，具有独特性，并且利用有意识形成的差别化，建立起差别竞争优势，以形成对“入侵者”的行业壁垒，并利用差别化带来的较高的边际利润补偿因追求差别化而增加的成本。

集中化战略是主攻某个特殊的细分市场或某一种特殊的产品。这一战略依据的前提是：企业业务的专一化能够以更高的效率、更好的效果为某一狭窄的战略对象服务，从而在某一方面或某一点上超过那些有较宽业务范围的竞争对手。

三 思考·讨论·训练

1. 西部航空公司实行的是哪种竞争战略？该种战略的特点是什么？

2. 若西南航空公司的订票、托运行李等策略发生变化，西部航空公司应采取何种对策？

案例 18 欧莱雅战略五要素

一 案例介绍

不久前，欧莱雅集团首席执行官欧文中递交了接班人计划。他推荐欧莱雅（美国）分公司现任总裁、48 岁的让·保罗·安巩先生担任首席执行官一职。

这位在全球最大的化妆品公司担任首席执行官长达 20 年的经理人，留给继任者的是一份沉甸甸的业绩报告。截至 2004 年 12 月 31 日的 2004 财年，欧莱雅实现全球销售 145.3 亿欧元，较上年可比增长 6.2%。而在中国的销售增长几乎翻番，已拥有 14 个品牌。

（一）全球购买和扩展

欧文中 1969 年进入欧莱雅，第一份工作是做销售代表。在法国北部的诺曼底地区潮湿、多风的天气中，他每天的时间基本都花在卖洗发精上。随着时间的推移，凭着他的聪敏及其多元文化的背景，1978 年负责欧莱雅意大利业务，1981 年开始管理美国分公司，1984 年成为首席执行官。

作为法国大企业掌门人中唯一的外国人，当时欧文中面临的问题是如何在全球化大潮中让欧莱雅跳出法国的圈子。他在欧莱雅的第一个行动是整合品牌，确认出头发染色、头发护理、皮肤护理、彩色化妆品和香水五个核心业务。

在确定核心业务的基础上，欧文中随即制定了全球化战略。他认为收购一个现有品牌虽然有风险，但可以尝试树立不同于以往的形象，并开发新的市场。“我们只购买已经形成，或能够变成全球化的品牌，或者是可以和现有的全球化品牌整合的当地品牌。”让·保罗·安巩表示。

对于所收购的品牌，在保留其精髓和传统的同时，欧莱雅通过打造一套法国式的优雅包装将其推向国际市场。比如，1996 年，欧莱雅以 7.58 亿美元收购了市场占有率较低的美宝莲品牌后，将美宝莲总部从孟菲斯迁到纽约。从此海外市场的美宝莲商标后增加了“纽约”两个字，令消费者对纽约花花世界产生了联想，认为其产品应该代表最新的时尚。一些原先躺在美宝莲研发实验室里的成果，因此也迅速推向了市场。

除了全球购买之外，欧文中全球化战略的另一个方式是将产品推向全世界。比如，集团麾下的兰蔻品牌，已经在 160 个国家销售。其他品牌进入了 130 多个国家的市场。十年前，欧莱雅年销售额 75% 是在欧洲实现的，其中大部分又来自法国；2003 年，欧莱雅销售额 49% 来自欧洲，32% 来自北美市场。

欧文中对像俄罗斯和中国这样中产阶层消费与日俱增的国家充满了期待。他还把目标对准了非洲。据欧莱雅估计，非洲一年会有 10 亿美元的市场，公司的目标是在今后 5—10 年内占领全非 50% 的市场。

（二）战略五要素

除了全球化战略外，欧莱雅（美国）分公司现任总裁、首席执行官让·保罗·安巩总结了另外四条“欧莱雅战略要素”。

第一，并购并且维持一种独特的美容产品。“我们非常了解美，认为打造美的行业与其他行业完全不同。”安巩表示，“美丽不只是响应消费者的需要，而是把梦想变成现实，创造和发明人们想要和渴望的产品。给消费者带来愉快、健康、幸福和快乐。”

在营销美容产品时，安巩认为，品牌和消费者建立起强烈的情感联系是至关重要的。“我相信营销美丽是一种艺术。它有别于惯常的、理性的营销。我们在欧莱雅所做的是智慧和情感、推理和直觉、严格和灵敏、细节和想象、梦想和现实相互交融的事情。就像常说的‘阴’和‘阳’，它很迷人——让人疲惫不堪——但却让人着魔。”

第二，欧莱雅信奉美是“瓶子里的科学”。要取得成功，必须增加研发力度，积极地推出对时尚敏感的新产品。欧莱雅现在欧洲、日本和美国有 10 个研究中心，雇用了近 3000 名科学家，研发投入占净销售额的 3%（业界平均水平是 2%），每年注册 500 多项专利。

第三，推行多品牌战略。欧莱雅对旗下所有的各种品牌进行精确的市场定位，相互之间极少重合。这样通过不同的品牌形象，接触到差异性很大的不同客户群体。在每一个销售渠道，品牌都基于细分市场确定，而细分市场又基于价格和形象的定位。

第四，相信公司最重要的资产是每个团队成员的个体才能。虽然竞争对手更相信组织和程序的重要性，但是欧莱雅更加推崇天才。

欧文中还认为，一个多样化的和充满激情的团队是必胜的。“欧莱雅员工最重要的一个特征就是他们的激情。在欧莱雅，员工对他们的品牌、产品、业务充满难以想象的热情。正是这些促使他们野心勃勃，不断追求。”

（三）充满梦想的首席执行官

欧文中认为，要成为一个成功商业领袖的关键是梦想，而不仅仅是做计划。这位出生于威尔士的首席执行官并不介意谈到自己曾经犯的错误。当他1988年成为欧莱雅董事长时，他创立了一项政策，使员工可以犯错误，从失败中学习。“你必须给别人第二次机会。”他说。

欧文中也不介意自己被称为老式保守。他鄙视那种在主业之外，通过巧妙手法引入新业务而在短期内提高股票价格的做法。“我专注于化妆品业务，很骄傲欧莱雅能制造自己的大部分产品。”他说。

欧文中承认自己有些完美主义，乐于了解在欧莱雅发生的每件事情。“但是，每个决定都要在总部敲定的日子已一去不复返了。”同时，欧文中自己也表示时时不忘发挥表率作用，向散布在全球的团队传递出一个信息：公司的首席执行官正身体力行地做着他期望所有员工去做的事情，那就是千万别躲在象牙塔里，而是走出去倾听顾客的需求。

面对欧莱雅全球化的成功，欧文中却一直处于居安思危的心理状态。“你在做决策之前真的难以找到确凿的证据证明自己会做出一个正确的决定，而往往是在下定了决心之后，才会找到许多这样的证据。”

作为欧莱雅的灵魂，欧文中即将退休。曾有业界人士评论“欧文中直接影响着欧莱雅的股市市值”。作为一位充满梦想和冒险精神的领袖，不知退休对欧文中将意味着什么。欧文中将继续影响着这个创造美和影响美的王国欧莱雅，就像他本人一直强调的：“我永不会满足。我一直努力追求那些我将永远都无法完全达到的目标。”

（资料来源：http：//www. e - works. net. cn）

二 案例分析

战略管理要素没有统一的说法，这是因为战略管理涉及广泛的领域，形式多种多样，而且是在不断发展过程之中，其庞杂的内容难以简单地归纳与概括。但是，尽管不同学者的论述差异较大，但大都以美国著名战略学家安索夫的产品市场战略为核心展开。1965 年，安索夫在其著作《企业战略论》一书中，把企业战略管理要素概括为产品与市场领域、成长方向、竞争优势和协同效应四个方面。他认为，这四种要素可以在企业中产生一种合力，形成企业的共同经营主线。

三 思考·讨论·训练

1. 欧莱雅的战略五要素包括哪些？它是怎样推行的？
2. 用安索夫的战略管理理论分析欧莱雅的战略五要素。

第四章　管理的组织职能

任何一个组织都是为实现某种目标而创造出来的，常常，组织因为无法实现这一目标而难以生存下去。

——肯尼斯·博尔丁

为了使组织能够存续，需要谋求个人价值与组织价值的平衡。

——占部都美

一个组织的目标和计划确定后，一项重要任务就是要使它们变为现实。这就要求管理者按照组织目标和计划所提出的要求，设计出合理和高效的、能保证计划顺利实施的组织结构，合理配置各种资源，以保证组织目标的顺利实现。

一　组织的概念

"组织"一词从不同的侧面包含两种不同的含义。

其一，作为一个实体，组织是为了达到自身的目标而结合在一起的具有正式关系的一群人。对于正式组织，这种关系是指人们正式的、有意形成的职务和职位结构。第一，组织必须具有目标，为了达到自身的目标而产生和存在。第二，组织中一同工作的人们，必须承担某种职务。第三，应对要求人们承担的职务进行设计，规定所需各项活动有人去完成，并且确保各项活动协调一致，使人们在集体中工作顺利、有效率。

其二，组织是一个过程，主要指人们为了达到目标而创造组织结构，为适应环境的变化而维持和变革组织结构，并使组织结构发挥作用的过程。首先，管理者要根据工作需要，对组织结构进行精心设计，明确每个岗位的任务、权力、责任和相互关系以及信息沟通的渠道，使人们在实现目标过程中，能发挥出比合作个人总合更大的力量、更高的效率。其次，随着竞争的日益加剧，组织所处的环境发生不断变化，为了与变化的环境相适应，管理者要对组织结构进行改革和创新或再构造（Reengineering）。最后，合理的组织结构只是为了达到目标提供了一个前提，要有效地完成组织的任务，还需要各层管理者能动地、合理地协调人力、物力、财力和信息，使组织结构得以高效地运行。

二　组织工作的任务

组织目标确立后，如何使这些目标得以顺利实现，就需要确定并保持一种职务系统，使组织中的每一个人都清楚自己在集体工作中应有的作用以及他们相互之间是怎样的关系，使他们能有效地工作。

正是在这个意义上，我们把组织工作的任务看做是：①明确完成任务所需要的活动并加以分类；②对为实现目标必要的活动进行分组；③把各个组分派给有必要权力的管理者来领导（授权）；④对组织结构中的横向方面以及纵向方面制定关于协调的规定；⑤根据企业环境的变化和组织战略发展对组织结构进行变革。通过这些工作使人们明确谁去做什么，谁要对什么结果负责，并消除由于分工不清楚所造成的实施中的障碍，同时提供能反映和支持组织目标的决策信息和沟通网络。

组织工作的基本步骤是：①确定组织的目标；②制定支持性的目标、政策和计划；③明确为完成上述目标、政策和计划所必需的活动，并加以分类；④根据现有的人力和物力，以及环境来使用人力和物力的最佳方法，把上述活动分成各小组；⑤给各小组的领导人授予完成活动必需的权力；⑥通过职权关系和信息流程，把各小组联系在一起。

三　组织结构设计的原则

随着管理的发展，组织结构设计的理论在不断发展，组织结构的形式有多种多样，但无论是何种结构，设计者在进行组织结构设计时，应注意遵循一些最基本的原则。这些原则是在大量实践的基础上总结出来的，它凝聚着前人在组织结构设计方面成功的经验与失败的教训。

（一）任务目标原则

任何组织，都有其特定的任务和目标，组织设计者的根本目的是为了保证组织的任务和目标的实现，组织设计者的每一项工作都应以是否对实现目标有利为衡量标准。在进行组织结构设计时，首先要明确组织的任务和目标是什么，然后认真分析为了完成组织的任务和实现组织的目标，必须做的事是什么？设立什么机构、什么职务、选什么人来做才能做好这些事？最后，为事架构，因事设职，因职用人，做到“事事有人做”。

（二）分工与协作原则

分工与协作是社会化生产的客观要求。随着社会生产力的发展，科学与技术的进步，分工越来越细，这正是现代社会的一个主要特征。但是随之而来的，就是协调工作越来越难，越来越重要。只有分工，没有协作，分工也就失去了意义。因此，在进行组织设计时，要同时考虑这两方面的问题。

分工就是按照提高管理的专业化程度和工作效率的要求，把组织的任务和目标进行合理的分解，明确规定每个层次、每个部门乃至每个人的工作内容、工作范围以及完成工作的手段、方式和方法。但分工时要注意粗细适当，分工过细，提高效率的希望会因为协调困难而无法实现；分工太粗，专业化水平和效率就低，容易产生推诿责任的现象。

协作就是要明确部门与部门之间、部门内人与人之间的协调关系与配合方法，找出容易发生矛盾之处，加以协调，并使协调中的各种关系逐步规范化和程序化，有具体可行的协调配合方法。

（三）命令统一原则

命令统一是组织设计中的一条重要原则。组织内部的分工越细，命令统一原则对于保证组织目标实现的作用就越重要。命令统一原则的实质，就是在管理工作中实行统一领导，建立起严格的责任制，消除多头领导、政出多门的现象，保证全部活动的有效领导和正常工作。命令统一原则对管理组织的建立提出下列要求：

(1) 确定管理层次时，使上下级之间从最高层到最底层形成一条连续的不间断的等级链，明确上下级的职责、权力和联系方法。

(2) 任何一级组织职能有一个人负责，实行首长负责制，以防止副职“篡权”、“越权”，干扰政治工作。

(3) 下级组织只能接受一个上级组织的命令，防止出现多头领导现象。

(4) 下级只能向直接上级请示工作，不能越级请示工作。下级对上级的命令和指挥必须服从，如有不同意见，可以越级上诉。

(5) 上级不能越级指挥下级，以维护下级组织的领导权威，但可以越级检查工作。

(6) 职能部门一般只能作为同级直线领导的参谋，无权对下级直线领导者发号施令。

（四）管理幅度原则

管理幅度是指一个领导者直接而有效地领导与指挥下属的数目。管理幅度原则要求一个领导者要有适当的管理幅度。在同样规模的组织中，管理幅度扩大可使管理层次减少，加快信息传递，减少信息失真，从而使高层领导尽快发现问题，及时采取措施，管理层次减少，管理人员也随之减少，可以降低管理费用的支出。因此，希望在能够有效管理的情况下尽量扩大管理幅度。但是这并不是说管理幅度越大越好，因为管理幅度大，上级主管需要协调的工作量就会增大。具体来说，当直接指挥的下级数目成数学级数增长时，如果两道需要协调的关系呈几何级数增加。厄威克还推出了如下著名公式：

$$\sum = n(2^{n-1} + n - 1)$$

式中：$\sum$ 为需协调的关系数；n 为管理幅度。

由此可见，上级主管的管理幅度过大，就不能对每位下属进行充分、有效的指挥和监督，从而导致组织由于失控而失败。

究竟一个领导者的管理幅度以多大为宜，至今还是一个没有完全解决的问题。有人认为上层领导者的管理幅度以 4—8 人为宜，下层领导的管理幅度应为 8—15 人。美国管理协会曾对 100 家大企业进行过一次调查，从调查情况看，国内公司总经理的下属人员从 1—24 人不等。其中有 26 名总经理的下属人员在 6 人以下，总平均下属数为 9 人。总之，管理者的管理幅度要根据组织的内部条件和外部环境来综合权衡，适当确定。

（五）责权利对等原则

有了明显的合理的分工，也就明确了每个岗位的职责，即承担某一岗位职务的管理者，必须对该岗位所规定的工作完全负责。但要做到对工作完全负责就必须授予管理者相应的权力。因为组织中任何一项工作都需要利用一定的人、财、物等资源，因此，在组织设计中，在规定了一个岗位的任务和责任的同时，还必须规定相应取得和利用人力、物力和财力的权力。没有明确的权力，或权力应用范围小于工作的要求，则可能使责任无法履行，任务无法完成。当然，对等的权责也意味着要赋予某位置权力不能超过其应负的职责，否则会导致不负责任地滥用职权，甚至会危及整个组织系统的运行，完全负责也就意味着责任者要承担全部风险，而要求管理者承担风险，就必须给其与风险相对应的收益作为补偿，否则，责任者就不会愿意承担这种风险。职责、权力和利益之间存在着一种如图 4－1 所示的等边三角形的关系，三者如同三角形的三个边，它们应是对等的。

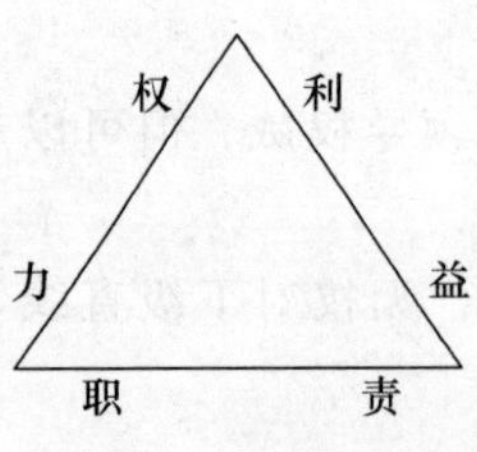

图 4－1 责、权、利三者关系示意图

（六）集权与分权相结合的原则

这一原则要求根据组织的实际需要来决定集权与分权的程度。集权与分权是相对的，集权与分权只是程度的不同。一个组织是采用集权还是分权受到各种因素的影响，如工作的性质与重要程度、组织历史与经营规模、管理者的数量与控制能力、组织外部环境的变化情况等。组织的工作性质变化小且工作重要时宜采用集权；反之则实行分权。组织是由小企业发展而成且规模不大时往往采用集权，但组织是由若干独立的单位合并而成且规模大时往往实行分权。管理者数量少、控制能力强时宜采用集权管理；反之则应实行分权。组织的外部环境变化小时宜集权管理；变化大时宜分权管理。一个须知集权到什么程度，应以不妨碍基层人员的积极性发挥为限；分权到什么程度，应以上级不失去对下级的有效控制为限。另外，集权与分权不是一成不变的，应根据不同的情况和需要加以调整。

（七）稳定性与适应性相结合的原则

为保证企业各方面工作的高效和正常运行，一个企业的组织结构应保持相对的稳定性。因为组织结构的变动，涉及人员、分工、职责、协调等各方面的调整，对人员的情绪、工作方法和习惯等带来各种影响，任何组织的运行都要有一个适应的过程。而企业的经营战略是要随着内外部条件变化而发展，管理组织又应当与经营战略保持协调一致的适应性。保持企业管理组织的稳定性，并不意味着组织结构一成不变，因为一成不变的僵化的组织无法在变化的市场中灵敏反应，使企业失去发展的机会，甚至导致失败。但同时，强调组织要有在适应性，并不是说管理组织可以随意变化，因为一个经常变化的组织将导致企业内部陷于混乱，效率低下，其适应性也无从谈起。以上分析说明，贯彻稳定性与适应性相结合的原则，应该是在保持稳定性的基础上提高企业组织结构的适应性。

（八）效益原则

任何组织的结构设计都是为了获得更高的效益。组织设计的效益原则，就是以较少的人员、较少的层次、较少的时间达到管理的效果，做到精干高效。队伍精干不等于越少越好，而是不多不少，一个顶一个，是能够保证满足需要的最少。精干高效，就是做到人人有事干，事事有人管，保质又保量，负荷都饱满。

（九）正确对待非正式组织的原则

在组织设计中，对于非正式组织也应当给予一定的关注。所谓非正式组织，是指非经官方规定而自然形成的一种无形组织，在一个企业中，或因为是同乡、同学、师兄弟、老上下级关系而发生联系，或因为兴趣爱好一致而结合在一起。非正式组织中有核心任务，有共同的道德标准和价值观念。非正式组织在企业中是客观存在的，在企业各方面潜移默化地起着作用。这些作用对于组织来说既可以是离心的，也可以是向心的。管理人员应重视非正式组织的客观存在，采用适当的办法，给予正确的领导，避免与之对立。

四　组织中的职权关系

（一）集权与分权

集权和分权反映组织的纵向职权关系，表示组织中决策权的集中与分散的程度。集权是指组织高层集中了较多或较大的决策权，组织的中下层只有少而且小的决策权；分权是指组织中下层被授予较多或较大的决策权，组织高层只保留较少重要的决策权。任何组织为了保证共同目标的实现，必然要求保持组织行为的统一性，因此，一定程度的集权对于组织来说都是必要的；但是为了充分发挥集体的力量，也要求组织内部进行分权，由组织领导层把部分决策授予下级组织和部门的管理者，由他们行使这些权力，自主地解决某些问题，从而完成分配给他们的相应工作。因此分权对任何组织来说也是必要的。

集权与分权是相对的概念，不存在绝对的集权和分权。绝对的集权意味着组织中的全部权力集中在一个主管手中，组织活动的所有决策都由主管做出，主管直接面对所有的实施执行者，组织中没有中间管理者和管理机构。这种情况在现在社会经济组织中显然是不可能的。绝对的分权意味着没有上层的主管，全部权力分散在各个管理部门，甚至分散在各个执行者手中，没有任何集中的权力，这样，一个统一的组织也不复存在。由此可见，在现代组织中，可能存在的是集权的成分多一些，也可能是分权的成分多一些。管理学需要研究的，应是哪些权力适宜于集中，哪些权力适宜于分散；在什么样的情况下集权的成分多一些，而在什么情况下又需要较多的分权。

对组织来说，过分的集权都会带来许多问题，这主要体现在以下几个方面：

1. 降低决策的质量。一个人的能力是有限的，决策者所能掌控的与决策问题相关的信息资料有时也会是有限的，而过分的集权，使决策者在决策过程中没有更多地考虑其他人的意见，这会使决策者的决策正确性受到影响。

2. 降低决策的速度。大规模组织的主观远离基层，使得基层发生的问题需要经过层层请示汇报后再做出决策，这不仅影响到决策的重要性，还会影响到决策的及时性。这种层层汇报所需要的时间，降低了决策的速度。

3. 降低组织的适应能力。一方面，凡事都要向上级请示和汇报，基层管理者没有决策权，而外界的环境是在不断变化的，这需要组织必须根据变化了的环境因素进行调整，而高度的集权可能使基层各个部门失去自我适应和自我调整能力，从而削弱组织的整体应变能力。另一方面，凡事都要经过上级主管批准，会使高层管理者陷入日常管理事务中，难以集中精力考虑企业的经营大事。

4. 降低组织成员的工作热情。由于组织中的权力高度集中，其他成员没有参与决策的机会，长此以往，他们的积极性和主动性就会被磨灭，工作热情被伤害，进而导致工作效率的降低。

(二) 直线职权与参谋职权

直线职权是命令和指挥的权力，参谋职权是协助和建议的权力，参谋的职责是建议而不是指挥，他们的建议只有被管理者采纳后并通过等级链向下发布指示时才有效，所以直线职权与参谋职权之间的关系是“参谋建议，直线指挥”的关系。“参谋建议，直线指挥”有两层含义：一是直线人员在进行重大决策前应先征询组织成员或参谋人员的意见。管理者和操作者只是为了实现组织目标而进行的一种分工，操作者有权了解管理者的策略选择并发表自己的意见和建议。设立参谋人员的目的是为了减轻管理者的负担或避免决策上的失误。所以管理者在具体行使职权时应善于发挥参谋人员的智囊作用。二是两种职权之间性质的不同。参谋职权是咨询性的，行使参谋职权的人员可以向直线人员提出自己的意见和建议，但不能把自己的想法强加给直线人员，或超越权限直接发号施令。直线人员行使指挥的权力，决定方案的取舍及发布指令，并承担最后的责任。这是保证组织内部命令的统一性所必需的。

但是，在实际工作中，直线主管和参谋人员之间经常会存在矛盾，这些矛盾又常常会影响到组织的运行效率。一是尽管维持了命令的统一性，但参谋的作用不能充分发挥；二是参谋作用发挥不当，破坏了指挥的统一性原则。其具体表现是：直线人员一般轻视参谋人员的作用，不能对参谋人员给予足够的重视和尊重；参谋人员对自己的权限认识不清，越权指挥，以及过高估计自己的作用。

处理好直线职权与参谋职权关系的方法主要有：

(1) 了解和明确职权的关系。解决直线与参谋之间的矛盾，首先要了解和明确直线人员与参谋人员的职权关系以及各自存在的价值。直线人员才有做出决策、发布命令的权力，参谋人员只有提案、说明、劝告、建议和服务的权力，而没有行使指挥命令的权力。由于大多数管理工作具有直线与参谋两重身份，无论是上级还是下级都必须明确自己是以直线人员还是以参谋人员的身份进行活动。

（2）直线人员要注意倾听参谋人员的意见，并随时向参谋人员提供有关情况。直线人员如果认为不需要参谋的协助，就不要设立参谋帮助；但由于各种原因设立了参谋人员，那么就应该注意倾听参谋人员的建议，并积极为参谋人员开展工作提供必要的条件和信息，这样才能够从参谋人员处获得有价值的支持。

（3）参谋人员要努力提高自己的业务水平。参谋人员只有不断地提高自己的业务水平，才能向直线人员提供更有效的帮助，提供更有价值的建议。

（4）创造相互合作的组织氛围。在组织运行中，直线职权与参谋职权的形成，都是为了实现组织目标，因此组织目标是双方友好合作的共同基础，在处理直线与参谋的关系时，应反复强调双方在实现组织目标中的相互依赖性，以形成彼此相互谅解、精诚合作的友好气氛。

（三）授权

在一个组织中，任何管理者都不可能把组织中的所有任务都承担起来，因此，从上到下的授予是必要的。授权与分权虽然都与职权下授有关，但两者却有区别。分权是组织最高管理层的职责，授权则是每个层次的管理者都应掌握的一门艺术。

1. 授权的性质。授权是由分层引起的，它是指上一层管理者授予自己的下属实施管理，特别是决策的权力。授权者对于被授权者有指挥和监督之权，被授权者对授权者负有报告和完成任务的责任。授权能带来很大的好处，管理者通过把自己的责任分给其他人而节省了时间，可以把精力抽出来从事战略计划、设定目标和监控业绩等更重要、更高级的工作。

职权是帮助管理者实现组织目标的手段，授权的目的是让被授权者拥有足够的职权能够顺利地完成所托付的任务。因此，授权首先要考虑实现的目标，然后决定为实现这一目标下属需要有多大的处理问题的权限。当然，管理者可以把职责分派给下级，也可以把职权委任给下级，但他不能把责任转嫁给别人。责任是一种应该承担的义务，对授权者来说，他不能因为授权给下级就可以完全解除他对下级应负的责任。因为下级的职权是他授予的，下级的职责也是他指派的，他对下级行使职权是否得当负有监督责任。对被授权者来说，他对上级负有执行任务的全面责任。

2. 授权的原则。授权的范围很广，有用人之权、做事之权等。它们虽有一些不同之处，但不管哪种授权，都有一些共同的原则可以遵循。

(1) 明确授权的目的。授权可以是具体的也可以是一般的，可以是口头的也可以是书面的，但不论采取什么形式，授权者必须向被授权者明确所授任务的目标以及职责范围，使授权者能目标明确地工作。否则，没有明确目的的授权，会使被授权者在工作中茫然和无所适从。

(2) 责任对等，按责授权。权力与责任总是相伴随的，授权的同时也就是在落实责任，授予的权力越大，相应的责任也越大，权责对等对于授权来说是必须要遵守的准则。

(3) 正确选择被授权者。要根据所分派的任务，来选择具备完成任务所需要条件的被授权者，以避免出现力不胜任或不愿意接受权力等情况。应根据被授权者的才能大小和知识水平的高低，授予相应的职责和对等的责任。授权前必须将本单位的工作任务仔细分析其难易程度，以使职权授予最适合的人选。

(4) 适度授权。组织授权还必须建立在效率基础上。授权过少往往造成主管工作量过大，授权过多又会造成工作杂乱无序，甚至失控，所以不能无原则地授权。

(5) 逐级授权。组织只能在工作关系紧密的层级上进行级差授权。越级授权可能会造成中间层次在工作上的混乱和被动，影响他们的工作热情，并导致管理机构的失衡，进而破坏管理的秩序。

(6) 相互信任。组织授权必须建立在相互信任的基础上，所授权限不能只是一些无关紧要的部分，要敢于把一些重要的权力或职权下放，使下级充分认识到上级的信任和管理工作的重要性，把具体工作落到实处。

(7) 适当控制。在授权过程中要进行适度的控制。有效的主管人员在实施授权前应先建立一套健全的控制制度、制定可行的工作标准和适当的报告制度，以及在不同的情况下补救的措施。

3. 授权的过程。包括：

(1) 任务的分配。这是指向接受职权的下属清楚地描述他们的工作内容，它可能是要求写一个报告或计划，也可能是要求其承担某一职务。不论是单一固定的职务，还是由组织目标分解出来的要求或一系列工作的集合。

(2) 授予职权。在明确了任务之后，就要授予其相应的职权，给予其行动的权力或指挥他人的权力。在授权过程中，首先要公开授权，通过各种公开的方式，帮助下级建立起运用权力的权威；然后积极支持下级正确地行使权力；履行职责的行动，在下级遇到困难时，应主动出面帮助解决。

(3) 责任的明确。当被授权人接受了任务并拥有所需要的职权后即有义务去完成所分派的工作并正确地运用所授予的权力，被授权者的责任主要表现为向授权者承诺保证完成所分派的任务，保证不滥用职权，并根据任务完成情况和权力使用情况接受授权者的奖励和惩罚。

（4）追踪与控制。因为授权者对组织负有最终的责任，所以，授权并不是放弃权力，授权者授予被授权者的只是代理权，而不是所有权。因此，在授权过程中应建立起能够显示下属执行被授权工作情况的反馈系统，以监测下属的工作进度。若下属的工作偏离目标，应立即采取措施，予以纠正。

（5）评估绩效。当下属完成交付的工作后，管理者要进行验收。对于完成任务好、表现突出的人员，要予以奖励；对成绩不理想者，帮助其总结教训。

案例1 测量仪器公司

一 案例介绍

测量仪器公司董事长威廉·B. 里奇曼（Wiliiam B. Richman）向董事会说明他的组织安排，其组织图如下：

一位董事问里奇曼，是否考虑过向他汇报工作的人太多了，里奇曼回答说："我不相信传统的控制或管理跨度原理，即经理人员应该只有4—5个人向他汇报工作。这既造成浪费又造成官僚主义。我们的下属都是素质良好的人，而且都知道他们自己应该做什么。他们有问题时都会很快反映给我。因为他们接近最高层，时刻都感到与最高层关系密切。而且，我要知道每一个人工作的第一手情况，并能尽早地发觉弱点和失误。此外，如果说西尔斯的一个百货公司经理罗巴克（Roebuck）能有25—30个人向他汇报工作，我就能够掌握19个人。另外，汇报工作太少就会使主管人员工作任务不饱满，而我认为你们聘用了我，我就要把整个时间给公司。"

（资料来源：杨先举：《工商企业管理案例》，中国人民大学出版社1994年版）

二 案例分析

进行组织工作的理由在于使人合作得更有效率，同时，我们在管理跨度的限制中发现了需要有层次的理由，也就是说，管理层次的存在是因为一个主管人员能有效地加以管理起来的人数是有限的（即管理跨度）。管理跨度宽是与组织层次少相关的，管理跨度窄造成组织层次多。

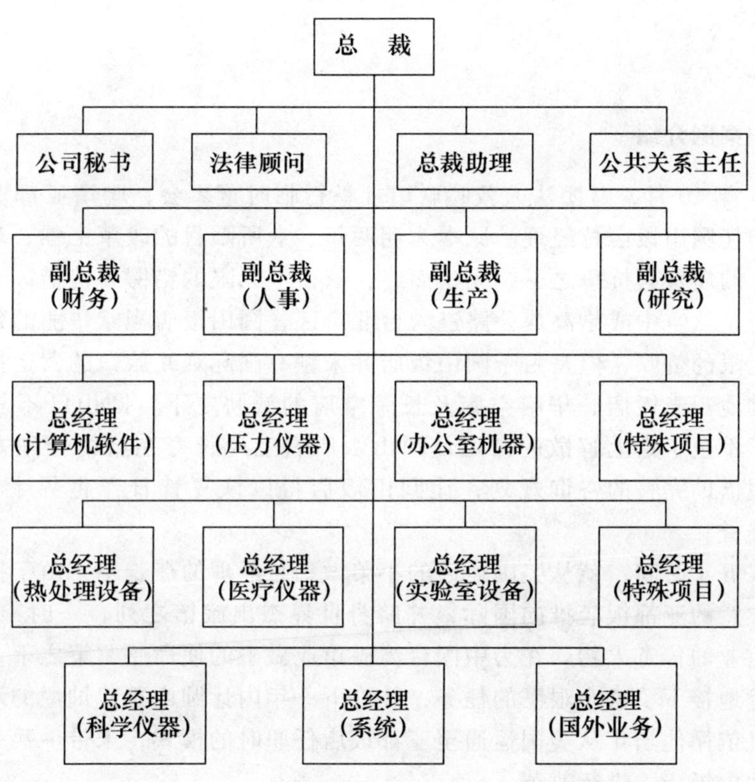

三 思考·讨论·训练

1. 你对里奇曼的论点有何看法？
2. 如果你是该董事会成员，你对里奇曼先生的做法有何异议？

案例 2　圆山饭店的组织变革

一　案例介绍

1997 年 10 月，财团法人敦睦联谊社举行临时董事会，聘请亚都饭店总裁严长寿担任圆山饭店总经理。原本为期两年、众所瞩目的改革工程，却在工会对严长寿的质疑与抗争之下，无疾而终，只留下无限的错愕与惋惜。

无论是从空中或是高速公路进入台北市区，圆山饭店巍峨华丽的建筑总是带给人无限的赞叹，但是由于圆山饭店并未领有国际观光旅馆的营运执照，近年来在其他观光饭店、华膳空厨及长荣空府的威胁之下，圆山已不复往日风光。为了不至于走上解散的命运，圆山饭店看上严长寿在旅馆管理方面的长才，希望借助完整的咨询规划，让圆山饭店得以恢复昔日“世界十大饭店”之一的美誉。

仅仅五年时间，就从美国运通的小弟做到总经理的严长寿，由于把当时评价差强人意的亚都饭店推向国际，并跻身世界杰出旅馆之列，一时声名大噪，成为旅馆业的传奇人物。在为中国台湾旅馆业做事的使命感驱策之下，严长寿毅然决然地接下了这个艰巨的任务，并许下一年内让圆山重建灿烂的承诺。严长寿并且依循他当年从美国运通至亚都饭店任职时的模式，未带一兵一卒，只身转战圆山饭店，进行改革。

由于长期与工会立场不一，严长寿因而遭工会公投罢免。尽管获得董事会及联谊会的强力慰留，严长寿仍然去意坚定，而历经一年半的圆山饭店改革工程，也终告失败。

（一）组织变革：温和改善和激烈再造

一个长期僵化的组织在面对竞争及变革的过程中，免不了会有痛苦及反弹。政治大学企管系副教授黄秉德表示，以全世界来讲，组织的变革分为两种：一种是日式系统，以变革为目标，用循序渐进的方式改善经营绩效。一般企业多半是采用这种较为温和的方式进行组织内部的变革，但相对来说，这种方式却可能无法发挥立即或直接的效果。另一种则是所谓的再造工程，采取精英变革的方式，重点不在于员工的参与，而是关心是否能够速战速决、立刻建立起最好的运作经验及方式。在这种方式下，管理者非常强势，且对于组织的结构相当了解。其具体的做法可能是以强势的命令，以及快速的方式，事先布局好接任的管理人选，同时针对几个部门一起展开，然后让员工在来不及反应的时间内，进行人事换血，完成组织变革，不容许工会有太多的介入。黄秉德表示，这种强势改革的成功概率大约在50%左右，虽然并不一定是最稳当的做法，但是就大原则而言，改革确实需要速度，以严长寿来说，在工会可能采取强力介入的情况下，变革的时间不能拖得太久。除此之外，由于他在亚都的成就众所周知，这次他获聘入主圆山，所有关切的眼光转化为压力，促使他必须在最短的时间有所表现，也就是获得经营绩效上的显著改善。

（二）工会组织：形成圆山结构问题

一般来说，强势改革的例子在国外比较常见，台湾地区则通常因为管理者有绝对的权力，不需要用这种方式来解决问题。然而，黄秉德认为，圆山饭店是一个体质特殊的组织，和一般私人企业的结构不同，它隶属于财团法人，总经理或董事长也只有管理权，而其内部却有个掌握庞大力量的工会组织。从工会可以提出罢免总经理，或是挑选客人，只招待某些外宾等做法，充分显示出其绝对的权力结构以及不顾及市场性的经营方式。当工会选择以本身权益为前提，拒绝改革的时候，一般组织变革的原则可能就不适用了，这种冲突有时也会发生在某些公司的技术团队和经营团队之间。

以台湾地区的观光业而言，只有圆山有这么庞大的工会组织，可以不从市场的角度去思考，在总经理没有绝对的权力，而员工的权力却因为法律的保障得以极大化，获得不断成长的时候，组织的变革在推动上就会遇到很大的阻力。究其原因，圆山工会的权力之所以可以发展到绝对化，主要因为它的规模大。公司人越多，加入工会的人越多，影响的层面越广。此外，饭店属于服务业，以人为主，只要在有组织的工会刻意制衡下，员工在服务态度，例行公事上，故意表现出怠慢的态度，就可以令高层主管疲于奔命，而使得管理者反而不愿与工会对抗，更强化了工会的权力结构。

（资料来源：杨先举：《工商企业管理案例》，中国人民大学出版社1994年版）

二　案例分析

首先，工会反弹来自对工作权的不安，主要原因有以下几个方面：

1. 严长寿进入圆山之后将资产重新整修，增加各种软硬件设施，被工会认为是花掉基层员工的退休金。

2. 严长寿希望借助投资成立一家新公司，解决圆山饭店经管合法化的问题。工会则担心他会借助公司化将圆山饭店脱产，侵害员工的工作权。

3. 严长寿所带来的变革，将精简人事及着重绩效的考核，并根据绩效考核重新分配奖金，引起部分员工对于薪水分配的不满。

4. 员工的平均年龄较高，机会成本也高，他们担心一旦失去工作，很难找到比圆山更好的工作。

其次，在留与走的过程中反复思虑，严长寿确实是有心改革的，也算是相当的了解工会，只是他必须选择以圆山饭店的未来经营，而非工会的福利作为最终的考量。例如，他拆掉西班牙餐厅，改成日本料理，就是掌握市场消费趋势的做法。虽然从严长寿黯然辞去总经理一职来看，他在这场改革当中似乎是失败者。

其实，圆山的结构本身有问题。无论是谁入主圆山，工会都希望在组织调整的过程中成为最大的赢家，而严长寿的做法显然并没有得到工会的信任与支持，让他放手进行改革。工会代表认为严长寿专断，不尊重工会，严长寿却视这一切为赋予圆山竞争力的必要而坚持，既然没有可以坚持的空间，留在圆山也就没有意义了。

在这个抗争角力的过程中，与其说严长寿的管理方式有什么错误，毋宁说他是做了一个选择，他选择坚持为了圆山的利益所做的一切变革，但他低估了工会的力量，忘记了他在圆山只是个事业的经营管理人，并没有绝对的权力去支持他做这些剧烈的变革和坚持。

严长寿与工会组织在圆山饭店所上演的锣声已落幕，今天的圆山饭店仿佛又回复过去的神秘低调，然而，当我们回想起在严长寿接下总经理职位一年之间，圆山饭店常有名人或其子女举行婚宴，呈现景气时，仍然忍不住想问：如果严长寿没有受盛名所累，如果严长寿所面对的不是这么一个有着特殊工会生态的严苛环境，如果能再多给他三年时间，今天的圆山饭店又将会是如何呢？

三 思考·讨论·训练

1. 圆山饭店为什么要进行组织变革？
2. 影响圆山饭店组织变革的阻力有哪些？最主要的是哪一方面？
3. 圆山饭店若想继续改革，应如何克服阻力？

案例3　达许曼公司

一　案例介绍

达许曼公司是美国一家大型企业，它为美国军队制造多种装备。它有20多家分厂，遍布于美国中部各地，这些工厂的原材料采购工作从来也没有很好地彼此协调过，基本上是各自为政。事实上，公司总部是主张充分放权，在大多数经营业务方面，鼓励分厂干部带领自己的人像完全独立、互不相干的单位那样去经营的。

到1966年年末，看来这家公司在采购某些基本的原材料方面困难越来越大了。公司的总裁梅逊先生便任命了一位在采购业务方面经验丰富的干部波斯特先生来担任负责全公司采购工作的副总裁，这是专为他而设的一项职务。梅逊先生给了波斯特先生在组织安排自己工作方面很大的酌情自行处理的权力，并且指定拉逊先生为波斯特先生的助理。这位拉逊先生曾在公司的许多部门服务多年，对各分厂的干部个人方面的情况，他大多也颇为了解。波斯特的任命是通过公司中通常采用的各种正式渠道宣布和下达的，包括在公司内部发行的通报上刊登了一则通知。

波斯特上任的"三把火"之一，就是立即把各分厂的原材料采购权收回来由公司总部集中控制。作为此措施的第一个步骤，就是决定要求各分厂分管采购工作的领导干部，必须把凡是采购额超过1万美元的一切购货合同呈报公司总部，向他讲清楚。他觉得要使他确实能协调好各分厂采购工作，对各分厂及对公司总体双方都有帮助，就必须把各项正在准备着的采购合同在签约前至少一星期就让他了解。他把自己的这项建议跟总裁梅逊谈了，梅逊又把这建议提交了董事会。董事们于是批准了这项计划。

虽说公司的采购工作是全年进行的，可是采购的高峰季节却在这新计划被采纳后三周左右时间就开始到来了。形势逼人，波斯特马上草拟了一封信，分送各分厂分管采购的领导干部。信的内容如下：

××先生大鉴：

公司董事会近日批准对本公司之采购工作进行一项改革。今后，各分厂负责采购之领导干部，必须将交易额达1万美元以上且正在谈判中之所有购货合同，于签约前至少一周，报告公司分管采购工作之副总裁知悉。本人深信您当会理解，在我们取得基本原材料供应方面正日趋困难之际，此一步骤对协调我们的采购活动是何等必要。此一步骤将使公司总部掌握所需情况，以便检查各分厂是否能取得最佳之原材料供应。如此即可使各分厂及公司整体之利益均能获得最好的兼顾。望即遵照执行为盼。谨此

即颂　时安！

波斯特启

波斯特先生将信稿拿给梅逊先生看，并征询他的意见。梅逊先生觉得这封信非常好，但他建议说，因为波斯特先生只与各分厂分管采购的干部中很少的几位会过面，最好还是去各分厂周游一下，见见这些人，向他们个人把这件事交代清楚。波斯特先生当即婉拒了这一建议。因为他说，目前他在总部要处理的事这么多，怎么能抽身出去跑呢？结果，那些信经他签了字，便分发到各分厂去了。

随后两周中，除少数例外，各分厂的复信陆续寄到。虽然有些写得较长，但典型的答复如下：

波斯特先生赐鉴：

尊函关于我分厂拟签合同应于一周前报知总部一事已奉悉。此建议似颇现实可行。兹特向您保证，在推行此新措施中，您将取得我分厂之密切合作。谨此

即颂　时安！

××敬启

以后六星期中，公司总部没收到任何一家分厂呈送上来说有什么采购合同正在谈判中的报告。总部其他部门的领导干部是常去各分厂出差的，说各分厂现在都很忙，正按照每年此时的一贯常见方式工作着呢。

（资料来源：杨先举：《工商企业管理案例》，中国人民大学出版社 1994 年版）

二　案例分析

这是一个典型的小品型案例，它涉及一般的组织变革。通过这一具体管理问题的分析和讨论，将不但能加深对组织变革过程中各种促进与阻碍变革因素及其相互关系的理解，而且提高了对管理问题要以系统的、权变的观点来考察

之必要性的认识，知道对管理问题切忌主观片面，必须从各个方面及其相互制约的关系中去分析。

三 思考·讨论·训练

1. 据案例所介绍的情况，把采购权匆匆忙忙地全部集中到公司总部来，确有此必要吗？波斯特关于要实行这一改革的理由说得过去吗？还有没有理由要补充？

2. 波斯特在执行他的改革采购制度和收权的决定时做得怎样？他那封信把道理说清楚了吗？在当时的情况下，无论道理说得多清楚，那封信能起作用吗？为什么？

3. 这算不算是一个严重抵制改革的例子？这类抵制力应怎样克服？波斯特下一步该怎么办？

案例 4 X 媒体的组织结构

一 案例介绍

早上 8 点 30 分，当一般上班族还拎着早点进公司的时候，“X 媒体”资讯科技公司的经营团队早已坐在会议室和董事长翁素惠一起开会了。

“人才是公司最重要的资产。”翁素惠说。

翁素惠领导的经营团队——技术研发和通路行销是公司的两大支柱，总经理施明信负责带领技术研发团队，翁素惠十分倚重他对于网络未来趋势的分析和软件技术的研发，另一个支柱是负责通路行销的副总经理柯佳伶。

另外，翁素惠相当依赖的幕僚，包括铁三角：技术研发执行长施志明、负责财务的副总经理陈铭德和担任公关及发言人的副总经理李培芬。

翁素惠尊重他们的专长，也擅用他们的专长：如何使科技人员了解营销，营销人员理解科技，使二者结合发挥乘数效应，“最大的秘诀就是建立共同愿景。”翁素惠说。

对于网际网络未来的发展，她充满信心地表示：“我告诉他们，相信我，一定会成功。”管家婆最大的企图就是结合网际网络、实体通路与广告媒体，使管家婆成为亚太地区“电子通路应用服务商”（E－Channel Applicalion Service Provider，简称 ECASP）的领导品牌，成就这项愿景最重要的就是人才和资金。

（资料来源：清华大学经济管理学院工商管理案例研究组编：《工商管理800例》，世界图书出版公司 1998 年版）

二 案例分析

组织是为了达到自身的目标而结合在一起的具有正式关系的一群人。对于正式组织这种关系是指人们正式的、有意形成的职务和职位结构。管理者要根据工作的需要，对组织结构进行精心设计，明确每个岗位的任务、权力、责任和相互关系以及信息沟通的渠道，使人们在实现目标的过程中，能发挥出比合作者个人总和更大的力量。而组织结构就是一个组织内构成要素之间确定的关系形成。

三 思考·讨论·训练

1. “X 媒体”组织结构属于哪种形式？请画出组织结构图。

2. 对于日新月异竞争激烈的网络行业，你认为“X 媒体”的组织结构应如何适应？

案例 5 斯隆的四个绝招

一 案例介绍

我们都知道汽车作为大批量产品的出现，是由于亨利·福特的贡献。因为福特公司首创的“T 形”车价廉物美，使普通消费者都能够买得起车，极大地扩展了汽车消费市场，福特公司因而也在美国甚至世界汽车市场上占据了霸主地位。但时至今日，全美乃至世界最大的汽车生产厂家是通用汽车公司，导致这一变化的人就是阿尔弗雷德·斯隆。

阿尔弗雷德·斯隆，1875 年 5 月 23 日出生于美国康涅狄格州的新港，1893 年进入麻省理工学院学习。毕业后，首先在海厄特滚珠轴承公司任制图员，其后通过父亲的资助，取得对该公司的控股权，1916 年，因为通用兼并了海厄特公司，斯隆进入通用汽车公司工作。1918 年，斯隆被聘为通用汽车公司副总经理，1923 年，任通用汽车公司总经理，1924 年，任公司总裁，直至 1956 年退休。综观斯隆在通用的工作历程，我们发现，尽管斯隆在就任总裁之前就对通用贡献甚多，但真正使通用超过福特的决定性贡献，还是发生在斯隆就任通用总裁之后。斯隆采取的措施主要体现在以下四个方面：

1. 分散经营，协调控制。斯隆分析了通用公司的组织现状，认为公司领导权完全集中于少数领导人手中，造成权力过于集中，公司各部门难以控制。由此斯隆提出通用公司“分散经营，协调控制”的组织设计。根据这一原则，形成了斯隆式的组织结构设计计划。

斯隆计划的具体内容是针对各级机构所要解决的任务，而提出的一种新的管理组织体制。他把公司的任务分成决策任务和执行任务两类。决策任务由公司董事会来担任，它和过去一样设立两个委员会，即财务委员会和执行委员会。执行委员会将继续保持它对公司业务经营活动的全面控制，财务委员会则对公司财务及财务工作人员进行总控制。斯隆建立了直线指挥部门的组织体系。直线领导部门分成公司总管理处（或称总公司）、各事业部（过去称分公司）、各工厂三级，总管理处由“总执行经理”领导，下面分成汽车、零件、配件和杂品四个事业总部，分别由“事业总部执行经理”来兼管。此外，在各级还建立了必要的“职能部门”，以便一方面当顾问、做后勤，另一方面在其职能范围内参加日常管理活动。

2. 部门集中，互为补充。斯隆在通用汽车公司创造了一个多部门的结构。在给予各经营单位自主权的同时，对于各部门的经营战略与方向在总公司层次上做统一安排，这样不但保持了一定程度的集中，又加强了各部门之间的相互补充。

斯隆把通用汽车公司出产的车从卡迪拉克牌往下安排到别克牌、奥克兰牌、奥尔兹莫比尔牌，最后到雪佛莱牌。在 20 世纪 20 年代的产品阵容基础上又有所改变：1925 年，增加了庞蒂艾克牌，以填补雪佛莱和奥尔兹莫比尔中间的缺口；奥克兰被淘汰了，增加了拉萨利，后来它也被淘汰了。这样，人们可以根据自己消费的能力购买通用汽车公司 5 种不同档次的汽车。

生产这些不同牌子汽车的单位，每个都有自己的产品和总助理管理人员。每个单位的总经理相互之间不得不进行合作和竞争。这意味着生产别克牌的部门与生产奥尔兹莫比尔牌的部门都要合作生产共同的零件，但式样和价格却要互相竞争。

这样，许多买别克牌的主顾可能对奥尔兹莫比尔牌也感兴趣，反之亦然。斯隆希望在保留竞争有利之处的同时，也享有规模经济的成果。零件、卡车、金融和通用汽车公司的其他单位差不多都有较大程度的自主权，其领导人成功获奖赏，失败则让位。尽管通用汽车公司后来成为一架巨大的机器，但斯隆却给它注入了小公司所具有的那种活力。

3. 汽车造型不断创新。为了使汽车车型年年翻新，斯隆在汽车行业首次建立了独立的设计部门，专门设计车型，并对设计部门给予一定的资金和权力。有时候斯隆想要变换车型时，甚至不管技术上是否能做到。这时候，老亨利·福特却忙着制造廉价的"T形"车，没有充分认识到设计部门的重要性。因此，20世纪30年代，福特公司便失去了很多新的顾客。

在汽车式样创新上，斯隆的经营观念是："汽车越造越好、附件越来越全、革新越来越多，使汽车不仅仅是交通工具。"由于通用汽车经常更新换代，使通用汽车所有者心里激起了求新厌旧的不满足感，促使他们拿着自己还可以使用的旧车折价换取通用公司的新产品。

4. 提出新的销售原则。通用汽车公司在20世纪二三十年代引进和完善了以包装吸引顾客和进行汽车销售的方法，该方法后来在整个汽车工业产品销售中发挥了极为重要的作用。斯隆的伟大之处在于，他通过对该方法的详细研究，提出了汽车产品销售的4个诀窍，即分期付款、旧车折价、每年变换车型和车身密封条。

分期付款和折价销售减轻了消费者购买时经济上的负担。年年更新车型，使得每年秋季，新型汽车便与美国棒球联赛一样吸引着新闻界和公众的注意。同时斯隆还根据人们的需求心理，把"通用"的产品系列化，从最豪华、最气派的卡迪拉克开始，到别克、奥尔兹莫比尔、庞蒂亚克，最后是雪佛莱。

通过斯隆上述四大措施的实施，通用汽车公司面貌焕然一新，通用产品在美国国内市场上的占有率从1923年的12%，提高到1956年的53%，1977年又上升到56%。从1928年以后，通用成为全美和世界最大的汽车制造企业。1997年，通用又成为美国最大的公司。

（资料来源：清华大学经济管理学院工商管理案例研究组编：《工商管理800例》，世界图书出版公司1998年版）

二　案例分析

1. 分散经营与协调控制的组织机构建设对于通用的成功，发挥了重要作用。通用曾经将领导权集中于少数人身上，他们包揽了一切事务，结果却事与愿违，对公司各部门失去了控制。因而较为完善的组织管理体制，应以集中管理与分散经营之间的协调为基础，只有将这两者结合，方能取得最佳管理效果。

2. 产品差别化十分重要。不同的消费者具有不同的消费偏好和购买能力，因而对公司产品在价格、性能、款式等方面实施差别化，有助于扩大公司产品的消费对象，提高产品销售数量。例如，斯隆上任后，不但注重产品创新，而且注重完善产品系列，使通用汽车不但有高档产品，还有中档次和低档次的。“卡迪拉克”供给富豪，“奥尔兹莫比尔”供给中产阶级，“雪佛莱”供给手头不宽裕的人。

三　思考·讨论·训练

1. 斯隆提出的“分散经营，协调控制”的组织设计原则有什么好处？
2. 在汽车造型创新方面，斯隆的经营理念是什么？对此你有什么看法？

案例6　金果子公司的组织结构设计

一　案例介绍

金果子公司是美国南部一家种植和销售黄橙与桃子两大类水果的家庭式农场企业，由老约翰逊于50年前开办，拥有一片肥沃的土地和明媚的阳光，特别适合种植这些水果。公司长期以来积累了丰富的水果存储、运输和营销经验，能有效地向海内外市场提供保鲜、质好的水果。经过半个世纪以来的发展，公司已初具规模。老约翰逊十年前感到自己体衰，将公司的管理大权交给儿子杰克。孙子卡尔前两年从农学院毕业后，回到农场担任了父亲的助手。

金果子公司大体上开展如下三个方面的活动：一些人，其中有相当一批工人和管理人员，在田间劳动，负责种植和收获黄橙与桃子；另一些人员从事发展研究，他们主要是高薪聘来的农业科学家，负责开发新品种并设法提高产量水平；还有一些人是搞市场营销活动，由一批经验丰富的销售人员组成，他们负责走访各地的水果批发商和零售商。公司的销售队伍实力强大，而且他们也像公司其他部门的员工一样，非常卖力地工作着。

杰克和卡尔对金果子公司的管理一直没有制定出什么正式的政策和规则，对工作程序和职务说明的规定也很有限。杰克相信，一旦人们对工作有了亲身了解后，他们就应当而且能够有效地开展工作。

不过，金果子公司目前规模已经发展得相当大了。杰克和儿子卡尔都感到有必要为公司建立起一种比较正规的组织结构。杰克请来了他年轻时的朋友，现在已成为一名享有知名度的管理咨询人员比利来帮助他们。比利指出，他们可以有两种选择：一是采取直线职能结构形式；一是按产品来设立组织结构。这两种不同的组织设计如下图所示。那么，该选取哪种组织设计呢？

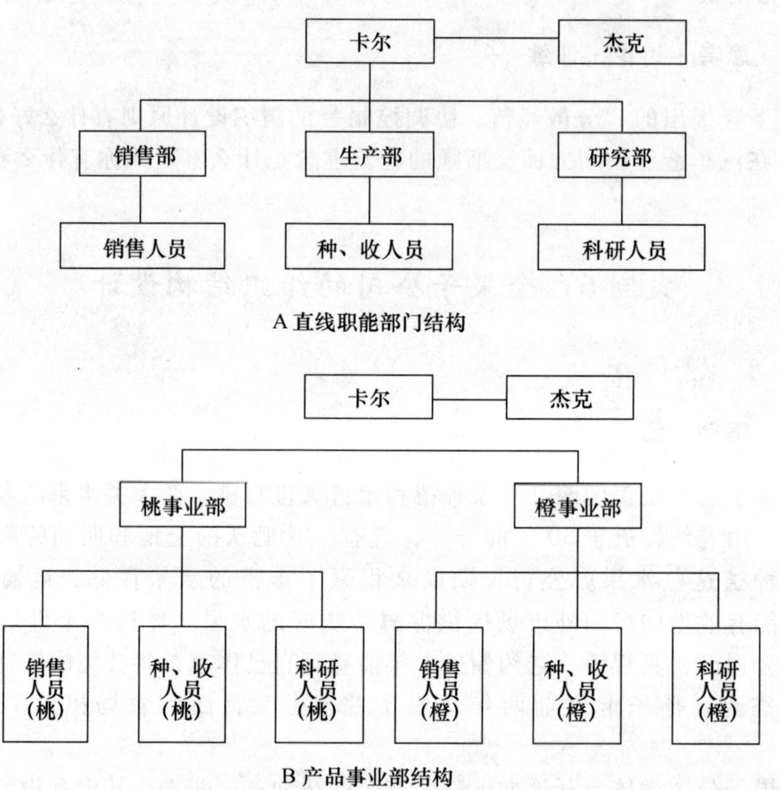

A 直线职能部门结构

B 产品事业部结构

（资料来源：http：//edu. sina. com. cn/l/2002－10－27/33254. html）

二　案例分析

组织结构的类型有直线制组织结构、职能制组织结构、直线职能制组织结构、事业部制组织结构、矩阵制组织结构、多维立体组织结构、网络组织结构等。

直线职能制的优点是：既保证了企业管理体系的集中统一，又可以在各级行政负责人的领导下，充分发挥各专业管理机构的作用。其缺点是：职能部门之间的协作和配合性较差，职能部门的许多工作要直接向上层领导报告请示才能处理，这既加重了上层领导的工作负担，也造成办事效率低。

事业部分为产品事业部和区域事业部两种类型。产品事业部的优点是：①有利于采用专业化设备，并能使个人的技术和专业化知识得到最大限度的发挥。②每一个产品部都是一个利润中心，部门经理承担利润责任，这有利于总经理评价各部门的政绩。③在同一产品部门内有关的职能活动协调比较容易，比完全采用职能部门管理来得更有弹性。④容易适应企业的扩展与业务多元化要求。产品事业部的缺点是：①需要更多的具有全面管理才能的人才，而这类人才往往不易得到。②每一个产品分部都有一定的独立权力，高层管理人员有时会难以控制。③对总部的各职能部门，如人事、财务等部门，产品分部往往不会善加利用，以致总部一些服务不能获得充分的利用。

组织结构设计的原则：任务目标原则、统一指挥原则、管理幅度原则、责权一致原则、精干高效原则和分工协作原则。

三　思考·讨论·训练

1. 直线职能结构和事业部结构各有什么优缺点和适用的条件？

2. 你认为，金果子公司在经营规模扩大到要求建立起正规化的组织结构时，是职能形式还是产品事业部形式对它更为合适？为什么？

3. 预想不久后该公司的规模获得进一步扩大，那么在目前选择的组织形式基础上如何调整其结构设计呢？你认为可以增加什么样的管理层次？

案例 7　美国西雅图的波音飞机公司

一　案例介绍

总部设在美国西雅图的波音飞机公司创建于 1916 年，是世界航空航天业中一颗灿烂的明珠。它于 20 世纪 20 年代开创了世界上最早的航空邮政业务；30 年代建立了自己的全金属运输机系列，第二次世界大战期间为战胜德、意、日法西斯立下了汗马功劳，第二次世界大战后率先把喷气式飞机送上了蓝天。波音公司取得了一个接一个的惊人成绩。到1991年，波音公司的销售额达到29314亿元，利润额为1567亿美元，雇员16余万人，在世界500强最大的工业公司中排名第32位。

然而，在令世人瞩目的业绩背后却是披荆斩棘的历程，波音公司的事业并非总是一帆风顺的。最让波音人刻骨铭心的是20世纪60年代末期，蒸蒸日上的波音事业开始由于日趋庞大的机构而运转不灵了。当时仅总部机构就达2000多人，官僚习气滋生，遇事互相扯皮，更糟糕的是公司领导人陶醉于已取得的赫赫成就之中，无视瞬息万变的市场和日益强劲的同行，躺在一两项大宗的官方合同上过舒服日子。很快惩罚就来了，公司装配厂里摆满了卖不出去的喷气客机，曾有18个月公司竟无一张订货单，此时公司的老板们才惊恐地发现曾一度拥有的高效率已不存在。

与此同时，世界飞机制造业强手迅速崛起，特别是欧洲“空中客车”工业公司和老对手麦克唐纳·道格拉斯飞机公司实力雄厚，相继推出先进的新型飞机，其势直逼波音，波音公司面临强劲的挑战。

威尔森受命于危难之际，出任波音公司的董事长。30多年的实际工作经验使他深谙企业面临危机的症结和回天之术。他一到任便使出被人称为“威尔森五招”的措施，使波音公司迅速摆脱了困境，再次走向辉煌。

1. 精兵简政。“新官上任三把火”，威尔森到任后的第一把火就是力排众议，精兵简政。

他从庞大的公司办事机构中调出1800名技术、管理人员充实生产第一线，并把决策权逐级下放，将责权与各级主管负责人的经济利益挂钩。紧接着公司又大量裁减雇员，仅西雅图地区，就从10.5万雇员中裁掉3.8万人，这是一段至今仍使波音人回想起来心有余悸的历史。但这一做法立竿见影，公司的办事效率和劳动生产率迅速提高。

2. 研究开发。为了振兴波音，公司在20世纪60年代末共投入了69亿美元的研究开发经费，70年代后期面临石油危机，威尔森不惜投入30亿美元研制出被认为是现代民航史上最经济、最省油、最安全的“波音757”、“波音767”两种新型客机。波音公司的研究开发经费逐年提高，1988年为7.51亿美元，1989年为7.54亿美元，1990年为了开发产品和新技术投入了16亿美元的新仪器和设备费用以及8.27亿美元的科研开发费。1991年研究开发经费增到14.17亿美元。在越来越激烈的竞争面前，波音公司把加强研究开发放在了首位，力争走在同行的前面。

3. 质量就是生命。对于飞机制造业来说，产品质量不仅关系到企业的“生命”和前途，而且涉及亿万乘客的生命和安全。因此波音公司对产品质量格外重视。他们认为，从长远看，无论在哪个市场上，唯一经久不衰的价值标准就是质量本身。公司要求每一个职员都要牢固树立质量第一的观点，每一个工厂、每一个部门都要建立严格的质量管理制度，切实保证每一个部件、零件甚至每一颗螺丝钉都以第一流的质量出厂。威尔森逢会必讲：质量是飞机的生命，质量不合格就意味着杀死人的生命。

此外，飞机飞行是否安全还取决于航空公司是否对飞机进行严格的定期检测和维修，机组人员是否严格按规定操作以及天气恶劣的程度等。波音公司对可能发生的飞机事故高度重视，他们重新设计了生产程序，以杜绝隐患。在车间里，工程师们对每个工人的每项工作都进行严格检查，公司对生产过程中的各阶段进行监控，联邦航空局任命的检查员对每架飞机的检查多达 800 多次。波音 747 - 400S 型大型客机研制后接受了 1500 小时的飞行检验、1900 小时的地面检验。这些检验涉及 1.7 万项不同功能、700 多万个数据，如此严格的检测真是近乎“天衣无缝”。公司副总裁菲力普·康迪特先生说：“完全杜绝人为的错误事实上是难以办到的，但我们需要制定清楚的操作管理程序，发现错误马上改正，这是波音的传统。”

4. 重视推销。美国航空公司高级副总经理唐纳德·劳埃德曾说过：“从技术上说，波音公司是非常能干的，但洛克希德公司、麦克唐纳·道格拉斯公司也非常能干，主要的区别是波音公司有独特的推销方法。杰出的推销艺术使买主感到波音公司能充分理解自己的需要，从而形成了强烈的信心，相信波音公司说话一定能够兑现并对顾客一视同仁。”

多年来，为了保持世界上最大民航飞机制造商的地位，为了同日益强劲的对手争夺有限的新订单，波音公司在推销上竭尽全力，采取了灵活应变的制胜谋略。例如，为了将波音 757S 飞机推销给伊比利亚航空公司，波音公司签订了允许西班牙 CASA 公司为波音飞机生产零件的合同，作为对英航订购 21 架波音 747 - 400S 客机的回报，波音公司将一个零件仓库设在伦敦附近……波音公司就是这样竭尽全力地向全世界推销自己的产品，绝对不放弃任何一个市场机会。如今波音公司已成为美国最大的单独出口者，在美国的对外贸易中起着至关重要的作用。

5. 售后服务。为全世界 7000 多架波音飞机提供维修服务，是波音公司的另一项重要业务。公司拥有一支效率高、技术硬的维修队伍，只要顾客需要，波音的维修人员就会以最快的速度从西雅图赶到全世界任何地方。不少买主赞叹：我们在星期一下午向波音公司说需要一个零件，星期二上午我们就能得到这个零件。在波音没有“一锤子买卖”，公司在买主之中赢得了比合同和买卖更重要的东西，那就是信誉和信任。

由于成功地运用了上述策略，波音公司在激烈的竞争中取得了累累硕果，波音的事业持续繁荣。波音公司的历史启示我们：一个企业的成功不仅取决于它善于策略的制定、执行和管理过程，而且取决于它永不松懈的进取精神。

（资料来源：http：//edu. sina. com. cn/l/2002－10－27/33254. html）

二　案例分析

环境对组织的影响程度是巨大的，每个组织都是社会的一个子系统，外部环境为组织提供资源投入，并利用其产出。一个组织的结构必须与它的环境相适应，组织必须快速行动，以便跟上周围所发生的变化。这种调整不是偶然的，而应该是持续不断的。

波音公司就是随着环境和内部因素的变化而不断调整组织结构的。

三　思考·讨论·训练

1. 波音公司的组织结构类型是哪种？

2. 波音公司在威尔森上任后，公司的管理层次和管理幅度发生了哪些变化？

案例 8　成荣肥料公司的授权

一　案例介绍

成荣是成荣肥料公司的董事长兼总经理，他一个人闯下今天的事业，他控制公司达 30 年之久，即使在公司日益壮大的今天，他仍然事必躬亲地处理所有的事务，下属只是他可以随意支配的助手，最近成荣发现公司员工并不欣赏他的管理作风，同时，61 岁的他对自己严格要求的每星期工作 70 个小时的工作时间也有吃不消的感觉，去年他终于决定让下属分担一些责任，他打算逐渐放弃自己的管理角色，于是他邀请了一些顾问，为公司拟定了专门的管理制度。顾问们建议他从内部提拔三位资深的经理以使他卸下一部分重任，退居咨询和顾问的地位，并从外部聘请袁平担任管理发展部经理。此外，顾问们还告诉成荣，经理们对于如何经营自己的部门必须提出更多的创意，对于他们的管理能力也有必要加强，整个授权计划进行得很顺利，经理们的责任日益加重。

袁平积极地开展了训练计划，教授一些员工沟通和作决策的技巧，成荣批准他邀请国内知名专家们作专题演讲，收到了很好的效果。

三位得到提拔的新经理都已在成荣公司服务多年，他们起先对成荣是不是百分百支持授权政策心存怀疑，因为他们认为成荣独揽大权已成习惯。然而，真正使他们信服的还是成荣的行为，当经理们谈论道打算在自己的责任范围内实行某些改变时，成荣很高兴经理们能够迅速担任起责任，成荣虽然还以主席的身份参加高层主管会议，但他一再声明会在几个月后退出这类会议。

然而，在新经理们开始执行其变革计划后不久，成荣开始担心那些新经理的所作所为了，顾问们告诉他，他们的行为并没有超过其职权范围，因此成荣放弃了打算干预的念头，直到他听说营销经理张浩计划把产品直截销售给零售商。

事情发生在一次会议上，张浩还没有解释清楚他的计划，就被成荣厉声打断："你不能这样做！上一次我们的尝试几乎把公司弄垮了。"

张浩平静地回答说："那是几年前的事了。我刚才说过，依现在的市场情况和我们的能力，如果要打算拓展产品的销路，不仅应该这么做，而且势在必行。"

成荣直截了当地制止了张浩继续说下去，他不愿意听任何解释，迈开大步走出会议室，留下其他人面面相觑不知道如何是好……

（资料来源：http://zhidao.baidu.com/question/56568834.html）

二　案例分析

授权是组织职能中的一个重要环节。授权包括分派职责、授予职权和建立责任三个步骤。有些领导不敢授权的原因有：不信任员工；害怕失去控制；过分强调自己的重要性；害怕削弱自己的地位；喜欢与部下争功，等等。

因此授权要有一定的艺术性，要遵循以下几个原则：集权有道；分权有序；授权有章；用权有度；信赖有加；授权培训；评价反馈。

三　思考·讨论·训练

1. 你认为成荣面临的主要问题是什么？
2. 你对成荣的授权计划有什么好的建议？

第五章 管理的人事职能

所谓企业管理，最终是人力资源管理，人力资源管理，就是企业管理的代名词。

——彼德·德鲁克

把人放在第一位，其他事情都会各得其所。

——美国格兰素药业集团总裁格兰素

一 人事工作的定义

对人的管理作为一种实践活动由来已久，但成为一种系统的、科学的学问，却是在社会工业化以后才出现并逐渐发展而成。早期对人的管理被称为人事管理，20世纪70年代后渐渐改称为人力资源管理。这一转变不仅仅是在名称上和形式上，而是在内涵上和基本观念上发生了根本的转变。

早期的人事管理，是将人作为单纯的被管理、处置和安排的对象，人事管理主要包括人员的招聘、选拔、委派、人事档案管理、薪金福利制度的设计、纪律执行以及其他人事规章制度的制定等。人事管理的工作通常由专职的职能管理人员来完成。而人力资源管理则把人作为企业中最宝贵的资源来进行管理和开发，更具长远性、整体性、全面性和战略性，除了上述人事管理的内容外，还包括人力资源的长期规划以及人力资源管理的更高一层境界——启发与培养职工的归属感、忠诚心和觉悟。要做到这一点，必须通过有效的领导、充分的授权、双向沟通、信任以及在被重视的情况下才可以实现。因此，人事工作不再仅仅是人事部门的工作，而是企业高层管理者的基本职能之一。

我们可以将人事工作的管理职能定义为：通过对人力资源要求的分析，不断地获得人力资源；通过招聘、选拔、安置、提升，把人力整合到组织中；通过考评和确定报酬，保持和激励他们对组织的忠诚与积极性，控制他们的工作绩效；通过培训和培养，开发他们的潜能，以支持组织目标的实现。显然，人事工作必须与组织工作紧密相连，与建立设想中的任务和职务结构紧密相连。

二 人员招聘

人员招聘是指组织及时寻找、吸引并鼓励符合要求的人到本组织中任职和工作的过程。组织需要招聘人员可能基于以下几种情况：新设立一个组织；组织扩张；调整不合理的人员结构；人员因故离职而出现的职务空缺，等等。

（一）人员招聘的要求

确定组织的用人要求是人员招聘工作的第一个阶段。在这个阶段，主要是在组织人力资源规划的指导下，根据组织的需要通过工作分析确定组织的用人数量、类别、工作条件，拟定工作说明、工作规程，为下一阶段的工作做准备。

1. 工作分析。工作分析就是通过观察和研究，对人员担任的每项工作加以分析，清楚地把握该项工作的固有性质及其在组织内部与其他相关工作之间的关系，决定人员在履行职务上所应具备的各种条件。一般来说，一项工作分析要包括以下项目：①工作的内容、职责及与组织内其他工作的关系；②工作的“应知”、“应会”及对经验、年龄、教育程度等方面的要求；③徒工见习制度；④技能的培养；⑤工作环境条件。工作分析过程可以分为以下几个步骤：①对某项工作的要求和工作中的特殊问题进行粗略分析；②对工作内容、职责进行详细分析，形成工作说明书；③对完成工作所必需的知识、技能等各种条件进行分析，形成工作规范；④对该项工作提出培训要求，形成培训方案。

2. 工作说明书。在工作分析的基础上用以说明该项工作的内容、职责、要求等情况及特性的文件就是工作说明书。工作说明书是组织制定工作规范、挑选及培训人员的依据。工作说明书一般记载下列各项：①工作识别事项，如工作名称、编号、所属部门，等等，以便将它与其他工作区分开来；②工作概要，包括工作范围、目的、内容等基本事项；③所需完成的具体工作，包括工作的具体目的、对象、方法等内容；④其他特殊事项，如加班、恶劣的工作环境等事项的载明。

3. 工作规范。在工作分析的基础上可进一步制定工作规范。工作规范是用以记载该项工作要求人员应具备的资格条件的。工作规范的内容可包括完成该项工作所要求的人员的智力条件、经验、知识技能、责任程度等。一般的组织都是将工作说明书与工作规范结合起来的，即在工作说明书中既记载工作情况又记载工作所要求的资格条件，但也有的组织将两者分开。工作说明书与工作规范不是一成不变的，随着企业生产技术的变化、组织机构的调整、人员素质的提高，应该相应地对工作说明书和工作规范进行审查、更新、修订，以适应变化了的情况的需要。

（二）人员招聘的程序与方法

为保证人员招聘工作的有效性和可行性，应当按照一定的程序并通过竞争来组织招聘工作，通过内部招聘或外部招聘的方式，从求职者中挑选合适的人员。具体步骤如下：

1. 制订并落实招聘计划。当组织中出现需要当组织中出现需要填补的工作职位时，有必要根据职位的类型、数量、时间等要求制订招聘计划，同时成立相应的招聘工作委员会或小组。招聘工作机构可以是组织中现有的人事部门，也可以是代表所有者利益的董事会，或由各方利益代表组成的专门或临时机构。招聘工作机构要以相应的方式，通过适当的媒介公布待聘职务的数量、类型以及对候选人的具体要求等信息，向组织内外公开招聘，鼓励那些符合条件的候选人积极应聘。

2. 对应聘者进行初选。把收集到的有关应聘者的情报资料进行整理、汇总、归类、制成标准格式。将应聘者的情况与工作说明书、工作规范及公司的要求进行比较，初步筛选，把全部的应聘者分为可能入选的、勉强合格的和明显不合格的三类。对可能入选的和勉强合格的应聘者再次进行审查，进一步缩小挑选范围，选择初选合格者。这项工作可以由管理人员或人事部门来完成。

3. 对初选合格者进行知识与能力的考核。对初选合格者进行笔试、面试及医学、心学检测，依据考试检测的情况综合考虑应聘者的其他条件，做出试用录用决定。

4. 征询意见。在对应聘者进行完各种测试之后，正式录用之前，为对应聘者有更为深刻的了解，在对应聘者进行完各种测试之后，公司还可向公司内外征询有关拟录用对象的意见。征询意见的主要目的就是更进一步认定以前各个步骤所获得的信息的真实性和可靠性。征询意见可采用当面征询、电话征询、书面征询等方式。

5. 选定录用人员。公司征询意见得到满意结论后，需要利用加权的方法算出每个候选人的知识、智力和能力的综合得分，并根据待聘职务的类型和具体要求决定取舍。对于决定录用的人员应考虑由主管再一次进行亲自面试，并根据工作的实际与应聘者再做一次双向选择，最后决定录用与否。

6. 评价和反馈招聘效果。最后，要对整个招聘工作过程进行全面的检查和评价，并且要对录用的人员进行追踪分析，通过对他们的评价和检查原有招聘工作的成效，总结招聘过程中的成功与过失，及时反馈到招聘部门以便改进和修正。

三 人员培训

（一）人员培训的内容

培训是指有计划、有目的地对组织成员进行培养训练，不断提高他们的素质的管理活动。组织在挑选、录用人员时虽然进行了大量的工作，采用了考试、测试及其他科学方法，但这些新人员并不是一开始就具备完成规定工作所必需的技能和知识，也缺乏在组织集体中同心协作的工作态度。因此，组织为使他们尽快掌握必要的知识、技能和应具备的态度而对他们进行教育培训。同时，组织是在一个不断变动的经济技术环境中生存和发展的，组织人员的知识、技能和工作态度就必须与这种不断变动的外部环境相适应，做到知识、态度不断更新，技能不断提高。组织完整的人员培训包括以下三方面的内容：

1. 人员知识的培训。通过培训应该使人员具备完成本职工作所必需的基本知识，而且还应让人员了解公司经营的基本情况，如公司的发展战略、目标、经营方针、经营状况、规章制度等，便于人员参与公司活动，增强主人翁意识。

2. 人员技能的培训。通过培训使人员掌握完成本职工作所必备的技能，如谈判技能、操作技能、处理人际关系的技能等，以此也能够培养、开发人员的潜能。

3. 人员态度的培训。人员态度如何对人员的士气及公司的绩效影响甚大。必须通过培训建立起公司与人员之间的相互信任，培养人员对公司的忠诚，培养人员应具备的精神准备和态度，增强公司集体主义精神。

（二）人员培训工作的目标

人员培训工作的目标。人员培训的目标可以从以下两个方面来考察：从组织方面来看，组织人员培训就是要把因人员知识、技能不足，人员态度不积极而产生的机会成本的浪费控制在最小限度。如果组织不对人员进行培训，人员依靠自学也可能会掌握到完成本职工作所需的技能和知识，但这要比有组织、有计划、有系统地进行培训所花费的时间长。在这样长的时间内就会因人员能力不足而浪费机会成本。从人员个人方面来看，通过培训可以提高人员的知识水平和工作能力，从而提高人员的能动性，达到人员自我实现的目标。以上两方面的结合就是组织进行人员培训工作的目标和必要性所在。

(三)人员培训工作的基本原则

人员培训工作的基本原则包括以下内容:

1. 培训必须制度化。组织中的培训只有成为一种制度,才能自始至终。在许多知名的大企业中,培训已成为一种制度,谁不经过上岗前培训,谁就不能上岗;对员工每隔一定时期(一般为2—3年)都要进行一定时期的离职培训。培训制度化有利于培训的全员化,还有利于严格考核。

2. 培训必须全员化。这是指对组织全体成员进行培训。有些组织领导人思想上存在着这样一种错误的认识,好像只有一般员工和下级管理人员才需要培训,高级管理人员是不需要培训的。其实不然,知识更新对所有人的影响都是一样的,对高层管理人员的培训更为重要,因为他们的思想观念、知识储备、业务水平能否跟得上形势的发展,直接决定组织的发展和存亡,所以,培训必须全员化。

3. 培训必须与实用有机结合。组织的培训是为组织的目标服务的。因此,培训必须紧密地联系组织的任务,来进行不同内容的培训。

4. 培训方式要多样化。培训要从实际出发,不能搞一个模式,应对不同层次、不同类别的培训对象采取不同的培训方法。

(四)人员培训的方法

人员培训的方法有多种,培训途径可以是离职进修,也可以是在职学习;培训方法根据成人理解力强,有自学能力,有实践经验等特点,应注意采用启发讨论,调查研究,总结经验教训,探索改革方案等方式。脱产培训的具体方法有训练班、电视大学、业余大学、委托外单位培训等。在职培训的具体方法有师傅带徒弟、巡回教学、技艺传授、举办推广先进方法的讲座和示范表演、业余教育等。自学也是一种培训形式,要有意识地运用自学来培训人才。可通过有效的自学方法指导,给予政策优惠,推广自学成才经验等来鼓励组织内人员自学成才。组织也可以通过学习与实践交替进行的方式来培训人才。以下是几种比较典型的人员培训方法:

1. 案例教育法。案例教育起源于美国哈佛大学,是对从实际工作中采集到的具有典型研讨价值的事例编制成供培训使用的案例,通过受训者的研究与讨论,从而提高他们处理问题、解决问题的能力。案例来自实际,面对社会现实,内容丰富多彩,但不指明答案,也不强求统一的答卷。受训者可以通过讨论、比较来寻找最佳答案。采用这种方法可以使受训者得以充分发挥其学习和思考的创造性,充分运用所学理论知识和各自不同的领导艺术风格,探索解决案例所提问题的途径。实践证明,这种方法对于提高领导者处理问题的实际水平有着十分明显的作用。

2. 管理对策演习法。管理对策演习同案例教育有相似之处，它也有案例，包括整个公司的各种职能领域的案例。在案例教育中，对学员提出的决策方案是通过讨论给予评价的。在管理对策演习中则由计算机来评价。美国沃顿管理学院为每个案例预先设计了多达几十种不同的决策方案，并且预计每种方案将得到怎样的后果。这些信息和程序都储存在计算机中。学员分析案例之后，自己先提出决策方案，预计它的后果。然后将决策方案输入计算机，计算机就会像实际经济条件那样做出反应，输出长达5页的报告，报告按逻辑推理说明决策方案的后果。学员看了报告，同自己的预计相比，发现问题，再提出另一种更好的决策方案，输入计算机，又得到另一份报告。照此继续进行，直到得出最优的决策方案。这种教学方法要利用计算机技术，需做大量的准备工作。

3. 工作轮换法。工作轮换法有多种方式，其中比较理想的方式是：事前没有规定的管理职务轮换。具体做法是，把有培养前途的主管人员横向地在组织机构的同一层次上从一个部门调到另一个部门。所谓"事前没有规定的"是指轮换时间的长短没有规定，不明确告诉轮换者在新的岗位上将要干多久，他可能在这个岗位上工作很短的时间，待几个月，也可能由于没有继续培养的发展前途而不再轮换了。上述轮换形式被公认为是最有效的，其优点是：首先，被培养者在各种不同的岗位负责，连续经历不同的情况，能够取得各部门的实际工作经验。其次，受训者可以深入了解各部门管理人员的特点和相互关系。这些长处对于培养企业领导者的接班人是非常重要的。当然，当一个老的管理人员被换走后，这个部门已确立起来的业务可能会受到损失并使他的下属产生不安定感，也会使新调来的人犯错误，并使上级为之操心，从这个角度看，这种培养方法代价也是很高的。

4. 访问讨论法。访问讨论法就是请现职公司经理来座谈，并将访问旅行也列入教学计划。通过同经理人员的座谈，互相交流，以及国内外的访问旅行等教学方式，可以了解国内外的实际环境，了解不同的观点和经验，借以开阔眼界，打开思路，从而提高学员水平，从中学到许多从理论教学中学不到的东西，这是很有益的。访问讨论法的另一个做法是通过召开研讨会、经验交流会的方式来培训企业干部。这种方法的长处是简单、直接、经济，在讨论中能够对规定的专题进行详细深入的研究，从而学到领导工作的经验，提高领导能力。

5. 角色扮演法。角色扮演法就是受训者像演习那样扮演角色。例如，在处理企业内部关系上，领导者经常遇到人员违反规章制度的情况。让一名受训者担任主管角色，另一名扮演工作人员，双方展开争论。扮演主管的人要想方设法说服那位“人员”，还要做出恰当的处理。这样，这位“主管”会取得解决这种问题的经验，那位“人员”会得到处于人员地位上的种种感受，听众也会提高对这个问题的认识，找出解决这类问题的可能方法。据有关资料介绍，国外许多公司把角色扮演作为培训人员的主要方法之一，原因在于这种方法能使受训者更好地了解将来面临的同类问题和解决办法，对实际工作能力的提高有很大作用。

6. 设置助理职务培训法。在一些较高的管理层次上设立助理职务，不仅可以减轻主要负责人的负担，而且有助于培训一些后备管理人员。这种方式可以使助理接触到较高层次上的管理实务，使他们不断吸收其直接主管处理问题的方法和经验，在特殊环境中积累特殊经验，从而促进助理的成长。

7. 专业知识和技能培训法。专业知识和技能培训有助于人员深入了解相关专业的基本知识及其发展动态，有助于提高人员的实际操作技能。专业知识与技能培训可以采取脱产、半脱产或业余等形式，如各种短期培训班、专题讨论会、函授、业余大学等。

四 绩效评估

绩效评估是指组织定期对个人或群体小组的工作行为及业绩进行考察、评估和测度的一种正式制度。绩效评估有两个目的：一是为确定薪金、晋升和解聘等提供信息；二是为是否需要组织培训和制订业务计划提供帮助。

绩效评估是组织与人员之间的一种互动关系，由于绩效评估对人力资源的各个方面提供了反馈信息，并与组织中的各个部分紧密联系在一起，所以，实施绩效评估一直被认为是组织内人力资源管理中最强有力的方法之一。但是，在实际工作中，绩效评估因为在制度设计、评估的标准及方法、执行程序等诸多方面很难真正做到客观和准确，所以，管理人员与员工之间往往会发生一些矛盾和冲突。因此，绩效评估也是人力资源管理中最棘手的方法之一。

绩效评估的作用表现为：为最佳决策提供了重要的参考依据，可以使管理者及其下属在制订初始计划过程中及时纠偏，减少工作失误，为最佳决策提供重要的行动支持；为组织发展提供了重要的支持，可以提供相关的信息资料作为奖励或处罚人员、提升或降级、职务调动以及进一步培训的依据；为员工提供了一面有益的“镜子”，可以使员工有机会了解自己的优缺点以及其他人对自己工作情况的评价。通过比较客观的绩效评估，员工可以在上级的帮助下有效地发挥自己的潜能，顺利执行自己的职业生涯计划；为确定员工的工作报酬、为员工潜能的评价以及相关人事调整提供依据。在企业人事管理实践中一定要重视绩效评估工作。

（一）绩效评估的原则

1. 明确化和公开化。企业的绩效评估标准、考评程序和考评责任都应当有明确的规定，而且在考评中应当严格遵守这些规定。同时，考评标准、程序和对考评责任者的规定在企业内都应当对全体人员公开，这样才能使员工对绩效评估工作产生信任感，对考评结果抱理解、接受的态度。

2. 客观考评。绩效评估应当根据明确规定的考评标准，针对客观考评资料进行评价，尽量避免掺入主观性和感情色彩。也就是说，首先要做到用事实说话，考评一定要建立在客观事实的基础上。其次要做到把被考评者与既定目标做比较，而不是在人与人之间做比较。

3. 单头考评。对人员的绩效评估都必须由被考评者的直接上级进行，直接上级一般最了解被考评者的实际工作表现（成绩、能力、适应性），也最有可能反映真实情况。间接上级对直接上级做出的考评评语不应当擅自更改。但并不排除间接上级对考评结果的调整修正作用。单头考评明确了考评责任，并且使考评系统与组织指挥系统取得一致，更有利于加强经营组织的指挥机能。

4. 及时反馈。绩效评估的结果一定要反馈给被考评者本人，否则就起不到绩效评估的教育作用。在反馈考评结果的同时，应当向被考评者就评估结果进行说明，肯定成绩和进步，说明不足之处，提供今后努力的参考意见等。

5. 形成差别。考核的等级之间应当有鲜明的差别界限，针对不同的考评评语在工资、晋升、使用等方面应体现明显差别。使考评带有刺激性，鼓励员工的上进心。

（二）绩效评估的程序

包括横向程序和纵向程序。横向程序是指按绩效评估工作的先后顺序形成的过程进行的程序，其主要环节有以下几项：

1. 制定绩效评估标准。这是在绩效评估时为避免主观随意性所不可缺少的前提条件。绩效评估标准必须以职务分析中制定的职务说明与职务范围为依据，因为那是对员工所应尽职责的正式要求。

2. 实施绩效评估。即对员工的工作绩效进行评估、测定和记录。根据评估的目的，绩效评估可以是全面的也可以是局部的。

3. 绩效评估结果的分析与测定。绩效评估的记录需与既定标准进行对照来分析与评定，从而获得绩效评估的结论。

4. 结果反馈与实施纠正。绩效评估的结论通常应与被评估员工见面，使其了解组织对自己工作的看法和评价，从而发扬优点，克服缺点。另一方面，还需针对绩效评估中发现的问题采取纠正措施。因为绩效是员工主、客观因素的综合反映，所以纠正不仅要针对被评估的人员，还要针对环境条件做出相应的调整。

纵向程序是指按组织层级进行绩效评估的程序。绩效评估一般是先对基层绩效评估，再对中层绩效评估，最后对高层绩效评估，形成由下而上的过程。其主要环节有：

(1) 以基层为基点，由基层部门的领导对其直属下级进行评估。评估分析的单元包括员工个人的工作行为（如是否按规定的工艺和操作规程进行等)、工作效果（如产量、废品率、原材料消耗率、出勤率等)，也包括影响其行为的个人特征及品质（如工作态度、信念、技能、期望与需要等)。

(2) 基层评估以后，便会上升到对中层部门的层级进行评估。其内容既包括中层负责干部的个人工作行为和特性，也包括该部门总体的工作绩效（如任务完成率、劳动生产率、产品合格率等)。

(3) 待逐级上升到公司领导层时，再由公司所隶属的上级机构（如董事会)，对公司这一最高层次进行绩效评估，其内容主要是经营效果方面硬指标的完成情况（如利润率、市场占有率等)。

（三）绩效评估的方法

组织确定使用某种绩效评估方法就是为了达到理想的考核目标。尽管绩效评估的方法有很多，但还没有一种适合一切评估目标、适用于一切组织的一切目的的通用方法。因此，管理者必须根据实际需要对绩效评估的各种方法进行选择，使评估结果既能达到评估的目的，又能适合组织的具体特点。

组织所采取的传统绩效评估方法主要有个人自我评价法、小组评议法、工作标准法、业绩表评估法、排列评估法、平行对比评估法等。现代绩效评估更多地采用目标管理法。

在传统的绩效评估方法中，组织往往更多地把员工的个人品质作为主要的业绩评判标准，同时也过多地掺杂了考评者的个人感情色彩和主观意见。目标管理法则把评估的重点放在员工的贡献上，通过管理者与员工共同建立目标的方法实现了双方工作态度的彻底转变。共同的目标使管理者由评判人转化为工作顾问，而员工也由旁观者变为过程的积极参与者，双方将始终保持着密切的合作和联系。这样，在绩效评估的每一阶段，双方都会努力解决存在的问题，并为下一个评估期建立更为积极的目标。

案例1　某电气公司员工的绩效评价

一　案例介绍

东海市电气公司，规模较大，效益也不错。公司的人事政策包括一年一度的员工绩效评定。评定的方法是：公司将评定的表格下发给各部门经理，由各部门经理对下属的每一个员工进行评估，公司不限定评估方式，由各部门经理决定。

辛迪是该公司销售部经理。在绩效评定期间，她总是与下属每一个员工单独见面，讨论每个人的工作绩效情况及她所做出的评估，这样员工就能清楚地了解经理对自己是如何评价的。她评估的方式非常有效，总能为员工找到需要改进的地方，并帮助他们改进工作。但从去年开始，她的评估方式开始出现问题：在她第一次与配件分部的主管王力进行评估会面时，她发现他抵触性很强，不接受任何批评。

王力是一个能力很强的管理人员，辛迪不想失掉他。但辛迪对他进行评估并指出他工作上的不足后，他在这些方面没有任何的改进。因此，今年辛迪想换一种评估方式：自我评估。方法是员工对自己的评估与班组长的定期评估相结合。在安排好的评估会面前一周，她发给王力一份评估表格，让他自己填好并在会面时带上。在会面的那天，王力来得很准时，辛迪看了看他对自己的评估情况，发现他在表中的每一项目上都为自己评了最高分，并在表格的最后注明：他已做好准备被提升到更有挑战性的职位上工作。

（资料来源：余凯成：《管理案例学》，四川人民出版社1987年版）

二　案例分析

绩效考评是管理者配备工作的一个关键环节，是决定管理者提升、奖酬的基础。正确的绩效考评，能激发起员工努力工作的积极性，同时也为企业吸引优秀人才提供了保证。

三　思考·讨论·训练

1. 你认为自我评估效果如何？应如何发挥自我评估的作用？
2. 你将如何把握与王力的会面？
3. 辛迪为某一特定员工而改变她的评估方法，你认为如何？

案例 2 福雷斯蒂有限公司

一 案例介绍

卡尔·费希尔（Carl Fisher）是福雷斯蒂有限公司总经理。这家公司是一家高技术领域里的多部门公司。这家大公司由于其技术上的创新及其科学家和工程师的卓越能力而闻名。但是，竞争日益激烈，总经理认识到企业的成功将取决于有效的管理。他认识到计划是工作领域中非常薄弱的一个环节，需要加以改进和提高。所以他请管理顾问约翰·韦甘德（John Weigand）检查了一下公司，并对该公司的改进提出方案。在首次会议上，费希尔和韦甘德之间建立了相当好的相互信任，而且在讨论过程中大家同意公司的任何重大改革应该以事实为基础（即以所收集的有关该公司数据资料为基础）。第一步，韦甘德会见了三个主要部门的负责人：阿尔巴尼（Albani）女士、约翰逊（Johnson）先生和贝克（Baker）先生，以全面了解一下企业和它的主管人员的素质。总经理初步同意一个长期有系统地改进组织的做法。然而，当前的问题是要对一些关键性职位确定合理的人选。

管理者必须十分熟悉所有的管理职能，但是认为当前计划工作特别重要。在顾问的指导下，卡尔·费希尔评估了三位管理人员的规划工作并考虑让他们担任①公司计划组负责人和②分公司经理的职位。费希尔先生发现孔茨制定的考评方法是有帮助的，并在他的书内有详细的说明。

鉴定下属的方法如下：

在鉴定每一问题时，用下列分数（每一鉴定的等级只可用两个数，如“优秀”为4.0分或4.5分，不用其他小数）。

可能的分数如下：

X：不适合该职位。

N：无法打分，因情况掌握不足。

5.0分：杰出。就鉴定人所知，在任何环境或条件下不可能有再好的工作业绩标准。

4.0分或4.5分：优秀。基本上无须改进的工作标准。

3.0分或3.5分：良好。超过一般而且达到该职位所有正常要求的工作业绩标准。

2.0 分或 2.5 分：一般。一般地胜任该职位的工作业绩标准。

1.0 分或 1.5 分：尚可。低于该职位一般要求，但是可以认为勉强合格或暂时适用的工作业绩标准。

0.0 分：不够格。不能胜任有关职位的工作业绩标准。

费希尔先生对下属的评定结果见下表。

卡尔·费希尔为了对他的判断取得更大信心，还请了他的两位副总经理来给这三位候选人打分。他们的评定结果与总经理的评定结果一致。

计　划	弗洛伦斯·阿尔巴尼	特德·约翰逊	乔治·贝克
1. 主管人员是否根据上级和公司的目标，用可核实的标准、数量或质量为部门制定近期和远期的目标？	—	3.5	4.5
2. 主管人员对他所直接领导的下属了解本部门的目标这一点上，有多大把握？	3.0	3.0	4.0
3. 主管人员在帮助他直接领导的下属制定可核实的、先后一致的工作目标方面做得怎样？	3.5	3.0	4.5
4. 主管人员在利用批准的、先后一致的计划作为基础进行规划且监督其下属也会这样做方面做得怎样？	4.5	3.5	4.0
5. 主管人员是否了解公司政策在决策中的作用，而且保证下属也了解？	4.5	4.0	4.0
6. 主管人员是否设法用政策指导、辅导和鼓励创新，而不用规章制度来帮助解决下属的问题？	4.0	3.0	4.0
7. 主管人员是否帮助下属得到他们所需要的资料以帮助他们制订计划？	4.5	3.5	4.0
8. 主管人员在做出决策前是否努力寻找其他可采用的方法？	4.0	4.0	3.5

续表

计　划	弗洛伦斯·阿尔巴尼	特德·约翰逊	乔治·贝克
9. 在选择不同方法时，主管人员是否识别首先注意对解决问题具有重要性或限制性的那些因素？	4.0	—	3.5
10. 在做出决定时，主管人员是否考虑到每一决定的有关承诺范围及时限？	4.5	4.0	3.5
11. 主管人员是否定期检查计划以确定这些计划是否仍然与当前的需求相一致？	3.0	4.5	4.5
12. 主管人员是否在做出计划决定时，考虑到需要有灵活性以及需要为灵活而付出的代价？	4.0	4.5	4.5
13. 在制订和实施计划时，主管人员是否经常把决定的长期效果和预期达到的近期结果结合在一起考虑？	4.0	4.5	4.0
14. 主管人员向上司提出问题或在上司寻求帮助解决问题时，他是否提出有关各种可行方法的经过考虑的分析（优点、缺点），并提出解决问题的建议？	4.0	4.0	3.5
被鉴定问题的总数	13	13	14
被鉴定问题所得总分	51.5	49	56
整个计划部分的平均得分	4.0	3.8	4.0

（资料来源：清华大学经济管理学院工商管理案例研究组编：《工商管理800例》，世界图书出版公司1998年版）

二　案例分析

有时，人们将对管理者的考评视为管理人员配备工作的一个致命环节，而对管理工作来说，管理者考评可能是一个主要的关键，它是决定提升职员的基础。考评对管理工作的发展也是很重要的，因为如果不知道管理者的优缺点，就很难确定在培养发展方面所做出的努力方向是否正确。考评是或者说应该是管理制度的一个组成部分，了解一个管理者在计划、组织、人事安排、领导和监督方面的表现好坏，确实是保证担任管理职务的人员真正有效地进行管理的唯一途径。如果企业、政府机构、慈善组织，甚至大学要切实有效地达到各自的目标，就必须寻求正确考评管理业绩的方法，而且加以贯彻执行。

三　思考·讨论·训练

1. 你决定选谁作为该公司的计划部门负责人，为什么？
2. 你愿意选谁作为分公司的主管人员？
3. 在你做出选择时，还准备考虑哪些其他因素？
4. 你打算对这三位主管人员分别提出什么样的培训和发展建议？

案例3　宇航公司

一　案例介绍

吉姆·史密斯（Jim Smith）是宇航公司系统开发部经理，他在这家公司工作的15年间，训练了许多管理人员，他鼓励他们成长发展。但他看到的是，大多数人获得高级学位之后离开了公司。该公司实行一种开明的教育补偿政策（公司负担75%的学费和书费），工程师中大约有50%的人有技术方面的硕士学位，他们中的很多人得益于这种教育政策。

一位叫琼·哈里斯（Joan Harris）的电气工程师来见她的上司吉姆·史密斯，史密斯祝贺她通过公司教育计划的帮助获得了工商管理硕士学位。令史密斯吃惊的是，哈里斯女士说她要离开公司到这家公司的竞争对手那里去工作，因为她在宇航公司内看不到任何升职的机会。

史密斯先生大为恼火，因为这种事以前已经发生过好几次。他立即去见主管的副总经理，对公司的教育补偿政策和缺乏系统的人事管理方法表示不满。

（资料来源：徐二明：《工商管理培训案例》，中国经济出版社1998年版）

二 案例分析

英明的行政负责人员善于未雨绸缪，着眼于未来。他们所采用的一种重要方法是对管理人员进行发展和训练，使他们能够应对新的需求、新的问题和新的挑战。事实上，行政负责人员有责任向他的下属提供训练和发展的机会，这样，后者才能充分发挥其潜力。训练费用是一项主要的投资，所以行政负责人员有理由关注培训的成效。管理发展计划失败的原因有：为发展所做的努力与企业的目标相脱节，强调计划本身而忽视结果，管理者发展计划的对象只局限于几个选定的人员。

三 思考·讨论·训练

1. 职员在通过教育补偿计划获得学位后离开公司的原因是什么？
2. 如果你是那个副总经理，你会采取什么行动？
3. 如何防止这种人员流失？

案例4 灵化集团的"四优管理法"

一 案例介绍

河南灵化集团有限公司（简称灵化集团）是豫西地区一个以化学工业为主体、矿产业和服务业为两翼的大型地方国有企业集团。其主要产品有尿素、合成氨、黄金、白银等。该集团有下属企业15个，员工4万余人。在国内市场竞争激烈、市场长期疲软、矿产品价格持续下跌、资金困难的情况下，该集团下属企业全面盈利，无一亏损，无一下岗职工。1998年，总资产比1994年增加了3.8倍，净资产增加了3.4倍，利税增加了1倍以上。灵化集团取得如此的业绩，并没有依靠新增资金和技术，也没有依靠所有制结构的突破，而是依靠管理制度的革新。

灵化集团在实践中探索到了一套科学的管理制度，这套管理制度被称为"四优管理法"。"四优"即产量、质量、成本和报酬的最优值。"四优管理法"的核心是以产量、质量、成本和报酬的优化和联动，激发员工的积极性和潜能，达到挖掘企业整体潜力，提高企业整体竞争力的目的。"四优管理法”的有效运作取决于“四优”指标的设定是否科学，考核制度是否严密而公正，报酬体系是否具有激励作用，以及集团内部的组织结构是否有利于调动各部门的主动性和积极性。其中，独特的考核制度和报酬制度是激发员工积极性和潜能的关键所在。

（一）考核制度

实现产量、质量及成本的最佳组合，是灵化集团实施“四优管理法”最终要达到的目标。这个目标的实现首先取决于集团各企业及其下属部门对其产量、质量及成本最佳组合的实现，最终取决于每一个员工对其产量、质量及成本最佳组合的实现。也就是说，每一个员工的工作绩效如何将直接影响到集团整体目标的实现。因此，为了保证集团整体目标能够顺利而如期地得以实现，需要对员工进行绩效考核，以便及时纠正工作失误，提高工作效率。同时，为了激励员工更好地为集团整体目标作出贡献，也需要对员工的工作绩效做出公正的评估，以便以此为依据实施奖罚分明的报酬措施，调动员工的劳动积极性和潜能。员工绩效考核是否达到如期效果，关键在于考核制度是否正确，考核程序是否公正，信息反馈是否及时。而要做到这一切，需要对信息的收集与反馈方法、信息的收集与反馈频率以及信息的评估方法等考核制度的组成要素进行精心的设计。经过实践，灵化集团形成了一套效果较好的考核制度：严密的考核网络确保了考核的准确性，提高了信息的精度；双向监督制约的考核原则确保了考核的公正性，提高了信息的可信度；“日清旬结月兑现”的考核制度确保了考核的动态性，提高了信息收集及反馈的及时性和透明性。

1. 严密的考核网络。绩效考核的第一项任务是收集关于工作绩效的信息。信息是否准确不仅有赖于考核指标的设定是否正确，更重要的是有赖于信息收集是否全面。传统的绩效考核重视上级部门对下级部门，主管对员工单向出具的评估意见，因而导致考核结果时有偏差，不能全面地反映部门及员工的真实工作绩效。有鉴于此，灵化集团在信息来源中补充了来自员工与其他部门的信息。具体来讲，就是除了在总公司及各企业设立了独立于各部门的考核办公室，还在各生产工段或班组配备了专职考核员，上下结合，具体执行检查考核工作。对于工人，实行考核员初核，生产工段或班组复核与企业考核办公室核定相结合的三级考核制度；对于各级部门主管的考核，实行上级主管初核，产品科、质检科、财务科等关联部门出具结算依据，员工代表出具评议鉴定与企业考核办公室最后核定相结合的多部门考核制度。这样，灵化集团不仅在企业、各级部门与员工之间建立了一条纵向检查考核线，而且还在员工之间、部门之间建立了一条横向检查考核线，从而形成了全面精确的考核网络。

由于绩效考核建立在全面精确的考核网络基础上，考核结果准确性高，为实现公正考核奠定了基础，同时，也为实现信息高速反馈提供了保证。

2. 双向监督制约的考核原则。绩效考核是否公正是调动员工劳动积极性的关键所在。灵化集团认为，要实现公正的绩效考核，首先要对领导裁决权过大、单向监督考核等传统的绩效考核方法进行改革，实行双向监督制约的新的绩效考核方法。

双向监督考核既包括考核者与被考核者之间的双向监督考核，也包括部门与部门之间的双向监督考核。集团一方面规定上级主管及考核办公室对下级主管及员工进行严格检查与考核；另一方面又授权下级主管及员工对上级主管及考核办公室进行监督考核。各级主管的考核表中必须有员工代表的评议鉴定。工人有权拒绝不公正、不真实的考核结果，可以向总公司考核办公室进行上诉，直至得到公正的评价。对考核办公室人员实行办公室内部自查与部门互查相结合的检查制度。所有的考核表必须有考核部门与被考核部门双方的签字方可生效。这样，考核者与被考核者之间、部门与部门之间形成双向监督制约的关系，考核者不仅有权对被考核者进行考核，同时考核者的工作及行为也要受到被考核者的监督。同样，各部门既可以监督其他部门，又要受其他部门的监督，避免了由于偏见、报复等造成的考核偏差，提高了考核结果的可信度，保证了考核体系的公正性，从而成为员工、管理者两方面积极性不断提高的推动力。

3. 双向、及时反馈的考核制度。不论多么公正的绩效考核，如果不把结果及时反馈给员工，就不能起到促进员工纠正工作失误，改进工作的作用。为了加速信息反馈，灵化集团参照现代企业生产管理方法之一的“日清”管理法，建立了考核制度的“日清旬结月兑现”制度。所谓“日清旬结月兑现”制度，就是当天工作当天考核，当天考核结果当天公布，每过一旬总结一次，每到月末根据考核结果，兑现个人报酬。

“日清旬结月兑现”制度的核心是“日清”。它具体要求考核员每天对每个员工至少检查三次；每天向企业考核办公室出具每个员工的考核结果；在生产工段或班组设置公告栏，公布每个员工的指标完成情况以及考核结果。

首先，“日清”制度强调信息反馈的双向性与及时性。它一方面要求考核员每天把生产一线员工的信息汇报到企业考核办公室，另一方面又要求考核办公室每天把所有考核结果反馈给基层的每个员工。这样，不仅企业管理者能够及时了解员工的工作进展状态，而且员工也能够及时了解企业对自己所作贡献的评价与工作中的不足之处，从而能够及时促进员工与管理者调整各自的行为，进而达到不断提高工作效率的目的。

其次，“日清”制度还强调考核结果的公开性和透明性。由于考核指标的计算公式简明而公开，每个员工都能核算出自己应得的考核分数与每日应得的各项报酬，因此，避免了神秘性等传统考核做法所造成的弊端。同时，由于考核结果对于所有员工都是公开的，因此能够增进员工的横向了解，促进员工的相互竞争。

（二）报酬制度

考核制度的一个重要功能，是为实施报酬制度而提供依据。如果不和报酬相联系，再科学的考核制度也起不到激发员工积极性与潜能的作用。因此，与考核联动的报酬制度是激发员工积极性与潜能所不可缺少的重要制度。

1. 按效分配，奖惩分明。以各个岗位实现的效益为基础，按量化的劳动绩效决定工资是灵化集团报酬制度的核心。在灵化集团，不论管理层，还是员工，其工资总额的分配都是遵循“四点一线，逐级分配”的总原则。所谓“四点”即产量报酬点、质量奖罚点、成本节超点和综合管理达标点。产量报酬点指以实际产量为依据，对照产量指标及对应的报酬系数确定而得的应得产量工资；质量奖罚点指以产品的实际质量为依据，对照质量指标及对应的奖罚额度确定而得的应得质量工资；成本节超点指根据实际成本与定额成本指标之差以及对应的奖罚规定计算而得的应得成本工资；综合管理达标点指根据对安全文明生产、设备事故、劳动纪律等非量化指标的考核得分确定而得的综合管理罚额（综合管理达标只罚不奖）。所谓“一线串”，实际是指“工资一线串”，即上述四点相加之和就是部门或班组、员工的实际工资。“逐级分配”工资，指企业各级单位按照“四点一线”的分配方法，对下级单位进行工资总额兑现，兑现逐级进行，直至一线职工。

在把握总原则的前提下，各企业根据自己的工作特点，制订了各具特点的分配方案。由于各分配方案都强调奖惩分明，员工的报酬与劳动绩效的紧密、动态联系，因此，方案实施后均收到了显著的效果。

以银家沟硫铁矿销售公司为例，该公司将月销售量视为产量，将货款回收率、货款回收时间、货款结算方法视为质量，将差旅费及业务费定为成本。销售员的工资严格按照以下公式计算：

销售员的工资总额 = 月销售量 × 吨含量工资 × 货款回收率系数 × 货款回收时间系数 × 货款回收方式系数 ± 奖罚总额 − 成本费用

并且制定了严格分明的奖罚规定。如先款后货奖货款总额利息的1%；当月内货款两清的不奖不罚；超过一个月货款未清部分罚货款未清部分利息的1%，形成呆死坏账或被骗部分由销售员承担。实施“四优管理法”以后，1996—1998年，销售量增加了2.2倍，货款回收率均保持在97%以上，硫铁矿用户增加了3倍，销售成本每吨降低了13元，人均收入增长了67%。

2. 员工参与报酬制度的制定。在制定各项指标、报酬系数及奖罚措施中，上级对指标、报酬系数及奖罚措施的制定是下级进行指标、报酬系数及奖罚措施制定的依据，但是上级并不是一相情愿地强制规定下级的指标、报酬系数及奖罚措施，而是经过自上而下、自下而上的多次反复，多次讨论，充分交流各方意见，达到各方完全认可，最终以合同的形式来确定指标、报酬系数及奖罚措施。在保证企业自上而下指挥畅通的同时，自下而上参与管理的特点非常明显，强调人人都是管理者。由于在指标、报酬系数及奖罚措施的制定中参考了员工的意见，因此，能够较好地使努力—绩效—报酬之间的关系维系在员工能够达到的水平，即"跳起来摘桃子"的水平，从而使员工清楚地认识到，通过努力改进绩效，进而得到报酬是可行的。

3. 物质奖励与精神奖励相结合。众所周知，人的需求是不同的，且是有层次的。由于需求的不同，人对同一类型报酬的评价也不尽相同。一些人重视物质奖励，而另一些人更加重视名誉、升迁等非物质奖励。因此，需要根据个人对组织报酬的价值观念，设置不同的报酬。灵化集团除了严格实行金钱奖罚以外，还实行了精神鼓励、级别升降、末位淘汰等非金钱奖罚措施。

具体来讲，集团建立了劳模制度，对绩效优异的员工和部门主管授予劳模称号，以精神鼓励为主，实行物质奖励与精神鼓励相结合的奖励措施。《灵化集团劳动模范评选条例》规定，对经过民主评议办法评选出来的劳模，一次性奖励4500—5000元，给予适当晋级，一年评上劳模者可享受国内旅游，三年连续评上劳模者可享受出国旅游等。

同时，《灵化集团企业内部小法人条例》规定，每季度对部门管理人员评定一次，对合格的管理人员及优秀的管理人员不仅给予年终所得工资高于员工最高工资20%—25%，奖金高于部门平均奖金2—3倍的金钱奖励，同时，对于连续两次被评为不合格的管理人员做出降职、免职及调换工作的处分。

另外，根据末位淘汰制度，对所有在岗者每半年实行一次末位淘汰，淘汰比例为5%，被淘汰者待岗不离岗，只拿法定最低工资240元。

（资料来源：徐二明：《工商管理培训案例》，中国经济出版社1998年版）

二 案例分析

1. 一个能激发员工活力的考核制度应该做到信息准确，考核公正，反馈及时，与酬联动。要做到这一切，严密的考核网络、透明的考核程序、双向监督的考核原则、连续的考核频率，以及与考核联动的报酬制度都是不可缺少的前提条件，缺少了这些条件，考核制度非但不能达到激发员工活力的目的，相反还可能起到破坏员工积极性的负面作用。传统的考核制度之所以不能充分起到激发员工活力的作用，原因在于它的一些做法，比如，单向监督考核，暗箱操作式的考核程序，间断性的考核频率以及与报酬脱钩的评估原则，破坏了考核的准确性、公正性、及时性和激励作用。灵化集团之所以能够利用考核制度达到激发员工活力的目的，原因就在于它抛弃了上述传统的考核做法，建立了更加科学、有效的考核制度。

2. 现代管理学的期望理论认为，人的努力程度是由以下三个因素的相互作用决定的。第一个因素是对自己通过努力改变绩效可能性的期望，第二个因素是组织对个人绩效给予的报酬，第三个因素是个人对报酬价值的评价。一个人对通过努力提高绩效，进而得到报酬的可能性估计越高，将组织提供的报酬看得越有价值，其努力程度就越高；反之就越低。因此，报酬制度是否具有激励作用，关键在于它能否做到使个人认识到通过努力改进绩效，进而得到报酬不仅是可行的，而且还是值得的。联系灵化集团的报酬制度，不难看出，它的成功运用与它满足上述条件是分不开的。首先，灵化集团严格按照量化的绩效指标决定报酬，使员工充分认识到努力可以提高绩效，绩效可以提高报酬。其次，灵化集团在制定考核指标和报酬系数中参考了员工的建议。再次，灵化集团拓宽了报酬领域，对员工实行了物质奖励与精神奖励相结合的奖励措施，较好地满足了员工不同层次的需求。灵化集团的经验告诉我们，要使报酬制度真正发挥激发员工活力的作用，仅在绩效与报酬之间建立起联动关系是不够的，还应该在它们之间建立起可行的、多种渠道的联动关系。

三　思考·讨论·训练

1. “末位淘汰制度”能否激励员工奋发向上的精神？
2. “四优管理法”的核心是什么？

案例5　培养人才　三星之本

一　案例介绍

由李秉先生创建于1938年的三星公司，在半个世纪的时间里，由一个默默无闻的小杂货店，迅速成长为雄踞韩国企业首位的世界性大企业。1986 年营业额达 156 亿美元，占国民生产总值的 16.4%。而 1993 年的销售额则高达 513.6 亿美元，在世界 500 家工业企业中的排位跳跃性地升至第 17 位。

三星之所以能在韩国乃至世界经济大舞台上迅速崛起，有如此巨大的成就，关键在于三星的人才。三星集团不但人才济济、精英荟萃，而且每个人都能居于最能发挥个人才干的位置上，发挥其能，为三星的振兴和发展贡献出自己的力量。人才是珍贵的资源，是支持三星事业的顶梁之柱，而三星独特的人才选拔、培训和使用之道，则是上述一切的基础。

三星自 1957 年就开始实行严格的人才选拔制度，选择职工的标准是“具有智能、诚实和健康的人”。在把符合条件的人招为企业职工之后，公司不惜花费大笔资金，把他们培养成为对企业发展有用的人才。

录用仅仅是三星选拔人才的开始。职员被录用之后，企业便十分注意给他们安排合适的岗位，并赋予他们最大限度的活力和责任，以便职员尽可能地发挥各自的能力。三星不但为职员最大限度地发挥能力创造条件，而且在生活上给予他们优厚的待遇，解除其后顾之忧。一般来说，三星集团往往给高级职员安排好的住房，使他们深切感受到“三星就是家”，真正融入三星这个环境中。

三星十分重视从实际工作中选择人才。三星对人才的评价并不是依据学历高低，而是立足于实际工作能力。对于从实际业务中涌现出来的优秀人才，三星从来就是毫不犹豫地予以提升。

允许优秀人才犯错误，是三星人事管理的又一个重要原则。只要他尽职尽责地工作，即使一时犯了错误，使公司遭到了一些损失，公司也给予宽大处理。但犯错误而得到宽大处理有一个条件，这就是犯错误者必须是兢兢业业为公司工作的人。一心为公的人才，即使偶尔犯错，公司也会给他改过和重新发展的机会。相反，对于那些工作不勤恳，以一己之私利而给公司带来损失的人，则严惩不贷。

这种先进有效的人才选拔制度，使得三星的人才辈出，为公司的发展提供了大量的优秀人才，三星也获得了“人才宝库”的美誉。

三星集团不但重视人才的选拔，更重视人才的培训工作，并且形成了一整套独特的、系统的培训制度。

人才是企业竞争之本，三星的高层管理人员对此深信不疑。在人才的培训上，公司可以说是不遗余力，它每年用于职员离职培训的费用就高达 1 亿美元之多。

新职员在正式工作之前，必须经过 24 天的集训，用以培养同心协力的三星精神。对于公司的原有员工，公司也大力提供进修机会。公司明文规定，从董事到员工，每人每年至少受训两周，以使大家掌握新的经贸知识，及时了解国外政治经济形势的变动。

三星在企业内部设立了管理能力部门、业务知识部门和精神状态部门等三大职能教育机构。下设各类分院，对职工进行有针对性的教育培训。同时，三星集团还经常聘请许多国内外的著名专家到三星开办讲座。三星还轮流将各公司的负责人派往海外著名大学或机构，进行国际法规、专利、金融等方面的进修，培养他们的海外工作能力。

为了更好地适应企业国际化经营的需要，三星集团从 1991 年正式实施国际化人才培训制度——“地区专家培养制度”。每年遴选出一些优秀员工派驻国外，年薪 5 万—8 万美元。驻外人员的任务既非营销，也非投资，而是让他们通过一年的驻外生活体验，不仅掌握当地的经济运作方式和法律规范条件，而且了解当地的风土人情和文化习俗，力争成为通晓当地国情民情的人员，为三星集团将来在当地的发展服务。

公司董事长李建熙说过：“我们不期望从中迅速获得利益，但三星集团最终会拥有一代具有世界水准的经理人员。”这句话说明了三星人才培训的雄心所在。

三星集团不但重视人才的选拔、培训和任用，还十分重视人才的自我提高。为此，三星总是积极地创造条件，使员工能够自我发展，不断提高。在这一方面，三星主要采取岗位教育、集体研讨和自我总结的方式，使员工通过自学自省，不断进步。

近年来，随着三星集团日益走向国际化经营，三星特别注重吸收和利用海外人才。采取的方式主要有两种：一是通过三星设在海外的分公司，吸收和利用当地的人才。这种方式主要被三星公司研究所采用。这是三星在家电、计算机、信息通信、半导体及精密仪器等方面的研究开发中，为利用美国和日本的当地技术人才而制定的一项人才政策。通过这一政策，三星集团迅速获得了海外的先进技术。二是在海外录用当地人才，并送回三星集团的韩国总公司，对他们进行教育或培训，使他们具备三星的经营哲学和必要的能力才干，使之融合成为三星大家庭的一员，具备三星精神和主人翁意识，为三星的事业发挥才干。

从三星集团的上述人才政策可以看出，三星既能有效地吸收和培训人才，又能合理地任用和提高人才，从而真正实现了人才济济，各尽其能。因此，“人才汇集的中心”之美誉，三星是当之无愧的。

人才云集是三星取得辉煌成就的重要因素，也为三星在 21 世纪成为世界十大公司中的一员打下了坚实的基础。

（资料来源：徐二明：《工商管理培训案例》，中国经济出版社 1998 年版）

二　案例分析

现代社会中企业的竞争，究其本源乃是人才的竞争。企业的经营实质上是对人、财、物的有效管理，但“财”与“物”只是企业的眼前利益。“人”却是企业发展之本。欧美国家具有高度流动性的人才市场，同时，企业与高校及科研机构的联系也十分密切。因此，人才培训在西方企业虽然重要，却远远比不上扎根在东方国情下的企业。亚洲国家人才的流动性较小，因此人才的培训是一个更为迫切、重要的问题。我国企业与三星集团虽然国情不同，但都深受相似的传统文化的影响，三星的一些做法应引起我国企业的经营者认真地思考。

三　思考·讨论·训练

1. 你对三星集团的“允许优秀人才犯错误”这一人事管理的原则有什么看法？

2. 结合案例，谈谈三星集团的人才培养的做法有什么好处？

案例 6　王永庆用人的两大法宝

一　案例介绍

在世界化工行业，一提到中国台湾的王永庆几乎无人不晓。他把台湾塑胶集团推进到世界化工工业的前 50 名。台塑集团取得如此辉煌的成就，与王永庆善于用人是分不开的。他从多年的经营管理实践中创造了一套科学的用人之道，其中最为精辟的是“压力管理”和“奖励管理”两大法宝。

王永庆始终坚信“一勤天下无难事”。他一贯认为承受适度的压力，甚至主动迎接挑战，更能充分表现一个人的生命力。

王永庆的生活阅历，使他对这一问题的感受比一般人更为深刻。他在总结台塑企业的发展过程时说：“如果台湾不是幅员如此狭窄，发展经济深为缺乏资源所苦，台塑企业可以不必这样辛苦地致力于谋求合理化经营就能求得生存及发展的话，我们是否能做到今天的 PVC 塑胶粉粒及其他二次加工均达世界第一，不能不说是一个疑问。台塑企业能发展至年营业额逾千亿元的规模，可以说就是在这种压力逼迫下，一步一步艰苦地走出来的。”他又说：“研究经济发展的人都知道，为什么工业革命和经济先进国家会发源于温带国家，主要是由于这些国家气候条件较差，生活条件较难，不得不求取一条生路，这就是压力条件之一。日本工业发展得很好，也是在地瘠民困之下产生的，这也是压力所促成的；今日台湾工业的发展，也可说是在‘退此一步即无死所’的压力条件下产生的。”

事实的确如此，台塑企业如果当初不存在产品滞销，在台湾地区没有市场问题的话，王永庆就不会想出扩大生产，开辟国际市场的高招；没有台湾塑胶粉粒资源贫乏的严酷事实，他就不会有在美国购下那14家PVC塑胶粉粒工厂之举。当然，台塑公司也不会有今天的规模。

王永庆深刻地研究了这一问题，把它用于企业管理中，创立了“压力管理”的方法。压力管理，顾名思义，就是在人为压力逼迫下的管理。具体地说，就是人为地造成企业整体有压迫感和让台塑的所有从业人员有压迫感。

首先是企业发展的生命力。随着时间的推移，台塑企业的规模是越来越大，生产PVC塑胶粉粒的原料来源将是一个越来越严峻的问题。尽管台塑在美国有14家大工厂，但美国的尖端科技与计算机是领先世界各国的，台塑与这样的对手竞争，压力是巨大的。他们必须去开辟更多的原料基地，企业才会出现第二个春天。这既是企业的压力，也是王永庆的压力。

再说全体从业人员的压力。台塑的主管人员最怕“午餐汇报”。王永庆每天中午都在公司里吃一盒便饭，用餐后便在会议室里召见各事业单位的主管，先听他们的报告，然后会提出很多犀利而又细微的问题逼问他们。主管人员为应付这个“午餐汇报”，每周工作时间不少于70小时，他们必须对自己所管辖部门的大事小事十分清楚，对出现的问题做过真正的分析研究，才能够过得去。由于压力太大，工作又十分紧张，台塑的很多主管人员都患有胃病，医生们戏称是“午餐汇报”后的“台塑后遗症”。

王永庆呢？他每周的工作时间在100小时以上，由于他追根究底、巨细无遗，整个庞大的企业都在他的掌握之中，他对企业运作的每一个细节也都了如指掌。由于他每天坚持锻炼，尽管年逾古稀，但身体状况仍然很好，而且精力十分充沛。

随着企业规模的扩大，人多事杂，单靠一个人的管理是不够的，必须依靠组织的力量来推动。台塑在1968年就成立了专业管理机构，具体包括总经理室及采购部、财务部、营建部、法律事务室、秘书室、计算机处。总经理室下设营业、生产、财务、人事、资材、工程、经营分析、计算机8个组。这犹如一个金刚石的分子结构，只要自顶端施加一种压力，自上而下的各个层次便都会产生压迫感。自1982年起，台塑全面实施了计算机化作业，大大提高了经济效益。

“压力”是必要的，但是合理的激励机制是不可缺少的。王永庆对员工的要求虽近苛刻，但对部属的奖励却极为慷慨。台塑的激励方式有两类：一类是物质的，即金钱；一类是精神的。有关台塑的金钱奖以年终奖金与改善奖金最有名。王永庆私下发给干部的奖金称为“另一包”（因为是公开奖金之外的奖金）。这个“另一包”又分为两种：一种是台塑内部通称的黑包；另一种是给特殊有功人员的杠上开包。1986年黑包发放的情形是：课长、专员级新台币10万—20万元；处长、高专级20万—30万元；经理级100万元。另外，还给予特殊有功人员200万—400万元的杠上开包。走红的经理们每年薪水加红利可达四五百万元，少的也有七八十万元。此外，还设有成果奖金。对于一般职员，则采取“创造利润，分享员工”的做法，员工们都知道自己的努力会有代价的，因此他们都拼命地工作。台塑的绩效奖金制度造成了1+1=3的效果。

（资料来源：徐二明：《工商管理培训案例》，中国经济出版社1998年版）

二 案例分析

1. 企业管理最根本的是人的管理。多年来，王永庆在关于人才的各个方面，如求才、知才、用才、育才等，已经形成了自己较为完整和具体的看法与做法。他说：“一个公司经营的成败，人的因素最大，属于人的经验、管理、智慧、品行、观念、勤劳等的无形资源，比有形的更重要。”又说：“企业的经营首重人才。”王永庆正是抓住了企业中最关键的要素。随着企业现代化程度的不断提高，人的作用将越来越突出。

2. 仅仅认识到人才的重要还远远不够。王永庆在自己的管理实践中为我们发掘出了如何用好人才的两大“法宝”，即“压力管理”和“奖励管理”。这两大法宝并用，可以充分发挥人才要素的价值。这是值得我们借鉴的财富。在我国企业中，经常可以看到人浮于事的现象，人们在工作岗位上没有压力，效率低下。这从两个方面都可以找到原因，激励不足也是一个原因，但是，相对来讲，通过一定的手段给予有效的监督和考核，增加适当的压力可能更为重要。因为奖励制度要根据企业创造的价值来定，只有提高效率，创造更多的财富，把馅饼做大，才可能有条件分到更多的馅饼。

三　思考·讨论·训练

1. 你认为王永庆的“压力管理”和“奖励管理”对当前国企改革有什么意义?

2. 你认为应该如何处理好“压力管理”和“奖励管理”的关系?

案例7　王安电脑公司破产之谜

一　案例介绍

美国王安电脑公司创始人、美籍华人王安博士是个传奇式的人物。他创办的王安电脑公司年营业额曾达30亿美元，他本人曾经名列美国第五大富豪。然而，就在1990年8月18日，王安电脑宣布申请破产保护。这一事件惊动了华尔街，惊动了全世界。

曾几何时，王安电脑公司叱咤电脑业，年营业额逾30亿美元，属下员工共31000多人，要是能保持20世纪80年代初的增长步伐，今日可能已超过美国国际商用机器公司（IBM），成为年营业额逾千亿美元、全球首屈一指的电脑公司。

公司创始人王安原籍上海，他自小就有非凡的想象力和创造力。1945年，他赴美进入哈佛大学攻读博士学位。很快，他在科技发明上崭露头角，成为华人中第一个被美国电脑巨人IBM聘请的技术顾问。王安是第一个进入美国“名人堂”的亚裔科学家，与发明电话的贝尔、发明电灯的爱迪生等人齐名。

电脑磁芯记忆的专利权给王安带来了滚滚财源。1951年，王安独立在波士顿创办了王安电脑公司。王安拥有电脑天才，他把小型电脑系统应用于办公室，在最适当的时候，开拓了办公室自动化的市场。20世纪70年代初，王安公司成为世界办公室用电脑的先驱，业绩蒸蒸日上。直到今天仍然畅销的桌上型计算器，也是王安25年前的心血结晶。

但是，在1990年王安去世前，王安公司已停发股息红利，公司股票从1983年的40美元降到1989年的6美元，1990年又降为3.75美元。王安去世后，公司尚负债9300万美元。

王安公司在20世纪80年代初以前，营业额及纯利润飞速增长30倍，为何几年之间一落千丈？和大多数侨居海外华裔不同，王安并没有“强迫”其子讲中文，这不等于王安全盘西化，他“传子”意识之浓，可以从公司大权交给儿子王列中清楚地看出。中国有句老话：举贤不避亲，荐贤不避仇。其前提是个“贤”字，但王安忽视了这个“贤”字，一味“传子”，使王安电脑向衰落迈出了第一步。

1986 年 11 月，36 岁的王列被他父亲委任为王安电脑公司总裁。此举首先气走了跟随王安 20 年的销售能手，接着又有骨干辞职，令其管理元气大伤。王列的工作表现平庸，但父亲对子的期望，加上王安健康状况迅速恶化，王列自然地成为接班人。但是，他第一次以代主席身份代其父主持董事会议时，却给人以他根本不知道公司发生了什么事情的印象。其时公司已出现败相，可王列还大谈如何改进管理，令董事会对他信心大失，公司的状况由此从不佳变为恶劣。1989 年公司营业额减少 4000 万美元，支出却增加 2 亿美元。1989 年 8 月，竟然出现了公司股东委员会告王安父子的怪事。8 月 4 日，手术后的王安坐着轮椅向新闻界宣布王安电脑公司 1988 年财政年度亏损 4.24 亿美元。

王安于 1989 年 8 月又委任文耀立为王安电脑主席兼行政总裁，3 年合约，年薪百万。尽管文耀立有多次令濒临破产的公司回生的记录，但他对电脑科技了解不深，他以为王安电脑能制造新产品，对前景怀有不切实际的憧憬，未能及时解雇人员，结果他把赚钱的投资项目卖光，使王安负债减轻，但产销仍毫未增加。

王安公司于 20 世纪 60 年代不断推出新产品，70 年代推出的办公室用电脑更创办公自动化的新纪录，前后称雄十年。但此时个人用电脑已销势渐旺，受到客户越来越多的青睐。王安自傲于自己产品在设计和科技水平上的优势和声誉，看不清、跟不上转型期的到来，仍以中型电脑为主攻方向，结果逐渐失掉了市场。

客户从使用方便出发，要求厂家保证电脑具有某些技术标准，以便在不同机种和资料处理系统之间易于交换资料或交互操作。不少公司为适应顾客这一要求，纷纷推出与 IBM 微机相容的个人电脑。但王安的固执使他在 1985 年做出了致命的决策——坚持发展高价且不能与 IBM 电脑兼容的产品。这种“志气”，不但违背电脑系统化及软件标准化的趋势，无法吸引新客户，而且因独立开发新产品成本太高导致产品及售后服务索价太高，令老顾客起疑心而转用其他电脑，致使公司在 1989 年负债额高达 10 亿美元。以科技水准为骄傲，不管供求规律的变化，或许是科学家、发明家搞经营的通病。王安也是如此。用一句西方评论家的话说，王安“忘记了顾客”。

1990 年王安逝世，米勒接任行政总裁。他致力于削减成本，提高经营效率并偿还5.75亿美元的债务，三年苦心经营，终因现有资源及流动资金不足以完成改组，被迫申请破产保护。

米勒受命于危难之时，尽管公司已申请破产保护，但他已表明立场，愿意留守该公司，把以制造业为主的王安电脑，改变成一家集中于提供软件和服务的公司，并努力开拓办公室自动化市场。摆在米勒面前的，将肯定是一条艰辛而又漫长的道路。

（资料来源：徐二明：《工商管理培训案例》，中国经济出版社1998年版）

二 案例分析

1. 王安电脑公司衰败的第一个原因是用人不当。王安起用其子作为公司总裁，本是无可厚非。但关键是其子对公司经营管理近乎文盲。在公司濒临财务危急之时却抓不住要害问题，而大谈管理问题，因此使王安公司丧失了挽回败局的机会。同时，由于王安重用庸才，伤害了公司几员大将的心，纷纷离开公司，使王安失掉了左膀右臂。现在公司的经营管理人才需要有过硬的本领，古典式的“老板”当家的做法已经适应不了现代市场的需求。除非“老板”是懂管理、会经营的行家。

2. 王安电脑公司衰败的第二个原因是脱离市场。王安作为一个科学家是杰出的，但作为一个企业家是不称职的。也许是一个人的精力是有限的。由于王安对市场预测失误，不能及时开发新产品以跟上市场变化的脚步，结果被市场淘汰。

三 思考·讨论·训练

1. 你认为导致王安电脑公司衰败的致命原因是什么？

2. 管理人员的才能应包括哪些？对于不同层次的管理者，管理才能要求有什么不同？

案例8 克莱斯勒的奇迹

一 案例介绍

汽车作为现代文明的标志，其生动的发展历史直到今天仍是人们茶余饭后的话题。纵观汽车业的发展历程，除亨利·福特在20世纪初因推广福特

“T形”车而名噪一时外，亚柯卡的成功是汽车工业界诞生的又一奇迹。80年代末期，美国各界社会名流与成千上万的美国人民曾一致呼吁，请他竞选美国总统。由此可见，他的成功及其影响是多么巨大和深入人心。

李·亚柯卡，1924年10月15日生于美国宾夕法尼亚州，父母都是意大利移民。父亲尼科拉·亚柯卡于1902年到美国，曾从事过多种商业活动，母亲安托万内特从事家务。亚柯卡只有姐弟二人，父亲很有经商能力，对他的影响很大，使他自小就立志成为一名有造就的实业家。1946年7月，亚柯卡获得普林斯顿研究生院的工程硕士学位之后，放弃了其他选择，毅然决然地走上了他最感兴趣的行业——汽车制造业，最后经过他多年的奋斗，于1970年12月10日就任美国福特公司总裁。但由于福特公司董事长的独断专横及其他原因，1978年7月13日，亚柯卡被福特公司解雇。毫无疑问，这是亚柯卡个人事业的一次严重挫折，但也正是这一挫折，为亚柯卡的个人发展提供了另一次契机，从而最终创造了属于亚柯卡的经营奇迹，即使克莱斯勒起死回生，亚柯卡的个人声誉和事业因此也达到了顶峰。

亚柯卡经营奇迹主要体现在将濒临倒闭的克莱斯勒公司从死亡线上拯救过来。在亚柯卡就任克莱斯勒公司总裁职务时，面对的是这样一种经营状况：进入20世纪70年代以来，克莱斯勒公司业绩不佳，在1970—1978年的9年内，竟有4年亏损。加之1979年春天中东政局动荡，世界市场上石油价格暴涨，这对于本就不堪一击的克莱斯勒公司而言，无异于雪上加霜。因为克莱斯勒公司是全美生产娱乐车辆和住房车辆的最大厂家，石油危机灾难一来，首先遭殃的是生产“油老虎产品”的厂家。当年克莱斯勒公司产品的市场占有率仅为8.1%，库存积压汽车8万余辆，亏损11亿美元，创该公司亏损最高纪录，积欠各种债务高达48亿美元，在全美500家大公司中排位骤跌至第17位。面对如此惨淡的经营状态，亚柯卡郑重宣布，要在几年内不但使公司起死回生，而且使其达到生龙活虎的状态。并且规定在公司起死回生之前，个人的年薪仅为1美元。在此之后，亚柯卡通过对公司内部和行业竞争对手状况的细致分析，凭借自己的经营经验和积聚的管理知识，开出了改善克莱斯勒现状的四剂药方。

第一剂药方：精简机构。亚柯卡认为，当时的克莱斯勒公司在人员管理上存在以下几个问题：即纪律松弛、管理混乱、人浮于事。为此，亚柯卡采取了以下办法：第一，精简高层领导，对于那些身居高位而无所事事者，统统撤掉。公司38个副总裁先后辞退了32个，高层部门的28名经理撤掉了24个。第二，压缩企业规模。坚决关闭或出售那些不盈利的工厂和生产线，特别是那些使公司亏损最多的工厂。第三，削减雇员。亚柯卡先后解雇了9万多名工人，直属公司职工总人数由16万人减至7万多人，裁减率超过50%，经纪人由5800人减到3700人。其中仅1980年，公司就裁减了700名白领职员，解雇了850名工人。尽管裁减职工是"悲惨的"，但不这样做，公司就无法支撑下去。

第二剂药方：挖掘人才。除精简机构以外，亚柯卡还极重视人才的作用。因为扭转局面，需要一批优秀人才。这没能难倒亚柯卡，尽管他离开了福特公司，但他保留了多年工作的一本人才记录本。依据该资料，连"挖"带拉，先后从福特公司搜罗到数名得力干将。

第三剂药方：吸引顾客靠创新。产品经营的关键在于"创新"二字。为此，亚柯卡大力加强市场调研部门，由副总经理珀利奇主管，针对汽车市场动态、消费趋向、顾客特点偏好、材料价格波动和家庭规模变化等与汽车销售有关的大量问题，进行广泛而深入的调查分析，为生产提供决策的信息和依据，使生产决策者们变得耳聪目明。

第四剂药方：大做广告造影响。由于几年前克莱斯勒"声名"在外，人们对其新产品总是半信半疑。要改变这一形势，必须更多地借助于广告舆论。亚柯卡不惜巨资做广告。他制作了一段约30秒的广告，在电视台每天播放60余次，连续播出5年；他还亲自审定了几条脍炙人口的广告词，如"买我们的车可以试用30天，不管什么原因，30天内退货，货款照退"；"你们不能盲目地买汽车。你们比较一下吧，如果找不到比它更好的汽车，就买它"等。

上述四剂药方的实施，不但大大地优化了该公司的经营机构，同时也将克莱斯勒公司扭亏为盈，创造了汽车工业史上在最短时间内使一个大公司起死回生的经营神话。当然我们应该永远记住的或者说青史留名者是汽车工业界的巨子——李·亚柯卡。

（资料来源：清华大学经济管理学院工商管理案例研究组编：《工商管理800例》，世界图书出版公司1998年版）

二　案例分析

1. 熊彼特、赖特、尼尔逊等多位经济学家都曾对企业家的定义及其内涵有过精细的研究，但同样明显的是目前在这一问题上，仍存在严重的分歧。虽然目前有风险企业家之说，不过，李·亚柯卡的个人奋斗史尤其是将克莱斯勒扭亏为盈的本案例表明，个人实力尤其是经营能力是经营成功的重要因素。

2. 亚柯卡敢于就任克莱斯勒总裁并誓言几年内扭亏为盈，对亚柯卡本人而言，绝不是冒险冲动，而是基于个人能力基础上的理性选择，誓言仅仅是自信心的口头表示。因为深入到亚柯卡在克莱斯勒成功奇迹的幕后，我们看到他在福特积聚的经验及其开拓的汽车工业界圈内关系发挥了重要作用。

三 思考·讨论·训练

1. 经营者的个人实力尤其是经营能力，是企业成功的关键要素。你同意这个观点吗？

2. 有人说亚柯卡之所以能成功，是与他在福特积累的经验及其开拓的汽车工业界圈内关系有关，你认为如何？

案例9 松下选才七招

一 案例介绍

(一) 不要去"捡"人才

优秀的人才很难"捡到"，也很难"控制"，最好自己用心去培养。

一个人都要经过训练，才能成为优秀的人才，比如，在运动场上驰骋的健将们，一个个大显身手，但他们之所以有惊人的体能和技术，并不是凭空得来的，而是严格训练的成果。不只是生理上，甚至在精神方面也要接受严格的训练。又如，禅宗的戒律非常严格，一般人都吃不消。可是修行很好的和尚，却一点也不以为苦，仍然能够泰然处之。所以，只有在人心甘情愿接受严格训练时，才能达到理想的目标。相反，即便一个人有再好的天赋资质，但不肯接受训练，那么他的素质也就将无从发挥。

所以，一个领导者要想使自己的部下发挥与生俱来的良好素质，就必须实施严格的训练。但还要留意训练的方法，如果把古时候的训练方法运用到现在，恐怕就会收到反效果。因此，考虑到方法的适用也是领导者的重大责任。

(二) 不景气正是育人的好时机

松下幸之助认为，不景气的时候，正是培育人才的大好时机。当然，不景气是不受欢迎的。但若能放开眼来看，可以用人为的力量使景气恢复。但好景背后带来的不景气，东西不好卖，货款难收，公司的经营也陷入困境。但在这种情况下，不能只是干着急，应以积极的态度去处理，最起码这是一个教育员工和强化体制的大好机会。

（三）寻求70分的人才

依松下幸之助的经验，他说，说实话，人才的雇用以适用公司的程度为好。程度过高，不见得一定有用。当然，水准较高的人会认真工作的也不少，可是很多人却会说："在这种烂公司工作，真倒霉。"如果换成一个普通程度的人，他却会很感激地说："这个公司蛮不错的"，从而尽心竭力地为公司工作。如此，不是很好吗？所以招募过高水准的人是不适宜的。"适当"这两个字很要紧，适当的公司，适当的商店，招募适当的人才；如果认真求才，应该是没有问题的，虽说不能达到100分，但达到70分是不成问题的，达到70分，有时候反而会更好。

（四）不可雇用朋友

想要你的朋友来公司，或者你的朋友要来公司帮忙，最好问问他："你到我公司来，是否有员工意识？如果有，欢迎你；否则的话，你最好不要进公司来，在外边帮忙就好。"

如果不是事先有的话，他就会成为公司内部的"朋友"，而不是你的员工。一旦出现这种情况，当彼此的意见对立时，因为你要顾虑到朋友之道，所以本该严肃处理的事情也无法严肃处理了；甚至于你要下决断的时候，他不同意，进而产生对立。这样的对立，比一般同事的对立更容易涣散人心，影响士气。由于松下幸之助深深感到这种弊害，所以提出了如此忠告。

（五）如何培养人才

经营者如何培养人才呢？当然有种种具体的方法，但最重要的是确立"企业的目标和经营方针"这样一些基本的原则，也就是必须有正确的经营理念和使命感。公司的经营理念和方针如果明确，经营者和管理者就能基于这种理念和方针达成有效率的领导；员工也会遵照这种理念和方针判断是非，人才自然容易培养。如果没有经营理念和方针，领导者的政策缺乏一贯性，易于被热情和感情左右，当然不容易培养出真正的人才。

经营者还应该经常向他的员工解释他的经营理念只是纸上文章，那是毫无价值的；必须使它存在于每一位员工心中，融为一体，才会产生效果。因此，利用各种机会向他们反复说明，是十分必要的。同时，还要让员工有实际了解经营的机会。也就是说，经营者必须以身作则，借日常作业逐渐启发员工对经营理念的认识。

另外一件更为重要的事情是，经营者应该充分授权给员工，使其能够在自己的责任和权限内，主动进取、勇于负责。培养人才的目的，不外乎造就经营管理人才，所以，不要只是发号施令，这样只能培养一些只会听从吩咐而工作的庸才，无法激发员工和部属的管理能力。

（六）最好不要挖墙脚

依松下幸之助的经验，他是从来也不挖墙脚猎头的。挖墙脚可以挖到人才，可是反过来细想，如果你也被挖了墙脚，该作何感想？因此，松下幸之助始终反对这种做法。在松下公司的几万人中，当然有辞去另家公司工作自愿来松下公司的，可是公司一向都不去主动挖墙脚的。

（七）训练人才重在启发独立

事情交给部属，难免会因考虑不周或技巧不够，而造成一些缺憾。在这种情况下，上司总会习惯地指示部属应该如何去做。当然在遇到一些重大问题的处理上，是绝对有必要给予具体的指示方向或依循的原则。但问题是，如果指示太过详尽，可能使部属养成依赖的心理，唯命是从，不肯再动脑筋。一个命令一个动作，这样只是机械地工作着，不但谈不上做事的方法，又怎能培养人才呢？训练人才，最重要的是让他们多动脑筋，多思考，然后自己计划策略，付诸实行。能独立自主，才能独当一面。一位领导者最重要的工作，就是要启发部属自主的能力，使每个人都能独立作业，而不是变成唯命是从的傀儡。

（资料来源：http：//www. e－works. net. cn）

二　案例分析

我们所处的时代已经进入到知识经济和信息时代，国家之间的竞争最终将由掌握着现代知识的人才所决定。组织也是如此，人力资源是组织保持长期竞争力的资源。一个组织有无足够的管理者，以及管理者管理水平的高低，是组织活动成败的关键。要把选拔、培养工作作为组织的一项长期的活动内容，要建立各种行之有效的机制、制度和方法，不能“临渴掘井”，而应在“出产品之前出人才”。

三　思考·讨论·训练

1. 松下公司是如何选拔人才的？
2. 培训人才的方法有哪些？
3. 如果你是管理者，在选拔、培训人才时应注意哪些问题？

案例10 知识管理

一 案例介绍

随着生物、微电子、信息等知识聚集型产业的不断兴起，知识从生产要素中脱颖而出，并正推动人类走进被著名经济学家梭罗称为第三次工业革命的“知识经济”。在知识经济中，知识资本成了资本魔方中的最重要一维，它改变了个人、组织乃至整个国家的财富创造方式，使得人类第一次不需要依赖实体的资源，而只要拥有知识创造的能力，就可以形成财富。

在知识经济时代，传统的工业支柱——钢铁业被抹上了夕阳之光，特别是在西方工业化国家，钢铁行业的发展停滞不前。尽管2003年全球的钢铁行业取得了很大的进展，但美国、德国、法国、西班牙、加拿大等国家却出现了负增长。面对知识资本的不断兴起，资金密集型的钢铁行业该何去何从呢？社会上一直流传着这样一句话：“没有资金玩不转钢铁”，其中的道理显而易见。钢铁行业的整个价值链——从采矿、炼钢一直到销售，每一处都需要大量的资金投入才能正常运转，钢铁业是工业的支柱，同时也是工业中的贵族。

但随着全球化进程的不断发展以及多方位竞争的日渐加剧，以往单凭资金这一维的资本就能“玩转钢铁”的时代已经一去不复返了。要想让钢铁行业获得新生，我们就必须给钢铁行业充入新的活力，而知识作为一个日渐重要的资本要素，在钢铁行业也同样可以扮演重要的角色。而钢铁企业与知识管理相结合，也确实可以保持蓬勃向上的朝气。美国查帕拉尔钢铁公司就是一个很好的例子。查帕拉尔钢铁公司是一家美国公司，2001年在美国钢铁行业排名第10位。在过去二十多年里，它多次创造了世界纪录。1990年，它生产一吨钢材用1.5小时，而美国平均是5.3小时，日本是5.6小时，德国是5.7小时。

查帕拉尔钢铁公司的核心竞争力在于把新技术迅速地运用到产品和工艺中的能力。这种核心竞争力又是如何构建的呢？通过研究发现，查帕拉尔钢铁公司的核心能力实质是一个由诸多要素组成的相互影响的系统，包括员工技能和知识系统、物理技术系统、管理系统和价值与规范四个方面。蕴藏在员工身上的技能和知识系统是构成核心竞争力最重要的因素。

知识管理在钢铁行业中应用的另一个很好的例子是美国的纽可钢铁公司

(Nucor Steel)。在过去三十年间，纽可一直是最富于创新、成长最快的钢铁公司，要解释纽可公司如何成功，就必须分析他们的知识机构如何运作。自1960年末期以来，钢铁业在美国经济中，是获利性和成长性最差的产业之一，纽可公司在陷入困境的产业中经营了三十年，年营业额的复合成长率达到17%，而且都是由纽可公司内部创造的，并未进行任何购并；此外，在1968—1998年间，纽可公司平均每年的股东权益报酬率都超过20%。如今，纽可钢铁公司一直占据美国钢铁行业的头把交椅，年产量超过了2000万吨，由国际钢铁工业协会排出的2003年全球钢铁企业竞争力排名中，纽可公司列在第3位。纽可公司的成功之道就在于专精做好一件事：成为全球最有效率的钢铁公司，而且一直保持如此。它之所以能够做到这一点，是因为他们培养并持续提升三项策略性的独特能力：建厂和营运新厂的技术知识；有关制造流程的专业知识；比别人早先采用突破性技术的能力，而且运用新技术的效益比竞争对手更高。

正应了一句俗话："没有不赚钱的行业，只有不赚钱的企业。"这两家钢铁企业在整个行业面临困境时，都表现出了很强的活力，而它们共同的闪光之处就在于——对知识的重视和积极地应用，为钢铁业披上了一层智慧之光。

在国内，虽然钢铁企业还没有进入系统性地实施知识管理的阶段，但一些企业已经认识到知识资本的重要性，并有意识地开展知识资源的共享和应用。

例如，近年来的后起之秀华菱集团为了进一步发挥集团的整体优势，把资源的全面整合引入更高层次，集团从两个方面展开了知识的传递、共享和应用。一是集团知识资本的纵向传递，通过各种渠道将集团的经营理念从上到下传递和灌输到全体员工。包括提出"大效益"的理念，走出"不搞技改是等死，搞技改是找死"的怪圈；提出"勇对危机、预测危机、制造危机、规避危机"的主动危机理论，使员工的思想观念发生根本性的转变，等等。一元知识资本的纵向传递，已经或正在发挥解放思想、促进改革、推动发展以及融合企业文化的作用。二是按照子公司知识资本横向延伸的思路，引导子公司互学互动。几年来，华菱先后推广了衡钢实施ERP信息化管理的经验，使集团数字化建设全面铺开；推广湘钢"动态考核、尾数淘汰"办法，使集团形成了"管理者能上能下、员工能进能出、收入能增能减"的新机制；推广涟钢剥离辅助的经验，使集团非钢产业一年一个台阶，成为新的效益增长点。二元知识资本的横向延伸，使各子公司实现了改革互学、管理互进、经验共享。通过对知识的共享和应用，华菱把一家的管理优势扩展为整个集团的优势，从而实现知识资源的最大化整合。

在迈入知识经济时代之后，不管是传统的制造型企业还是新生的高技术企业，其核心竞争力在很大程度上都取决于他们使用知识和创造知识的能力，而致力于将企业的知识资源转化为提高组织效率、反应能力以及创新能力等方面，正是知识管理的任务所在。

（资料来源：http：//www. e－works. net. cn）

二 案例分析

知识本来就存在于企业组织内部，只是凌乱地分散在组织内不同单位及员工的个人身上。知识由于凌乱，更由于很难有一个明确的形体来表现，属于“看不见、摸不着”的东西，所以往往很难去把握。企业实施知识管理的动机就是要把散落各处的知识加以整合，创造更大的附加价值与效益。

那么到底该如何来理解知识管理呢，通俗地讲，知识管理是协助企业组织和个人，围绕各种来源的知识内容，利用信息技术，实现知识的生产、分享、应用以及创新，并在企业个人、组织、业务目标以及经济绩效等诸方面形成知识优势和产生价值的过程。

随着知识资本越来越受到重视，衡量企业经营成功的尺度将是企业的创新能力与核心能力的大小，企业要赢得成功，就必须蓄积知识资本，全面实施知识管理。当前很多钢铁企业在大规模实施 ERP，如果说 ERP 的应用使企业能够“正确地做事”，而知识管理则一方面能使企业“更快地正确做事”，另一方面则能使其“做正确的事”。所以，关注知识管理、关注知识管理技术不应该仅仅是赶时髦，而应本着真正为企业服务的精神来赶这个潮流。

我们知道，知识是无处不在的，企业自身的管理运营都包含着众多的知识，对于钢铁行业来说也是如此。例如，钢铁企业产品开发、采购、生产管理、市场营销、客户关系等领域都积累着很多的经验；同时，企业在与同行的学习和交流过程中也会汲取大量的知识，这些经验和知识的存在就产生了管理的需要，从这个角度看，知识管理的应用领域可以延伸到钢铁企业的各个领域。例如，中国台湾中钢的知识管理应用领域涵盖了供应商采购、产品开发、生产、物流、营销、服务等整个价值链，甚至连会计这样的辅助性活动也纳入了知识管理之中。

随着钢铁市场竞争的不断加剧，钢铁企业迫切需要采取措施用来实现诸如快速科学地制定战略，降低运营成本，缩短供货周期，及时向客户提供产品并让客户满意等目标。知识管理和数据仓库技术通过管理企业的各种数据和知识资源，帮助企业更好地整合和应用现有的资金、技术、设备、人力等资源，增强企业的竞争力和持续发展的能力。

目前，国外和中国台湾的钢铁企业在知识管理的研究和应用方面都明显走在了中国内地钢铁行业的前面。而钢铁市场的国界保护作用不断削弱，内地的钢铁企业要想在国际市场上占据自己的一份市场，就必须迎头赶上，不断汲取外界的先进经验，培育和增强自身的核心竞争力。

三 思考·讨论·训练

1. 什么是知识和知识管理?
2. 钢铁业为什么要进行知识管理?
3. 钢铁业如何进行知识管理?

第六章　管理的领导职能

最有效的领导方式是领导设计一种环境，使群体成员潜在地或明显地受到动机的激励，并能对它做出有效的反应。

——蒙斯

管理者的成果，就是他所领导或影响下的群体所取得的成果。

——安德鲁·格鲁夫

管理中的领导职能是关于组织中人的问题的基本职能。组织是由人组成的，组织目标的实现要依靠组织全体成员的努力。而配备在组织机构各种岗位上的人员，由于各自的个人目标、需求、偏好、性格、素质、价值观及工作职责和掌握信息等方面存在很大的差异，在相互合作中必然会产生各种矛盾和冲突。因此就需要有权威的领导者进行领导，指导人们的行为，沟通人们之间的信息，增强相互的理解，统一人们的思想和行动，激励每个成员自觉地为实现组织目标而共同努力。管理中的领导职能是一门艺术，所谓管理的艺术主要体现在该职能中，它贯穿在整个管理活动中。

一　领导的内涵

所谓领导，就是指挥、带领、引导和鼓励组织成员或群体为实现目标而努力的过程。该定义包含四个要点：一是领导者一定有领导对象，或者说有下属或追随者，或者说就是被领导者。没有下属的领导者谈不上领导。二是权力在领导者和被领导者之间的分配是不平等的。领导者拥有相对强大的权力，可以影响组织中其他成员的行为；而组织中其他成员却没有这样的权力，或者说所拥有的权力并不足以改变其被领导的地位。领导者在权力方面的优越性是领导工作得以顺利进行的重要基础。三是领导者拥有影响其下属的能力或力量。包括由组织赋予领导者的职位和权力，也包括领导者个人所具有的影响力。四是领导具有目的性。领导的目的是通过影响下属来达到企业目标。

该领导概念必然涉及领导者和被领导者两个概念。领导者是实施领导的人。他们利用影响力带领组织或群体成员达成一定组织目标。领导者对于领导工作的有效性有着重要的影响；被领导者是领导的下属，是领导工作的客体。被领导者的状况对于领导工作的有效性和领导方式的选择都有影响。

领导和管理有着密切的关系。从本质上说，管理是建立在合法的、有报酬的和强制性权力基础上对下属命令的行为，下属必须遵循管理者的指示。在这个过程中，下属可能尽自己最大的努力去完成任务，也可能只尽一部分努力去完成工作。据统计，管理只能发挥职工 60% 的能力。

领导则不同，领导可能建立在合法的、有报酬的和强制性的权力基础上。但是，领导更多的是建立在个人影响权和专长权以及模范作用的基础上。领导可以说是一种影响力或者是对下属施加影响的过程，这种影响力可以使下属自觉地为实现组织目标而努力。

由此可知，一个人可能既是管理者，也是领导者，但两者也有分离的情况，一个人可能是领导者，但不是管理者。非正式组织中最有影响力的人就是典型的例子，组织没有赋予他们职位的权力，他们也没有义务去负责企业的计划和组织工作，但他们却能引导和激励甚至命令自己的成员。

一个人可能是个管理者，但并不是个领导者。领导的本质就是有被领导者的追随和服从，它不是由组织赋予的职位和权力所决定的，而是取决于追随者的意愿。因此，有些具有职权的管理者可能没有部下的服从，也就谈不上真正意义上的管理者。

从企业的管理效果看，应该选择好的领导者从事企业的管理工作。对非正式组织中有影响力的人参加企业正式组织的管理，会大大有益于管理的成效。

二　领导的作用

在带领、引导和鼓舞部下为实现组织目标而努力的过程中，领导者要具体发挥指挥、协调、激励和纠正偏差四个方面的作用。

（1）指挥作用。在组织的集体活动中，领导者具有引导、指挥、指导或先导活动，帮助组织成员最大限度地实现组织的目标。在整个活动中，要求领导者作为带头人来引导组织成员前进，鼓舞成员去奋斗、实现组织的目标。

（2）协调作用。因为个人的才能、理解能力、工作态度、进取精神、性格、地位等方面的不同，加上外部各种因素的干扰，成员之间在思想上发生各种分歧、行动上出现偏离目标的情况，需要领导者来协调成员之间的关系和活动，鼓舞成员去奋斗来实现组织的目标。

(3) 激励作用。领导者为了使组织内的所有人都能最大限度地发挥其才能，以便实现组织的既定目标，就必须关心下属，激励和鼓励下属的斗志，充分调动组织中每个成员的积极性，使其以高昂的士气自觉、自动地为组织作出贡献。

(4) 纠正偏差作用。在实现组织目标的过程中，偏差是不可避免的。这种偏差的发生可能由于外部因素的影响，也可能由于内部不合理的组织结构、规章制度和管理人员的管理不力的影响。在领导过程中，领导者全面了解组织活动的各种信息，驾驭和支配组织成员及整个组织的活动，正确运用各种控制手段纠正偏差，消除导致偏差的各种因素。

三　领导的构成要素

(一) 权力

权力是一个人影响另一个人的能力。领导的权力主要起源于两个方面：一是来自职位的权力，它是由上级和组织赋予的，并且由法律、制度明文规定，属于正式权力。这种权力与职位相关，随职位的高低变化而变化。权力一般包括如下几个方面：

1. 法定权力。是指组织中各领导职位所固有的合法的、正式的权力。也就是管理者在一定范围内具有确定目标，建立机构、制定规章，开展活动的决策权与指挥权，及对下属的人事调配权。

2. 奖赏权。是指提供奖金、加薪、表扬、升职和其他任何令人愉快的东西的权力。通过采取奖励的办法来指导下属做出所希望的行动。

3. 强制权。是指可以施加扣发工资或奖金、解雇、降职、批评等惩罚性措施的权力。它是迫使他人服从的力量，发挥作用的基础是下属的惧怕。

4. 专家权。是指由个人的特殊技能或某些专业知识而产生的权力。如医生、教师或企业中的技术人员等可能拥有相当大的影响力。

5. 感召权。这是与个人的品质、魅力、经历和背景等相关的权力。例如，黑人领袖马丁·路德·金，尽管法定的权力很小，但凭借着他的人格魅力和特有的领导才能，感染和影响着许多人的行为。

上述依靠法定权、惩罚权和奖赏权而形成的影响力，叫做职位权力（或制度权力），而与个人因素有关的专家权和感召权，叫做个人权力。正式组织中有效的领导者应是兼具职位权力和个人权力的领导，只有职位权力的领导者只能说是一个指挥者，而不能说是令人佩服或敬佩的领袖。非正式组织的领导者并不拥有职位权力，但却能使周围的人服从他，其影响力主要来源于其个人独特的魅力。这说明作为正式组织的领导者应该加强个人素质的培养，提高个人的感召力，在拥有职位权力的同时获得更大的个人权力。

（二）对人的理解和支持

人的行为是由动机推动的，而动机又是由需要引起的。领导者要激发人们的行为，就必须要了解人们的动机和需要，能够灵活地运用各种激励手段去调动人们的积极性，进而激发动机，推动行为。因而，一个领导者应懂得激励理论的现状和理解激励的要素；同时，还要更多地理解人的性质和强度，以便有的放矢地采取有效的激励方式，来调动人的积极性。

（三）鼓舞

领导者需要有一种杰出的鼓舞能力，鼓舞追随者为了完成一项工作或者任务而全力以赴。鼓舞与激励相关但是并不相同。激励要以满足对象的需要为前提，而鼓舞则是让追随者无条件地追随。激励依靠的是法定权力，而鼓舞更多地依靠个人影响力。形成鼓舞能力的是领导者的人格魅力，当然也包括对合法权力的正确运用。

（四）营造组织气氛

设计和维持一个良好的工作环境和文化氛围是领导者的重要工作。组织气氛的营造与领导者的价值观、领导风格和营造环境的能力有着直接的联系。虽然领导者的价值观、领导风格和营造环境的能力受到很多因素的影响，甚至有些理论学者认为领导者的领导风格是难以改变的，但是，领导者仍然需要培养适合创造良好组织气氛的领导风格。

案例1　成也萧何，败也萧何

一　案例介绍

休厄尔·埃弗里无疑是个不一般的人，他曾经成功地挽救了沃德公司，但同样是他，又几乎倾覆了沃德公司。

休厄尔·埃弗里何许人也？埃弗里1874年出生于密歇根州的萨吉诺，是密歇根一个富有的木材商的儿子。在他一生中的许多年里，他一直是一个值得敬佩的成功者。1894年，他从密歇根州立大学法学院毕业，并开始在他父亲手下的一家小石膏厂做基层工作。在22岁时，他已是这家工厂的经理。1901

年，这家小企业被美国石膏公司吞并。四年以后，埃弗里成为美国石膏公司的总经理。《时代》杂志把他描述为“一个和蔼的、卓越的超级推销商”。正是他把美国石膏公司建成美国最大的建筑材料供应商。

此后，埃弗里的人生之途出现了一次大的转机。

在经济大萧条最严重的1932年，受沃德公司的董事和股东之托，埃弗里临危受命挽救这家岌岌可危的公司，因为沃德公司曾在1931年出现了870万美元的巨额赤字。埃弗里将一批年轻有为的经理人员召集在自己的周围，他在沃德公司的存货中增加许多高档品，并声称：“我们不再依靠那些乡下佬和土包子，不再只卖工装裤和防粪鞋。”他使公司重新进入了时髦商品市场，改进了商品目录，关闭了70家亏损商店。

经过一番艰苦的努力，埃弗里成功了。12年后，他已把1931年的870万美元的亏损扭转为1943年的2043.8万美元的盈利。在1932年，这家公司的亏损是西尔斯公司的2.2倍，营业额却只有西尔斯公司的65%；而到1939年，沃德公司的营业额已相当于西尔斯公司的82%，利润则是西尔斯公司的84%。

事情如果到此为止，埃弗里可谓功成名就。但在公司经营顺利时，埃弗里却犯了一个不可饶恕的错误，即对企业实施独裁和错误的领导。埃弗里以铁腕手段控制着沃德公司，不接受任何异己之见。在他任职期间，有3位总经理、24位副总经理和许多其他高级管理人员先后离开了公司。在他们中间，有些人后来成为洛德和泰勒公司及W.T.格兰特公司的总经理。由于埃弗里的独裁，公司很难留住那些能干的经理人员，因为他们希望能够享有自主权，来做出积极进取的决策。

由于埃弗里的独断专行，以一个老式暴君的身份统治这个拥有10亿美元资产的公司，也由于公司没有民主决策机制，所有决策都由埃弗里做出，所以难以保证决策的团队化执行。恰好这时，埃弗里又犯了两个致命的错误：

其一，拒绝扩大经营规模。从历史上看，沃德公司的商店大多开设在乡间小镇上，这样做是为了拥有农村消费者，而他们在第二次世界大战之前被视为主要的市场。然而，第二次世界大战之后，人口的增加主要集中在大城市，尤其是在近郊，购物中心如雨后春笋般涌现并不可避免地从市中心和小型商业区那里抢走不少生意。但在这一购买方式发生重大变化的时期，沃德公司却拒绝扩大经营，拱手把市场送给了西尔斯公司、彭尼公司和其他竞争者。

其二，战略预测失误。沃德公司并非不具备扩张的条件，而是埃弗里对前景不看好。沃德公司既不缺乏资金，也不缺乏管理人才。事实上，该公司正储备着几百万美元的资金以备后用。资金如此充足，以致公司一位副总经理曾说过这样一句后来被广泛引述的话："在今日美国，沃德公司是拥有商店门面的最好的银行之一。"但埃弗里有一个不可动摇的信念，即第二次世界大战结束后不久便会发生经济大萧条，而他的依据就是第一次世界大战后发生的大萧条。埃弗里预计，由于工业从军工生产转向民用生产，几百万退伍军人又要寻找工作，因此整个国家在把经济向和平时期调整时将会遇到很大困难。他预言"经济形势的恶化将是我们始料未及的"。他因此表示说："我们（沃德公司）将不做任何反应，我们非常审慎。"

如果形势的发展正如埃弗里所料，即在战争结束的3—5年内确实开始了严重的经济大萧条，那么他就可能成为一名英雄式的人物，他可能会像《商业周刊》杂志推测的那样，获得"美国最精明的商人"的赞誉。当他人都因经济萧条而陷于紧缩困境之时，沃德公司的现金和流动资产就可推动公司以得天独厚的价格优势进行扩展。不幸的是，经济发展的现实表明，埃弗里的预测是错误的。

埃弗里的独裁，导致了公司决策难以吸收异己之见，最终铸成了公司战略性决策的失误。公司既丧失了发展机会，又在竞争中败北。

首先，1945—1952年，即第二次世界大战后实行经济控制的年份，沃德公司连一家新的商店都没有开设，反而关闭了27家商店，使沃德公司的商店总数由632家减至605家，1952—1955年间，他又关闭了37家入不敷出的商店。与此同时，其竞争对手西尔斯公司却在蓬勃发展，商店总数由1946年的610家递增到1952年的684家。

其次，当战争结束后，西尔斯公司马上就掀起了自20世纪20年代以来最大的扩展浪潮，大约有3亿美元的资金押在战争结束后会立刻使经济发展这样一种信念上。在战后的头两年里，西尔斯公司的销售额从10亿美元猛增到近20亿美元，而休厄尔·埃弗里则采取了袖手旁观的态度，不做任何发展的努力，按兵不动，拱手让出了市场份额。

二　案例分析

1. 独裁会导致失败。人才对企业发展无疑是非常重要的，但沃德公司将企业安危系于埃弗里一身，则是一种非常危险的行为。因为个人的能力是有限的，只有集体决策才能提高决策的科学程度。而埃弗里的专断，听不进异己之见，自然会导致企业失败。

2. 预测是企业发展的关键。埃弗里之所以在竞争对手大兴土木、大规模扩张时按兵不动，是因为他预测前景不佳。预测失误，使企业错过了发展机会。当然，这也是由于个人决策科学程度低所致。

三　思考·讨论·训练

1. 你如何评价埃弗里这个人？他的成功之处在哪里？造成失败的关键因素又是什么？

2. 通过此案例的分析，你能说说如何才能做出正确的经营决策吗？

案例2　小道消息传播带来的问题

一　案例介绍

斯塔福德航空公司是美国西北部一个发展迅速的航空公司。然而，最近在其总部发生了一系列的传闻。公司总经理波利想卖出自己的股票，但又想保住自己总经理的职务，这是公开的秘密了。他为公司制订了两个战略方案：一个是把航空公司的附属单位卖掉；另一个是利用现有的基础重新振兴发展。他自己曾经对这两个方案的利弊进行了认真的分析，并委托副总经理本查明提出一个参考的意见。本查明曾为此起草了一份备忘录，随后叫秘书比利打印。比利打印完后即到职工咖啡厅去。在喝咖啡时比利碰到了另一位副总经理肯尼特，并把这一秘密告诉了他。

比利对肯尼特悄悄地说："我得到了一个最新消息。他们正在准备成立另外一个航空公司。他们虽说不会裁减职工，但是，我们应该联合起来，有所准备啊！"这些话又被办公室的通讯员听到了。他又高兴地立即把这消息告诉他的上司巴巴拉。巴巴拉又为此事写了一个备忘录给负责人事的副总经理马丁。马丁也加入了他们的联合阵线，并认为公司应保证兑现其不裁减职工的诺言。

第二天，比利正在打印两份备忘录。备忘录又被路过办公室探听消息的摩罗看见了，摩罗随即跑到办公室说："我真不敢相信公司会做出这样的事情，我们要卖给航空公司了，而且要大量削减职工呢！"

这消息传来传去，三天后又传回总经理波利的耳朵里。波利也接到了许多极不友好甚至是敌意的电话和信件，人们纷纷指责他企图违背诺言而大批解雇工人，有的人也表示为与别的公司联合而感到高兴，而波利则被弄得迷惑不解。

（资料来源：王风彬、朱克强：《管理学教学案例精选》，复旦大学出版社 1998 年版）

二 案例分析

非正式沟通是指以企业非正式组织系统或个人渠道进行的信息传递。企业中非正式沟通是客观存在的，并且在企业中扮演着重要角色。由于非正式沟通的主要功能是传播职工所关心的有关信息，因此，它具有信息交流速度快、信息比较准确、沟通效率高和满足职工需要的特点；但非正式沟通有一定的片面性，沟通中的信息常常被夸大、曲解。管理者应正确对待非正式沟通。

三 思考·讨论·训练

1. 总经理波利怎样才能使问题得到澄清？
2. 这个案例中发生的事情是否具有一定的现实性？
3. 你认为应该采取什么态度对待非正式沟通问题？

案例 3 国际商用机器公司

一 案例介绍

国际商用机器公司（IBM）的每位成员都应遵循三项基本的原则：尊重个人，争取最优，提供优质服务。托马斯·沃森（Thomas Watson）创建了一种管理制度以灌输这些原则。他的继任者在面临发展迅速和科技日益变化的情况下，以争取更富有企业家气魄的体制，坚持了这三项原则。

最高管理部门表现出尊重个人的一种方法，是对所有雇员一视同仁。国际商用机器公司的雇员都是终身雇用的。任何人，除非他或她一贯达不到明确的标准或违犯道德准则，都不会失去工作。白领、蓝领和粉领工作人员之间没有什么差别。许多雇员在其工作生涯中都在直线和参谋职位上被提升。所有雇员都受到鼓励继续学习，为提升做好准备。几乎所有中上层职务都是由国际商用机器公司已有的雇员担任的。

所有的新雇员要经过长达九个月的培训，以使他们能够胜任工作，并向他们灌输国际商用机器公司的宗旨。那些留下来的雇员通过穿着保守、参加竞赛和集体体育活动、参加公司的各种活动和接受公司生活的其他方面，很快适应公司的组织文化。尊重个人的另一个特征是高层管理部门对雇员建议的关注。该公司在最高层次有着对外公开的传统。至少每年一次，雇员们与其主管人员一起讨论对他们来讲是重要的问题。反过来，主管人员公开回答意见箱中所有的各种意见。一项鼓励提建议的方案对提出降低成本及改善产品或质量控制的意见给予奖励。1975—1984 年间，国际商用机器公司对提出建议的工作人员支付了几乎达 6000 万美元的奖励，而这些建议为公司节约了 3 亿美元。

最高管理部门通过调查及每一层次的圆桌会议来考察职工的士气。这样，各部门和分支机构都对任何问题和帮助他们提高士气负有责任。绝大多数职工都很高兴成为国际商用机器公司大家庭的一员，并且在公司中一直工作下去。

国际商用机器公司以其可信赖的服务而著名。高层管理部门通过对提供这种服务的职工——销售代表的重视突出了公司对服务的承诺。绝大多数高层管理人员，包括托马斯·沃森，都是以推销员开始职业生涯的。

销售代表对使顾客满意负有完全责任。如他失去一个客户，那么，将从他工资中扣掉原来那一客户的销售佣金。毫不奇怪，销售代表们会用很多时间去帮助顾客保养他们的系统。

在国际商用机器公司，荣誉是建立在个人业绩基础上的。制定这一制度是为了鼓励做出成绩的人员。管理人员制定实际的目标，慷慨地奖励那些实现目标的雇员。大约有 25% 的雇员拿到了奖金，许多人收到礼物，或受到两人正餐的宴请，并且他们常常受到表扬。

业绩制度在销售部门更为突出。制定年度销售额，要使 80% 的销售代表能够完成这个定额。销售代表每月的销售量在公告牌上公布。管理人员被要求帮助下属达到目标。实现了年度销售额的销售人员，可以参加“100% 俱乐部”。他们能参加为期三天的年度庆祝盛会。实现最高年销售额的 10% 的销售代表，参加“金色集团”，在豪华的旅游胜地庆祝他们的成功。那些连续未能实现销售限额的人员将被辞退。

竞争由于严格执行的道德水准和集体精神而被缓和了。无论是哪个层次的管理人员，他们的成功都取决于他们集体的努力程度。因为队伍比较小，管理人员可以密切关心他的下属。另外，销售部门每月召开大会来审查工作进度，奖励成绩最突出的销售人员。

随着国际商用机器公司的发展，其组织变成一个庞大的官僚机构。由于公司的发展产生了许多规定和控制手段。这样一个庞大组织的等级制度延缓了部门之间的信息交流。因此，尽管他们的顶头上司关心着他们的职业需要，但有一些雇员还是觉得自己无足轻重，不知道公司的发展方向是什么。

国际商用机器公司尽管存在官僚主义，但它面向顾客的方针有助于公司迅速适应市场的变化。当个人用计算机流行时，公司的高层管理部门意识到自己忽视了顾客需要的这种产品，为使个人计算机尽快投放市场，高层管理部门成立了一个独立经营机构（IBU）以避免官僚作风的影响。公司副总裁以及他领导的小组卸掉其他职责，这样，他们可以在不受来自公司其他方面干扰的情况下把全部精力投入到开发、制造、销售国际商用机器公司的个人用计算机（PC）的工作中去。

PC 小组做出了许多革命性的决策，包括购买其他公司的零部件，使用“公开设计”以使其他公司可以提供软件及可兼容的设备，通过计算机商店推销 PC 计算机。在此之前，国际商用机器公司坚持由自己一家提供计算机服务及设备，它的技术说明书一直是作为绝密资料保存着的。

目前，国际商用机器公司通过买进现有公司的股票或成立独立经营单位的方式来开拓电信、自动仪器、电子设备、科学仪器和计算机软件等各方面的机会。公司在不放弃创建者的基本原则情况下，也已逐步走向权力分散的方向，给予个人更大的自主权。

（资料来源：清华大学经济管理学院工商管理案例研究组编：《工商管理 800 例》，世界图书出版公司 1998 年版）

二 案例分析

国际商用机器公司采用的是参与式管理的方式，主管人员对下属在一切事务上都抱有充分的信心和信任，总是从下属获取设想和意见，并且积极地采纳；对于确定目标和评价目标所取得的进展方面，则组织群体参与其事，并注重搞好上下之间与同事之间的沟通，鼓励各级组织做出决策。

三 思考·讨论·训练

1. 国际商用机器公司的文化是什么？这一文化是如何影响雇员的？
2. 国际商用机器公司是如何使用激励手段的？
3. 购买和成立独立经营单位会带来什么样的问题？国际商用机器公司应如何将它们结合成一体？
4. 国际商用机器公司的信息沟通是否畅通？如果存在问题，应如何改进？

案例 4　选择领导的策略

一　案例介绍

这是一项运用赫西和布兰查德提出的领导寿命周期理论的练习。请针对下列各种不同的情形，选择一种最合适的领导方式。

你所领导的跨部门任务小组正在致力于完成一项全厂范围的调研报告。任务小组中有一个成员出席过去的五次会议一直都迟到，他对此既不道歉也不做解释。而且，他迟迟没有交来他所在部门的成本数据。现在他必须在三天内将这些数据交到任务小组。此时，你是否应当：

(1) 明确告诉他你希望他做什么，并严密地监督他完成这份工作？

(2) 同他讨论他为什么一直迟到，并对他完成该任务的努力予以支持？

(3) 强调何时该交来这些成本数据，并对他的努力给予支持？

(4) 认定他会准备好这些成本数据并交到任务小组？

你手下的一位员工不断给你造成许多的麻烦。她一直没精打采的，只有在你不断的推动之下才勉强完成任务。然而，最近你感到发生了变化。她的工作表现改善了，你也越来越少提醒她按时完成任务。她甚至还提出了改进其工作绩效的若干建议。此时，你是否应当：

(1) 继续指导和严密监督她的工作？

(2) 继续监督她的工作，但听取她的建议并采纳那些合理的建议？

(3) 采纳她的建议，并支持她的想法？

(4) 让她对自己的工作承担起责任？

你的部门因预算的限制，有必要进行整编。你请了你部门中一位经验丰富的人负责这项工作。她在你部门的每个领域都工作过，并一直渴望着能提供帮助。你感到她有能力履行这一使命，可她却似乎对这项任务的重要性反应漠然。此时，你是否应当：

(1) 自己担起整编的担子，但积极听取她的建议？

(2) 将这项任务授予她，让她自己决定如何完成任务？

(3) 同她讨论部门的情势，鼓励她以她的能力和经验大胆地接受这项任务？

(4) 自己担起整编的担子，并明确指示她要做什么和严密地监督她的工作？

你的员工要你考虑对他们的工作进度做一调整。过去你一直鼓励和支持他们提建议。这次，你的员工已清楚地意识到需要做一更改，并且已经准备好另一进度方案，建议你试行。你的成员都十分能干，而且作为一个群体配合得非常好。此时，你是否应当：

(1) 准许员工参与制订新的进度方案并支持小组成员的建议？

(2) 你独自设计和推行新的进度方案，但听取员工们的建议？

(3) 允许员工们自己制订和执行新的进度方案？

(4) 你独自设计新的进度方案，并严密地指导它的实施？

（资料来源：徐二明：《工商管理培训案例》，中国经济出版社1998年版）

二 案例分析

领导寿命周期理论指出，有效的领导者所采取的领导行为和被领导者的成熟度有关。当被领导者的成熟度高于平均水平以上时，采用低关系、低工作；当被领导者的成熟度一般时，应采用高关系、高工作或高关系、低工作；当被领导者的成熟度低于平均水平以下时，应采用低关系、高工作。总之，对不同的对象应采取不同的领导方式。

三 思考·讨论·训练

1. 结合案例，说明领导寿命周期理论的现实意义。

2. 谈谈领导的权变理论的实践意义。

案例5 提拔错了吗

一 案例介绍

汤姆是一家房地产公司负责销售的副总经理，他把公司里最好的推销员萨丽提拔起来，当销售部经理。萨丽在这个职位上干得并不怎么样，她的下属说她待人不耐烦，几乎得不到她的指点与磋商。萨丽也不满意这份工作，做推销员时，她做成一笔买卖就可立刻拿到佣金。可当了销售部经理后，她干得是好是坏取决于下属们的工作了，再说，她的奖金现在要到年尾才能定下来。人们总说萨丽是“被高度激发了的”，她拥有一幢价格昂贵的市区住房，开着梅塞德斯牌汽车，全部收入都用在生活开销上了。萨丽现在和过去的工作表现似乎判若两人，汤姆被搞糊涂了。

一位心理咨询专家被请来研究这一情况。他的结论是，对萨丽来说，销售部经理一职不是她所希望的，她不会卖力工作，祈求成功。

（资料来源：王凤彬、朱克强：《管理学教学案例精选》，复旦大学出版社1998年版）

二　案例分析

这是一个用激励理论来解释的问题。

1. 马斯洛需要层次理论：看来能激励萨丽的是两种需要，一是工作上的成功，而这点她早已有了；二是一种低层次的需要，维持她的生活方式。这份新工作对她在工作上的成功没增添什么，却潜在地从她生活方式中拿掉了一些称心如意的东西。

2. 赫茨伯格的双因素理论：虽然新的工作提供了萨丽一种挑战和施展才华的机会，但也同时给她带来了在工资和奖金上令人不快的地方。

3. 奥德弗的需要理论：萨丽显得对物质需要（生存）比发展关系（相关）更感兴趣，而且，她并没有感到这个新职位给她带来什么个人发展。如果是这样的话，她就会心灰意懒，退到把金钱看得比关系和发展更重的地步。

4. 麦克莱兰的成就激励理论：萨丽与她的下属们的关系表明了她不想结交什么人，尽管大家相处还过得去，也看不出来她需要什么权力，但她对成就上的需要却很高。就提供成功的机遇而言，这份新工作并不像做推销员那样富有吸引力，再说，萨丽似乎不想扩大她的工作责任，管别人的事；对她工作表现的反馈与过去的工作相比，也太慢了。

总之，和过去的工作相比，现在的工作对萨丽没什么刺激，反而提不起她的劲。奥尔德弗的理论可能更说明问题，如果萨丽回头去做推销员，她会感到快活得多。

三　思考·讨论·训练

1. 那位心理咨询专家为什么会得出这个结论？

2. 试用激励理论说明萨丽现在和过去的工作表现。

案例6 帕尔默机器公司

一 案例介绍

帕尔默机器公司已经处于艰难时刻，这不仅归因于经济衰退，而且，也归因于自日本进口的产品所造成的竞争。在过去，劳资关系已相当糟糕。工会通常要求给工人增加工资，而且也得到了。但是，在以往几个月内，事情起了变化，劳资双方都认识到他们的前景暗淡。

公司坚持认为它处在朝不保夕的状态中，因而要求劳方让步和削减工资。工会召开会员大会，讨论了公司的情况，尽管有一名装配工安·斯图尔特(Ann Stuart)认为她的工资高，赞成减低工资，但大多数工人却不同意，也不想做出任何让步。事实上，工人对于管理部门的意图很不信任，觉得如果做出了让步，就会促使公司提出一些额外要求。经过长时间的讨论之后，有些工人比较同意让步，假使管理部门能做出类似牺牲的话，可是公司管理部门并不想做出任何承诺。在其后的几周内，情况越来越坏，解雇的事提出来了，工会同意实行一些削减，但附带有一个条件，即在公司情况好转后，员工可以以某种方式分享公司的利润。

一个月之后，一些大公司行政主管的薪水调查表在一家全国性杂志上发表了，透露出这家公司的行政主管拿到的报酬大量递增。一名工人评论说：“恰恰你不能够信任高层管理部门。我希望我们像日本的公司那样，在艰难时刻，首先削减红利，然后削减高层管理部门的薪水，稍后再减少中层主管人员的薪水，至于工人的工资则是在最后减少的。”

（资料来源：清华大学经济管理学院工商管理案例研究组编：《工商管理800例》，世界图书出版公司1998年版）

二 案例分析

领导者的作风和领导者所营造的组织气氛对激励都有很大影响。主管人员的首要任务就是设计和保持一个实现业绩的工作环境。依靠那些能够帮助他人实现对诸如金钱、地位、权力和成熟的自豪感之类需要的人，使得企业的几乎每个职位更能让员工得到满足，并使得企业更有效益。领导的基本原则是：由于人们往往追随那些他们认为有助于实现个人目标的人，所以主管人员越是了解什么因素激励其下属和这些激励因素又怎样发挥作用，并把他们的理解越多地体现在管理活动之中，那么，他们就有可能成为更加有效的领导者。

三 思考·讨论·训练

1. 你认为工人应该做出让步，并且应该同意降低工资吗？
2. 如果你是公司总裁，你将怎样处理这种情况？
3. 对于日本人处理经济问题的方法你有何想法？

案例7 国民捷运公司

一 案例介绍

美国从20世纪70年代末起，经济开始衰退，美元汇率下跌，从1973年中东国家发起石油禁运以来，油价的上涨给航空业带来沉重的打击，加之1982年美国成立“专业空运管理组织”（PATCO）后，出现了强硬的罢工势力，而里根政府又下令解雇罢工者，使劳资双方矛盾恶化。这一切使整个航空业出现了困难重重的不利局面，正如民航局主席麦克钦所说：“即使想象力再丰富，谁也不会想到这么多的不利因素会同时出现。”因此，当时有不少航空公司，如布兰利夫航空公司、大陆航空公司等都曾提出破产申请。

但是，即使在这凄惨的年代，于1981年新成立的国民捷远航空公司，却在短短几年内迅速成长起来，而且蓬勃发展，直至1984年就有能力收购边疆航空公司而成为美国第五大航空公司。对于该公司经营成功的直接原因，按总经理马丁的说法，是由于该公司能保持低成本，这一方面由于它选用低成本的飞机和低收费的机场；另一方面提高员工和飞机的生产率，而后者之所以能成功，在于采用了该公司创办人兼董事长伯尔所倡导的管理风格：既严格督导，又富有人情味，使整个公司充满一种同舟共济的大家庭气氛。该公司充满有干劲的年轻人，他们的薪资很低，例如，驾驶员第一年的薪资仅4万美元，比其他航空公司的资深售票员还低。公司员工不参加工会，他们经常依工作需要而交叉变换工作，飞机驾驶员有时兼收票员，售票员有时去搬运行李，甚至高阶层主管从董事长伯尔开始也要到各个岗位去学习业务，有时还得负责调度员与行李处置员的工作；公司不雇用任何秘书，通常也不解雇员工，“铁饭碗”几乎成了不成文的政策。公司鼓励员工参与管理，让大家对经营管理工作多提意见与建议。公司还要求每个员工按折扣价格购买公司的100股股票，使之成为公司利害攸关的股东，许多资深员工，往往已积累了超过5万美元价值的股票。另外，伯尔还是一个鼓动家，他经常鼓励员工：“要成为胜利者，就需要有卓越的才能——当一位能干的人。”

但是好景不长，1984年，合并边疆航空公司后9个月，捷运公司就亏损了7000万美元。为了适应规模扩大的局面，并扭转亏损的形势，伯尔带头改变了由他自己倡导的家庭式管理风格，逐渐向其他大公司的传统官僚制管理风格看齐，他不仅不愿多倾听员工的意见，而且甚至对提意见的人施加压力，直至解雇。连向伯尔建议实行终生雇用制的执行董事杜博斯也被解雇，董事帕蒂也因不满公司的新规定：不论工作多忙均须从上午6时到下午9时配合值班制而主动辞职，创办了“总统航空公司”，并沿用原来捷运的管理风格。

伯尔后来改变了管理方式，但仍难逃厄运，捷运公司仍每况愈下，公司股票不断下跌，直至1986年把捷运卖给德萨航空公司时，每股股票市价只为1983年公司最盛时的1/4左右。捷运公司员工之所以能接受很低的薪资，是因为他们希望公司昌盛，以便从所持的公司股票的升值和高额股利中得到补偿，可是如今股票暴跌，员工自然失去了信心。最后，捷运航空公司完全消失，被并入大陆航空公司。

（资料来源：清华大学经济管理学院工商管理案例研究组编：《工商管理800例》，世界图书出版公司1998年版）

二　案例分析

伯尔是国民捷运公司董事长和创始人，他在试图建立一个更具人情味的机构方面受到了赞扬。但是，随着这家公司的发展，他的领导作风在起变化。过去，国民捷运公司的主管人员具备一种独特的管理作风，严厉督促，但又给雇员很多自由。要求所有雇员完成多样工作。例如，要求飞机驾驶员帮助搬运行李，即使高层领导人员也要到逐个岗位去学习主要业务。全日制的雇员必须购买公司的股票，但给予很大折扣。

公司本来强调雇员参与管理，但是这一做法在公司经历了第一次亏损和业务规模扩大后，似乎变了。这家公司收购了“边疆航空公司”后，在1980—1985年的很短时间里，成为全美第五家最大的航空公司。然而，随着公司的发展扩大，国民捷运公司也改变了它的特征，从一个家庭式的组织，变成更加传统式的企业。原任常务执行董事杜博斯出乎意料地被解雇了，她是国民捷运公司终生就业制的创始人之一。现在她认为，向伯尔提出挑战性的问题是冒险的，因此，她这样做可能是错了。另外一位董事，帕蒂不喜欢上级指示，不论工作忙闲，必须从上午6点到下午9点坐班。他辞去职务，创办自己的航空公司（总统航空公司），采用了很多国民捷运公司的管理办法。

三　思考·讨论·训练

1. 捷运航空公司从昌盛到衰败的历程，能否从管理中找到某些原因？

2. 将捷运的早期兴盛归因于人情味的管理风格，这种说法是否有道理？

3. 为什么捷运早期的人情味管理风格不能使它一直昌盛下去？在公司规模扩大之后，伯尔改变管理风格的做法是否恰当？能否达到预期目标？

4. 当时的社会经济大环境对捷运的兴衰起了什么样的作用？如果大环境对其没有太大影响，为什么当时确有不少航空公司申请破产？如果是不利的大环境对捷运的衰亡起决定性作用的话，那么为什么当时仍有许多航空公司继续生存下去并得以发展？

5. 管理者在不利的环境下可以发挥多大的作用？他们应当如何发挥作用？

6. 伯尔不顾该公司的不成文“铁饭碗”政策，解雇一位领导人员，你对此有何看法？

7. 公司不论其规模或者盈利能力，是否都应该采用同样方式管理？

案例8　美国戴尔电脑公司

一　案例介绍

美国戴尔电脑公司（Dell Computer）是电子商务成功的楷模。

戴尔公司成功的关键，是总裁戴尔（Michael Dell）的亲自参与，他深入研究和使用公司内的网络以及网际网络，他说：“我们可以在网络上刊载复杂的技术文件，解释新的科技，提供机器的组装图。如此一来，使用者对我们的产品功能一目了然，远胜于手册或其他非互动的方式，顾客可以得到所有想知道的细节，而我们也能知道他们是否看过这些资料。”

除此之外，戴尔公司还把他们全球联盟的伙伴，如微软、甲骨文、英特尔等公司的资料，都放在网络上，同时为方便业务同人作业，他们也把联合广告范例、公司内公告、产品等都放在网络上，使得业务小组在全球任何地点，都可以得到资料，帮助他们进行业务。而且由于存放在网络上，资料更新既快速又便利，远远胜过使用实体的活页书册。

戴尔公司更把这些资料和顾客分享。戴尔说："我们并没有死守我们经过多年才研发出来的资料库，反而运用网际网络，与顾客和供应商分享这些资料，把他们涵括在我们企业之内，这就成了我所谓'虚拟整合性组织'的关键。"

由于"虚拟整合性组织"打破了公司、顾客、供应商之间的距离，而使得戴尔公司能以一般人无法想象的方式，完成产品和服务的研制，适时地问世，也造就了戴尔的盛名。

戴尔也活用网际网络上的丰富资源。他为了解顾客反映，亲自在网际网络上参与聊天室的讨论，由于在网络上没有人知道他是公司总裁，所以他能得到最真实的第一手资料，他常能看到聊天者对公司及竞争对手产品的讨论，得知他们的购买经验及好恶。戴尔说："我会仔细聆听他们的对话，这是学习的大好机会。"

另外，戴尔在拜访客户之前，一定会先到该客户的网站看一看，以事先了解该公司的资料与文化，这往往让他在做简介时，能以更有效的说明方式，来打动客户的心。

在公司内，他也借电子报、电子邮件与公司内各阶层人员保持联系。他会对全公司各部门询问相同的问题，并比较其结果的异同。他以身作则，借助企业网络，让全公司各事业单位彼此分享最好的观念与事务经验。

对于行销上的各种突发状况，戴尔也要求公司同人，借由电视会议、电子邮件、企业网站来进行及时讨论。戴尔要求"早上发生的事情，最迟到下午必须做出反应"，而靠着完善的网络资讯架构与使用习惯，使戴尔的员工能轻易满足老板对时效的要求，也由于公正与公开的讨论风气，塑造了戴尔公司乐于分享的 3HT（高科技：High Tech、高感性：High Touch、高信赖：High Trust）文化。

这种快速企业运作方式，使戴尔充分认识到"唯一能比网际网络更有效率的沟通方式，只有心电感应了"。

（资料来源：清华大学经济管理学院工商管理案例研究组编：《工商管理 800 例》，世界图书出版公司 1998 年版）

二　案例分析

微软的比尔·盖茨认为，e企业（即网际网络企业）有三大主轴：一是企业与顾客及供应商交易往来的电子化；一是企业内部业务流程的自动化；另外一个就是企业知识管理的电子化。唯有全面做到这三个方面，企业的营运才能像比尔所说的“像思考一样快速”的境界。因此，高级主管必须培养自己的e能力，才能展现e领导魅力，也才能带领电子商务的发展，推动建置一个强化沟通、信任与知识分享的企业网站，凝聚企业向心力，并由此逐渐酝酿、导引出具有3HT特质的企业e文化。

三　思考·讨论·训练

1. 总裁戴尔的领导方式是什么？与传统企业的领导方式有什么不同？
2. 戴尔电脑公司的信息沟通是如何进行的？

案例9　让班组去做主

一　案例介绍

前进通用机器厂金属加工车间主任史涛，不久前被厂里派到市经委办的第三期基层管理短训班去学习了几星期，听到了不少专家、学者所作的关于现代化管理理论与方法的报告，觉得很受启发。给他印象最深的，是一位姓孟的老教授关于群体决策的讲演。孟教授强调说，根据大量国内外研究结果及实践表明，只要给广大职工以机会，他们就会集体想出高明的主意，领导上也会乐于采纳的。即是说，应当充分发扬民主，让各班组去做主，制定有关他们工作的决策。

老史觉得很有道理。短训班结束，回到车间后，老史决定要在实践中试一试他所学来的某些原理。于是他把本车间第二工段的25名职工全都召集来，对他们说，因为他们的工段新近添置了高效率的、自动化程度相当高的新设备，几年前制定的老生产定额看来已过时，显然已不适应新情况。现在想让他们自己来讨论一下，集体决定他们的定额该是多少才是合理。布置完了讨论，老史就回车间办公室去了。他觉得自己不该去参加讨论，领导在场，大家不易畅所欲言，而且显得对大家不够信任。但他坚信，群众准会定出连他本人都不敢提出的先进标准来。

一个小时之后，老史又回到那个工段。工人们说，他们都觉得原来的定额不够合理，定得过高；现在既然授权他们自己来设置定额，经集体讨论决定，新定额应比原来的降低 10%。这使老史大吃一惊，跟他本来的如意算盘正好截然相反，完全出乎他的意料之外，使他一时不知所措。

该怎么办呢？接受大家的决定吧，又实在太低，肯定要赔钱，对厂里怎么交代得过去？拒绝吧，失信于民，下回谁还听你的？

老史实在进退两难，只好去登门拜访孟教授，请教他的高见去了。心里老大不高兴：这老书呆子，光出傻主意坑人，说的那套根本不灵嘛！

（资料来源：王风彬、朱克强：《管理学教学案例精选》，复旦大学出版社 1998 年版）

二 案例分析

这是一个典型的小品型案例。它是用来验证管理原则的权变性，领导风格和民主管理与具体条件的关系，以及群体的某些特性等。

领导的权变理论认为，某一具体领导方式并不是到处都适用，领导的行为若想有效，就必须随着被领导者的特点和环境的变化而变化，而不能是一成不变的。这是因为任何领导者总是在一定的环境条件下，通过与被领导者的相互作用，去完成某个特定目标。因此，领导的有效行为就要随着自身条件、被领导者的情况和环境的变化而变化。

三 思考·讨论·训练

1. 孟教授讲的领导应发扬民主，让职工群体有决策权的说法对吗？如果对，这办法有什么好处？但为什么史主任的实践却不成功？这失败本来应能避免吗？怎样才能避免？

2. 史主任的做法算不算真正发扬民主？真正的民主管理应具备哪些条件？这种问题该让班组决定吗？

3. 事情到了这一地步，你说史主任该怎样做才能收拾好这一残局？照班组的意见干会是什么后果？又会有什么影响？到底如何是好？

案例 10 施科长没有解决的难题

一 案例介绍

施迪闻是富强油漆厂的供应科长，厂里同事乃至外厂的同行们都知道他心直口快，为人热情，尤其对新主意、新发明、新理论感兴趣，自己也常在工作中搞点新名堂。

前一阶段，常听见施科长对人嚷嚷说："咱厂科室工作人员的那套奖金制度，我看到了非改不可的地步了，是彻底的'大锅饭'、平均主义。奖金总额不跟利润挂钩，每月按工资总额拿出5%当奖金，这5%是固定死了的，一共才那么一点钱。说是具体每人分多少，由各单位领导按每人每月工作表现去确定，要体现'多劳多得'原则，还要求搞什么'重赏重罚，承认差距'哩。可是谈何容易，'巧妇难为无米之炊'呀！总共就那么一点，还玩得出什么花样？理论上是说要奖勤罚懒，干得好的多给，一般的少给，差的不给。可是你真的不给试试看？不给你造反才怪呢！结果实际上是大伙儿基本上拉平，皆大欢喜，要说有那么一点差距，确定分成三等，不过这差距也只是象征性的。照说，这奖金也不多，有啥好计较的？可要是一个钱不给，他就认为这简直是侮辱，存心丢他的脸。唉，难办！一个是咱厂穷，奖金拨的就少；二是咱中国人平均惯了，爱犯红眼病。"

最近，施科长却跟人们谈起了他的一段有趣的新经历。他说："改革科室奖金制度，我琢磨好久了，可就是想不出啥好点子来。直到上个月，厂里派我去市管理干部学院参加一期中层管理干部短训班。有一天，他们不知打哪儿请来一位美国教授，听说还挺有名儿，来给咱们作一次讲演。那教授说，美国有位学者，叫什么来着？……对，叫什么伯格，他提出一个新见解，说是企业对职工的管理，不能太依靠高工资和奖金。又说：钱并不能真正调动人的积极性。你说怪不？什么都讲金钱万能的美国佬，这回说起钱倒不那么灵来了。这倒要留心听听。

那教授继续说，能影响人积极性的因素很多，按其重要性，他列出了一长串单子。我记不太准了，好像是，最要紧的是'工作的挑战性'。这是个洋名词，照他解释，就是指工作不能太简单，轻而易举地就完成了；要艰巨点，让人得动点脑筋，花点力气，那活儿才有干头。再就是工作要有趣，要有些变化，多点花样，别老一套，太单调。他说，还要给自主权，给责任；要让人家感到自己有所成就，有所提高。还有什么表扬啦，跟同事们关系友好融洽啦，劳动条件要舒服安全啦什么的，我也记不准、记不全了。可有一条我是记准了：工资和奖金是摆在最后一位的，也就是说，最无关紧要。

你想想，钱是无关紧要的！闻所未闻，乍一听都不敢相信。可是我细想想，觉得这话是有道理的，所有那些别的因素对人说来，可不都还是蛮重要的吗?！我于是对那奖金制度不那么担心了，还有别的更有效的法宝呢。

那教授还说，这理论也有人批评，说那位学者研究的对象全是工程师、会计师、大夫这类高级知识分子，对别类人未见得合适。他还讲了一大堆新鲜事。总之，我这回可是大开眼界啦。

短训班办完，回到科里，正赶上年末工作总结讲评，要发年终奖金了。这回我有了新主意。我那科里，论工作，就数小李子最突出：高中生，大小也算个知识分子，聪明能干，工作积极，又能吃苦，还能动脑筋。于是我把他找来谈话。

别忘了我如今学过点现代管理理论了。我于是先强调了他这一年的贡献，特别表扬了他的成就，还细致讨论了明年怎么能使他的工作更有趣，责任更重，也更有挑战性……瞧，学来的新词儿马上用上啦。我们甚至还确定了考核他明年成绩的具体指标。最后才谈到这最不要紧的事——奖金。我说，这回年终奖，你跟大伙儿一样，都是那么些。我心里挺得意：学的新理论，我马上就用到实际里来了。

可是，你猜怎么的？小李子竟发起火来了，真的火了。他蹦起来说：‘什么？就给我那一点？说了那一大堆好话，到头来我就值那么一点？得啦，您那套好听的请收回去送给别人吧，我不稀罕。表扬又不能当饭吃！’”

“这是怎么一回事，把我搞糊涂了。”

（资料来源：王凤彬、朱克强：《管理学教学案例精选》，复旦大学出版社 1998 年版）

二　案例分析

这个案例是用来验证管理工作的多因性与权变性的，同时它还能用来探索人的需要的层次性及各层次间的关系，帮助学员更深入了解一些主要的需要型激励理论的意义及其局限性。

三 思考·讨论·训练

1. 施科长用了美国教授的理论去激励小李，结果碰了钉子。是不是那理论完全是无稽之谈？如果还有点道理，那么问题出在哪里？

2. 小李是个只知道要钱，不给钱就不干活的人吗？老施所用的那些“法宝”，如表扬、成就感、责任心、工作的趣味与挑战性、自主权等别的激励手段，真的对小李毫无作用吗？他对这些都一概嗤之以鼻吗？如不是，他为何发火？

3. 你看下一步老施该怎么办才好？他从这回的经历里，应汲取哪些教训？

第七章　管理的控制职能

最有效并持续不断的控制不是强制，而是触发个人内在的自发控制。

——横山宁夫

正像控制开始于计划的尾声一样，决定开始于控制的尾声。

——美国管理学家 D. R. 汉普顿

一　控制的特点

“控制”一词最初来源于希腊语“掌舵术”，意思是指领航者通过发指令，将偏离航线的船只拉回到正常的航道上来。由此说明，维持朝向目的地的航向，或者说维持达到目标的正确行动路线，是控制概念的核心含义。所谓控制，从其最传统的意义方面来说，就是“纠偏”，也即按照计划标准衡量所取得的成果，并纠正所发生的偏差，以确保计划目标的实现。但从广义的角度来理解，控制工作实际上应包括纠正偏差和修改标准两方面的内容。引致控制标准和目标发生调整的行动，简称为“调适”，应该是现代意义下企业控制工作的有机组成部分。基于这种认识，我们可将管理中的控制职能宽泛地定义为：由管理人员对组织实际运行是否符合预定的目标进行测定，并采取措施确保组织目标实现的过程。控制在管理中的作用主要表现在两个方面：一方面起检验作用，它检验各项工作是否按预定计划进行，同时也检验计划的正确性和合理性；另一方面起调整作用，它调整行动或计划，使二者相吻合。控制的特点有：

1. 管理控制具有整体性。其包含两层含义：一是管理控制是组织全体成员的职责，完成计划是组织全体成员的共同职责，参与管理控制是全体成员的共同任务。二是控制对象是组织的各个方面。组织各个方面的协调平衡需要对组织的各个方面进行有效的控制。

2. 管理控制具有动态性。管理工作中的控制不同于机器设备系统中的自动控制，机器设备的自动控制是高度自动化的，具有固定或静态的特征。而管理控制是在有机的组织中进行的，其内外环境在不断地发生变化，这就决定了控制标准和方法不可能固定不变。因而，管理控制应具有动态性的特征，这样可以提高控制的适应性和有效性。

3. 管理控制是对人的控制和由人执行的控制。管理控制是保证工作按计划进行并实现组织目标的管理活动，在这个过程中，人一直都是活动的主体，因此，管理控制首先是对人的控制，自然也是由人来执行的控制。

4. 管理控制是提高员工能力的重要手段。控制不仅仅是监督，更重要的是指导和帮助。管理者可以制订纠正偏差的计划，但是，这个计划要靠员工去实施，只有当员工认识到纠正偏差的必要性并具备纠正偏差的能力时，偏差才会被纠正，控制的目的才会真正得以实现。所以，通过控制工作，管理者可以帮助员工分析产生偏差的原因，端正员工的工作态度，指导他们纠正偏差，由此提高员工的自我控制能力。

二 控制的基本过程

控制是根据计划的要求，设立衡量绩效的标准，再把实际工作结果与预定的标准相比较，以确定组织活动中出现的偏差及其严重程度，在此基础上，有针对性地采取纠正措施，以确保组织资源的有效利用和组织目标的圆满实现。不论控制的对象是新技术的研究开发，还是新产品的加工制造、市场营销宣传、企业的人力条件、物质要素、财务资源等，控制的过程基本上都是相同的，都包括确立标准、衡量绩效和纠正偏差三个基本环节的工作。

（一）确立标准

标准是作为一种规范而建立起来的测量单位或尺度，它是从整个计划工作的方案中挑选出来对工作成效进行评判的关键指标。控制标准的制定是控制能否有效实行的关键，没有切实可行的控制标准，控制可能只是流于形式。

由于计划是进行控制的依据，因此，控制过程的第一步就是制订计划。由于计划的详细程度和复杂程度不一样，主管人员也不可能掌握每一件事情的进展情况，因此，需要制定一些具体的标准。没有一套完整的控制标准，衡量绩效和纠正偏差就会失去客观的依据。行之有效的控制标准需要满足简明性、适用性、可行性、可操作性和相对稳定性的要求。

标准有两种控制作用：一是为执行提供明确的规范和指标，使计划在执行者心中具体明确，以便按标准行动；二是为监测实际执行情况是否正常提供判别标准，以便及时发现问题。常用控制标准有两类：

1. 定量标准。是指可以用数字量化的标准。定量标准便于度量和比较，是控制标准的主要表现形式。定量标准主要分为实物量标准（如产品数量、服务提供量、速度或废品数量等）、价值标准（如销售额、成本、资本支出或利润等）和时间标准（如工时定额、交货期等）。一般来说，对于这类标准的确定通常使用统计分析法，根据组织拥有的资料来确定，所以又称统计性标准。此外，在拟订标准时还可以采用工程方法，它是以精确的技术参数和实测的数据为基础，通过动作、时间研究来制定生产定额，为基层管理人员更均衡地安排工作、更合理地评估工人的绩效，以及预估所需的人工和费用等，建立起客观的标准。

2. 定性标准。是指难以定量化的标准，如有关产品和服务的质量、组织形象、人事制度、财务管理制度等方面的衡量一般都是定性的。虽然定性标准具有非定量性质，但实际工作中为了便于掌握这些方面的工作绩效，有时也都尽可能地采用一些可度量的方法，例如，产品等级、合格率、顾客满意度等就是对产品质量的一种间接衡量。制定定性标准，一般使用经验估计法。它是根据管理人员的经验判断而建立的估价性标准，通常带有管理人员的主观色彩。

（二）衡量绩效

将实际工作成绩和控制标准相比较，对工作做出客观的评价，从中发现二者之间的偏差，为进一步采取控制措施提供全面而准确的信息。并不是计划实施的所有步骤都要进行控制，而是选择一些关键点作为控制点，控制了关键点，就控制了全局。确定关键点的过程是一个分析决策的过程，需要丰富的经验和敏锐的洞察力，准确地确定关键点是有效控制的保证。关键点一般是计划实施过程中起决定作用的点，或者是容易出偏差的点，起转折作用的点，变化大不易掌握的点，有示范作用的点等，应该根据具体情况具体分析。

衡量用什么方法应根据具体情况具体分析。计划的执行情况和问题处理的信息一般都是通过听取口头汇报、书面汇报、进行直接观察等方式取得，管理者通过这些渠道了解所需要的信息，以此来衡量实际工作业绩。这些方法各有优缺点，人们往往结合起来使用。具体使用哪种方法，不同的管理者有不同的偏好。

（三）纠正偏差

衡量成效的结果可能会发现偏差，控制的中心任务就是采取措施纠正偏差。纠正偏差首先就要分析偏差产生的原因，然后做出纠偏决定，再根据决定重新调整计划，调配组织人、财、物，更换标准等。这时管理者要决定的是仅仅进行现场修改，还是分析偏差产生的深层次的原因，彻底纠正，也就是说，是治标还是治本的问题。一般来说，当情况紧急时，只能采取应急措施，仅治标就行，但事后还要寻找原因，根除隐患。纠正偏差一般可以根据不同情况，分别采取以下措施：

1. 坚持原来的目标，维持原来的标准。一般来说，当工作完成情况超过一点或者基本达到原来的目标时，就不应该对原定目标或衡量标准进行调整或者改变，应该维持原来的计划和标准。

2. 纠正偏差。偏差包括正偏差和负偏差两种。正偏差是指最后的工作成果经过检验之后远远好于所确立的标准要求，负偏差正好相反。如果在实际工作中出现了正偏差，这固然是一件令人高兴的事情，但是，也有必要对这种情况中标准的准确性和恰当性进行检查，然后确定这种正偏差是属于运气的结果，还是属于工作表现优秀的结果。如果出现了负偏差，就应该迅速做出调整和改正。

3. 改变原来的计划或标准。如果绝大多数工人大大超过了某一原定的生产标准，那么这个标准可能是定得太低了；相反，如果只有一两个人达到某一原定标准，这个标准可能是定得太高了，管理者应该根据实际情况对原来的标准做出适当的修改和变动。在有些情况下，原定的标准是合理的，但是由于环境的变化，也要进行适当的改变。

案例1　邯钢的“模拟市场核算，实行成本否决”制

一　案例介绍

河北省邯郸钢铁总厂（简称邯钢）是1958年建设的老厂。1990年，邯钢与其他钢铁企业一样，面临内部成本上升、外部市场疲软的双重压力，经济效益大面积滑坡。当时生产的28个品种有26个亏损，总厂已到了难以为继的状况，然而，各分厂报表中所有产品却都显示出盈利，个人奖金照发，感受不到市场的压力。造成这一反差的主要原因，是当时厂内核算用的“计划价格”严重背离市场，厂内核算反映不出产品实际成本和企业真实效率，总厂包揽了市场价格与厂内核算用的“计划价格”之间的较大价差，职责不清，考核不严，干好干坏一个样。为此，邯钢从1991年开始推行了以“模拟市场核算，

实行成本否决”为核心的企业内部管理体制改革，当年实现利润5000万元。接着从1991—1995年，邯钢共实现利润21.5亿元，是“七五”期间的5.9倍，钢产量在五年内翻了一番以上，使邯钢由过去一个一般的地方中型钢铁企业跃居全国11家特大型钢铁企业行列。

邯钢在实行管理体制改革的五年时间，实现的效益和钢产量已经超过了前32年的总和。这巨大的力量来自何处？邯钢的职工喜欢用“当一份家，理一份财，担一份责任，享受一份利益”四句话来概括他们的作用。而使邯钢人体验到由“当家理财”而“当家做主”的新型主人翁地位的，正是“模拟市场核算，实行成本否决”这一体制的成功发明与实践。据统计资料分析，邯钢这五年实现的21.5亿元利润中，有8亿元，占五年利润总额的37.2%，是2.8万名邯钢职工靠挖潜降成本增效而得来的。五年来，邯钢在原材料不断涨价的情况下，吨钢成本以平均每年4%强的速度在下降。邯钢通过将成本责任和每个职工紧紧捆在一起，使大家树立了高度的成本意识，就像居家过日子一样精打细算，人人为成本操心，个个为增效出力。这就是与社会主义市场经济相适应的成本中心责任体制的威力。

邯钢“模拟市场核算”的具体做法如下：

（1）确定目标成本，由过去以计划价格为依据的“正算法”改变为以市场价格为依据的“倒推法”，即：将过去从产品的原材料进价开始，按厂内工序逐步结转的“正算”方法，改变为从产品的市场售价减去目标利润开始，按厂内工序反向逐步推的“倒推”方法，使目标成本各项指标真实地反映市场的需求变化。

（2）以国内先进水平和本单位历史最高水平为依据，对成本构成的各项指标进行比较，找出潜在的效益，以原材料和出厂产品的市场价格为参数，进而对每一个产品都定出“蹦一蹦能摸得着”的目标成本和目标利润等项指标，保证各项指标的科学性、合理性。

（3）针对产品的不同情况确定相应的目标利润，原来亏损、没有市场的产品要做到不赔钱或微利，原来盈利的产品要做到增加盈利。对成本降不下来的产品，停止生产。

（4）明确目标成本的各项指标是刚性的，执行起来不迁就、不照顾、不讲客观原因。如邯钢二炼钢分厂，1990年按原“计划价格”考核，该分厂完成了指标，照样拿了奖金，但按“模拟市场核算”实际亏损1500万元。1991年依据“倒推”方法确定该分厂吨钢目标成本要比上年降低24.12元，但分厂认为绝对办不到，多次要求调整。总厂厂长刘汉彦指出：这一指标是根据市场价格“倒推”出来的，再下调就要亏损，要你们吨钢成本降低 24.12 元，你们降低 24.11 元也不行，不是我无情，而是市场无情。于是，该分厂采用同样的“倒推”方法，测算出各项费用在吨钢成本中的最高限额，将构成成本的各项原材料、燃料消耗，各项费用指标等，大到 840 元一吨的铁水，小到仅占吨钢成本 0.03 元的印刷费、邮寄费，逐个进行分解，形成纵横交错的、严格的目标成本管理体系，结果当年盈利 250 万元，成本总额比上年降低了 2250 万元。1994 年，该分厂总成本比目标成本降低 3400 万元，超创内部目标利润 4600 万元。

邯钢“实行成本否决”的具体措施如下：

(1) 将产品目标成本中的各项指标层层分解到分厂、车间、班组、岗位和职工个人，使厂内的每个环节都承担降低成本的责任，把市场压力及涨价因素消化于各个环节。实行新管理体制的第一年，总厂 28 个分厂、18 个行政处室分解承包指标 1022 个，分解到班组、岗位、个人的达 10 万多个。目前全厂 2.8 万名职工人人身上有指标，多到生产每吨产品担负上千元，少到几分钱，人人当家理财，真正成为企业的主人。

(2) 通过层层签订承包协议，联利计酬，把分厂、车间、班组、岗位和职工个人的责、权、利与企业的经济效益紧密地结合在一起。

(3) 将个人的全部奖金与目标成本指标完成情况直接挂钩，凡目标成本指标完不成的单位或个人，即使其他指标完成得再好，也一律扣发有关单位或个人的当月全部奖金，连续三个月完不成目标成本指标的，延缓单位内部工资升级。

(4) 为防止成本不实和出现不合理的挂账待摊，确保成本的真实可靠，总厂每月进行一次全厂性的物料平衡，对每个单位的原材料、燃料进行盘点。以每月最后一天的零点为截止时间，次月 2 日由分厂自已核对，3 日分厂之间进行核对，在此基础上总厂召开物料平衡会，由计划、总调、计量、质量、原料、供应、财务等部门的负责同志参加，对分厂报上来的数据与盘点情况进行核对，看其进、销、存是否平衡一致，并按平衡后的消耗、产量考核各分厂目标成本指标完成情况，据此计发奖金。

除此之外，每季度还要进行一次财务物资联合大检查，由财务、企管部门抽调人员深入到分厂查账。账物不符的，重新核算内部成本和内部利润；成本超支、完不成目标利润的，否决全部奖金。五年来，全厂先后有 79 个厂(次)被否决当月奖金，有 69 个分厂和处室被延缓了工资升级时间。

(资料来源：徐二明：《工商管理培训案例》，中国经济出版社 1998 年版)

二 案例分析

20 世纪 80 年代末，由于国家宏观经济的影响，国民经济进行治理整顿，压缩基本建设，钢材市场疲软，售价一跌再跌，加上原料、能源、运费等大幅度涨价，造成钢材成本猛升，一涨一降两面夹击，使邯钢这个全省知名的利税大户，1990 年竟连续五个月出现亏损。在严峻的形势面前，邯钢没有退缩，没有“等、靠、要”，而是大胆冲破传统计划经济体制的束缚，按照客观经济规律，主动走向市场，在企业内部建立起“模拟市场核算，实行成本否决”经营机制。即用模拟的办法，把市场机制引入企业内部管理，在保持现代工业企业专业化、科学分工协作、高度集中统一管理（即企业内部统一计划、统一采购、统一销售，银行只设一个账号，二级厂不独立对外、不具备法人资格）优势的前提下，抓住成本这个关键，依据价值规律，用“倒推”的办法，即从产品在市场上被消费者接受的价格开始，从后向前，通过和先进对比挖掘潜力，测算出逐道工序的目标成本，然后层层分解落实，直到每一个职工。

这个机制的核心是企业真正把提高经济效益放在第一位，通过成本指标的层层分解，将国有资产的管理、使用落实到每一个职工身上，让广大职工人人有家可当，有财可理，有责可负，有利可得，贡献大的可以先富起来。这一机制可概括为八个字：市场、倒推、否决、全员。

市场，即企业主动走向市场，将内部成本核算的原料、能源、备品备件、半成品等的价格一律改为市场价，生产出的产品也以当时市场能接受的价格为依据，以产品成本降低多少作为衡量各生产单位生产经营成果的标准。

倒推，即将长期计划经济体制下从前到后逐道工序核定成本的顺序结转法改为倒推法，按照“亏损产品不亏损，盈利产品多盈利”的原则，从产品在市场上能被接受的价格开始，逐个工序，从后往前，直到原材料采购，通过与先进单位对比，找出差距，挖掘潜力，重新核定其目标成本。

否决，即将目标成本指标列入二级厂承包，按月考核，完不成成本指标，百分之百否决全部奖金。

全员，即上至厂长下至每一个职工都得承担成本或费用指标，形成全员全过程的成本管理。公司将 1000 多个综合指标分解到二级厂和处室，然后他们再细化成 10 万个小指标，层层分解落实到每一个职工。让职工参与市场竞争，不是让每个人都去做买卖，而是以完成分解给自己市场机制下的目标成本为依据。

近年来，邯钢不断深化和完善这一机制。一是将模拟市场核算机制由主要生产厂拓宽到辅助厂、生活后勤等所有单位。只要认真加强管理，处处事事、方方面面都有潜力可挖。比如，公司办公室有22辆小轿车，过去每年费用消耗50多万元，通过加强管理，1994年节约22万元，1995年节约23万元，1996年节约24.8万元，1997年节约37.5万元，1998年节约40.8万元。二是将模拟市场核算机制由生产经营领域引入到基建技改工程管理。降成本必须从源头抓起，投入抓好了就为降低成本打下了好的基础，投入抓不好，即使新装备建成了，也可能成为新的包袱，走入"不改造等死，搞改造找死"的误区。为此，精确计算投入产出，使投入的资源、资金得到充分利用。如将两个工艺落后的轧钢车间改造为年产60万吨的棒材车间，总投资不足2亿元，比国内新建同样生产规模的工程节省投资3亿—4亿元。

八年来，通过推行和不断深化完善上述制度，邯钢取得了显著的经济效益和社会效益。从1990—1998年，邯钢钢产量由110万吨增加到344万吨，实现销售收入由10.2亿元提高到80.1亿元（含税），实现利税由2.1亿元增加到10亿元，其中利润由100万元增加到7亿元。

三　思考·讨论·训练

1. 邯钢推行"模拟市场核算，实行成本否决"制以后，各分厂由原来的单纯生产中心转变成了成本中心还是模拟利润中心？这两种责任中心体制有何联系和区别？它们各有哪些优缺点和适用条件？

2. 企业中哪些组织层次可作为成本中心来运作？处于不同组织层次的成本中心，应该如何有机地联结起来？

3. 你认为邯钢依据"市场成本"指标，对有关单位和人员实行"成本对全部奖金的一票否决制"的合理性如何？

案例2　39滴焊料

一　案例介绍

一滴焊料实在不起眼，然而，"石油大王"洛克菲勒却曾为之做足了文章。一次，洛克菲勒视察美孚石油公司一个包装出口石油的工厂，发现装每只油罐要用40滴焊料。他注视良久，对工人说："你有没有试过用38滴焊料？"经过当场试验，用38滴不行，偶尔有滴油的现象，但用39滴焊料滴封的却没有一只漏油。于是，洛克菲勒当即决定，39滴焊料是美孚石油公司各工厂的统一规格。

可别小瞧这一滴焊料，涓滴成河，聚沙成塔，日积月累，便是一大笔财富。而更为重要的，从中可以看出，“石油大王”从严管理、节俭治业的精神。洛克菲勒一生信奉“勤俭生财”的准则。平时，他除了筹划企业的经营方略之外，就是到处巡视，寻找管理上的问题和漏洞。对公司的账簿，他特别留心，必须亲自过问。他能抓住某些细节提出质问或出些省钱的主意。洛克菲勒不愧为一个精打细算的富翁。

中国有句古话：成由节俭败由奢。居家过日子如此，办企业搞建设又何尝不是如此。经营和管理是事业成功的双翼，缺一不可。在企业深化改革、建立现代企业制度的关口，精于管理，杜绝跑、冒、滴、漏，减少内耗，显得尤为重要。谁都知道，邯钢已成为全国企业学习的样板。其实，邯钢已不仅仅停留在“模拟市场核算，实行成本否决”制上，不仅仅在管理机制上大处着眼，而且在生产优化、科技创新、货物运输、“三废”利用、增收节支等“细处”着手，努力挖潜减耗。

然而，仍有一些企业往往只注重经营，而忽略了管理，只想到创业却忘记了“守业”，好大喜功，大手大脚，一掷千金，毫不足惜。即使生产销售形势再好，也只是狗熊掰包米，掰一只，丢一只，到头来，竹篮打水一场空。

一滴焊料虽小，却蕴藏着“大管理”。

（资料来源：汪克夷：《管理学》，大连理工大学出版社1998年版）

二 案例分析

标准是衡量实际业绩和预期业绩的尺度。对一项简单的经营活动，主管可以通过其亲自仔细观察所做的工作来实行控制。然而，在大多数经营活动中，就不可能做到，这是因为经营活动的复杂性所致。再说，事实上，一名主管整天所做的工作远不止亲自观察业绩而已。主管必须选出一些有待特别注意的控制点，然后对其观察以确保整个经营活动计划进行下去。有了这类标准，主管人员便能掌管一大批下属从而扩大管理幅度，达到节约成本和改善信息沟通的结果。

三 思考·讨论·训练

1. 洛克菲勒所找到的关键控制点是什么？
2. 关键控制点的标准有哪些？

案例3 柯达公司

一 案例介绍

长期以来，伊思曼—柯达公司及其设在纽约罗切斯特的总部被认为是一家经营出色的公司，然而，在20世纪80年代中期，这家公司碰到了困难，其部分原因是由于美元的坚挺和柯达的劲敌——日本富士胶片公司的猛烈竞争。1986年，随着公司利润率增加14%左右，利润状况好转起来了。

那么，这一时来运转说明了什么？在促成公司变化的诸多原因中有如下一些：

1. 美元贬值对公司利润的积极影响，这使柯达公司对富士公司也更加具有竞争力。

2. 大批解雇2.5万名员工而降低了人工成本。

3. 1986年，柯达引入100种新产品，包括新型胶片（如VR－G特异胶片）和35mm照相机。

4. 柯达也出售微型实验室，供开发胶片之用，其间即大量采用柯达制造的化学制品和纸张。

5. 这家公司从事多种经营，诸如提供光盘数据储存、永久电池和电子印刷。

6. 改组公司，建立起17个有相当大的自主权的经营单位，从而使这家公司能够更为迅速地对市场变化做出反应。

柯达为了今后长期发展而在做准备，它懂得必须超越照相业来扩展其业务领域。为此，这家公司正在进入保健、医药（如根治癌症）、电子录像以及数据储存（在1985年柯达买下了佛巴蒂姆盒式磁盘制造公司）诸行业进行经营。虽说前景不是没有问题或不是不存在挑战，但对于柯达来说，现在它把外部环境的变化、若干机敏的战略抉择、降低成本和公司改组等因素结合起来，这预示着它的光辉前程。

（资料来源：徐二明：《工商管理培训案例》，中国经济出版社1998年版）

二 案例分析

由于一个企业的生存通常取决于利润，即利润是衡量企业成功的明确标准，所以许多公司都利用损益表来对分公司或部门进行控制，当把损益制度运用于分公司或部门时，是基于这个前提：如果整个企业的宗旨是要争取利润的话，则企业的每个部门都应为实现此宗旨而作出贡献。这样，企业的某个部分实现利润的能力就成为衡量其业绩的标准。

三　思考·讨论·训练

1. 使柯达公司再度红火起来的主要控制方法是什么？
2. 这种方法有什么局限性？

案例4　奇异公司的零基经费预算和弹性利润预算

一　案例介绍

奇异公司是一家小规模的主要经营某单一品种家用电器产品的企业，近几年面临激烈的市场竞争，出现了销售收入反复无常变化和费用开支不断上升的局面。为加强对企业生产经营活动的控制，公司高层管理者做出了一项决定，从下一财务年度开始推行新的预算编制方法。

（一）零基经费预算

奇异公司采用零基预算法编制预算期1997年度的销售及管理费预算如下：

首先，企业销售及管理部门根据预算期利润目标及销售目标等，经讨论、研究后，确定出1997年所需发生的费用项目及开支数额为：

1. 保险费　3000元
2. 广告费　5000元
3. 租　金　1500元
4. 办公费　7000元
5. 差旅费　2000元
6. 培训费　5000元

合计：　23500元

以上费用项目按照性质及轻重缓急，可排列出如下开支等级：

第一等级：保险费、租金、办公费、差旅费。这几项费用属于约束性固定成本，是在预算期内必不可少的费用开支，应全额得到保证。

第二等级：广告费、培训费。它们属于选择性固定成本，可以根据预算期企业的财力酌情增减。参照以往历史经验，初步确定这两项费用的成本效益情况如下表所示。

项　目	成　本（元）	收　益（元）	成本收益率
广告费	1	4	1:4
培训费	1	25	1:25

奇异公司因近年营业净利下降，经费来源比较紧张，预计 1997 年度预算经费总额为 21000 元。

（二）弹性利润预算

基于市场竞争的形势和加强控制的需要，奇异公司总经理希望计划部门能突破预估的下一年度产品销售量 1750 件、销售单价 200 元的单一计划方案，编制出弹性利润预算。经分析和确定，奇异公司的产品固定成本为 46600 元，单位变动成本为 80.7 元。

（资料来源：清华大学经济管理学院工商管理案例研究组编：《工商管理 800 例》，世界图书出版公司 1998 年版）

二　案例分析

弹性预算通常随着销售量或其他某些衡量生产量的标准的不同而有不同的安排，所以它主要限于费用预算的应用。弹性预算可以迫使人们专注于研究把工作负荷换算为人工或费用需要量的各种系数。

零基预算同运行良好的弹性预算有着共同的效用。这种预算方法的设想是，把企业的计划划分为由目标、业务活动以及所需要资源等组成的几个“一揽子计划”，然后以零为基数开始计算每个一揽子计划的费用。由于几个一揽子计划都是以零为基数开始的，因此，对每个预算期间的费用都应该重新计算，这样可以避免预算编制中只注意同前期相比的倾向。

三　思考·讨论·训练

1. 试根据实际可能和需要，合理分配各费用项目的开支。

2. 试分别编制销售量为 1550 件、1650 件、1750 件、1850 件和 1950 件时，以及销售单价为 180 元、190 元、200 元、210 元和 220 元时的公司 1997 财务年度的营业净利弹性预算。

案例5 追求精益管理的纳铁福

一 案例介绍

上海纳铁福的前身是上海汽车传动轴厂，主要生产卡车车轴等产品。企业厂房设备陈旧老化，职工综合素质不高，产品档次低，而且管理水平落后。1988年9月，上海汽车传动轴厂与世界著名的跨国公司GKN集团合资组建上海纳铁福传动轴有限公司，引进国外先进的技术和设备以及管理经验，生产科学技术高附加值的桑塔纳等速万向节传动轴等轿车零部件产品。自此，企业进入了现代化科学管理的轨道。上海纳铁福传动轴有限公司开业八年来，在企业职工绝对数不增的情况下，固定资产增加了22倍，销售总额增加了25倍，劳动生产率提高了14倍，企业资产负债率为36%，综合经济指标位居全国汽车零部件厂家之首。上海纳铁福的经验告诉我们：坚持以成本控制为中心的生产管理，是企业走向市场获得成功的必由之路。

上海纳铁福在实施精益管理中，始终把成本控制作为企业管理的中心课题，牵住成本这个牛鼻子，从而带动各项管理能自然有序地展开。从1990年开始，上海纳铁福就成立了成本控制中心，负责企业的成本管理，并在下属的各个车间、工段和部门设了36个成本中心，形成了一个覆盖全企业的成本监控网络，将企业全部经营活动纳入成本中心有效监控之下。成本中心对企业的财务预算、决算、重大技改项目的预测和决策、技术设施改进、质量控制、营销开发等一系列生产经营活动实行全面控制。

注重精益投资，追求高回报率，是上海纳铁福精益管理的一大特色。八年来，上海纳铁福共进行了四次重大技改。为了避免决策失误，减少投资风险，成本管理中心每年都要进行三年期的市场预测，对每项重大投资项目进行大量调研并进行严密科学论证和可行性分析，使之万无一失。四期技改项目，使上海纳铁福的年生产能力从6万台套、10万台套、20万台套直至发展到40万台套，始终保持了与市场需求同步发展的良好势头。每期项目投资，由于精确计算，“量体裁衣”，用足资产存量，设备满负荷运转，没有产生生产能力和设施放空的现象。投资7100万马克的康桥新厂由于精益投资，快速建成，做到当年建成当年投产，迅速产生了效益。目前，上海纳铁福的三期工程的贷款大部分已偿还，公司的负债率仅为36%左右。今年公司项目多，资金用量大，按计划可贷款1.4亿元。但由于资金周转加速，实际贷款9000万元。由此少贷款5000万元，节约了大量利息。

加速产品国产化进度，提高新品开发能力，扩大生产规模，是上海纳铁福实施精益管理，促使成本下降的一条有效途径。上海纳铁福轿车传动轴国产化从CKD起步。CKD件要用外汇结算，而且生产成本高，利润薄。要降低成本，只有加速国产化，并早日形成规模能力。按当时上海纳铁福的基础和条件，外方估计桑塔纳轿车传动轴国产化要五年时间。但是，上海纳铁福组织技术精兵强将奋力攻关，仅用三年时间就使传动轴主要零部件实现国产化，同时实现产品批量供货。目前桑塔纳轿车传动轴批量供货能力已达40万台套，国产化率达94%以上。在桑塔纳轿车传动轴国产化、生产能力有余的情况下，他们又先后开发出奥迪、捷达、富康、标致、切诺基等轿车传动轴，并与之配套供货。目前已形成汽车传动轴和工业传动轴两大系列近百个品种的产品新格局。零部件国产化和新品开发以及规模能力的形成，使上海纳铁福的经济效益大幅度提高，成本迅速下降。从1991年开始，上海纳铁福的销售额直线上升，1996年实现销售额4.2亿元，利润1.5亿元。

产品质量是企业的生命。抓产品首先抓人的质量，是上海纳铁福精益管理的又一特色。上海纳铁福较早就提出了“零缺陷”质量目标，实施ISO 9000质保体系。他们在强化质量管理、保证工艺工装设备先进性的同时，不断强化职工的技术培训和岗位培训。几年来，公司坚持职工上岗培训、持证上岗的制度，对不合格的职工再培训再上岗，奖优扶差，从而形成了职工自觉重视产品质量的良好氛围。目前，上海纳铁福的车间已不设专职质检员，产品质量全靠班组自检把关。废品率从1994年的1.4%降至1996年的0.95%，每年减少废品损失80余万元。公司自1993年荣获上海大众A级质保证书之后，产品已连续数年获得免检殊荣。两种产品分别通过ISO9002、ISO9001认证，进入国际市场。

劳动生产率的高低，是衡量一个企业管理水平的晴雨表。上海纳铁福的精益管理的一个明显效果，就是它大大提高了企业生产率。公司管理层把提高职工的思想文化素质和劳动生产技能当做提高劳动生产率的重要手段，充分挖掘职工的潜能，在产量连年翻番的情况下，努力做到增产不增人。他们率先在康桥新厂改进生产工艺布局，推行一人多岗的CELL制生产方式，大大提高了劳动生产率。装配线过去12个人日产600根直轴，现在减少到6人日产900根直轴。现在康桥新厂20%的职工承担了70%的生产任务。八年来，上海纳铁福产量从3万台套发展到20余万台套，虽劳动生产率提高了14倍，而职工总人数仍保持在开业时的千来人左右，劳务成本大幅度下降。

上海纳铁福在实施精益管理的同时，也在营造一种当家做主、勤俭节约的氛围。公司严格控制各种办公费用，坚持压缩非生产性开支，各种支出费用都由总经理一支笔审批。公司办公楼是合资时简易装修的。有人建议，总经理室该装修一下，但总经理表示要把钱用在技术改造和新品开发等最急需的地方。然而，产品开发部需添置办公桌椅，总经理大笔一挥马上解决。1996 年，上海纳铁福按销售额 3%，提取 126 万元应酬交际费，但实际上用了不到 2%。然而公司赞助社会公益和教育事业却慷慨解囊，至今已向上海发展汽车教育基金等捐款 60 余万元。上海纳铁福管理层的管理思想和管理作风深得外方股东的赞赏和信任。前不久，GKN 集团新任总裁周松岗先生在考察了上海纳铁福公司之后，曾做了这样的评价：上海纳铁福是 GKN 在亚洲最成功的合资企业。

（资料来源：清华大学经济管理学院工商管理案例研究组编：《工商管理 800 例》，世界图书出版公司 1998 年版）

二　案例分析

1. 追求高效益是每个企业的主要目标。然而实现这一目标的途径则多种多样，每个企业则需要“八仙过海，各显其能”。上海纳铁福传动轴有限公司在当今激烈竞争的市场环境中，实施了以成本控制为中心，以“零缺陷”、“零库存”、“零浪费”为核心，生产制造出了质量达到国际标准、成本达到国际同行水平的产品。他们把成本控制融会到企业中的每一个岗位，每一个职工，每一个项目。他们从事前就开始精打细算，实行精益的管理，实现了追求高回报率的目的。

2. 在企业的经营管理中，几乎每个企业都实行了成本中心、成本控制的管理方法，但国内企业取得成功的却并不多见。不少企业只是做表面文章，制定众多的规章制度，但落实不到实际中。纳铁福的成功经验告诉我们，成本控制要落实到每一岗位，每一个人，实现这一方法依靠的是全体员工，不只是总经理、管理人员。并且要牵着成本的牛鼻子走，必须从事前着手，一直控制到底。

三　思考·讨论·训练

1. 控制的种类有哪些？纳铁福的控制是属于哪类控制？
2. 纳铁福的控制为什么会获得成功？成功的经验是什么？

案例 6　格雷格的困惑

一　案例介绍

格雷格担任这家工厂的厂长已一年多时间了。他刚看了工厂有关今年实现目标情况的统计资料。厂里各方面的进展出乎意料，他为此而气得说不出一句话来。记得他任厂长后第一件事是亲自制定工厂一系列工作的计划目标。具体地说，他要解决工厂的浪费问题，要解决职工超时工作的问题，要减少废料的运输费用问题。他具体规定：在一年内，要把购买原材料的费用降低 10%—5%；把用于支付工人超时工作的费用从原来的 11 万美元减少到 6 万美元，要把废料运输费用降低 3%。他把这些具体的目标告诉了下属有关方面的负责人。

然而，他刚看到的年终统计资料却大大出乎他的意料。原材料的浪费比去年更严重，浪费率竟占总额的 16%。原材料费用同比还稍有增长；职工超时工作费用也只降到 9 万美元，远没达到原定的目标；运输费用根本就没有降低。

他把这些情况告诉负责生产的副厂长，并严肃地批评了这位副厂长。而副厂长则争辩说："我曾对工人强调过要注意浪费的问题，我原以为工人会照我的要求去做的。"人事部门的负责人也附和着说："我们已经为削减超时工作费用尽了最大的努力，只对那些必须支付的款项才支付。"而负责运输方面的负责人则说："我对未能把运输费用减下来并不感到意外，我已经想尽了一切办法。我预测，明年的运输费用可能要上升 3%—4%。"

在分别与有关方面的负责人交谈之后，格雷格又把他们召集起来布置新的要求，他说："生产部门一定要把原材料的费用降低 10%；人事部门要把职工超时工作费用降到 7 万美元；即使运输费用要提高，但也绝不能超过今年的标准。这就是我们明年的目标。我到明年再看你们的结果。"

（资料来源：骆建彬：《提升中层执行力》，北方交通大学出版社 2004 年版）

二　案例分析

该案例所表现出的现象绝非个别。这种现象在我们身边的很多公司或多或少地存在。比如说，公司领导层在召开的公司下一年度工作会议上，会把下一年度的工作目标以或明晰或模糊的指标以文件或其他形式下发到各部门，接下来也就没有什么跟进及控制措施了，到了第二年的时候，能否完成任务是可想而知的了。完成不了，继续开会，下一年的任务又该下发了。就这样周而复始地恶性循环着。另外，没有相应的绩效考核和与之相适应的激励措施，肯定难以保证目标的完成。

三 思考·讨论·训练

1. 格雷格的困惑是什么？
2. 如何解决格雷格的困惑？

案例7 甲级烟车间的“点检制”

一 案例介绍

TCF是一家国有老企业，始建于1919年，在20世纪80年代以前，一直处于行业的领先地位。“六五计划”期间，国家投资6000多万元对其进行了技术改造，包括新建了一个生产高档产品（卷烟）的甲级烟车间（以下简称甲车间）。企业的高层领导对甲车间的期望值非常高，认为TCF从此可以大展宏图。然而，甲车间在1986年投产后的情况大出高层领导的预料，并且成了此后五年间困扰TCF的一个痼疾。

（一）造成甲车间开局不利的主要原因

1. 甲车间的人员是从各部门抽调的。按照厂领导的要求，调往甲车间的人员必须是各方面的尖子、骨干。但是，由于本位主义的影响，事实并非如此。除了由厂领导直接点名的有限几名人员以外，其他的多属于部门淘汰的人员和走后门的人员，他们被一股脑儿塞进了甲车间。

2. 甲车间的设备是分别从日本和意大利引进的，与原有老设备相比，技术复杂程度的提高跨度较大，人员掌握起来有困难。

3. 设备的零部件供应跟不上，使许多设备带病运转。

4. 管理上缺乏管理、控制、驾驭新引进的先进设备的经验，造成管理滞后，乃至失控。

5. 由于甲车间生产的产品是市场上的紧俏商品，价值较高，一些员工将产品偷窃出厂后转手倒卖。因为有暴利可图，致使许多人员无心干本职工作。

此后的9年里，甲车间的生产效率始终非常低下，平均不足30%。为了解决甲车间的问题，TCF的高层领导采取了许多措施，其中最多的就是撤换车间的领导，从1986—1991年的五年间，一共调换了8位车间主任，而每任车间主任都把提高产量作为首要任务，他们采用得最多的方法就是向厂里争取更多的奖金，用以刺激员工的积极性。最终的结果是，增长的并不是产量，而是员工的“胃口”。在频繁的走马换将中，甲车间的管理却每况愈下。

1. 生产过程中的消耗浪费惊人。车间处理废品的设备开足马力，仍然阻止不了废品的增加，最终只能抽调运输车队和上百名科室干部加班搬运废品。

2. 部分员工为逃避工作故意毁坏设备，进口设备被破坏得面目全非。

3. 由于技术被少数人垄断，致使部分人员成了车间的“贵族”，他们凌驾于制度之上，不服从管理，甚至左右企业的政策取向。而历任领导，为了保当前平安，大多采取忍让的态度，维修工不来上班，他们就派车到家中去接。

4. 车间内盗窃成风，甚者在车间更衣室内就转手倒卖赃物，许多家庭在短时间内暴富起来。市、区两级司法机关先后两次在甲车间开展反盗工作，几年间，被处理、判刑的有数十人。

5. 有一个日本代表团在参观甲车间时，看到脏乱的环境、混乱的秩序、残缺不全的设备、低劣的产品质量、完全处于失控状态的管理，愤然向TCF的行业总公司上书，反映甲车间的情况，其中有一句话是这样写的：“看了中国的其他地方，中国或许还有希望；看了TCF的甲车间，中国没有希望了！”

(二) 管理制度改革

1. 综合治理。1991年5月6日，第九任主任L先生到甲车间走马上任了。他决定从基础抓起。仅1991—1992年间，主要抓了“综合治理”工作：整顿纪律，建立正常的管理和生产秩序；堵塞盗窃漏洞，树正气、刹歪风，使员工的精力集中到生产工作上，对不愿悔改者，采取严厉的手段予以打击，直至清除；恢复设备，建立正常的后勤供应服务保障系统，为生产线提供保障；通过培训提高员工的水平和技能；改革考核分配体制。

2. “点检制”管理方法。通过一年的工作，甲车间的形势有了初步改变，但还是极不稳定，总是在低水平徘徊。L主任通过分析，认为主要原因是管理上控制不力，管理人员的工作职责没有到位。经过研究，决定推行一种后来被称为“点检制”的管理方法。其核心内容是：

(1) 对车间的人、机、料、环等方面进行综合分析，按照以下三个原则选择控制点：一是容易出现问题的岗位（如计量、卫生、安全等方面的工作）；二是对车间的生产管理影响较大的部位（设备的维修、保养交接班等）；三是对产品质量影响较大的部位（如材料管理使用、工艺操作规程等）。

（2）对每个点都制定具体的控制标准。

（3）将控制点按专业分工兼顾工作量平衡的原则，划分给4个管理人员，由管理人员按标准检查自己分工负责的点。虽然控制点最多时有196个，但分配给每个管理人员的点并不多，他们完全可以在每个班检查两次以上。

（4）将点检制的管理思想转化为计算机管理程序，利用计算机对点的检查、统计、考核、奖惩进行管理，让人们面对计算机只要输入的数据满足计算机管理程序，点检制的管理思想、制度就基本得到了贯彻。

（5）对控制点的增减和标准的调整，是根据具体情况的变化而变化，实行动态管理。控制点最多时达到196个，最少时有16个。这些“点”覆盖了车间管理的全方位，使车间各方面的工作都处于有效的控制之下。

整套管理制度制定完成以后，在如何进行贯彻的问题上产生了争论。大多数人认为，任何工作都必须循序渐进，点检制的标准要求与现实差距太大，恐怕难以执行。而L主任等人却认为，管理无定式，目前的甲车间需要一次产生震动的变革，以改变车间形象、振奋员工精神、树立自信心。

1992年9月，甲车间用一个月的时间，将点检制的管理制度进行了全方位的宣传和培训，使每一个人都清楚地掌握了与本岗位相关的点检制度。

10月3日，甲车间全面推行了点检制管理制度，车间整体面貌发生了令所有人都意想不到的变化。消息传出后，许多人自发地到甲车间参观，对车间的变化感到惊讶。甲车间的全体员工也从中受到鼓舞，信心大增。由于整个车间的人、机、料、环都处于有效的受控状态，人流、物流、信息流畅通有序，由此而产生了一系列相关的变化：生产效率大幅度提高（70%以上）；物耗水平大幅度降低；产品质量明显改善。

年底，还是两年前的那个日本代表团再次来到甲车间时，看到整洁的生产环境、正常运转的生产线、整旧如新的机器、有序的管理，代表团的每个成员都对两年内发生的变化感到惊讶。

（资料来源：http：//jpk. dqpi. edu. cn/glxyl/anliji – 5. htm）

二　案例分析

控制关键点原理是控制工作的一条重要原理。事实上，控制住了关键点，也就控制了全局。另外控制工作效率的要求，则从另一方面强调了控制关键点原理的重要性。

选择控制关键点的能力是管理工作的一种艺术，有效地控制在很大程度上取决于这种能力。

三　思考·讨论·训练

1. 借助频繁更换管理人员以求解决问题的办法，在很多企业都有所体现。请分析这种办法的优缺点。

2. L主任在选择控制关键点上的具体做法有什么可借鉴之处?

3. 请分析L主任所采取的“综合治理”与所实施的“点检制”之间是否具有内在必然联系？仅仅采取“点检制”是否也会奏效?

案例8　客户服务质量控制

一　案例介绍

美国某信用卡公司的卡片分部认识到高质量客户服务的重要。客户服务不仅影响公司信誉，也和公司利润息息相关。比如，一张信用卡每早到客户手中一天，公司可获得33美分的额外销售收入，这样一年下来，公司将有140万美元的净利润，及时地将新办理的和更换的信用卡送到客户手中是客户服务质量的一个重要方面，但这远远不够。

决定对客户服务质量进行控制来反映其重要性的想法，最初是由卡片分部的一个地区副总裁凯西·帕克提出来的。她说：“一段时间以来，我们对传统的评价客户服务的方法不大满意。向管理部门提交的报告有偏差，因为它们很少包括有问题但没有抱怨的客户，或那些只是勉强满意公司服务的客户。”她相信，真正衡量客户服务的标准必须基于和反映持卡人的见解。这就意味着要对公司控制程序进行彻底检查。第一项工作就是确定用户对公司的期望。对抱怨信件的分析指出了客户服务的三个重要特点：及时性、准确性和反应灵敏性。持卡者希望准时收到账单、快速处理地址变动、采取行动解决抱怨。

了解了客户期望，公司质量保证人员开始建立控制客户服务质量的标准。所建立的180多个标准反映了诸如申请处理、信用卡发行、账单查询反应及账户服务费代理等服务项目的可接受的服务质量。这些标准都基于用户所期望的服务的及时性、准确性和反应灵敏性上。同时也考虑了其他一些因素。

除了客户见解，服务质量标准还反映了公司竞争性、能力和一些经济因素。比如，一些标准因竞争引入，一些标准受组织现行处理能力影响，另一些标准反应了经济上的能力。考虑了每一个因素后，适当的标准就成型了，所以开始实施控制服务质量的计划。

计划实施效果很好，比如，处理信用卡申请的时间由 35 天降到 15 天，更换信用卡从 15 天降到 2 天，回答用户查询时间从 16 天降到 10 天。这些改进给公司带来的潜在利润是巨大的。例如，办理新卡和更换旧卡节省的时间会给公司带来 1750 万美元的额外收入。另外，如果用户能及时收到信用卡，他们就不会使用竞争者的卡片了。

该质量控制计划潜在的收入和利润对公司还有其他的益处，该计划使整个公司都注重客户期望。各部门都以自己的客户服务记录为骄傲。而且每个雇员都对改进客户服务作出了贡献，使员工士气大增。每个雇员在为客户服务时，都认为自己是公司的一部分，是公司的代表。信用卡部客户服务质量控制计划的成功，使公司其他部门纷纷效仿。无疑，它对该公司的贡献将是非常巨大的。

（资料来源：http：//jpk. dqpi. edu. cn/glxyl/anliji – 5. htm）

二　案例分析

控制工作与计划工作是密切相关。计划与控制这两项职能是不可分割的。控制工作的过程分为四个步骤：首先是确定标准；其次是将工作结果与标准进行衡量；再次是分析衡量的结果；最后是针对问题采取管理行动。

事实上，控制标准的制定应该是属于计划工作的范畴，但控制工作需要的不是计划中的全部指标和标准，而是其中的关键点。所以，管理者实施控制的第一个步骤是以计划为基础，制定出控制工作所需要的标准。

三　思考·讨论·训练

1. 该公司控制客户服务质量的计划是前馈控制、反馈控制还是现场控制？
2. 找出该公司对计划进行有效控制的三个因素？
3. 为什么该公司将标准设立在经济可行的水平上，而不是最高可能的水平上？

案例9　企业高精度管理——6西格玛模式

一　案例介绍

企业运营千头万绪，管理与质量是永远不变的真理。在全球化经济背景下，一个全新的管理模式在美国摩托罗拉和通用电气两大巨头中试行并取得显著效果后，逐渐引起了欧美各国企业的高度关注，这就是6西格玛模式。

6西格玛模式由摩托罗拉公司于1993年率先开发，采取6西格玛模式管理后，该公司平均每年提高生产率12.3%，由于质量缺陷造成的费用消耗减少了84%，运作过程中的失误率降低99.7%。该模式真正名声大震，在1990年代后期，通用电气全面实施6西格玛模式取得辉煌业绩之后。通用电气首席执行官杰克·韦尔奇指出："6西格玛已经彻底改变了通用电气，决定了公司经营的基因密码（DNA），它已经成为通用电气现行的最佳运作模式。"通用电气1995年开始引入6西格玛模式，此后6西格玛模式所产生的效益呈加速度递增，1998年公司因此节省资金75亿美元，经营率增长4%，达到了16.7%的历史最高纪录；1999年6西格玛模式继续为通用电气节省资金达150亿美元。

（一）6西格玛模式的基本概念

西格玛原文为希腊字母sigma，学过概率统计的人都知道其含义为"标准偏差"。6西格玛意为"6倍标准差"，在质量上表示每百万坏品率（parts per-million，简称PPM）少于3.4，但是，6西格玛模式的含义并不简单地是指上述这些内容，而是一整套系统的理论和实践方法。应用于生产流程，它着眼于揭示每百万个机会当中有多少缺陷或失误，这些缺陷和失误包括产品本身、产品生产的流程、包装、转运、交货延期、系统故障、不可抗力，等等。大多数企业运作在3—4西格玛的水平，这意味着每百万个机会中已经产生6210—66800个缺陷。这些缺陷将要求生产者耗费其销售额的15%—30%进行弥补。另一方面，一个6西格玛模式的公司仅需耗费年销售额的5%来矫正失误。6西格玛模式的理念要求企业从上至下都必须改变"我一直都这样做，而且做得很好"的惯性思维。也许你确实已经做得很好，但是距6西格玛模式的目标却差得很远。

6 西格玛模式不仅专注于不断提高，更注重目标，即企业的底线收益。假设某一大企业有 1000 个基层单元，每一基层单元用 6 西格玛模式每天节约 100 美元，一年以 300 天计，企业一年将节约 3000 万美元。通过该模式企业还可清晰地知道自身的水平、改进提高的额度、离目标的距离差多少。

（二）6 西格玛模式的推动者和无边际合作

在企业集团内部，规范的 6 西格玛模式项目一般是由称为"6 西格玛模式精英小组"的执行委员会选择的。这个小组的职责之一是选择合适的项目并分配资源。一个公司典型的 6 西格玛模式项目可以是矫正关键客户的票据问题，比如在通用电气，削减发票的缺陷以争取加快付款；也可以是改变某种工作程序提高生产率。领导小组将任务分派给黑带管理（黑带管理是 6 西格玛架构中的中坚力量。黑带"Black Belts"之下是绿带"Green Belts"，这些人构成了一个公司推行 6 西格玛模式的动力），黑带管理者再依照 6 西格玛模式组织一个小组来执行这个项目。小组成员对 6 西格玛模式项目进行定期的严密监测。流程图成为项目管理的中心，因为它概括了工作的流程并且界定了项目内容。流程图关注特定的问题或环节，比如瓶颈、弱链接以及延误区。对于通用电气的黑带，6 西格玛模式意味着应顾客需求而表现出来的管理行为。一些高层管理人员认为他们学到了宽容失败和奖励成功，并且给予雇员自主决定的权力，无须过多的从上到下的干预。

（三）6 西格玛模式在中国

有些公司，像从事软件生产的希捷技术公司，三年多来，一直在中国使用 6 西格玛模式，并且对其大加赞赏。高级工程师陈明说："6 西格玛模式提高了我们的产品率并削减了巨大的成本。当前它只应用在制造工艺上，但将很快推广到设计程序当中。"人们普遍认为 6 西格玛模式将有助于中国参与国际市场竞争，争取更多的市场份额和削减制造成本。到 1992 年，70% 的摩托罗拉员工已完成了 6 西格玛模式的学习课程。在摩托罗拉（天津）公司，经理们在招募高级职位雇员时，已开始从应聘者中物色那些具有成为黑带潜力的人才。而位于广东开平的霍尼韦尔工业聚合物有限公司，1996 年 8 月与开平涤纶集团合资，1998 年开始推行 6 西格玛模式，至 2000 年，全公司已培养出 4 位黑带，43 位绿带。全厂所有专业人士及管理人员都参加过 6 西格玛模式的培训并有各自的革新项目。仅 2000 年一年 6 西格玛模式项目给公司节约费用 300 多万美元，占整个销售额的 10%，今年计划至少可节省 200 多万美元。由此可见，它已成为世界一流公司在面临成本压力环境时的管理工具。

（资料来源：http：//www. jyu. edu. cn/caijing/wlkt/glx/6alfx. html）

二　案例分析

6 西格玛是一种顾客驱动的追求卓越绩效和持续改进的管理哲学。它通过运用突破性的手法，以产品、流程持续改进和设计为基本策略，强调应用统计分析认识和缩减产品、服务过程中的变异，减少不良品，降低成本，给顾客创造经济价值和达到顾客完全满意，从而提高企业的综合竞争能力和盈利水平。6 西格玛管理具有以下特点：

1. 比以往更广泛的业绩改进视角，强调从顾客的关键要求以及企业经营战略焦点出发，寻求业绩突破的机会，为顾客和企业创造更大的价值。

2. 强调对业绩和过程的度量，通过度量，提出挑战性的目标和水平对比的平台。

3. 提供了业绩改进方法。针对不同的目的与应用领域，这种专业化的改进过程包括：6 西格玛产品/服务过程改进 DMAIC 流程、6 西格玛设计 DFSS 流程等。

4. 在实施上由“勇士”、“大黑带”、“黑带”、“绿带”等经过培训职责明确的人员作为组织保障。

5. 通过确定和实施 6 西格玛项目，完成过程改进项目。每一个项目的完成时间在 3—6 个月。

6. 明确规定成功的标准及度量方法，以及对项目完成人员的奖励。

7. 组织文化的变革是其重要的组成部分。

三　思考·讨论·训练

1. 对此案例，你有什么看法？

2. 请用控制理论分析以上案例。

第八章　管理的创新职能

创新应当是企业家的主要特征，企业家不是投机商，也不是只知道赚钱、存钱的守财奴，而应该是一个大胆创新敢于冒险，善于开拓的创造型人才。

——熊彼特

创新是企业家的具体工具，也就是他们借以利用变化作为开创一种新的实业和一项新的服务的机会的手段。……企业家们需要有意识地去寻找创新的源泉，去寻找表明存在进行成功创新机会的情况变化的征兆。他们还需要懂得进行成功的创新的原则并加以运用。

——彼得·德鲁克

创新，是指形成创造性思想并将其转化为有用的产品、服务或作业的方法的过程，即富有创新力的组织能够不断地将创造性思想转变为某种有用的结果。创新首先是一种思想及在这种思想指导下的实践，是一种原则及在这种原则指导下的具体活动。创新职能是管理的一种基本职能。一项创新可以看成是一项发明的应用，技术创新相当于科技成果的商业化和产业化过程。

一　管理创新的内容

企业系统在运行中的创新涉及许多方面内容，具体包括如下几个方面：

（一）目标创新

企业是在一定的经济环境中从事经营活动的，特定的环境要求企业按照特定的方式提供特定的产品。当环境发生变化时，企业的生产方向、经营目标以及企业在生产过程中与其他社会经济组织的关系就要进行相应的调整。企业必须通过自身的活动来谋求生存和发展，在新的经济背景中，企业的目标必须调整为：通过满足社会需要来获取利润，企业在各个时期具体的经营目标，需要适时地根据市场环境和消费需求的特点及变化趋势加以整合，每一次调整都是一种创新。

（二）技术创新

技术创新是企业创新的主要内容，企业中出现的大量创新活动是有关技术方面的，有人甚至把技术创新视为企业创新的同义语。

现代企业的一个显著特征是在生产过程中广泛运用先进的科学技术。技术水平是反映企业经济实力的一个重要标志，企业要在激烈的市场竞争中处于主动地位，就必须顺应社会技术进步的方向，不断地进行技术创新。由于一定的技术都是通过一定的物质载体和利用这些载体的方法来体现的，因此，企业的技术创新主要表现在要素创新、要素组合方法的创新以及产品创新三个方面。

1. 要素创新。企业的生产过程是一定的劳动者利用一定的劳动手段作用于劳动对象，使之改变物理、化学形式或性质的过程。参与这个过程的要素包括材料、设备以及企业员工。材料创新的内容包括：开辟新的材料来源，以保证企业扩大再生产的需要；开发和利用量大价廉的普通材料，替代量少价昂的稀缺材料，以降低产品的生产成本；改进材料的质量和性能，以保证和促进产品质量的提高。设备创新主要表现在：通过利用新设备，减少手工劳动的比重，以提高企业生产过程的机械化和自动化程度；通过将先进的科学技术成果用于改造和革新原有设备，以延长其技术寿命，提高效能；有计划地进行设备更新，以更先进、更经济的设备来取代陈旧的、过时的老设备，使企业建立在先进的物质技术基础上。人事创新既包括根据企业发展和技术进步的要求不断地从外部取得合格的、新的人力资源，更应注重对企业内部现有人力资源的继续教育，用新技术、新知识去培训、改造和发展他们，使之适应技术进步的要求。

2. 要素组合方法的创新。利用一定的方式将不同的生产要素加以组合，是形成产品的先决条件。要素的组合包括生产工艺和生产过程的时空组织两个方面。工艺创新既要根据新设备的要求改变原材料、半成品的加工方法，也要求在不改变现有设备的前提下，不断研究和改进操作技术与生产方法，以求使现有设备得到更充分的利用，使现有材料得到更合理的加工。工艺创新与设备创新是相互促进的，设备的更新要求工艺方法做出相应的调整，而工艺方法的不断完善又必然促进设备的改造和更新。

3. 产品创新。生产过程中各种要素组合的结果是形成企业向社会贡献的产品。企业是通过生产和提供产品来求得社会承认、证明其存在的价值，也是通过销售产品来补偿生产消耗、取得盈余，实现其社会存在的。产品创新主要是物质产品本身的创新，物质产品创新主要包括品种和结构的创新。品种创新要求企业根据市场需要的变化，根据消费者偏好的转移，及时地调整企业的生产方向和生产结构，不断开发出用户欢迎的适销对路的产品。产品结构的创新在于不改变原有品种的基本性能，对现在生产的各种产品进行改进和改造，找出更加合理的产品结构，使其生产成本更低、性能更完善、使用更安全、更具市场竞争力。产品创新是企业技术创新的核心内容。它既受制于技术创新，又影响技术创新效果的发挥，而新设备、新工艺的运用又为产品创新提供了更优越的物质条件。

（三）制度创新

制度是组织运行方式的原则规定。制度创新是从社会经济角度来分析企业系统中各成员间的正式关系的调整和变革。企业制度主要包括产权制度、经营制度和管理制度三个方面。产权制度是决定企业其他制度的根本性制度，它规定着企业最重要的生产要素的所有者对企业的权力、利益和责任。产权制度主要指企业生产资料的所有制，企业产权制度的创新应朝着寻求生产资料的社会成员“个人所有”与“共同所有”的最适度组合的方向发展。经营制度是有关经营权的归属及其行使条件、范围、限制等方面的原则规定。经营制度的创新方向应是不断寻求企业生产资料最有效利用的方式。管理制度是行使经营权、组织企业日常经营的各种具体规则的总称，包括对材料、设备、人员及资金等各种要素的取得和使用的规定。在管理制度的众多内容中，分配制度是极重要的内容之一，提供合理的报酬以激发劳动者的工作热情，对企业的经营有着非常重要的意义。分配制度的创新在于不断地追求和实现报酬与贡献的更高层次上的平衡。产权制度、经营制度和管理制度三者之间的关系是错综复杂的，企业制度创新的方向是不断调整和优化企业所有者、经营者、劳动者三者之间的关系，使各个方面的权力和利益得到充分的体现，使组织各成员的作用得到充分的发挥。

（四）组织结构的创新

企业系统的正常运行，既要求具有符合企业及其环境特点的运行制度，又要求具有与之相适应的组织形式。因此，企业制度创新必然要求组织形式的变革和发展。组织机构是企业在构建组织时，根据一定的标准，将那些类似的或与实现同一目标有密切关系的职务或岗位归并到一起，形成不同的管理部门。组织结构与各管理部门之间、与不同层次的管理部门之间的关系有关，不同的机构设置，要求不同的结构形式，因此，不同的企业有不同的组织形式。同一企业在不同的时期，随着经营活动的变化，也要求组织的机构和结构不断调整，组织结构创新的目的在于更合理地组织管理人员，提高管理劳动的效率。

（五）环境创新

环境创新是指通过企业积极的创新活动去改造环境，引导环境朝着有利于企业经营的方向变化。例如，通过企业的公关活动，影响社区、政府政策的制定；通过企业的技术创新，影响社会技术进步的方向等。它不是指企业为适应外界变化而调整内部结构或活动，就企业来说，环境创新的主要内容是市场创新。市场创新主要指通过企业的活动去引导消费，创造需求。市场创新的内容是通过企业的营销活动来进行的，即在产品的材料、结构、性能不变的前提下，通过市场的地理转移，或通过揭示产品新的物理使用价值，来寻找新用户，或通过广告宣传等促销工作来赋予产品以一定的新的使用价值，影响人们对某种消费行为的社会评价从而诱发和强化消费者的购买动机，增加产品的销售量。

二、管理创新的过程

要有效地组织系统的创新活动就必须研究和揭示创新的规律，一般来说，创新必然依循一定的步骤、程序和规律，创新是对旧事物的否定，对新事物的探索。创新在最终的成果取得之前，可能要经历无数次反复，无数次失败。创新必定要突破原先的制度，破坏原先的秩序，在不断的尝试中寻找新的程序、新的方法。成功的创新要经历寻找机会、提出构思、迅速行动、坚持不懈这样几个阶段。

（一）寻找机会

创新是对原有秩序的破坏。因为原有秩序内部存在着或出现了某种不协调的现象，这些不协调对系统的发展提供了有利的机会或造成了某种不利的威胁，创新活动正是从发现和利用旧秩序内部的这些不协调现象开始的，不协调为创新提供了契机。旧秩序中的不协调既可存在于系统的内部，也可产生于对系统有影响的外部。可能成为系统外部创新契机变化的因素主要有技术的变化、人口的变化、宏观经济环境的变化、文化与价值观念的转变等。就系统内部来说，引发创新的不协调现象主要有：生产经营中的“瓶颈”，影响了劳动生产率的提高；企业意外的成功和失败等。企业的创新，往往是从密切地注视、系统地分析社会经济组织在运行过程中出现的不协调现象开始的。

（二）提出构想

在观察到不协调现象产生以后，还要透过现象究其原因，并根据上述分析来预测不协调的未来变化趋势，估计它们可能给组织带来的积极或消极后果，并在此基础上，努力利用机会或将威胁转变为机会，提出多种解决问题的方法、消除不协调，使系统在更高层次实现平衡的创新构想。

(三) 迅速行动

创新成功的秘密主要在于迅速行动。提出的构想可能还不完善，但这种并非十全十美的构想必须立即付诸行动才有意义。一味地追求完美，可能坐失良机，把创新的机会白白地送给竞争对手。创新的构想只有在不断地尝试中才能逐渐完善，企业只有迅速地行动才能有效地利用“不协调”提供的机会。

(四) 坚持不懈

构想经过尝试才能成熟，而尝试是有风险的。创新的过程是不断尝试、不断失败、不断提高的过程。因此，创新者在开始行动以后，为取得最终的成功，必须坚定不移地继续下去，绝不能半途而废，否则便会前功尽弃。要在创新中坚持下去，创新者必须有足够的自信心、较强的忍耐力，能正确对待尝试过程中出现的失败。伟大的发明家爱迪生曾经说过：我的成功乃是从一路失败中取得的。这句话对创新者应该有所启示。

案例1 海尔集团以“订单”为中心的流程再造

一 案例介绍

海尔创建的“市场链”新型管理模式与信息化是紧密相连的，以下我们来分析其中“市场链”的主要组成部分——以“订单”为中心的流程再造与信息化的相互融合。

海尔商流推进部推行的以“订单”为中心的信息化和流程再造是海尔集团流程再造的一个部分，是整个集团流程再造中的一个重点环节。

流程再造前，海尔集团为传统的事业本部制结构：组织机构分为三层：第一层是集团的八个职能中心，即规划、财务、人力、法律、营销、技术、文化、保卫八大职能中心；第二层是六个产品本部；第三层是各事业部内分别设立的资材、规划、财务、劳人保、销售、法律、科研、质管、文化、设备、检验等职能处室，每一层都是行政隶属关系。1998 年 8 月，海尔以“市场链”为纽带对组织机构进行战略性调整：把原来分属于每个事业部的财务、采购、销售业务全部分离出来，整合成独立经营的商流推进部、物流推进部、资金流推进部，实行全集团范围内统一营销、统一采购、统一结算；把人力资源开发、技术质量管理、信息管理、设备管理等职能管理部门全部从各事业本部分离出来，成立独立经营的服务公司。原来的职能部门不再具有职能的功能，而变成了支持流程部门。

集团 IT 部在商流信息化的建设规划中明确，要实现 CRM（客户关系管理）的目标，要实施管理信息化，不是要建立在原有业务流程上企业的信息化，而是要在流程再造基础上建立信息化的企业。因此，要求 GoEasy 的 CRM 系统全面解决方案中不仅要提供完整的软件产品，还必须提供一对一的个性化实施服务，并保持与海尔的流程再造同步进行。

分析一：在海尔商流流程再造前，各产品事业部都有自己的成品库，生产计划完全按市场预测和安全库存来安排，42 个工贸公司也根据各个渠道的销售情况留有安全库存。由于信息的不对称，大卖场紧俏的冰箱型号却迟迟不能供货，预订后到货周期要 60—70 天，销售不俏的型号却常常有大量库存积压。在分析现有的问题和流程后，引进以完全按“订单”为核心的流程再造模式。业务代表要货直接向商流总部下月度滚动订单，并且要管理到渠道的库存、要货和销售环节，并对订单负责，对订单的执行进行考核。流程再造后，各产品事业部取消了成品库存设置，因为所有下线的产品已经在生产前就知道谁下的订单，什么型号、需要多少、什么时间配送到什么地方。

在实施商流订单系统时完全按再造后的流程进行设计，系统成为获取客户订单，进行订单审核和订单处理的平台，并实现了前台获取订单、后台物料采购、生产制造和物流配送的信息同步，真正实现按单生产和按单配送，大大提高了对用户需求的反应速度。

分析二：在商流流程再造前，各地业务代表每天都是传真或手工到省城的工贸公司提交订单申请，由于业务量很大，同时订单信息不对称，造成订单处理效率较低，在业务从提交订单、审核订单、开票、配送和发票各个环节数据不能自动处理，造成与渠道商的账务差异。流程重新设计后，渠道商的采购主管只需要在系统上就可下达要货申请，半个小时之内海尔工贸开票员就会确认申请，海尔物流 24 小时内配送到指定的门店，同时实现网上对账。海尔也实时共享到渠道商各个直营门店海尔产品的进销存数据，直接作为海尔直销人员绩效考核的数据使用，杜绝了自报销量引起的虚假信息，海尔的客户经理通过网上进销存信息，可以更好地提供促销和月度预测订单服务，帮助客户成功地实现数据的增值。

分析三：在流程重新设计后，客户可以通过海尔的 CRM 系统获得更多的服务，如网上财务对账、费用查询等在线账务服务，管理咨询、客户投诉服务，以及企业文化、产品推介、促销活动等网上信息服务。对海尔内部的员工来说，他们作为内部客户可以享受到库存查询、客户进销存查询、业务分析等在线系统服务。

流程再造的目的，就是要打破企业四壁，把信息集成的范围扩大到企业的上下游，管理整个供需链。信息集成包括内部集成（产品研发、核心业务和数据采集的集成）和外部集成（企业与供需链上所有合作伙伴的集成），在信息集成的基础上实现设计、管理、监控、优化整个供应链。

分析四：管理信息化的目的不仅要解决流程和报表自动化的问题，更重要的是要解决人与指标数据考核挂钩的问题，通过系统实现自动取数、自动绩效考核。解决人工考核状态下考核存在的数据失真和虚假，无法保证考核的公正性和严肃性的问题。管理层需要解决的是绩效考核规则设计，包括每个人的市场目标、损失、增值。在市场链体系中，员工的基本索酬公式应该是：SBU（策略事业单位）收入＝社会基本劳动价格－损失＋增值提成。也就是要实现每个人的经营创收，而不是职能分配。而只有信息化才能支持这些数据的获取。因此，实现企业员工绩效考核系统的自动化是管理信息化更高层次的要求，需要重新设计绩效考核的信息获取流程和指标分析流程。

海尔以其成功的、富有创新性的管理变革和流程再造，使其在商流信息化建设上取得了公认的成功。面对21世纪经济全球化和知识经济带来的各种机遇和挑战，中国制造企业如何在激烈的国际竞争中赢得优势，实现可持续发展，海尔以市场链为纽带的业务流程再造模式和信息化建设经验为我们提供了一种全新的管理变革方向和值得借鉴的思路。

（资料来源：http：//www. sysvs. com）

二 案例分析

企业流程再造应包括四个要素：根本（Fundamental）、彻底（Radical）、显著（Dramatic）和流程（Process）。

企业流程再造的原则为：整合工作流程，由员工下决定，同步进行工作，流程的多样化，打破部门界限，减少监督审核，减少扩充协调，提供单点接触，集权分权并存。

企业流程再造的特色为：一是在崭新的信息技术支持下，以流程为中心，大幅度地改善管理流程。二是放弃陈旧的管理做法和程序。三是评估管理流程的所有要素对于核心任务而言是否重要。专注于流程和结果，不注重组织功能。在方法上以结果为导向、以小组为基础、注重顾客，要求严格衡量绩效，详细分析绩效评估的变化。

三　思考·讨论·训练

1. 海尔集团的流程再造成功的经验是什么？
2. 流程再造一般要遵守哪些原则？

案例2　柯达电子(上海)有限公司流程的局部再造

一　案例介绍

企业流程的局部再造，就是选择企业中有必要再造的流程进行再设计。下面，我们结合柯达公司从组织整体角度来观察局部再造的实例，以加深我们对局部流程再造的理解与认识。

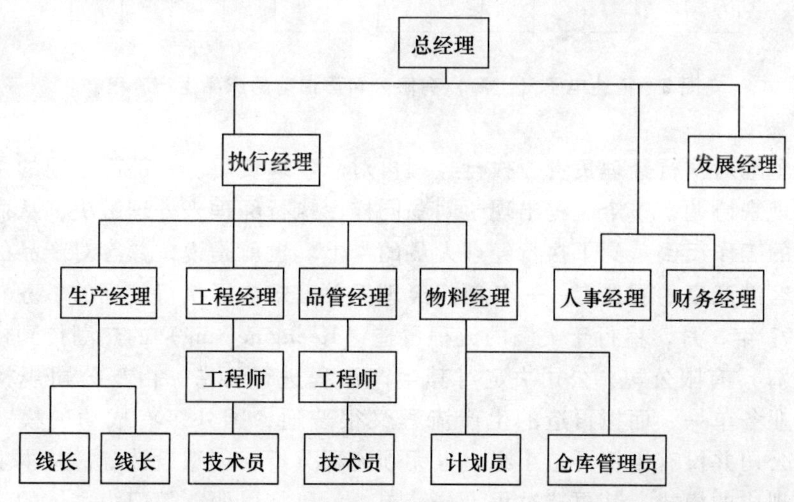

图1　柯达电子（上海）有限公司流程再造前的组织结构图

柯达电子（上海）有限公司是美国柯达公司（Kodak）的全资子公司，

1996 年 3 月建成投产，现有员工 400 多人。该公司主要负责柯达相机的生产，其销售则由柯达公司上海总部负责。该公司产品主要有 APS 相机、CBIO 相机与一次性相机等。公司成立之初，采用了传统的以职能为取向的组织结构模式。如图 1 所示。

在这个组织结构中，整个公司生产运作由执行经理负责，其下属的生产部经理、工程部经理、品管部经理及物料部经理，分别负责相应的生产、工艺过程和成本控制、质量管理及物料管理的采购与库存。该公司产品的生产流程如图 2 所示。

在原有的组织结构中，该流程被严重割裂。物料计划、生产安排由生产部经理负责；物料的采购与出货由物料部经理负责；工艺过程与成本控制由工程部经理负责；品质管理则由品管部经理负责。各产品生产流程的各环节分别由不同的部门经理负责，而无人对整个产品的生产流程负责。结果，运作过程中，问题丛生，矛盾不断，生产效率有限。各部门负责人都以做好本身工作为己任，对其他部门的工作则漠不关心，他们都

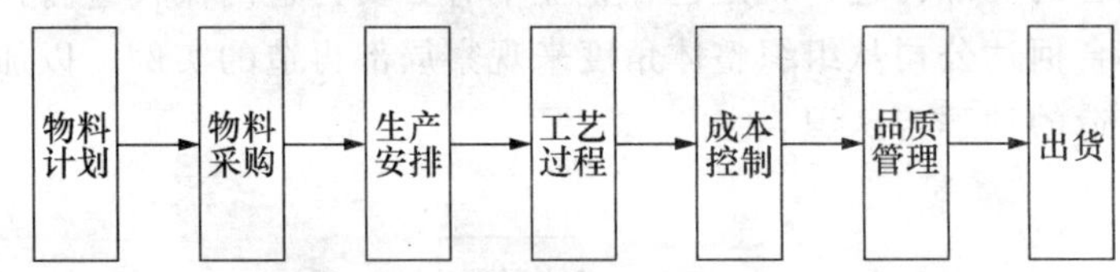

图 2 柯达电子（上海）有限公司再造前的产品生产流程

单个地对执行经理负责，执行经理再对总经理负责。各部门之间的矛盾由执行经理来协调，整个流程出现了问题同样由执行经理来处理解决，从而使顾客满意的工作反倒落到了执行经理人员的身上。也就是说，顾客对产品的满意度与顾客满意度的制造者——各部门经理无关，却成了执行经理的事务。

1997 年 3 月，盛行于美国的流程再造（Reengineering）的热潮传到柯达电子（上海）有限公司，公司决定对其生产流程进行再造。由于公司规模本身不大，业务单一，而拟再造的生产流程又很普通，国外多有成功的模式，因此，该公司并没有组织再造小组，也无须流程分析、创意设计等，基本上是借鉴他人现成的模式。其再造过程十分简单，就是将以职能部门为主体的组织架构，变为以产品为中心而组织起来的流程小组作为主体而构筑的组织架构。原有的职能部门经理，能够胜任者，则变为流程小组负责人或称产品经理，不能

胜任者则另作安排。该公司经过再造后的组织结构如图 3 所示。

经再造后，其生产流程并没有什么大的变化，只是以前由执行经理负责的顾客满意度的问题，交由产品经理负责。新的流程图如图 4 所示。

再造后，这些产品经理们不再是管理某一职能部门，而是承担起某一产品从投入到产出，直到顾客的满意度等整个管理工作。CBIO 经理、CAMCO 经理、一次性相机经理与 APS 经理均是对其产品的整个流程负责。流程不再是片

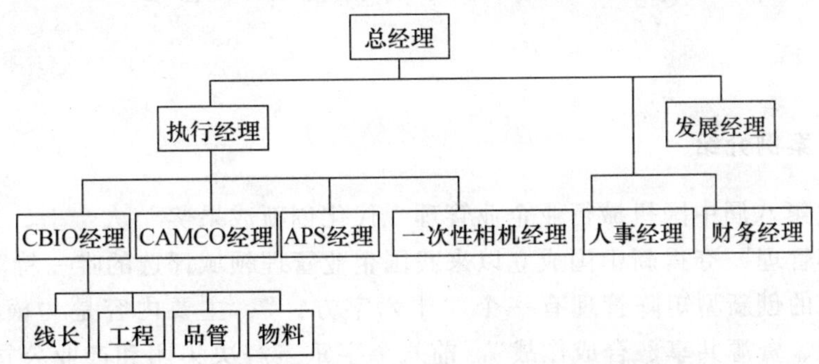

图 3　柯达电子（上海）有限公司再造后的组织结构图

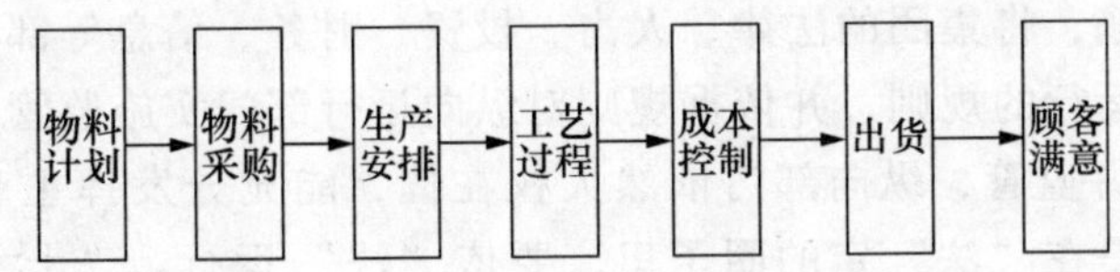

图 4　柯达电子（上海）有限公司再造后的产品生产流程图

段化的碎片连接，而是一个完全的整体。顾客这个在以往的生产流程图中被忽视的对象，在新的流程图中十分显赫。

（资料来源：http：//zsdd. open. ha. cn）

二　案例分析

20 世纪末，世界著名管理学家哈默和钱皮克提出了“流程再造”（英文全称为 business process reengineering，简称 BPR）的观点，这一全新的思想震动了管理学界。BPR 的基本定义可以理解为：对企业的业务流程作根本性的重新思考和彻底的重新设计，使企业在成本、质量、服务和速度等方面取得显著或根本性的改善。

三 思考·讨论·训练

1. 柯达电子（上海）有限公司为什么要进行流程再造？
2. 柯达电子（上海）有限公司如何进行流程再造的？

案例3 春兰的创新型矩阵管理

一 案例介绍

在“第八届中国机械行业企业管理现代化创新成果奖”大会上，“春兰创新型矩阵管理”夺得新中国成立以来我国企业管理领域评选的唯一特等奖。

春兰的创新型矩阵管理有一个“十六字方针”，主要内容是“横向立法、纵向运行、资源共享、合成作战”。前八个字重点解决集团和产业公司集权与分权的矛盾，力求放而不乱，提高运行效率。“纵向运行”是指保留“扁平化”按产业公司运行的特点，以产业为纵向；“横向立法”是指针对原来管理有所失控的问题，将集团的法律、人力、投资、财务、信息等部门划为横向部门，负责制定运行的规则，并依据规则对纵向运行部门实施监管。这样，横向部门“立法”并监管，纵向部门依然大权在握，能充分发挥主观能动性和积极性，不过，是在“法”定的圈子里，要依“法”运行。“十六字方针”中的后八个字，重点解决原来资源不能共享的问题。把横向职能部门划分为A系列和B系列，制定运行规则，“立法”的是横向中的A系列；B系列则负责实现对春兰内部资源的共享，为产业公司提供专家支持和优质服务。比如，春兰的整个法律事务，在公司总部设一名法律副总裁，分管法律事务工作，对首席执行官负责；集团下设法务处，在法律副总裁的领导下，具体实施对集团所属各子公司法务工作的指导和管理；集团所属子公司根据工作需要设立法务部门，在子公司负责人领导下开展本单位的法务工作，业务上接受集团公司法务处的指导和管理。按照原先的运行制度，48个部门都需要律师，而根据矩阵管理模式现在只设立一个法律顾问组，为集团所有部门使用，大大节约了管理成本，而且容易规范化。

（资料来源 http：//www.ceceo.cn）

二 案例分析

1. 新的矩阵管理具有良好的前瞻性和可扩展性

春兰在不断发展，不断进入新的产品领域和竞争领域，同时也可能退出一些经营不好的领域。公司需要一种易于扩展的组织模式，以避免每次随经营范围调整而引致的结构调整使企业伤筋动骨。矩阵结构可以很容易、迅速地以产品事业部的形式扩充新的建制，也容易退出经营不好的领域，而不必对整体架构做出调整。

2. 创新型矩阵结构具有灵活性

面向产品市场设计的组织架构有强烈的市场导向意识，不同的产品进入不同的市场，采用不同的销售方式，或直销，或分销，或实行代理制。每个产品事业部都可以根据市场特点确定不同的产品策略、定价策略、市场推进策略，有效地避免了产品策略的一般化、简单化，收到了更好的开拓市场的效果。

3. 春兰矩阵结构有利于步调一致，针对同样的情况采取统一的策略

创新型矩阵管理强调资源共享和合作，提高了资源利用效率，形成了整体合力。但是，春兰的矩阵管理仅仅将重点放在了解剖组织上，而忽视了生理学和心理学。著名管理学家曾对类似于春兰的矩阵式管理提出建议，首要的目标是从改变组织的心态入手，通过在传统机构中改变组织的构造，巩固和夯实企业管理。

三 思考·讨论·训练

1. 你对春兰的创新型矩阵管理有什么看法？
2. 对春兰的创新型矩阵管理的“十六字方针”，你怎么看？

案例4 美国式管理+日本式生产
——启示三星转型

一 案例介绍

作为国际品牌企业，三星已经从一个强调内部提拔培养干部，鼓励员工和谐，追求稳定就业，习惯于家长式领导风格的日本式管理模式转型为重视人

才、强调速度、执行绩效、不断创新的美国式的管理模式。但与此同时，三星却在生产模式上保持了日本式生产的风格：重视质量，精益求精。

（一）美式领导风格

三星曾是个巨大的家族企业，共有五大产品领域。长期以来，在管理上受到日本大型企业终身就业稳定发展管理思想的影响，公司内部官僚主义行为严重，骄傲自满、人浮于事的现象比比皆是。李建熙利用个人魅力和凝聚力，于1993年开始在三星内部发动了自上而下的组织、思维、技术、流程和管理变革，提出“除妻子和儿子以外，其他什么都要变”的口号。

他规定不同层次的领导者在领导目标上做出三星成为“超一流”组织的战略定位，迅速在全公司内部推行强有力的、大刀阔斧的领导力风格，强调速度、革新、创新、学习和全球视角的领导行为。

同时，三星在20世纪90年代改革前在人力资源领域严重地受到日本企业终身雇用制的影响，强调稳定，主张和谐，结果滋生了企业内部官僚主义和“大锅饭”现象，大大降低了企业的效率和生产力。

李建熙大胆地改革集团公司内部的人才管理制度，提出“重视、培育、挖掘、保留人才”的经营理念，建立了美国企业以绩效管理为核心的人力资源管理体系，对企业高中层人才，实施由多方面因素组成的工资福利体系。

在招聘企业骨干人才上，三星不惜花费天价。李建熙曾说过：“一名优秀人才能使10万普通人受益。将10名一级水平围棋手的力量会聚到一起，也战胜不了一名围棋初段选手。”三星电子是个名副其实的“工程师的摇篮”，具有3500名博士人才，4900名硕士人才，很多人才都是三星花重金从美国大学和研究机构挖回来的。

（二）日式生产方式

三星曾经也是一个OEM公司，特别重视产品的数量和价格，而忽视了产品的质量、技术、创新和新创意转化为商品的速度。李建熙在20世纪90年代初期曾到德国视察，看到当地商场充斥着日本电子产品，而三星电子的产品却被放在商场的角落，价格低廉，无人关注。李建熙对此极为恼火，他发现，管理上美国式的更具竞争力，而在生产上，日本对质量的重视却是产品打开市场的不二法宝。

在20世纪90年代初三星开始强调产品的质量、知识产权、技术创新、品牌和产品上市的速度，在世界主要国家建立了16家研究开发中心，23家研究开发学院，高投入地从事研究开发与设计，很快在全世界推广新的电子产品，迅速发展并建立了三星全球化的品牌形象。而这一切的根源都在于三星一直坚持“精益生产”。当前，三星电子在液晶显示屏、静态芯片、闪光存储等产品领域都处于世界领先地位。

三星集团管理模式成功的变革和转型给正在改革并走出国门的中国企业提供了丰富的经验和启示。

（资料来源：杨杜：《美国式管理+日本式生产——启示三星转型》，《中外管理》2007年第12期）

二 案例分析

我国企业如何在新的一轮国内外竞争中持续不断地创新和变革，提高企业的管理和经营效率，在世界上真正打造中国企业的品牌，是每个中国企业家当今所遇到的严峻问题。而答案是，必须要以一种全新的国际视野来思考。三星的选择和努力给我国企业提供了最有力的参考。

三 思考·讨论·训练

1. 如何看待三星在国际化路线中的创新过程？
2. “美式领导风格”与“日式生产方式”的特点及好处是什么？

案例5 LG电子后来者居上的秘密：专注和另类

一 案例介绍

（一）只做手机

以中国研发中心的名义专注手机的研发，LG电子的做法确实很另类。

钱国良说，由于类似传统家电产品使用周期比较长，且全球范围内通用性较强，技术创新速度并不快，因此，LG电子中国研发机构做的主要是改良性质的研发。不过，手机领域就不大一样，由于手机领域技术更新比较快，针对市场开发的开发周期也比较短，且移动通信市场是个本土化非常强的市场，需要一些针对本地化的原创性的软件和硬件方面的研发。要想在中国移动市场取得优势，就必须要求LG电子具备非常强的本土化的高水平的研发力量。

正因为如此，所以当2002年LG电子中国研发中心成立时，被业界称为是真正深入到中国市场，“成为一家中国公司”的良好开端。

不过，在业内人士看来，以研发中心的名义做手机研发，更能体现出手机对于LG电子的重要性。特别是LG实施高端化的“蓝海战略”以来，以巧克力为代表的移动通信部门更是成为LG电子的重中之重。以LG电子刚刚公布的2007年第三季度为例，本季度LG移动通信部门的销售额为28.39亿美元，为整个集团营业收入106.8亿美元的1/4强；然而，移动通信部门本季度的利润却达到了2.4亿美元，占据了本季度LG电子总利润的60%强。移动通信部门对于LG电子的贡献可见一斑。从这个角度而言，移动通信部门是支撑LG电子蓝海战略转型的支柱性产业，对于移动通信的研发的重视，也就显得顺理成章。

对于中国市场这样一个全球最具潜力的消费市场，自蓝海战略以来，LG电子一直把其作为全球最重要的战略市场来看待，因此，强化LG电子在中国的本土化的设计和产品开发能力也就成为支撑LG电子蓝海战略的一个重要支点。正因为如此，在2002年LG手机刚刚登录中国市场之时，LG电子中国研发中心也随之成立了。“自成立以来，LG电子每年给研发中心的投入都占到了同期销售额的10%以上。”钱国良表示。

（二）为世界做手机

对进入中国市场的产品针对本国市场的需求做改良型研发，是几乎所有跨国企业在中国设立研发机构的现实原因之一，LG电子也不例外。“LG中国研发中心的最主要的一项职能就是推进LG移动通信产品的本土化”。钱国良告诉《当代经理人》。

钱国良解释说，所谓本土化包含两个方面的内容：首先就是要为全球同步上市的手机针对本土市场和本土运营商的差异化需求做本地化开发，包括语言汉化等；其次是针对中国市场的特殊标准和技术规范，比如中国运营商定制软件、TD-SCDMA、手机电视等，做前瞻性的手机研发。

很多跨国企业的研究院的使命可能到此为止了，但是，LG中国研发中心却不是。“LG中国研发中心的重要一块业务就是为全球研发手机”。钱国良告诉《当代经理人》。

“LG电子中国研发中心目前为LG电子全球八大手机研发中心之一，也是规模和地位上仅次于韩国汉城的研究所的产品级研发中心，人数达到了300余人。”钱国良说。这就意味着，目前的中国研发中心不仅要担负中国地区的产品研发，还将担负LG电子在全世界范围内新产品的研发；它的研发成果并不仅仅在中国市场应用和推广，而是在全世界得到共享和应用。

显然，钱国良所言并不仅仅所谓的公关语言，“从去年开始，中国研发中心已经累计为全球开发了 3 款手机，销量达到了几百万台，业绩相当不错”。

“最近几年来，研发中心的研发投入每年都保持在几千万美元级别，未来，中国研发中心面对全球开发的功能将会进一步加强。”钱国良说。

（三）知识平台的成功

相对于别的跨国企业，2002 年才建成的 LG 电子中国研发中心起步确实有些晚。就连 LG 电子前中国总裁卢庸岳也承认这是一个不大不小的失误，由于韩国的移动通信市场是 CDMA 市场，而当时中国的移动通信市场是 GSM 市场，因此 LG 电子并没有专门针对中国市场开发的 GSM 手机产品，所以一直没有进入中国市场，则一定程度上导致了 LG 电子后来在 GSM 市场的追随地位。而其主要竞争对手三星则在中国开放 GSM 市场的时候就主动加入到了 GSM 手机的研发之中，从而奠定了其在中国手机市场上的三甲地位。正因为如此，在当年 LG 电子中国研发中心成立之时，卢庸岳就曾不无遗憾地表示：“我们的事业当中有一个小小的失误，就是应该在很多企业在中国市场做 GSM 手机的时候，也同步进行就好了，现在回过头来看这是一个遗憾。”

幸好 LG 电子后来居上。“除了巨额的持续的研发投入外，这应该是 LG 研发知识平台的成功”，钱国良向《当代经理人》表示。

钱国良解释说，LG 电子研发平台搭建的非常成功。比如说手机领域，LG 电子在法国、德国、印度、俄罗斯、韩国、中国等设立了 8 个全球研发中心，其中除了韩国汉城总部和中国研发中心是产品级研发中心外，剩余的 6 个研发中心都是非常专业化的软件和或者硬件研发中心，专注于手机某一个领域的研发，比如说印度软件研发中心就专注于手机软件的开发，LG 很多手机的软件都出自这一研发中心。

据《当代经理人》了解，除了专业化的分工，LG 电子各地研究所之间还有种类繁多的交流和会议，通过这些机会，各地研究人员可以一起交流一些研发方面的全球经验。

此外，LG 电子内部还建立了面向全球的研发知识库，让全球各地的研究人员能够方便地查阅到全球在相关领域的最新的进展和趋势。

研究机构与市场部门的分工也很明确，LG 每一款手机的面市，都首先会由隶属于总公司的产品规划部门通过商场实地调研，从商场等相关渠道获得相应的市场信息，再透过信息分析确定目标消费者人群以及其潜在需求，然而再和研发部门共同研究，这样最大限度地确保了手机产品的市场适应能力。

不同平台之间的成果共享，钱国良深有体会。在来到 LG 电子之前，钱在某大型国有通信企业做研发。

不过，在享受着全球化给中国研发中心带来的相对于本土企业的更多的优势之时，和绝大多数在华的跨国企业一样，全球化也给 LG 电子中国研发中心带来了一些烦恼。

“我个人觉得最大的问题就是中韩两国文化的融合问题”，钱国良向《当代经理人》表示。

钱国良说，由于文化和语言的差异，中韩两国的研究人员在心灵沟通、对事务的看法等方面都存在着不小的差异，因此在具体的工作中还需要进一步磨合，相互配合和理解。目前 LG 电子也正在全球范围内强调 open communication 的组织文化，以及英文作为日常工作语言的大力推广活动，进一步加快迈向全球化的脚步。

（案例来源：黄君发：《LG 电子后来者居上的秘密：专注和另类》，《当代经理人》2007 年第 11 期）

二 案例分析

LG 电子（中国）研发中心，是一个独立于任何工厂法人之外，直接隶属于 LG 电子（中国）的具有独立法人资格的研发中心。正是因为 LG 这一与众不同的经营研发方式让 LG 电子在中国市场的进取过程中安全顺利。企业的创新与此表现的正式文化的融合和创新。

三 思考·讨论·训练

1. LG 成功的原因是什么？
2. 如何理解 LG 开发模式对企业管理的重要作用？

案例 6 海尔的非洲故事：五年内雄踞当地品牌第一

一 案例介绍

海尔这家中国最大的白电制造商的国际化能力在尼日利亚得到了检验：海尔如何在五年内雄踞当地品牌第一。

在非洲，尼日利亚是第一人口大国。大约有1.4亿人口、2300多万个家庭生活在这个紧邻赤道的国家。高温蒸发着大西洋的海水让这个非洲国家的空气里也饱含盐分。事实上，这里给人最不理解的印象是城市糟糕的交通状况与从未亮过的红绿灯。据当地人介绍："红绿灯亮了也没用，所以干脆不亮。"的确如此，在尼日利亚的街头，双向四车道的马路上每天都会发生数个小时的堵车，红绿灯已经发挥不了丝毫作用，在如此的交通状况下，红绿灯不亮或许还能节省一点电能。

恰恰是因为44℃的高温、潮湿与糟糕的交通，让尼日利亚街头出现这样的一幕：在每一条马路上，都会有很多人的肩膀上扛着一大袋子冰镇矿泉水、冰块在叫卖。在尼日利亚，街头卖水、卖冰块就能维持生计，因此很多家庭就以此作为主要经济来源。

独有的"国情"让这个购买力不算强大的国家里的消费者对冰箱、冷柜情有独钟。因此，这里的消费者在购买冰箱、冷柜时也格外挑剔。他们最喜欢的就是海尔永不生锈的冰箱与100小时不化冻的冷柜。

(一) 最受欢迎的外资品牌

尼日利亚消费者对海尔冰箱的喜爱可以从市场结果上看到：2003年，海尔在当地市场以25%的市场份额超过欧洲、美洲及亚洲其他的各冰箱企业，成为新的冠军。至今，海尔冰箱已经连续五年稳居尼日利亚市场第一名，市场占有率也递增到29%。更重要的是，尼日利亚消费者宁肯多花15%的钱也要购买海尔冰箱。

事实上，无论是连续五年第一，还是多花钱也要买海尔冰箱，这只是一个结果。归根溯源，其背后还是产品竞争力的第一，更是满足当地需求的速度第一。海尔冰箱的竞争力就是满足消费者需求的结果。由于尼日利亚靠近赤道，紫外线很强，日平均温度都在33℃以上，最高达到44℃。与此同时，长达9个月的雨季夹杂着带着腥咸味的空气直接影响到了当地人的生活。家用电器生锈就是困扰当地人的烦恼之一。尼日利亚人为此更需要耐腐蚀的日常用品，以及家电用品。在电器中，海尔全防锈冰箱就为当地人提供了一种更省心的生活。

海尔在尼日利亚庞大的销售网络也为当地人提供了便利的服务。在当地5个大区、36个省里90%的网点都在销售海尔冰箱。在尼日利亚市场上没有类似于在中国以及其他地区的大连锁渠道，但分布在各地10—200平方米的"家电小卖部"能够为当地人提供了更便利的购买与送货服务。而在一些十几平方米的小店里，为利用空间，老板甚至把冰箱摆成两层来卖。在这些卖场里，

50%的冰箱样机出样很直观地告诉进来的顾客：海尔冰箱是这个市场的主流。

如今，海尔冰箱在尼日利亚市场销售的产品除了本土研发、制造、销售的外，还有从中国、泰国、印度等制造基地进口到当地销售。以全球资源应对全球需求已经成为海尔冰箱全球化运营的一个标志。

（二）海尔在全球获认可

事实上，海尔冰箱从第一次走出去就立志成为一个被全球消费者认可的品牌。毕竟，选择从最艰难的市场进入对任何企业都是极具挑战性的课题，但海尔依然决定向德国市场的家电企业挑战。结果，海尔在德国市场胜过当地冰箱品牌。

尽管当时海尔已经通过了德国的安全认证，但客户依然不接受海尔冰箱。因为那时别说是中国货，就是日本冰箱也很少能销售到德国。而海尔冰箱对自己的产品充满信心，他们提出做一个试验：把海尔冰箱与德国冰箱摆在一起，都揭掉商标，让德国客户自己选。结果客户最终选中了海尔冰箱，德国人很诚实，一下子就给了海尔2万台冰箱的订单。三年后，这样的结果再次上演：在德国的*TEST*杂志一年一度的对德国市场上销售的进口家电进行抽检中，海尔冰箱获得8个“+”号，在所有受检的冰箱中名列质量第一名！比德国本土冰箱品牌还要好。

此后，海尔在海外不断为自己赢得声誉。在北美，美国通用电气公司开始模仿海尔法式对开门冰箱，推出了自己的“追随型”产品；在南亚，海尔法式对开门冰箱在印度市场售价高达14.5万卢比（折合人民币2.75万元），成为当地市场的最高端的产品；在欧洲，海尔法式对开门冰箱被当地著名连锁渠道主推……

所有一切都表明，海尔选择与高手过招的市场策略已经进入收获期，它以独有的“中国式挑战”成为全球高端冰箱市场的领导者。

正如美国《商业周刊》发布的权威调查所说的那样：海尔作为家电领域唯一入选者，在全球范围内“已经获得了相当的认可”。事实的确如此，海尔冰箱已经在海外行走了18年，产品遍布全球160多个国家和地区，有超过5200万个家庭，大约2.6亿消费者已经成为海尔冰箱的用户。正因为有这样一个群体对海尔冰箱的消费，最终使海尔及旗下冰箱等产品在全球“获得了相当的认可”。

（资料来源：http：//www.techweb.com.cn/manage/2008-01-04/286633.shtml）

二　案例分析

国产家电企业在世界上享有最高知名度、销售量第一的非海尔莫属，海尔能取得这样大的成就和其多年来重质量、重品质、重消费者需求是分不开的。本案例中海尔取得的成就也是因为在产品创新过程中重视消费者的根本需求而产生的，因此产品创新是管理创新中重要的一环。

三　思考·讨论·训练

1. 如何理解案例中海尔创新的成功？
2. 解释某企业的产品创新是否成功？

案例7　联想品牌整合的败笔——杀鸡取卵式的增长

一　案例介绍

联想开始放弃IBM品牌了，这毫无疑问是非常高明的，因为再过两年联想就不能再使用IBM品牌了。而联想再承接IBM－THINKPAD的品牌资产中的一连串动作，也是非常有智慧的：一是保留了副品牌THINKPAD，并升级为主品牌；二是保留了IBM－THINKPAD的一贯外观风格，让人感觉到还是IBM的品质；三是THINKPAD的标志设计，非常巧妙地把鼠标上的小红帽放到了“I”上，把品牌的视觉资产有效的嫁接到新品牌上。

然而，联想在品牌整合过程中也是有败笔的。THINKPAD手提电脑屏幕的右下角开始标上了联想的LOGG：“LENOVO”。这似乎有点走火入魔了。THINKPAD手提电脑的个性是“性能超级稳定、权威、睿智成熟的商务精英的首选”，很多商务人士买THINKPAD一方面是因为性能稳定、数据安全，另一方面也是因为拎着它是一份自豪与荣耀。当大家都知道这是联想的一个品牌时，这种荣耀感就会大打折扣。这种副作用，短时间内不会很明显，但时间一长，肯定会伤害品牌根基。

其实，同一企业旗下有多个档次差异较大的品牌时，一般采取的是相互不关联策略，即不主动让消费者知晓这是同门兄弟品牌。比如大众与丰田就明智多了，从来不会主动告知奥迪和雷克萨斯是自己的品牌，否则大众和丰田旗下的低端品牌会有损奥迪与雷克萨斯的高端形象。

THINKPAD 手提电脑的一连串营销和广告策略更是令人大跌眼镜：THINKPAD 开始推出 5999 元的手提电脑，联想的专卖店开始大张旗鼓销售 THINKPAD。可能是联想集团负责 THINKPAD 的领导人迫于短暂的业绩压力采取了这一系列极不明智的策略。

IBM－THINKPAD 开始推 5999 元的手提电脑，越来越多的低价 IBM－THINKPAD开始走向市场，还会有人仍然觉得拎着 THINKPAD 是一份自豪与荣耀吗？其实，高价对 THINKPAD 是必须的，只有高价才能彰显“权威、睿智成熟的商务精英的首选”的品牌个性。联想集团对低端市场感兴趣，不是完全可以靠 LENOVO 吗？

联想的专卖店开始大张旗鼓销售 THINKPAD，等于喋喋不休地告诉消费者 THINKPA 与 LENOVO 是同一家的兄弟。这会影响 IBM－THINKPAD 的高档感。虽然 IBM－THINKPAD 推低价产品，共享联想的终端，马上会促进销售的增长，但这是杀鸡取卵式的增长，长此以往总有一天联想集团会自食其果。

品牌通过营销和传播策略向消费者传递的一切信息都不应与品牌核心价值与个性发生冲突。品牌管理成熟的企业非常注重这一点，THINKPAD 在被联想收购前品牌管理非常严谨，尽管赞助流行音乐、摇滚音乐可以获得更广泛的传播，品牌的知名度和短期销量能得到快速提升，但为始终秉持品牌个性——“商务首选、权威、睿智、成熟”，所以对音乐会的赞助就严格限定在高雅音乐领域，绝不会去赞助流行音乐、摇滚音乐。而联想收购了 THINKPAD 后马上就有一连串非常不成熟的品牌行为，说明了中国企业和跨国企业在品牌管理理念与水准上的差距何其之大。

（资料来源：http：//www.waimaozu.com/Management/cases/2008－04/055375.html）

二　案例分析

联想收购 IBM 的 THINKPAD 业务曾掀起一段长时间的业内关注。正是有人不相信也不确定 THINKPAD 的未来，现在看来，THINKPAD 不能说是成功的。联想的战略计划中存在的问题就是对品牌核心价值和个性没有较好的协调和整合，因此才有今天 THINKPAD 整个品牌价值的下滑。如何管理品牌应该是联想目前最重要的问题。

三　思考·讨论·训练

1. 如何理解品牌价值？
2. 联想应该如何改进对 THINKPAD 品牌价值的提升？

案例 8　锐意创新的 3M 公司

一　案例介绍

3M 公司是一家以创新著称的企业。走进它总部的创新中心，最吸引人的是橱窗里陈列的各式 3M 公司产品。从医药用品、电子零件、电脑配件，到胶布、黏贴纸等日常用品，逾 5 万种的产品表明，该公司在产品开发方面拥有强大优势，而回顾公司的发展历程，你也不难看到创新对 3M 公司是多么重要。

（一）鼓励创新

因为认识到创新的重要性，3M 公司从各个方面鼓励员工不断创新。从鼓励研究人员发展新构想的"15% 规则"、设立资助创新计划的辅助金、创造容忍失败的环境，到主办"科技论坛"，3M 公司无处不显示出对创新文化的重视。

3M 公司的任何一位员工都不用担心自己的研究没有用武之地。当你的新点子被公司里其他人认为不可行时，你仍然能继续研究。如果你坚信自己的新构想终会开花结果，那么你可以利用 15% 的工作时间继续实验自己的构想，直到成功为止。3M 公司许多产品就是得益于"15% 规则"而诞生的。

3M 公司还营造了一种容忍失败的工作环境。在该公司里，不论你提出何种想法，都不会遭到其他人的讥讽。3M 公司认为不成功并不代表失败，在它所进行的新产品科研中，常常有逾半数的计划不成功。对 3M 公司的员工而言，失败并不可怕，只要你不是毫无建树。只有毫无建树的员工才会遭解聘。

顾客反馈的意见是 3M 公司创新的源泉。3M 公司的研究人员从不是待在实验室里闭门造车。他们需要接近顾客，了解顾客需求，发掘顾客的新需求。3M 公司的化学工程与聚合物科学部门每星期都会派一组科研人员到医疗机构考察，每个月还会组织一批护士到 3M 公司聆听产品介绍，协助 3M 公司改良和创造更好的产品。

3M 公司还非常重视自身的社会形象。公司每年拨出 3200 万美元回报社会，把创新应用在社区服务及环保领域。员工提出的有利于减少产品制造过程中对环境造成污染的可行性建议，80%—90%会被公司采用。

（二）平等融洽的氛围

3M公司尊重每一个员工的能力，让他们自主工作。员工可以根据工作需要，在公司不同部门间流动，上司与下属不分职位高低，相互尊重，平等交流。当员工之间有纠纷时，当事人开诚布公地相互交心，以达到消除分歧，达成共识的目的。因此，3M公司就像一个大家庭，虽然有人际纠纷，但最终都会雨过天晴。

对员工的评价，3M公司也是采用全面评价的方式。参与评估的不仅仅是员工的上司，还包括员工的同级同事、员工的下属。参与评估者以匿名的方式，说出对被评估者的看法。

正是因为3M公司如此善待员工，所以它的员工跳槽率很低，3M公司拥有一批富创造力和高忠诚度的稳定的员工队伍。3M公司的员工塞特尔曾经离开过3M公司，但是两年后他又重回3M公司怀抱。塞特尔说，选择回归，是源于他喜欢3M公司公平对待员工的企业价值观、开放自由的创新风气和舒服自在的工作环境。

（三）3M公司的聘人宝典

要延续创新的企业文化，必须聘用最具创意的科研人才。3M公司在这方面还颇有研究。三年前，3M公司发现员工的创新能力大不如前了，于是专门成立了调查小组以探究竟。他们找来公司里最具创新力的科研人才，询问他们在进入公司前做过什么。最后，调查小组发现，创造力强的人都有兴趣广泛、好奇心重、喜欢问问题、自主性强、新点子多、拥有强烈的道德观等特性。这些人有“先实验后解释”的作风。由此，3M公司知道今后它需要的应该是有勇气、不怕犯错误、拥有良好技能和创新特质的科研人员。

3M公司在海外聘用当地人才时，也有自己的特殊做法。例如在日本，许多好的人才都会跑到日本的著名公司去，3M公司似乎很难再挑到优秀人才。可是，3M公司却不这样看，它认为传统的日本人才会加入传统的日本企业，而剩下的人正好是3M公司要找的人，因为他们不会遵循传统，而是要自己开创一条新路，这些不满足于现状的人，才是具有创新精神的人。

（资料来源：http：//elab. icxo. com）

二　案例分析

3M公司今天的成功和其努力创新是不可分割的。3M公司的创新体现在多个方面，创新的制度、创新的用人法则……总之，能够创新的地方3M公司无一例外地想到了，也创新了。这正是我国企业值得参考和借鉴的地方。

三 思考·讨论·训练

1. 什么是创新？
2. 简述创新在企业管理上的重要作用。

案例9 策略创新——企业成功之道

一 案例介绍

科技产业界正在进行一场分秒必争的竞赛，瞬间的变化可以决定下一刻的赢家或输家。在以十倍速剧变的时代里，未来将不再只是过去的延续，未来需要企业主动去影响、形成与创造。而互联网经济的飞速发展，在创造了新的应用模式、新的游戏规则和新的产业机会的同时，也把新的挑战和新的危机甩给了传统的IT企业。

作为世界知名的电脑外设专业生产厂商，明基始终坚持其长远而目标正确的策略思维，并不断创新，积极主动地改造环境、主导产业优势。从个人电脑（PC）市场到在信息家电（IA）与无线通信（Wireless）领域积极拓展，明基以前瞻性眼光从容布局，赢得一个又一个战略转折的巨大胜利。“策略创新”可以说是明基的成功之道。

所谓“策略创新”是指以新的经营模式重新设立新的竞争规则，而“经营模式就是企业创造价值的方式。经营模式是否成功，端视其创造价值的方式是否赢过其竞争者”（语出《领导革命》，盖瑞-汉默著）。在过去卖方市场环境下，市场规则以成本与产量为主导，制造能力为关键因素，也是价值链中最重要的一部分。在买方市场情况下，就客户而言，专利技术以及具有附加价值的服务越来越重要，而制造的附加价值变低了。进入20世纪90年代以后，掌握核心技术的研发和关键零组件的制造以及树立品牌形象、提供完善的售后服务将成为企业创造价值的关键。

基于上述判断，明基以盖金字塔的精神架构成功的经营策略，依客户需求，积极开发并整合电脑外设、光电产品、数字多媒体、无线通信、宽带网络等多项尖端技术。在长线发展与短期操作中努力寻求平衡点，并运用多元化产品策略，拟定“WWW＊COM”（网络、无线通信和宽带——3W 主轴再结合电脑外设、光电产品与多媒体事业）经营方向，不断创造佳绩。可以预见，明基的产品策略在未来将拥有更宽广的竞争优势与挥洒空间。

通过几年来的苦心经营，明基在国内已基本形成一种短而宽的扁平式渠道架构。渠道扁平化在最大限度降低企业营运成本的同时，留给了经销伙伴们丰厚的利润空间，对双方来说是一个双赢的模式。明基作为供应商，每年都为合作伙伴们提供大量的培训机会，而明基大学的学员也逐年增加。对经销商，明基积极鼓励他们进行策略创新，采用综合实力连锁等新的经营模式来经销尽可能多的全系列产品。明基相信，通过渠道支持、鼓励、培训等方式来提高渠道战斗力非常必要，因为对明基来说，产品品质是生存的基石，而渠道则是明基发展的支柱。

（资料来源：http：//manager. kooso. com. cn）

二 案例分析

21 世纪是网络世纪，也是无线通信的世纪，明基为迎接时代转折这一契机，透过技术策略面的架构，全力整合，发挥综合效能。完美的品质与技术、就地服务的全球布局和前瞻性的产品定位，为明基见证了过去 16 年来的成长记录。可以说，明基的今天和其坚持创新所取得的成果是分不开的。

三 思考·讨论·训练

1. 何谓策略创新？
2. 试给身边某一知名品牌策略创新提出建议。

案例 10 以创新求发展的 IBM

一 案例介绍

创建于 1924 年的 IBM 公司，自其建立之日起就一直以充沛的活力傲立于电脑行业，历经 70 余年而不衰。1991 年的销售额为 635. 94 亿美元，雇员 344553 人，在世界 500 家最大的工业公司中排名第六位。

这个“蓝色巨人”的创立、崛起和成功，在很大程度上归功于沃森父子。

托马斯·约翰·沃森，1874 年出生于纽约，1924 年正式创建了国际商用机器公司（IBM）。其管理方式倾向于独裁式的统治，职工的衣食住行都由公司严格规定。他甚至规定员工必须身穿深色的服装，内着白色衬衫，系条纹领带。他不允许雇员饮酒，甚至在工作之余也不行。但是，沃森能够充分利用每个人的才能，把每个人安排在他最能发挥作用的岗位上并根据能力和贡献付给报酬。同时，他非常关心员工的生活，注意做到兼顾公司、顾客和员工三者之间的利益。IBM 实行终身雇用制，其员工的薪金也在各个公司中名列前茅。另外，公司还向员工提供名目繁多的各种福利待遇。

1950 年，斯佩里兰德公司发明了新型的电子计算机，比 IBM 公司的电动式打卡统计机的计算速度快 9 倍，这使 IBM 公司的产品遭受到沉重的打击。这次不幸事件主要是由于老沃森思想保守、抓研究和创新不够造成的后果，老沃森为此宣布辞职。他的第二个儿子继承父业，于 1952 年继任 IBM 公司的总经理。小沃森上台后，汲取父亲的教训，提出一个响亮的口号：时代是汹涌向前的潮流，企业必须顺应这个潮流。经过九年奋斗，IBM 推出了“1401”新型晶体电子计算机，迎头赶上了斯佩里兰德公司。

从 20 世纪 20 年代始，IBM 的经营管理原则就一直未改变。小沃森大胆地抛弃了其父的管理方式，提出新型的管理方针：①思考；②充分尊重每个人；③尽一切努力使顾客感到满意；④尽一切努力把事情办好。小沃森极力推行他的民主、分散式的科学管理方式。他认为，让员工自由发表意见，并诉说自己所遇到的困难，可使公司上下打成一片，消除隔阂。各级主管也因此而不敢滥用权力，最后自然会给全公司带来最大利益。同时，设立意见箱，鼓励员工们提供改革意见，经专人审核，认为确实可行的，立即采用并给予重奖。

小沃森的改革取得了很大的效果，当他于 1971 年退休时，IBM 的实力已比父亲把领导权交给他时超过了无数倍，并远远走在他的竞争对手的前面。“蓝色巨人”的电脑帝国终于建成。

1951 年，朝鲜战争爆发。小沃森立即致电杜鲁门总统表示支持，随即为美军研发出了巨型“防务计算机”。这台庞然大物就是 IBM 研制出的第一部计算机。从此，小沃森决定将计算机的研制与市场需求同步发展。针对不断变化的市场而进行的研究工作，使 IBM 获得了大量适应市场需求的产品，并导致了公司的巨大成功。在后来的十五年中，IBM 的生产以每年 16% 的速度增长。

但是，当时 IBM 的实验室还没有条件在电子研究方面取得迅速进展。小沃森意识到了这种不足，于是决定将该公司用于科研和发展的经费由当时占总营业额的3%增加到6%。同时，为了克服高技术人才缺乏的困难，他一方面请来一些著名的数学家和计算机理论专家为公司培训工程师和技术人员；另一方面又以一台大型计算机和一笔巨额捐款为代价，使麻省理工学院答应为其培训高水平的计算机研究和操作人员。在其后的五年中，这些做法取得了回报，这些高技术人才为IBM研制出了一大批高质量的计算机。

先进的技术水平和雄厚的技术实力，使IBM的产品获得较强的市场竞争力，为公司创造了大量的财富。为了巩固这些成果，IBM不断增加研究和开发的资金投入。1986年，公司的营业额为512.5亿美元，研究开发经费就达到52.21亿美元，占营业额的10.2%。1990年，研究经费超过60亿美元，约占营业额的11.5%。1991年，研究经费达66亿美元，占营业额的9.9%。目前，IBM拥有研究人员3万多名，研究机构4个。

IBM认为，要想使自己的产品有市场，就必须不断地进行改革，以使产品适应市场的需求。观察家认为，世界上很少有像IBM这样的企业进行如此频繁的重大改革。

为了了解顾客的需要和引起公司成员对顾客需要的重视，IBM公司将1987年定为"用户年"。到1987年年底，IBM20%的职员直接与美国的用户见面，了解用户对产品的要求。经过近两年时间的努力，公司降低了成本，减少了不必要的生产，使利润额有所上升。

1988年，企业经营状况继续好转，但改革仍然继续进行。这一年，IBM进行了30多年以来最重大的一次机构改革，将生产经营权下放至7个经营部门，其中包括产品生产决策权。IBM认为，只有这样，"才能提高企业经营水平和策划能力，更快地满足我们的需要并为自己创造更多机会"。以后的实践证明，企业竞争能力的形成需要更大的基层自主权和决策权。

这一系列的改革措施，促进了公司的发展。1986—1989年，公司每年的销售额以15%的速度连续增长，所创造的产值相当于过去二十五年的总和。IBM生产的主导产品转向软件、服务、小型电脑以及工业标准的电脑联网系统。公司的生产能力和产品的市场竞争力都得到了极大的加强。进入20世纪90年代，用户对产品的质量要求越来越高，因此，IBM又将改革的重点放在产品质量上面。同时，公司进一步加大了各经营机构的自主权。1991年12月4日，除产品开发自主权外，各下属公司又获得财务自主权。自此，IBM总部不再为各公司的各项发展制订计划，而由各公司自主经营，以使之更能适应不断变化的市场需求和用户的需要。

IBM认为，这一系列的改革实质上是一场"革命"。在这场革命中，IBM

要迅速地将经营方向对准用户，提高产品质量，改善服务，在世界范围内健全合作生产经营的体系。

（资料来源：清华大学经济管理学院工商管理案例研究组编：《工商管理800例》，世界图书出版公司1998年版）

二 案例分析

年过七旬的IBM公司在其漫长发展历程中，始终以充满青春活力的“少年英雄”的面貌出现在世人面前，塑造了一个坚不可摧的“蓝色巨人”形象。最根本的一条，就是它在满足用户需要的信念上不断改革和创新，紧跟时代的步伐，创造了一个又一个的奇迹。锐意创新和不断改革，是包括IBM在内的所有企业保持活力并立于不败之地的奥秘。

三 思考·讨论·训练

1. 老沃森与小沃森的管理方式有什么不同？各有什么特点？
2. 你认为IBM公司成功的经验是什么？

案例11 IBM的知识管理的运用

一 案例介绍

（一）随需应变的知识管理

2003年5月，IBM派驻合资公司天津蓝泰科技的首席运营官程明亮向公众自豪地介绍了他所领军的华北地区最大互联网数据中心（IDC）。为天津泰达技术开发区上万家企业提供服务的不只是蓝泰科技在编80余人的团队，必要的时候可以得到“IBM华北地区、IBM中国甚至是IBM全球32万员工的支援。”

但是IBM并不刻意地随处贴上“知识管理”的标签。知识管理已经深刻地渗入公司运营的方方面面，成为员工们耳熟能详的工作方式，甚至是一个很小很方便的HR工具，身处其中，根本意识不到它代表着前沿的管理探索。当面对难题，身边的同事和过去的学习都无计可施的时候，IBM人会自然地向大家庭求助：他可以检索IBM内容渊博而条理清楚的知识库，指望在全球开展业务的过程中，曾经有人遭遇过类似的困境，无论成败的经验都将替他节省许多宝贵的时间，这一次又为下一次进行积累。

知识门户也可以带他在 IBM 的知识树上寻找知道的人，IBM 各地区各专业的专家都在树上的某个枝节待命。IBM 并不只有 IT 专家，公司服务部拥有从金融到金属和汽车各行各业的专家——正在研究为 17 种不同产业提供按需服务的解决方案。即使身在不同的大洲，响应的时间也不过一两天。这已经属于超级问题，大部分的答复都可以在数小时内做出。为了保证业务部门的同事全身心地投入到工作和学习中，职能部门尽可能地利用网络简化了相关事务。

即使在今天，很多公司的员工们还习惯于不厌其烦地填写复杂的申请表，战战兢兢地去敲老板的门；或者花费一个小时的时间粘贴报销的单据，之后财务关在小屋子里算上几天，算得头昏眼花。IBM 的员工们在多年前就已经摆脱了这样烦琐的手续，只需敲几下键盘就一切 OK。高管们也乐见其成，他们终于能专注于营销和创新这样的“大事”，每天只需抽出一块时间“批处理”，不必五分钟就被打断一次。

IBM 的协同工作环境战略相应地包括协同、内容、学习和专家四部分。这里的学习还是要和课堂联系起来，不管是实体还是虚拟的。近年来，美国麻省理工学院组织学习中心更将学习扩展到组织的层次，发展出系统思考、学习型组织的理论与实务。未来的典型企业应该被称为“信息型组织”，“以知识为基础，由各种各样的专家组成”，要“为形形色色的专家树立一个共同的远景，一个整合的价值观”。IBM 目前找到的这个远景是“电子商务随需应变”。

有效的知识管理给 IBM 的开源节流带来了举足轻重的收益。IBM 在实施知识门户之前在全球拥有 155 个数据中心，31 个独立的网络，上百种客户端配置支持多达 16000 个应用。实施后锐减到 16 个数据中心、全球唯一的网络、四种标准客户端和 7500 个应用。

（二）知识管理和随需应变

大规模制造的时代已经过去了，现在即使传统的机械工业的经理人也常常把定制挂在嘴边。随需应变的企业对知识管理有了迫切的需求。

公司培训也回应了知识管理的趋势，员工培训不只是福利，也不限于专业技能，企业文化、古代思想、游戏都出现在课堂上，甚至练习如何说话和写作。

（资料来源：http：//www. e-works. net. cn）

二　案例分析

20 世纪 90 年代以后，随着全球经济一体化，信息技术和互联网技术的迅速发展，整个世界进入了所谓的知识经济时代，企业管理也进入了知识管理时期。知识管理的建设一般从改变员工的沟通方式开始，旨在降低企业的运营成本。此后为了更有效地运作、改进反应能力，企业从访问深入交易，采取整合的解决方案，建立一些整合的个性化工作区，可开始连接外部团体。最终企业进入随需应变的高级阶段，基于网络的协作环境大功告成，可以连接任何应用程序以及外部环境。至此，知识管理已经上升到推动创新和组织转变的战略高度。

三　思考·讨论·训练

1. IBM 是如何进行知识管理的？
2. 知识管理应如何随需应变？

案例 12　TCL 移动追逐知识管理

一　案例介绍

位处珠江三角洲东部边缘的广东省惠州市，虽然名气上远不如与其成犄角之势的广州、深圳大，但凭借便利的交通和廉价的生产成本等优势因素，近几年已经吸引到多家著名大型公司在这里设立总部和制造基地。其中，TCL 集团就是惠州最值得骄傲的几大“资本”之一。

而作为 TCL 集团股份有限公司的第二大支柱企业，TCL 移动通信有限公司成立于 1999 年 3 月，是一家致力于手机等移动信息终端产品的研发、设计、制造、销售和服务的现代化高科技企业。TCL 移动凭借宝石手机成功地开拓了中国市场，一举成名，只用四年时间便完成了如戴尔等国际 IT 巨头八年才完成的经济增长规模。其连续三年营业额的增幅高达 263.3 倍。至今，TCL 移动已发展成为国内最大的手机等移动信息终端产品制造商之一，2003 年实现销售收入 94.5 亿元，连续两届荣登德勤亚太地区成长最快的高科技企业 500 强排行榜，排名高居前五强。

在企业规模和业务范围迅速扩大的同时，TCL 移动的苦恼也随之而来。30 家分公司、156 家办事处，200 多个分销商，3000 多家营销网点，3000 多名员工，光总部就有 80 多个文职秘书人员负责日常文件的拟稿、传送与报送。即便这样，一份文件 8 天、10 天也不一定能跑下来。为了和几公里之外的生产基地及时沟通，公司还专门设置了一台公文交换车，一天往返总部和基地三四次。如果遇到需要高层领导审批的报告或文件而领导恰好出差在外等比较紧急的情况时，则只能等待。

在这种情况之下，工作效率明显越来越低下。因此，TCL 首先要应用一些比较好的工具和技术去解决办公室自动化方面的问题。除了传统的 ERP、HR、CRM、SCM 和 EIP 等管理信息系统之外，对于多年进行信息化建设的 TCL 移动来说，如知识管理这样的时髦概念，现在也早已不只是 TCL 移动获得效益提升的良好愿望。

TCL 移动的信息化建设虽然开始比较晚，但起点比较高。目前 TCL 移动已经上线了六大管理信息系统，包括 ERP、财务管理系统、HR、KOA 办公自动化系统、CRM、SCM 供应链管理和营销管理系统以及前不久刚刚投入运行的 EIP 企业信息门户，这样的信息化规模和水平对于一家成立不满 6 年的公司来说，的确难能可贵。从另一个角度看，这也正体现了 TCL 移动对经营效率和流程优化的重视程度。

尽管知识管理听起来仍然像是个时髦的概念，但实际上，作为一种全新的管理方式，知识管理在最近两年正日益受到国外管理学界以及大型跨国公司的重视和追捧。更有学者认为，在知识经济时代，企业的价值已不在于拥有多少厂房、设备和产品，而在于知识产权、客户的信赖程度、与商业伙伴合作的能力、电信基础结构以及雇员的创新潜力和技能等，公司中最大的资源已不再只是资本和劳动，而是知识资源。据 IDC 的调查数据显示，仅美国企业在 2002 年就投入了多达 27 亿美元的资金用于知识管理，预测 2007 年这一数字将超过 48 亿美元。

TCL 认为，知识管理是企业全员参加的、全面的、全过程的管理行为，其魅力就在于潜移默化，通过它可以把企业的工作流程和相关的知识结合起来，只要员工按流程办事，他就可以实现经验与知识的不断积累。拿最简单的请假流程来说，大家平时虽然很少用，但什么职务可以请多少天假、谁审批、采用什么样的流程传输和反馈信息流等问题，现在在 KOA 和 EIP 中都可以做到一目了然，并且自动归档记录。这一点对研发部门来讲，知识沉淀和积累的效益更是显而易见。

如果每个人都按照新的流程体系去思考和分析，那么大家就会有越来越多的共同点，就会提高决策的速度和准确性。但在过去，我们花了很多时间和财力去做一件事情，成功之后，需要总结和归纳出来时，随着人员的离职和流失，这些经验和知识也自然流失了，这样就会使组织的效率受到影响。而知识管理可以避免这一现象的发生。通过公司内部的培训分享知识，也可以大大减少员工在组织学习上的重复劳动。在某种意义上说，流程再造的过程，也恰恰是 TCL 移动向知识型、学习型企业的转变过程。

（资料来源：http：//www. e - works. net. cn）

二　案例分析

知识包括隐性知识（是高度个性化而且难于格式化的知识，主观的理解、直觉和预感都属于这一类）和显性知识（是能用文字和数字表达出来，容易以硬数据的形式交流和共享，如编辑整理的程序或者普遍原则）。

知识管理是一种通过合作及集成的方法来创造（Create）、采撷（Capture）、组织（Organize）、截取（Access）、使用（Use）企业的信息资产，这些资产包括数据库、文档，但最重要的是内隐的专门工艺及个别职工的经验。知识管理遵循下列原则：①积累、交流、共享原则。知识积累是实施知识管理的基础，知识共享才能使知识创造价值，知识交流是使知识体现其价值的关键环节。②在实践中管理，以管理促创新原则。知识管理不仅体现在对已形成知识进行管理，更多的是体现在实践过程中产生知识以及运用已有知识进行创新的管理。③扁平化的原则。使企业内部的信息和知识快速地流动起来，通过知识管理力求促进企业组织的扁平化发展。知识管理系统软件平台的一般构成是：①知识采集（数据挖掘）工具，如谷歌（Google）、雅虎（Yahoo）等互联网搜索引擎。②知识整理（组织加工）工具，对知识进行编码、登记、统计、分析等。③知识交流工具，对知识进行共享、查询、引用、讨论等。

三　思考·讨论·训练

1. TCL 为什么要进行知识管理？

2. TCL 如何进行知识管理？

3. 在移动通信技术竞争越来越激烈的时候，TCL 的知识管理应该怎样完善？

第九章　管理的沟通职能

未来竞争是管理的竞争，竞争的焦点在于每个社会组织内部成员之间及其外部组织的有效沟通上。管理与被管理者之间的有效沟通是任何管理艺术的精髓。

——约翰·奈斯比特

管理的定义很简单，过去、现在、未来都是沟通。

——松下公司创始人松下幸之助

沟通是指可理解的信息或思想在两个或两个以上人群中的传递或交换过程。从某种意义上说，整个管理工作都与沟通有关，可以说，管理的过程就是信息、思想、情感在个人或群体间传递过程。有效沟通则是指正确地传递信息，信息被接收而且被理解。由此可见，计划者与企业外部人士的交流，组织者与被控制者的信息传递，领导者与下属的感情联络，控制者与控制对象的纠偏工作，都与沟通相联系。可以说，管理就是沟通。沟通是管理的最为重要的组成部分，沟通是任何管理艺术的精髓，沟通决定着管理的质量与水平。

一　沟通过程

沟通的过程就是发送者通过一定的渠道把有一定内容的信息传递给接受者的过程。一个完整的沟通过程如图 9－1 所示。沟通过程包括以下环节：

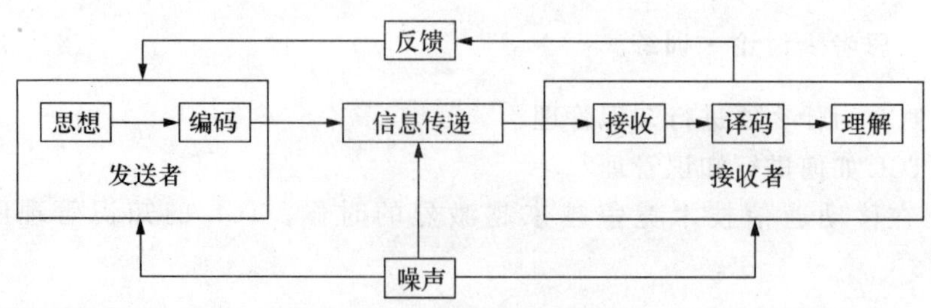

图 9－1　沟通过程

第一，形成思想。即信息的发送者首先要明确进行沟通的信息内容。这里所说的信息可以是想法、观点和资料等。

第二，编码。是指发送者将这些信息表达为某种或某些接受者能够理解的一系列符号，包括语言、文字、手势、图表和图片等。没有编码，信息就不能传递。

第三，媒体。也称沟通渠道。通过某种渠道把信息传递给对方，包括交谈、打电话、写信、写报告、演讲等。由于选择的符号种类不同，传递的方式也不同，通常重要或复杂的信息需要运用多种渠道来进行传递。

第四，接收。接收者接收这些符号，并将这些符号译码为具有特定含义的信息，包括接收、译码和理解等步骤。这个译码的过程关系到接收者是否能正确理解发送者所传递的信息，直接影响沟通效果。由于发送者翻译和传递能力的差异，以及接收者接受和解码水平的不同，信息的内容和含义有可能被理解错误。

第五，反馈，接收者把所收到的或理解的信息再返回到发送者那里，供发送者核查信息是否被理解，以纠正可能发生的某些偏差。包括交谈、电话、写信和写报告等。整个沟通过程都可能受到噪声的影响。噪声就是指信息在传递过程中所受到的干扰因素，包括内部干扰因素和外部干扰因素，它可以在沟通的任何环节发生，从而造成信息的失真，影响沟通的有效性。

以上所述沟通过程既适用于人与人之间的沟通，也适用于非人际沟通，如电话、电报、传真机等通信工具之间的沟通。

二　沟通的类型

（一）口头沟通

即运用口头表达的方式来进行信息传递和交流。例如，交谈、讲座、讨论会、演讲和电话等。其优点是：快速传递，快速反馈，信息量大，双方可以自由讨论，有亲切感。这对于双方统一思想、认清目标、体会各自的责任和义务有很大的好处。其缺点是：它具有时效性，有一过即逝的特点；另外传递中经过层次越多，信息失真越严重，核实越困难。

（二）书面沟通

即用文字作为信息传播媒介来传递信息的沟通方式。例如，报告、备忘录、信件、内部期刊、公司手册和布告等。其优点是：信息内容持久、有形，可以核实和查询，这对于复杂或长期的沟通尤为重要；重要的信息沟通一般都以书面形式沟通为主，“口说无凭，立字为据”就表现出书面沟通的严肃性。

其缺点是：比较呆板，不易随客观条件的改变而及时修正，不像口头沟通那样可以随机应变，也不能得到及时的反馈。

（三）非语言沟通

即用语言以外的非语言符号系统进行的信息沟通。它通过身体动作、面部表情、说话的语调和重音以及信息的发送者和接收者之间的身体距离来传递信息。例如，声、光信号（红绿灯、警铃、旗语、图形、服饰标志）、体态（手势、肢体动作、表情）、语调等。其优点是：信息意义十分明确，内涵丰富，含义隐含灵活。其缺点是：传送距离有限，界限含糊，只能意会、不能言传。

（四）电子媒介

即通过电子符号进行信息的传递。近 20 年来，随着网络等信息技术的发展，为组织中的沟通带来了很大的影响，人们已经逐渐掌握了应用各种电子媒介传递信息。例如，传真、闭路电视、计算机网络和电子邮件等。其优点是：快速传递，信息容量大，远程传递一份信息同时传递多人，廉价。其缺点是：单向传递，电子邮件可以交流，但看不到表情。

三　信息沟通中的障碍与克服

（一）信息沟通的障碍

1. 由信息发送者造成的障碍。信息沟通首先由信息发送者开始，如果发送者对信息传送的目的未经思考、计划和说明就发表意见，就会对信息的传递造成障碍。或者尽管发送者头脑中的某个想法很清晰，但由于措辞不当，缺乏条理，表达紊乱，则会造成信息表达不清，使接收者理解困难。即使意思清楚、用词得当的信息，但由于接收者个人经历、文化等方面的不同也可能产生不同的理解，这种现象尤其在跨文化管理中容易出现。

2. 信息传递中造成的障碍。信息从一个人传到另一个人的一系列传递过程中，由于损失、遗忘和曲解等会造成越来越失真。特别是在组织层次过多的企业里或传递环节过多的情况下。一项研究表明，通常每经过一个中间环节信息就将丢失 30% 左右。企业董事会的决定通过五个等级后，信息损失可达 80%。其中，副总裁这一级的保真率为 63%，部门主管为 56%，工厂经理为 40%，第一线工长为 30%，待传达到职工，就仅剩下 20% 的信息了。

在自下而上的信息沟通中，由于利害关系，往往存在报喜不报忧的现象，或是下级往往根据自己的理解和需要，对信息进行“过滤”，结果都使得高层管理者得不到真实的信息。

3. 由信息接收者造成的障碍。存在着接收者有选择地接收的现象，即人们拒绝或片面地接收与他们的期望不相一致的信息。研究表明，人们往往听或看他们感情上有所准备的东西，或他们想听或想看到的东西，甚至只愿意接收中听，拒绝不中听的东西。不善于聆听别人的意见及过早的评价，也常常是造成沟通障碍的重要因素，在听取下属意见时尤其如此。普遍的倾向是，对别人所说的要加以判断，表示赞成或不赞成，而不是试图去理解谈话者的基本内容。

4. 人际关系对信息沟通的障碍。信息沟通是发送者和接收者之间的“给”与“受”的过程，信息传递不是单方面的，而是双方的事情。因此，沟通双方的相互信任程度，沟通时的气氛等都对信息沟通效果造成影响。沟通双方的诚意和相互信任至关重要，上下级之间的猜疑只会增加抵触情绪，减少坦率交谈的机会，也就不可能进行有效的沟通。许多研究表明，很多经理自动地认为他们听到的信息是有偏见的，为了防止“偏听偏信”，即根据自己的想象对“偏见”进行“纠偏”。在这种情况下，再准确的信息也无济于事。另外，信息发送者和接收者之间在地位和权力上的差异，也可能造成沟通上的障碍。一个人的地位高，似乎是正确的、可信的；一个人的地位低，其信息也将打折扣。一般来说，地位高的人对地位低的人沟通是无所顾忌的，而下级对上级沟通时往往有所顾忌。

5. 过量的信息造成的障碍。有人也许认为比较多的且不受限制的信息会有助于克服信息沟通中的问题，但事实恰恰相反，过量的信息会淹没真正有价值的信息，使接收者无所适从。人们可以用多种方式对付超负荷的信息。首先，接收者可能无视某些信息，如要回的信件过多，干脆把某些信件搁置不顾。其次，人们可能会对信息进行过滤，先处理容易对待的事项，可能把难度较大也许是关键性的问题忽视了最后，人们可能会采用逃避的方法，把信息束之高阁或不进行沟通。

（二）克服信息沟通中的障碍

克服信息沟通中的障碍，首先要搞清楚造成沟通障碍的因素何在，在此基础上采用相应的方法来改善信息沟通。

1. 信息发送者必须对他想要传递的信息有清晰的想法，要有认真的准备和明确的目的性，并制订实现预期目的计划。在进行重要沟通时，事先要征求他人的意见，应同别人协调并鼓励他们参与收集事实、分析信息。另外，重要的一点是选用最合适的媒介。沟通的目的是为了统一思想，所以沟通前还应对问题的背景、解决问题的方案及其依据的资料、决策的理由和对下属的要求等做到心中有数。沟通的内容要确切，语言要简明、准确、通俗化、具体化。

2. 在信息沟通过程中，要尽量减少重复，缩短信息传递链，以减少信息传递中的失真。此外，在利用正式沟通渠道的同时，开辟高层管理者与低层人员的非正式直通渠道，加强直接沟通、口头沟通，直接了解基层情况。同时，加强横向沟通，拓宽信息沟通渠道，以保证信息畅通无阻和完整性。

3. 有效的信息沟通，不仅是发送者的职责，也是接收者的职责。因此，信息的接收者，尤其是上层管理者要学会“聆听”。有效信息沟通的关键是接收者能正确理解发送者的信息，而做到这一点的先决条件是要对发送者的信息付出时间、同情、共鸣和全神贯注。如管理者认真倾听下属的话，避免打断谈话。为能得到真实的信息反馈，管理者要创造出和谐的谈话气氛，表现出诚意、信任和同情，以此打消下属的防范心理。

4. 通过建立特别委员会，召开定期会议等方式，形成常规沟通渠道，加强上下级之间、同级之间的信息沟通，并且通过情况通报、报表等书面形式沟通各方面的情况。

5. 利用现代计算机技术和通信技术来克服信息沟通障碍。现代计算机技术和通信技术的飞速发展，给人们的信息沟通创造了更多的便利条件。开发和建立计算机管理信息系统、决策支持系统和专家系统等，利用计算机技术处理大量数据，并把有用的信息供给大多数决策者使用，管理者可以经济地、及时地得到必要的信息，用以决策。计算机还可以通过图表、图形等直观的形象显示公司的重要信息，对管理者提供决策帮助。另外，利用现代通信技术可以大大地解决距离上的障碍，身处各地的决策者可以通过远程通信会议，“面对面”地进行直接沟通，及时做出决策。也可以通过电子通信及时了解各地情况。

案例 1　沟通障碍与空难

一　案例介绍

仅仅几句话能否决定生与死的命运？1990 年 1 月 25 日，由于阿维安卡 52 航班飞行员与纽约肯尼迪机场航空交通管理员之间的沟通障碍，导致了一场空难事故，机上 73 名人员全部遇难。

1 月 25 日晚 7 点 40 分，阿维安卡 52 航班飞行在南新泽西海岸上空

11277.7 米的高空。机上的油量可维持近 2 个小时的航程，在正常情况下飞机降落至纽约肯尼迪机场仅需不到半小时的时间，这一缓冲保护措施可以说十分安全。但此后发生了一系列耽搁。晚 8 点整，机场管理人员通知 52 航班由于严重的交通问题他们必须在机场上空盘旋待命。晚 8 点 45 分，52 航班的副驾驶员向肯尼迪机场报告他们的“燃料快用完了”。管理员收到这一信息，但在晚 9 点 24 分之前没有批准飞机降落。在此期间，阿维安卡机组成员再没有向肯尼迪机场传递任何情况十分危急的信息。晚 9 点 24 分，由于飞行高度太低以及能见度太差，飞机第一次试降失败。当机场指示飞机进行第二次试降时，机组成员再次提醒燃料将要用尽，但飞行员却告诉管理员新分配的跑道“可行”。晚 9 点 32 分，飞机的两个引擎失灵，1 分钟后，另两个也停止了工作，耗尽燃料的飞机于晚 9 点 34 分坠毁于长岛。当调查人员考察飞机座舱中的磁带并与当事的管理员交谈之后，他们发现导致这场悲剧的原因是沟通障碍：

首先，飞行员一直说他们“燃料不足”，交通管理员告诉调查者这是飞行员们经常使用的一句话。当被延误时，管理员认为每架飞机都存在燃料问题。但是，如果飞行员发出“燃料危急”的呼声，管理员有义务优先为其导航，并尽可能地允许其着陆。遗憾的是，52 航班的飞行员从未说过“情况紧急”，所以肯尼迪机场的管理员一直未能理解到飞行员所面对的是真正的困境。

其次，飞行员的语调也并未向管理员传递燃料紧急的严重信息。许多管理员接受过专门的训练，可以在各种情境下辨析飞行员极细微的语调变化。尽管机组成员相互间表现出对燃料问题的极大忧虑，但他们向机场传达信息的语调却是冷静和正常的。

最后，飞行员和机场管理部门的文化习惯使得飞行员不愿意声明情况紧急。如正式报告紧急情况之后，飞行员需要写出大量的书面汇报；同时，如果发现飞行员在计算飞行油量方面疏忽大意，联邦飞行管理局就会吊销其驾驶执照。这些消极措施极大地阻碍飞行员发出紧急呼救的念头。在这种情况下，飞行员的专业技能和荣誉感可以变成赌注。

（资料来源：http：//www.hjblr.gov.cn）

二　案例分析

阿维安卡 52 航班的悲剧表明，良好的沟通对于任何组织任何个人都十分重要。小到一项措施的颁布，大到战略策略的调整，都必须建立从下至上、从上至下的畅通的信息沟通渠道。否则，无论其他措施怎么完美，都只是没有保障的蓝图而已。有效沟通是沟通的最高境界，它具有以下特征：

1. 准确。在企业沟通中，“不准确”有以下典型形式：数据不足、资料解释错误、对关键因素的无知、没有意识到的偏见以及夸张。做到信息准确，将提高你的可信度。

2. 清晰。包括逻辑清晰和表达清晰。如果你不能有逻辑地思考你的建议以及实现该计划的行动和可能的结果，那么你就不能期望你的听众会遵循你的思路。大多数糟糕的文章和讲话是糟糕的推理和草率准备的结果。做到表达清晰首要的是符合语法标准。

3. 简洁。良好的沟通追求简洁，追求以极少的字传递大量的信息。每一个人的时间都是有价值的，没有人喜欢不必要的烦琐的沟通。简洁并不意味着绝对地采用短句或省略重要的信息，它是指要字字有力。

4. 活力。活力意味着生动和易记。活力部分来自于准确、清晰、简洁，部分来自于对词语的选择、构思和句式。生动的语言有助于理解并且使你的信息更容易被记住。它还传递信心和责任。

三　思考·讨论·训练

1. 结合52航班飞行员与肯尼迪机场交通管理员之间的沟通过程，说明阿维安卡52航班坠毁的原因。

2. 飞行员、地面控制人员之间的沟通障碍在哪里？如何解决这样的沟通障碍？

3. 具体说明如何阻止这场空难？

4. 在飞行员与国际空中管理员所使用的母语不同时，管理员如何有效地工作？

案例2　编辑部的故事

一　案例介绍

1999—2001年小瞿在《XY晚报》文体部门工作，由于工作表现比较出色，2001年被提升为部门的责任编辑，当时报社分来了三个刚大学毕业的实习生，主要由于小瞿负责管理和培训。如何与他们进行有效的沟通并使他们早日掌握必要的新闻知识，成为合格的新闻从业人员，就成为小瞿的主要任务之一。小瞿在与他们沟通的时候也发生了许多故事。

（一）对症下药

这三个新来的大学生各有特点，从他们的写字就可以看出不同之处。小 C 的字写得有些潦草，看不太清楚。小 B 的字写得很小，往往缩在方框的一角。小 A 的字则写得比较大，而且常常出格。

古人云“字如其人”，其实如此。在以后的工作中小瞿也发现他们的不同之处。小 C 工作比较认真，也肯学习，但他的思路并不是很清晰，常常不知道文章的重点所在。小 B 很聪明，学得比较快，但有些胆小怕事。小 A 在来报社之前已在其他新闻单位实习过，有一定的工作经验，工作能力也较强，但他有些特立独行，自行其是，也稍有些傲气。

针对他们不同的性格，小瞿也采取了不同的管理和沟通方法。对于小 C，小瞿对之进行耐心辅导，帮他分析新闻事实，在事实的基础上帮他理清思路，主要还是启发教育为主。对于小 B 则以鼓励为主，用词力求小心、谨慎，并要求他在采访时更大胆一些。对小 A，则在肯定他工作的同时，也委婉地提醒他要注意以下报社的有关规定，加强与同事的合作。总体来说，小瞿在工作中对他们比较尊重，不时对他们取得的成绩当面提出表扬。

经过一段时间的磨合和努力，这三个实习的大学生都取得了不小的成绩，渐渐融入了组织之中，受到了有关领导的肯定。

（二）COPY 事件

在这三个实习的大学生中，由于小 C 外语较好，主要负责外文翻译工作并在此基础上撰写新闻稿。应该说，小 C 工作得相当努力，因为这毕竟还是在他的实习期，他的表现将直接影响到他最终能否留下来。

一天晚上，小瞿和他在一起值班。小 C 到网上寻找有价值的信息以便写稿，两个小时以后，他交来了两篇稿件，其中一篇是写韩国足球明星安贞焕在意大利的最新情况，当时安贞焕远远没有在 2002 世界杯时那么光彩夺目，国外英文网站上也很少报道他，除非是韩国自己的网站。而从这篇文章来看，也没有什么新鲜的东西。小瞿顿时产生了怀疑，“莫非这篇文章是他直接 COPY 别人已经翻译的?”但小瞿手中没证据又不能直接指出。

小瞿沉思了一下，抬起头后问 C 某：“你懂得韩文吗?”小 C 愣了一下，回答说：“不懂，这是我从英文网站上下载翻译的。”

“你能不能将这篇文章的原稿帮我找到呢?”小瞿又说。小 C 说：“好!”又去上网了。小瞿看他信心十足的样子，担心是否是自己错了，冤枉他了。

过了一会儿，小 C 面红耳赤地过来，“网断了，刚才上的网连不上去了。”

小瞿看了看他，反问道："是吗?"小瞿发现自己的态度有些不太好，连忙又对他说，"这两篇稿子你就先放这里吧，我再看一下，你可以先回家了。"

哪知道小C听了小瞿这两句话后，一下子就急了，"你不相信我，你不相信我!?"小瞿看他情绪有些激动，知道他已经误会了，他可能把"回家"理解为以后不要再来了，看得出来，他非常珍惜这个机会，不愿就此而失去机会。

小瞿看他很急，连忙对他说："我相信你，我是说，马上快到10点了，你回去的班车快要没有了，你去和主任打个招呼，就可以提前回去了，明天还要上班呢!"

听了小瞿这番话，小C才慢慢平静下来，和主任打了个招呼就走了。在他走后，小瞿考虑了一下，觉得小C还是很不错的，能够来实习也不容易，不要因为这次小小的错误就否定他，让他失去机会，明天再单独和他谈一谈吧，给他一个改正的机会。考虑到他的情绪，小瞿还是将他的两篇文章放上了版面。

第二天恰逢办公室例会，在会议上，作为责任编辑，小瞿还是对小A、小B、小C的工作进行了总结，并对他们进行了肯定，并没有讲前一天的事。在例会开完后，小瞿把小C叫了出来谈了一会儿，看他情绪不错的时候，小瞿对小C说："你说句老实话，昨天那篇稿子是你自己翻译的吗?"

小C沉默了一下，然后红着脸说："瞿老师，昨天真不好意思，那稿子是我从中文网上下载的。我想跟你说的，但又不太敢。"

"其实昨天我一看你的稿子我就知道了，你应该知道我当了这么多年的记者，是否是你自己写的，我一眼就能看得出来。再说，据我所知，英文网站上不太可能登这样的文章，你这个马脚露得太大了些。"小C低着头，小瞿看了看他又继续说："虽说在报社里面我比你早来几年，你叫我一声瞿老师，但我想，在报社之外我们也是好朋友，即使以后不再一起共事了，我们还是朋友。作为你的朋友，我觉得做人还得踏踏实实，不要耍小聪明，也许你可以瞒得了一时，但如果被人发现了传出去，我想这可能对你的将来有影响。"

小瞿看小C在不断地点头，知道这些话他已经记住了，便话锋一转："小C，应该说这段时间你干得还是相当不错的，领导对你也很认可。我不想因这个问题而使你失去在这里继续工作的机会。我答应你，这件事我不会告诉领导，你放心。我希望你以后能以此为鉴，踏踏实实地去工作，我相信你能做得很好。"小C听了很激动，紧紧握住小瞿的手说："瞿老师，谢谢你!"小瞿笑着对他说："别把这件事放在心上了，好好干吧!"

此事过后，小C全力以赴投入工作，取得了不小的成绩，而那件事也成了他们共同的秘密。两个月后，他成为报社的正式员工。在他得知被正式录用的时候，专门找到小瞿向他表示感谢，小瞿说："这主要还是因为你的出色表现，你应该感谢你自己。"其实小瞿心里也很开心，毕竟通过有效的沟通，小瞿成功处理了一次COPY事件。从那以后，小瞿和小C保持着很好的关系，并成了真正的朋友。

（三）被骂事件

虽说平时小瞿同小A、小B和小C都处得不错，大家也经常沟通，但有时也会有一些不一致。有一次小瞿就与小A在暗中发生了一次小小的冲突。

那还是在中国足球队出征世界杯预选赛时，前几场比赛中国队踢得不错，出线形势大好，但是乌兹别克队虎视眈眈，紧随其后。小瞿便要求小A能否以"中国队别高兴太早"为题做一篇文章，小A当时答应了。但过了两个小时以后，他交给小瞿的文章却是"中国队出线一马平川"。小瞿当时心里有些纳闷，这跟自己讲得不一样啊！小瞿也不便多说什么，又跟他把意思讲了一遍，他虽说不断点头，但小瞿发现他有一些不情愿。当小瞿问他有没有什么问题时，他表示没有。一个小时以后，他又重新交了一篇文章上来，小瞿一看还行，就把他的稿子放在了体育版的头条位置上，第二天也顺利见报了，而原来的那条自然被无情地"毙"掉了。而后来也证明小瞿的担心并非多余，乌兹别克队差点追上中国队。

但此事并没有结束，第二天晚上小瞿和小A继续在一起值班。当小A下楼去拿稿件的时候，小瞿看到电脑开着，便过去上网。在上网的过程中，小瞿不小心打开了一个窗口，无意中看到了一篇文章的标题："他懂不懂新闻啊，这样的文章也毙掉！"原来，这是小A在网上发的一个帖子。当时小瞿心里有些窝火，心想："你不过是来实习的，凭什么说我？再说，如果我说得不对，有问题为什么不当面提出来呢？"

但小瞿转念一想，是否自己也有问题，之前确实没有和他好好沟通过，也许和他事先商量一下选题怎么做，就不会出现这样的问题了。小瞿当时也没有多说什么，把这篇文章保存下来，目的并不是为了去教训他，而是作为一次失败的沟通，提醒自己还是要多注意沟通的方式。

在中国队顺利出线后，小瞿的部门进行了一次庆功宴。在去赴宴的路上，小瞿和小A坐在一辆车上，车上除了司机外，就小瞿他们两个。小瞿看时机也到了，就把那篇网上的帖子递给小A看，他看了默默无语，小瞿问他："你现在是什么想法？"小A想了想，回答说："我没有想到你已经知道了，我也没有想到你会这样做。"小瞿说："我是无意中看到的。我在你写文章之前没和你沟通好，这里面有我的责任，我想你如果有什么想法的话，你可以当面和我谈。你应该能看得出来，我并不是那种不好讲话的人，我想我们之间需要坦诚，如果我以前有什么地方做得不够好，请你谅解。"

小A听了小瞿这番话后，也很感动。他连忙说："这件事还是我不好，有什么事还是应该多沟通。我有时觉得你不太好接近，所以不敢说。"

小瞿也说："这件事就这样过去吧，我不希望它成为我们的心病。我觉得你是个非常聪明的人，你应该知道怎么做，我相信你能做得很好，也许平时我会多讲你们几句，但我这也是为你们好，当然，以后我也会加强和你们之间的沟通。只有不断地沟通，大家相互了解了，才能把工作做得更好！"

之后，小A比以前有所改变，比以前更合群了，不再像以前那么傲气，多了几分合作精神。经过努力之后，他也成为报社的正式员工。

（资料来源：王青、胡巍：《沟通技巧与领导力开发》，上海交通大学出版社2007年版）

二 案例分析

本案记述的对症下药、COPY事件和被骂事件三个事例给我们的启示是多方面的：

第一，沟通与管理有着密切的关系。一方面组织活动需要沟通，组织是由社会中的一些人员组成的群体，组织包含了成员之间的相互依赖关系，相互依赖即要求活动协调一致，相互配合，以保证每个成员的任务都能顺利完成，从而实现组织的目标。当然，协调一致和相互配合都离不开沟通。另一方面组织目标的建立和实施需要沟通，沟通对提高组织效能，适应环境变化，促进上级与下属间、同事之间、组织内部人员之间、组织内部人员与外界的相互理解都具有重要作用。

第二，信息的传递离不开沟通。在沟通中，我们不仅传递信息，还表达赞赏、不快之情或提出自己的意见观点。如果信息接收者对信息的理解与信息发送者不一致，就有可能导致沟通障碍和信息失真。因此，不仅信息发送者在传递信息时要清楚表明自己的意见、看法，信息接收者也要完整地理解传递来的信息，即既获取信息，又分析发送者的价值观、个人态度，达到有效沟通的目的。

第三，上下级良好的沟通十分关键。这个沟通是一个双向的过程，其中，管理者的主动沟通可能更加重要，对于许多下级而言，与上级沟通是一件很困难的事，因而下行沟通显得格外重要，只有了解下属的想法，才能做好管理工作。

第四，对于管理者而言，能实现有效沟通的一个前提便是从对方的角度考虑问题，进行换位思考，这样才能达到一致；而对下属来说，同样需要换位思考，这样沟通才能达到良好的效果。

第五，沟通需要以尊重和宽容为前提。沟通一定要以相互尊重为前提，对管理者来说，只有对下属尊重，才能赢得他们的尊重和发自内心的拥护。但同时也要看到，沟通也会有一些噪声和障碍存在，难免会有一些误会和冲突，这就要求管理者必须要宽容一些，这样才能将问题处理好，否则沟通顺畅将永远不可能实现。

三 思考·讨论·训练

1. 怎样才能针对沟通对象的不同特点进行有效沟通？
2. 结合本案例中小瞿的做法，谈谈怎样化解上下级关系中的误解和冲突。
3. 沟通在组织日常管理中具有哪些作用？

案例3 财务预算信任危机的化解

一 案例介绍

根据国务院关于深化电信体制改革决定的精神，中国网通集团按照向南方拓展的战略部署，在A省以发起设立方式成立了通信股份有限公司（以下简称“A公司”），公司注册资金5亿元，2003年战略投资达到30亿元。A公司在成立之初，战略定位在新一代电信运营商，通过建立现代法人治理结构，实行董事长领导下的总经理负责制，使A公司真正成为在A省具有一定市场份额、管理高效、发展科学的基础电信运营商。

通过2002—2003年的建设和发展，目前公司拥有30多万的电话用户，资产总额达到20多亿元，建成了包括国内长途、本地电话、IP网络、智能网平台、国际出口局等在内的“5网+1平台+2出口”的生产能力，为A省提供充分的语音及数据通信能力。

目前A公司的组织架构方面，按A省行政区划成立了省公司管理下的21

个地（市）分公司，人员结构有50%来自于原来的中国电信各企业，50%来源于社会其他IT运营商，不同的企业文化背景，造就了A公司独特的“混血”企业文化。公司内部员工对公司管理的理解、市场拓展、固定资产投资建设各抒己见，更加突出了管理上的难度，公司总经理通过办企业杂志、总经理特别信箱等方式，起到了一定程度沟通作用，但如何培养员工进行有效的管理沟通已经提到议事日程上来。总经理明确指出，有效的管理沟通必须成为A公司重要的管理工具，以达到凝聚各方面意见，提高公司核心竞争力的目的。

（一）冲突产生

2004财年，按照集团公司的全面预算管理工作部署，公司财务部及其他职能部门像以往其他财年一样对集团下达的预算指标进行了分解，分解到所管辖的各市分公司。但2004财年与以往不同的是，为彻底贯彻现代企业法人治理结构，集团与各省签订了业绩合同，总经理如完不成财年业绩考评任务，将降职、降薪、转岗。集团总经理已多次在全集团大会上发表意见，指出国资委对国有企业的考核有净利润和净资产回报率两项，同样要把这个业绩任务考核各省。这是一次真正“到肉”的考核，以前国有企业考核往往是雷声大、雨点小，到年末业绩无法实现时，总经理可以以种种理由为自己开脱，起不到考核评价作用，也就失去了“能上能下、能进能出”用人制度的意义。同样，作为A公司的总经理也会把压力传递到各市分公司的总经理身上。

在编制2004财年预算时，各市分公司总经理仍然抱着一种心态，认为收入报大数，在上一级管理层面前表决心，到年末完不成任务再说情，认为不会有真正的考核。在编制预算时，各分公司偏离实际，报了大数，但作为省公司财务部，在与各市分公司预算沟通咨询会后分公司仍无意见，于是下达2004财年预算。同时，省公司总经理也把集团的业绩考核评价办法同时下达。这时，冲突骤然产生，各市分公司立即告诉省公司考核评价部门和省公司总经理，说指标预算口径解释不清、分公司某个领导班子成员不知道该预算编制过程、指标数下达不符合分公司实际情况，等等。省公司考核评价部门和省公司总经理经不住众多“跑步”冠军大量的耳边吹风，咨询省公司财务部的预算，并让审计部门介入收集意见。此时，预算信任危机产生了，特别是审计部门的介入，是否说省公司总经理对财务部门专业能力缺乏自信，还是说怀疑下达指标时是否有因分公司说情的不同而没有按一个原则下达。如何化解，这是摆在省公司财务部总经理面前必须要解决的问题。如妥协，集团公司下达的业绩任务完不成，财务部门预算管理能力受到置疑；如硬往下压，分公司必然会在日后的经营活动中不能很好地执行预算，必须进行有效的管理沟通。

（二）受众分析

要化解预算信任危机必须迅速找出问题的所在，分析受众对象。沟通过程涉及公司管理层省公司总经理、平行部门、下级分公司，层次不同，要区别对待。

1. 公司核心管理层。这是沟通所要面对的最初对象，他们知道什么是公司的全局和整体发展的需要，因此，管理层强调决策的科学性，并要求看到实质的财务成果。

2. 省公司财务部门总经理。它既是沟通过程中的守门人，又是意见领袖，他更关心公司的发展和操作规范，并且不允许自己的专业能力受到置疑。

3. 分公司管理层。它是沟通的主要客体，他们了解所在分公司的发展实力以及在此基础上的利益获得能力，他们希望有大的收益，同时不愿意看到指标过高，难以完成。

4. 省公司考核评价部门。它是沟通的次要客体，在整个案例中处于独立态度，对市场影响和部门操作规范有较好的把握，但同时希望不要得罪任何一方。

（三）化解危机

在对受众对象进行分析后，省公司财务部总经理决定采用管理沟通的一些工具与技巧化解这场财务预算信任危机。

1. 自我沟通。省公司财务部总经理先停下手中的工作，反省在日常工作中的得与失，到底是什么原因造成预算信任危机，是考核严，还是平常太强势，对管理层、对平行部门的沟通不够？是不是因为自己在公司组建的时候，由于有省公司总经理支持，一开始就非常强势，而且随着时间推移和事业发展，变得越来越强势？是否已经患上了企业管理和成功人生历程中可怕的“强势老板管理沟通综合征”！是不是一说话就打击或攻击别人的观点和看法，对分公司和身边的人采取的态度90%是否定的态度？是否每次开会都采取强硬政策，逼迫全体人员接受他个人的观点和看法？是否对分公司和平行职能部门的意见和工作贡献总是极力加以否认？

通过自我沟通，财务部总经理发现在实行一些财务管理办法时，尽管是有利于公司管理的办法，但是，在与部门及分公司沟通过程中表现强势，对一些部门提的意见不予理睬。因此，公司财务部总经理决定从以下具体措施加强管理沟通：改变管理沟通观念，沟通是一种双向活动，而不是单向的表达和“灌输”，要主动与分公司就预算的收入、成本、费用进行讨论；改变过于强烈的自我中心，尊重他人的意见，认可分公司的价值和权利，平等对待对方；

采取一种宽容开放的心态，乐于倾听并且认真思考别人的不同意见；学会控制自己的情绪和感觉，考虑到对方的心理感受，以礼待人，求同存异，允许别人有自己个人的意见；放弃强势沟通方式，改用“和风细雨”式的平等交流方式进行沟通，让别人表达自己的真实想法。

2. 换位思考。有了自我沟通的基础，对内、对外沟通有了统一联结点。作为一个新成立的公司，财务管理扮演着管理中心的角色，特别是预算管理又成为中心的中心，为尽快实现公司管理层的目标，对分公司预算更多的是让分公司执行，而没有去考虑他们的感受。分公司与省公司是不同利益的两个主体，省公司是利润中心，分公司是营销中心。对公司总经理来说，因为承担的风险和压力都很巨大，认为分公司完成业绩越多越好，公司财务部是总经理意见的体现者，但却忘记了公司总经理是希望上下形成一个有效的管理团队共同完成业绩，认为无须与分公司进行太多的沟通，分公司需要的资源越少越好，尽职尽责是其本分。但是，分公司看法截然不同，省公司各部门享有特权，给他们下达指标，又不给足够的运营资金，还要考虑分公司管理层，而分公司管理层的切身利益与预算目标直接挂钩，一旦他们感觉有难度，又不予以调整，这时冲突自然产生。因而，在沟通时一定要注意从对方的利益以及感受出发，用换位思考方法。同时在换位思考过程中运用“五心”进行有效沟通：

（1）尊重的心。管理者应像尊重自己一样尊重员工，始终保持平等的心态，更多地强调员工的重要性，强调员工的主体意识和作用。

（2）合作的心。绩效合作而非雇佣关系。管理者与被管理者的利益矛盾是无法改变的，但是通过合作关系的确立，可以改善企业的工作氛围。

（3）服务的心。把员工当成自己的内部客户，只有让内部客户满意，才可以更好地服务外部客户。

（4）赏识的心。学会欣赏自己的员工而非一味地指责。

（5）分享的心。分享是最好的学习态度，也是最好的企业文化氛围。

3. 倾听。省公司财务部总经理选择倾听，倾听分公司管理层的意见，用电话沟通，到反馈意见较大的分公司现场开会，听取他们的意见。与省公司考核部门面对面座谈，记录他们的意见。

到公司总经理处听取老板对此事的态度。公司总经理仍然对预算给予支持，要求对分公司做好预算指标解释工作，对个别意见较大者，要制定出原则，考虑予以调整。

4. 非正式沟通与认同。由于公司审计部门的介入，必须与专业相近的部门取得一致意见，如果意见不一致，会影响财务部的专业威信。公司财务部总经理决定与审计部总监进行非正式的沟通，选择了下班的时间一起共进晚餐。在进餐期间，解释集团公司下达的预算总体目标、预算口径、分公司预算下达的原则。特别是对预算下达的原则，对省A、B、C类城市分别运用不同的分解原则，对于同一类城市收入预算、成本、费用占收入的比例基本指标大致相同，并考虑了作为省会城市所应负担相应多的成本费用预算，没有人为的因素，同时说明预算的每一个指标都是标准与量的乘积，并与分公司协商沟通过，且预算指标由省公司的专业部门进行过把关和测算。收入预算已分解到产品，从产品、市场、地区、客户等方面进行了深入的经营计划分析，在保证完成集团任务的基础上，考虑了每个分公司的网络基础，制定了收入预算指标。在交谈艺术上，如果是审计部总监编制预算，也会这样做，取得相近专业部门的认同，维护公司财务部专业威信。

5. 借“场”造“势”与妥协。取得省公司总经理、部门认同与支持后，通过正式渠道与分公司沟通，主要是针对每个分公司单独开电视电话会议，重申预算分解的原则，说明这是集团公司分解给A省的预算指标，如果不按这种预算指标进行分解，将无法完成集团的业绩考核目标。省公司对A、B、C类城市的预算目标下达是有根据的，体现了“三上二下”的工作方法，即分公司编制上报—省公司汇总平衡分解下达—分公司在省公司下达的指标内按月分解编制上报省公司—省公司围绕集团目标审核并最终下达—分公司在最终下达的指标范围内正式分解到月、季度，作为月度绩效考核的依据。

对分公司同时还讲明考核不是最终目的，而是通过考核，转变分公司经营观念，脱离原有中国电信垄断经营下的经营观念，在激烈的市场竞争中求生存，真正使分公司走上健康发展的轨道。但同时也不是毫无原则和无效应的业绩考核，作为分公司管理层要考虑在有限的权限和资源的情况下，最大限度地发挥主观能动性，完成省公司下达的业绩考核目标。

对于在预算编制过程中考虑不周全的分公司，与他们进行协商，有原则地进行妥协，即不改变分公司总体预算安排，但在预算的各项指标之间允许进行调整，例如，管理费用、销售费用、建设管理费可以相互之间根据分公司实际情况进行项目之间的调整。分公司对这种预算调整安排也纷纷表示接受并执行。

结论：上述财务预算信任危机通过运用管理沟通的一些工具进行了有效化解。在2004年4月份的经营分析会上，实际业绩目标按照预算目标进行，分公司的KPI考核得分呈正态分布趋势，对得保底分的分公司，省公司财务部又及时与他们进行有效沟通，帮助他们找原因、找差距，鼓励他们，并争取在5

月份胜利完成自身业绩目标。

反思危机解决的过程，会发现这实际是公司目前普遍存在的管理沟通问题。

（资料来源：王青、胡巍：《沟通技巧与领导力开发》，上海交通大学出版社 2007 年版）

二 案例分析

美国著名未来学家奈斯比特曾说："未来竞争是管理的竞争，竞争的焦点在于每个社会组织内部成员之间及其外部组织的有效沟通上。管理与被管理者之间的有效沟通是任何管理艺术的精髓。"本案例通过 A 公司进行有效沟通解决财务预算信任危机问题的记述，向我们揭示了企业管理者与被管理者沟通的基本规律与技巧，正印证了美国著名未来学家奈斯比特的这句名言。

沟通看起来很简单，但能否按正确的方式沟通，让员工心悦诚服非常关键。因而，在沟通时一定要注意从对方的利益以及感受出发，即所谓换位思考。为了让沟通更通畅，对管理者来说，必须意识到沟通的重要性。沟通是管理的高境界，许多企业管理问题多是由于沟通不畅引起的。良好的沟通，可以使人际关系和谐，可以顺利完成工作任务，达成绩效目标。沟通不良会导致生产力、品质与服务不佳，使得成本增加。

要用员工可以接受的方式沟通。良好的沟通就是投资，一种无形的投资。而企业缺少的就是这方面的投资。实践证明，挖掘内部的生产力必须从沟通开始。要以良好的心态与员工沟通。与员工沟通必须把自己放在与员工同等的位置上，"开诚布公"、"推心置腹"、"设身处地"，否则当大家位置不同就会产生心理障碍，致使沟通不成功。

此外，在公司内建立起良性的沟通机制非常重要。沟通的实现有赖于良好的机制，这包括正式的沟通渠道，如月会、周会、座谈会和非正式的沟通渠道，如电子邮件、周末旅游、小型聚会等。无论是通过哪种渠道沟通，都要让员工说话，并且是说自己愿意说的话。省公司财务部总经理决心在今后工作中，无论多么繁忙，都要抽空给分公司打电话或发邮件给派驻会计人员，因而即使是一名身在远方的普通会计人员，都会感到自己与省公司的距离很近，使他们能够正确地执行公司财务部政策。鼓励一线员工对财务工作提出宝贵意见，好的意见将会被采纳同时他们也将受到奖励。

三 思考·讨论·训练

1. A 公司是怎样解决财务预算信任危机的?

2. A 公司从财务预算信任危机中应汲取哪些教训，以从根本上杜绝此类危机?

3. 国有企业的总经理在建立企业开放的沟通机制中应发挥怎样的作用?

案例4 美邦公司的企业员工意见沟通制度

一 案例介绍

美邦·迪尼公司（以下简称“美邦公司”)，是一家拥有 1.1 万余名员工的大公司，它早在 20 年前就认识到员工意见沟通的重要性，并且不断地加以实践。现在，公司的员工意见沟通系统已经相当成熟和完善。特别是在 20 世纪 80 年代，面临全球的经济不景气，这一系统对提高公司劳动生产率发挥了巨大的作用。

公司的“员工意见沟通”系统是建立在这样一个基本原则之上的：个人或机构一旦购买了美邦公司的股票，他就有权知道公司的完整财务资料，并得到有关资料的定期报告。

本公司的员工也有权知道并得到这些财务资料和一些更详尽的管理资料。美邦公司的员工意见沟通系统主要分为两个部分：一是每月举行的员工协调会议；二是每年举办的主管汇报和员工大会。

(一) 员工协调会议

早在 20 年前，美邦公司就开始试行员工协调会议，每月举行一次公开讨论会。在会议中，管理人员和员工共聚一堂，商讨一些彼此关心的问题。无论在公司的总部、各部门、各基层组织都举行协调会议。公司总部的协调会议是标准的双向意见沟通系统。

在开会之前，员工可事先将建议或怨言反映给参加会议的员工代表，代表们将在协调会议上把意见转给管理部门，管理部门也可以利用这个机会，同时将公司政策和计划讲解给代表们听，相互之间进行广泛的讨论。

在员工协调会议上都讨论些什么呢？这里摘录一些资料，可以看出大致情形。

问：公司新自动餐厅的四周墙上一片空白，很不美观，可不可以搞一些装饰？

答：公司工会在做福利方面预算，准备布置这片空白。

问：管理部门已拟工作7年后才有3个星期的休假，管理部门能否放宽规定，将限期改为5年？

答：按公司的惯例在多方面作了很大的努力，诸如团体保险、员工保险、退休金福利计划、增产奖励计划、意见奖励计划和休假计划等。我们将继续秉承以往精神，考虑这一问题，并呈报上级，如果批准了，将在整个公司实行。

问：可否对刚病愈的员工行个方便，使他们在康复期内，做一些较轻松的工作？

答：根据公司的建议，给予个别对待，只要这些员工经医生证明，每周工作不得超过30个小时。但最后的决定权在医生。

问：公司有时要求员工星期六加班，是不是强迫性的？如果某位员工不愿意在星期六加班，公司是否会算他旷工？

答：除非重新规定员工工作时间。否则，星期六加班是属于自愿的。在销售高峰期，如果大家都愿意加班，而少数不愿加班，应仔细了解其原因，并尽力加以解决。

要将美邦公司1.1万多名职工的意见充分沟通，就必须将协调会议分成若干层次。实际上，公司内共有80多个这类组织。如果有问题在基层协调会议上不能解决，将逐级反映上去，直到有满意的答复为止。事关公司的总政策，那一定要在首席代表会议上才能决定。总部高级管理人员认为意见可行，就立即采取行动，认为意见不可行，也得把不可行的理由向大家解释。员工协调会议的开会时间没有硬性规定，一般都是一周前在布告牌上通知。为保证员工意见能迅速逐级反映上去，基层员工协调会议应先开。

同时，美邦公司也鼓励员工参与另一种形式的意见沟通。公司在四处安装了许多意见箱，员工可以随时将自己的问题或意见投到意见箱里。

为配合这一计划实行，公司还特别制定了一些奖励规定，凡是员工意见经采纳后，产生了显著效果的公司将给予优厚的奖励。令人欣慰的是，公司从这些意见箱里获得了许多宝贵的建议。

如果员工对这种间接的意见沟通方式不满意，还可以用更直接的方式来面对面和管理人员交换意见。

（二）主管汇报

对员工来说，美邦公司主管汇报、员工大会的性质，和每年的股东财务报告、股东大会相类似。公司员工每人可以接到一份详细的公司年终报告。

这份主管汇报有20多页，包括公司发展情况、财务报表分析、员工福利改善、公司面临的挑战以及对协调会议所提出的主要问题的解答等。公司各部门接到主管汇报后，就开始召开员工大会。

（三）员工大会

员工大会都是利用上班时间召开的，每次人数不超过250人，时间大约两个半小时，大多在规模比较大的部门里召开，由总公司委派代表主持会议，各部门负责人参加。会议先由主席报告公司的财务状况和员工的薪金、福利、分红等与员工有切身关系的问题，然后便开始问答式的讨论。

这里有关个人问题是禁止提出的。员工大会不同于员工协调会议，提出的问题一定要具有一般性、客观性，只要不是个人的问题，总公司代表一律尽可能予以迅速解答。员工大会比较欢迎预先提出问题的这种方式，因为这样可以事先充分准备，不过大会也接受临时性的提议。

下列列举一些讨论的资料：

问：本公司高级管理人员的收入太少了，公司是否准备采取措施加以调整？

答：选择比较对象很重要。如果选错了参考对象，就无法作出客观评价，与同行业比较起来，本公司高层管理人员的薪金和红利等收入并不少。

问：本公司在目前经济不景气时，有无解雇员工的计划？

答：在可预见的未来，公司并无这种计划。

问：现在将公司员工的退休基金投资在债券上是否太危险了？

答：近几年来债券一直是一种很好的投资，虽然现在比较不景气，但是立即将这些债券脱手，将会造成很大的损失，为了这些投资，公司专门委托了几位财务专家处理，他们的意见是值得我们考虑的。

美邦公司每年在总部要先后举行十余次员工大会，在各部门要举行100多次员工大会。那么，美邦公司员工意见沟通系统的效果究竟如何呢？

在20世纪80年代全球经济衰退中，美邦公司的生产率每年平均以10%以上的速度递增。公司员工的缺勤率低于3%，流动率低于12%，在同行业中最低。

（资料来源：胡巍：《管理沟通原理与实践》，山东人民出版社2003年版）

二 案例分析

随着管理学的发展，沟通的重要性越来越得到公认。甚至有人认为，国家、社会、种族发生冲突的主要原因是沟通问题，即“人类最大的失败在于不能获得他人的帮助及了解”。沟通是人人都需要的生活技能，组织更离不开沟通。根据美邦公司的员工沟通制度取得的效果，沟通发挥了如下作用：

第一，在联系公司内各部门工作人员以及公司与外部中发挥重要作用。正如案例中提到的，通过沟通，无论是公司内部的人员，还是公司的股东们，都对公司的情况有相当的了解，这样就使得工作人员工作时更有目的性。同时，股东们对公司有了解，就更放心他们的投资，从而不易受其他错误信息干扰，从而做出不利公司的错误决策。这样，工作人员和股东们都与公司联系在了一起。

第二，在协调上级与下级、平级之间关系中发挥重要作用。公司的各种会议沟通，使得上级准确了解下级的要求和困难，从而在决策时更有效和有针对性。同时，下级准确了解上级的指示，从而在实际工作中更好地按上级决策工作，而同级之间因为有明确的目标从而实现良好的配合。

第三，发挥了对员工的激励的作用。通过沟通，当下属的问题得到上级的关注以及解决时，这对于下属人员来说，是一种很好的精神上的激励，让他们觉得自己受到重视从而更地为公司工作。同时，在沟通中，上级也可以直接对工作中的突出表现做出表扬，也是一种激励。

第四，发挥了交流的作用。公司中的各种沟通方式，还将各部门、各级的信息进行了交换，从而为上级作决策，下级执行都提供了相当好的前提。

第五，发挥创新的作用。通过沟通，很多好的、有创意的想法都被反映到上级部门，这些点子成为公司创新的一种重要来源。

第六，发挥控制的作用。这种沟通成为有效的信息传递，成为有效控制的前提。

三 思考·讨论·训练

1. 根据美邦公司的员工沟通制度取得的效果，谈谈沟通的重要性。
2. 美邦公司是怎样具体实施员工沟通制度的？

3. 美邦公司沟通的总体指导原则是什么？依据是什么？

4. 既然美邦公司的这种方法能取得如此效果，为什么至今采用这种方法的公司不多？

案例5　奖金风波

一　案例介绍

2005年8月5日下午正值上海瑞鑫半导体制造有限公司每月一次的公司领导与员工交流会。公司王凌飞总裁这时的表情显得十分严肃。他没有想到今天的交流会火药味会这么浓，会场的秩序已有些混乱，只听到大家你一言我一语地议论着。王总站了起来，说道："大家静一静，这件事我知道了，我看既然奖金已经发了就算了吧。如果大家有什么意见，我负责！"紧接着，人力资源部高经理便宣布此次会议到此结束，员工们带着不平的表情渐渐离开了会场。

（一）公司背景

上海瑞鑫半导体制造有限公司的前身是1990年成立的一家中外合资企业。当时，外方投资7000万美元，占总资产的52%，中方则以土地、厂房、银行贷款作为资本。公司由外资公司派员管理，其管理流程、运行方式及组织结构全盘照搬该跨国公司的一家全资子公司的模式。公司的产品是5英寸、6英寸芯片，主要市场是国际市场，该公司是上海创汇百强企业。

上海瑞鑫半导体制造有限公司从创立伊始，就致力于为半导体公司提供专业的芯片制造服务。当前半导体集成电路已面临更细的分工，而新建芯片加工厂成本也直线上升。为了满足全球半导体日益增长的需求，上海瑞鑫半导体制造有限公司已逐渐成为半导体加工服务的主要提供商。

1. 公司的技术力量。上海瑞鑫半导体制造有限公司是中国首屈一指的芯片制造公司，拥有5英寸芯片和6英寸芯片生产线各一条，可年产40万片高质量芯片。该公司与加拿大北方电讯、美国国家半导体等多家跨国公司签订了长期技术转让协议，以确保制造优质的产品。

5英寸芯片生产线计划度为10级，工艺能力为线宽1.5微米的双极型硅片生产线，生产手机、监视器、电视专用集成电路及其他众多通用电路。6英寸芯片生产线净化度为1级，工艺能力为0.6微米的CNOS生产线，主要产品为智能卡、存储器等高技术含量电路。半导体制造是一个十分复杂和精密的过程，要确保产品的高合格率，必须对在制产品和设备工作状态进行严格有效的管理。公司安装了生产控制系统，利用该系统，可监控和分析工艺全过程，并为工程师、操作人员及管理人员提供良好的技术、工艺信息交流平台。

2. 公司的组织结构。公司有员工近500名，其中，中层管理人员近30名，工程师150名，操作工150名，基层管理人员近60名。公司组织结构呈扁平化，实行董事会领导下的总裁负责制，公司平行设置有生产部、财务部、人力资源部、物料部等。

（1）生产部。生产部有近140名各类工程师及全部操作工。其中，工程师分为若干组，如工艺集成组、高温工艺组、光刻工艺组以及计算中心等。而工艺集成组是最重要的一个工程师组，该组负责所有产品的生产技术监控和客户交流，并负责全部新产品项目的开发。

（2）财务部。财务部的主要功能与一般公司没有差异，但它还管辖着一个信息中心，该中心主要负责公司内部技术、通信网络及厂级信息管理系统（MIS）的维护和服务。

（3）人力资源部。人力资源部主要负责人力资源管理、培训等，同时还负责工资、奖金额度、编制等。

3. 公司的公众形象。上海瑞鑫半导体制造有限公司已先后通过了ISO9002、QSO900、ISO14000等质量、环保管理体系的认证。公司已连续三年盈利，在同行业中已享有一定的商誉。可以说，上海瑞鑫半导体制造有限公司是一家按现代企业管理模式运作、具有良好企业文化并富有生机的高技术公司。

4. 公司总裁。公司创办至今，已先后有四位总裁，前三位都是荷兰人，性格温和，较绅士化，在公司管理中全面推行现代企业管理模式，为公司发展奠定了良好的基础。但由于语言、文化的差异，总裁与一般员工的沟通存在障碍。

现任总裁王凌飞是一个华裔美国人，在半导体制造领域已从业近四十年，曾先后在几家国际著名的半导体跨国公司任职。虽然王总全面负责公司的经营运行，但他主要致力于开拓客户，制定公司战略。因为国际半导体芯片市场的特殊性需要公司培养与一些大的跨国公司的长期合作关系，而这些客户都是国外客户，现任总裁在语言、文化背景、专业知识方面很容易与客户交流沟通。所以，王总上任伊始就取得了骄人的业绩。另一方面，公司的内部管理除了主要高级职员的任命外，主要由中方的高级职员负责。

王凌飞总裁性格比较随和，乐于与公司员工进行广泛的交流。他在公司首创了每月一次的交流会，交流公司经营状况。同时，也鼓励员工提出问题及建议，以期能够及时把握员工的心态。

(二) 问题的产生

2005 年 8 月 5 日上午，负责生产的副总裁兼生产部经理刘键没有参加生产部每月的例会。而往常该会议都是由刘经理亲自主持并听取生产汇报。那天会上有人说，副总裁临时去参加一个有关奖金发放的会议（据说，此前公司的中方高级职员已讨论多次，但分歧依然很大）。

据消息灵通人士说，这次奖金是一个尚不为众人所知的项目奖，众人得悉立即哗然。公司的内部运行主要由几个副总裁及二级经理负责，总裁一般不过多干涉，只是听取各部门的汇报。他很信任自己的部下，相信他们会按规章制度办事。例如，员工的奖金发放，在年初，公司管理委员会提出年度月奖基数，并确定新产品的项目奖（并非所有项目都有奖金），同时张榜公布。而这次却发生了一些意外的事情。上午的生产会议结束后，生产部各工程师组及其他一线人员纷纷议论起那个不为众人所知的“项目奖”。

在工艺集成组办公室，一位姓李的年轻工程师说：“听财务部的人说，这个项目是他们信息中心企业资源计划（ERP）系统的项目，并不是年初公司管委会确定和公布的有奖金的项目！”

“可不是嘛！听说项目还没结束，只完成了第一阶段，他们财务部就已经开始论功行赏了，自己给自己发奖金！”立刻有人接道。

“唉，还是他们二线实惠！平常大家奖金都一样，但我们一线人员若产品质量未能达标就扣奖金，而他们却从未扣过。他们做一点事情，就可以给自己发钱，真没道理！”

“听说这个 ERP 项目还有点问题呢，你们没看见 ERP 供应商正忙得头昏脑涨吗？”有人说。

“谁知道这个项目能不能成功？不过，他们却已经拿奖金了！”又有人接道。

“干脆以后我们负责的新产品项目只要试验通过，也找机会让老板给我们发奖金！”

一时间，大家七嘴八舌地议论起来。这件事居然很快在公司内部电子邮件系统中传播开来。还不到中午，不少员工（特别是一线工程师们）都已知道了这一爆炸性新闻。

正巧，当天正是公司总裁所倡导的月度交流会时间。和往常一样，由人力资源部高经理主持，王凌飞总裁向大家介绍完公司月度经营情况后，由员工提问。这时，有一个工程师问道："总裁先生，听说公司最近有的部门自己给自己发计划外项目奖，不知这是怎么一回事？"

总裁听后，迟疑了一下，说："你指的是哪一个部门，我不太清楚。"

"是财务部，项目是公司正引进的 ERP 系统！"工程师回答道。

"噢，随着公司的不断壮大和发展，我们引进 ERP 信息系统是很必要的。至于奖金发放之事，我不是很清楚。我请财务部陈经理来说明一下。"王总裁不紧不慢地说着，并把话筒传给财务部陈经理。

陈经理站起身来，说："这个项目是公司今年一个很重要的项目，因为公司以前的厂级信息管理系统已不能满足现在的要求，所以公司管委会提请总裁，最后决定上这个项目！"

"那么，这个项目是不是有奖金的项目？如果是，那么大家是不是都有奖金呢？"一旁的员工立刻接口问道。

"哦，这个嘛，因为这个项目的成员工作很辛苦，我们与人力资源部商量后，由他们定总量，给成员们发了很少一点奖金。"陈经理说得很慢，一字一句斟酌着。

"但是此项工作主要由供应商完成，公司相关人员只是协助开发。此外，听说不仅该项目的参与者有奖金，而且财务部所有人都有奖金。那为什么大家却没有呢？"另一位工程师严肃地问道。

大概是因为很少碰到这样尴尬的局面，久经沙场的陈经理有些气急，脸色也微微泛红，急忙说道："考虑到……这是因为他们也为这个项目花了不少心思，所以……"

就在这时，坐在第一排听众席的一位资深主管工程师插话了："你们都在谈什么呢？什么项目奖？我们一线工程师整天在净化车间埋头苦干，什么事都不清楚，能不能也让我了解一下你们说的是什么事？"他那茫然的神情和半开玩笑的言语引得大家哄堂大笑，会场秩序开始有些乱了。

这时王凌飞总裁插话了："大家静一静……这件事我知道了，我看既然奖金已经发了就算了吧！如果大家有什么意见……会后向我反映。"王总想打个圆场，他不愿意看到他的得力下属太难堪，想通过个人威信暂时解决问题。

这时，在一旁的高经理急忙宣布交流会结束，人们带着一肚子怨气与不满离开了会场。

在工艺集成工程师组办公室里，工程师们正在议论上午交流会的情况，大家越说越生气，于是想起可以起草一份意见书，大家一致赞成。很快，一份意见书完成了，内容大致如下：

尊敬的总裁机关委会成员，我们对财务部私发奖金的行为感到不解和不安。如果说既然奖金已经发了就算了是解决问题的方法，那么，生产一线的人员犯了错误，影响了产量和质量也就不要追究了。既然财务部中与项目无关的其他人员都可以拿奖金，那么财务部以外的其他部门的人员有什么理由不拿奖金呢？此外，这个所谓的项目还没有完全结束，最终结果还未知就发奖金，那么一线众多的新产品研发项目也可以不经客户认证就算结束了……

最后，全体工艺工程师都在意见书上签了字，并很快把信交给总裁办公室。同时，还通过厂内网络系统公布了意见书的全部内容，以争取大家的支持。同时，相邻的几个工程师组也递交了签名的意见书。

公司在平静中过了几天。但有小道消息说，这几天，公司管委会召开了几次会议。会上，生产部与财务部争吵得很厉害，同时人力资源部也受到了众多的指责，最后王凌飞总裁从公司大局出发，安抚生产部和其他部门，决定：

（1）先将财务部已发的奖金全部收回；

（2）增设一个 EPR 项目奖；

（3）待项目全部成功结束后，公司员工每人再发该项目奖。

果然，一个星期以后，含有上述内容的一纸公司管委会决定正式公布。除了财务部外，大家都很高兴，并在公司 BBS 上发表评论，齐声谴责财务部的“不法”行径，并对人力资源部在此事件中的拙劣表演予以抨击，仿佛是一幅“老鼠过街，人人喊打”的画面。

在总裁的办公室里，王凌飞总裁倚靠在宽大的老板椅上，眉目紧锁，脑海里沉思着这样个问题——在企业管理过程中，该如何解决好管理沟通的问题呢？

（资料来源：康青：《管理沟通教学案例》，中国人民大学出版社 2007 年版）

二　案例分析

本案例叙述的是一件因事先未进行充分沟通而诱发的组织内部矛盾。财务部发项目奖金仅仅与人力资源部沟通，总裁却不知道，其他部门更是被蒙在鼓里。也许这件事本身就见不得光，否则其他部门就不会有那么强烈的不满。也许如果事先进行充分的沟通，包括纵向沟通（向总裁汇报）和横向沟通（与各部门通气)，这件事可能就做不成，这已表明这件事情缺乏合理性。如果经过充分沟通后，大家觉得财务部给自己本部门发放奖金不合理，就不会同意财务部这样做，这件事就不会发生，也就避免了组织内部的纷争。

在组织内部沟通中，与横向沟通相比，纵向沟通更普遍，特别是自上而下的纵向下行沟通是保持组织围绕高层决策思路正常运转的最常见方式。也许正是由于这种工作思路所产生的习惯定式，人们往往忽略了同层级不同部门之间的横向沟通。实际上，本案例正印证了缺乏横向沟通、对横向沟通的极端漠视有时会给组织带来严重的伤害。

三 思考·讨论·训练

1. 这场奖金风波的根源是什么？该案例揭示了怎样的沟通问题？
2. 这场奖金本身涉及了管理沟通问题，你认为还涉及了哪些问题？
3. 上海瑞鑫半导体制造有限公司怎样避免类似问题的再度发生？
4. 除了部门与部门之间的沟通外，作为一家中外合资公司，该公司还会出现什么样的沟通问题？

案例6 山泉水与纯净水之战

一 案例介绍

“在水一方”是一家生产销售山泉水的企业，该山泉企业似乎非常热衷于攻击性市场策略。这些年来，公司出于拓展自己天然山泉水市场的需要，重点是对纯净水这一产品展开进攻。如“在水一方”公司曾请专家做代言人，说山泉水如何比纯净水更有益健康，而自己的产品“天然水”取自某某湖。于是在1998年媒体出现了某某湖湖水污染严重的报道。到1999年，该企业又因为其在中央电视台播放的一则攻击纯净水的广告而被北京某纯净水公司告上法庭，最终，法庭一审判决该企业败诉。

尽管屡屡招来竞争对手的反击，但该企业的攻击性策略并未止步。2000年，该企业再次出击，先是宣布由于纯净水无益于人体健康而决定停止自己的纯净水生产，随后又在中央电视台播放了一则广告——水仙花实验。该实验以两株水仙花为参照，一株浇该山泉纯净水，一株浇山泉天然水，结果两个花的成长不一样——浇天然水的水仙花长势明显好于浇纯净水的。这两大举动立即在饮用水行业掀起了轩然大波，该企业遭到全国纯净水企业的集体围攻。广西、四川、广东等地的纯净水厂家先后集体声讨该企业，纷纷提出将采取法律手段对该企业予以回击。随后，全国60多家纯净水厂家在某市召开会议，声讨该企业，并指出该企业的行为完全是一种不正当竞争行为，呼吁有关部门进行查处。

虽然该企业一再声称并没有说过纯净水有害，但有关纯净水无益于健康的言论却通过媒体人面积传播，这个时候，政府有关部门就不得不站出来说话了。中国饮料工业协会发表声明：纯净水按国标生产，可放心饮用；全国食品工业标准技术委员会在一个“关于天然水的答复”中称，目前国际、国内尚未对“天然水”给出定义，还说目前对泉水无标准的定义，因此很难判断市场上销售的泉水、山泉水是真是假。食品工业标准化委员会的说法立即激怒了该企业，于是，企业把炮口对准了该委员会，对诸多问题提出异议，并限委员会一周内做出明确答复，否则将“自动进入法律程序以维护自身的合法权益”。全国食品工业标准化技术委员会随即答复，十分不客气地在文中指责该企业“是不是过于嚣张、狂妄了?”并正告：“世间的事物往往是机关算尽太聪明，反误了卿卿性命；善有善报，恶有恶报，不是不报，时间未到。”“你们有胆量就将此文在报上发表，不要再干那种色厉内荏的蠢事……”

平心而论，该企业的策划还是很巧妙的，许多纯净水企业老总也表示，抛开道义及法律因素，该企业在营销策划方面的智慧很令人佩服。但是，现在该企业的前景也实在无法看好，因为这一招攻击性策略已经使它陷入了四面出击、四面受敌的境地，而且在这场水战中，该企业几乎不太可能会取胜，因为它至少还要面对以下几个问题：

1. 如何面对行业主管？国家行业主管部门似乎不可能发一个文指出纯净水有害，似乎也不可能立即出台一个新的“天然水”的标准。既然不会出台一个新的标准，企业生产的合法化问题始终得不到解决。

2. 如何面对竞争对手？即使水战打到最后，人们认可了所谓“天然水”的概念，竞争对手们也不会轻易“放过”该企业的，因为“天然水”可能是好的，但你的取自某某湖的天然水却未必好。媒体早在1998年就报道该湖湖水污染严重的问题。

3. 如何面对消费者？虽然该企业在各种场合都没有明确指出纯净水“有害”，但拿出的事实全部耸人听闻。既然如此，如果消费者集体诉讼要求赔偿又该如何？法律方面的专家完全可以指出，你明明在1999年10月就明确知道纯净水无益，为什么却在2000年4月才停止生产？

4. 如何面对公众评价？此次水战，该山泉的知名度是上去了，但山泉绝没有获得一个好的名声。一个没有名声的品牌，特别是食品，是很难形成消费者忠诚的。而且，从目前不顾一切搅乱水市的做法来看，该企业不像是在经营一个长久的品牌，如果这个印象传递给消费者，对企业来说是十分危险的。

对于该企业来说，现在已经很难全身而退了。现在退就意味着败，继续打下去，至少会拼个两败俱伤。

（资料来源：魏江、严进：《管理沟通：成功管理的基石》，机械工业出版社2006年版）

二 案例分析

无论何种形式的沟通活动，其所依存的环境不外乎内部环境和外部环境。就一个组织来说，无论是内部还是外部，时时刻刻都存在着信息交换和协调。为此，管理沟通的环境总体可分为两个层次：一是通过组织内部环境分析，明确组织内部影响沟通的基本因素，实现组织系统内成员的互动和协调，支持组织沟通目标的达成。二是通过组织外部环境的分析，实现组织和相关环境的信息交换和协调，使得组织与环境之间保持动态平衡并求得组织发展。

对组织外部环境进行分析具有重要的现实意义：第一，有助于管理者制定科学的商务沟通战略；第二，有助于组织确立正确的信息传递对象；第三，有助于企业找到最有效的沟通渠道。案例中的"在水一方"作为一家生产销售山泉水的企业没有很好地进行企业外部环境分析，采取了错误的策略，造成与行业主管、竞争对手、消费者等关系恶化，从而引发危机。企业在外部沟通上显然形成了一大败笔，其中的深刻教训值得我们反思和汲取。

三 思考·讨论·训练

1. "在水一方"出现外部沟通危机，其原因究竟在哪里？

2. "在水一方"与政府部门、竞争对手的沟通策略是怎样的？正确的策略应该是怎样的？

3. 企业与外部环境（如外部媒体、政府部门、竞争对手、消费者等）沟通应注意什么问题？

第十章　综合案例选编

本书前述各章皆按相应管理职能进行划分，结合各个职能精选案例加以画龙点睛的分析，以帮助读者更好地掌握各章内容。但是，企业管理是复杂的连续过程，需要管理者综合各方面知识就复杂的管理问题提出相应的处理对策和解决办法，因此，把各章知识融会贯通是其中的关键，所以，现设“综合案例”一章，精选比较复杂的相应案例供学习者参考。

教师在进行案例教学，讲授完前述各章内容后，可以运用本章案例，以考察学生的综合分析问题的能力，让学生能结合学到的相关各方面知识处理相对复杂的管理问题，提出切实可行的管理办法。

在案例教学中，为了便于学生参与案例讨论放开思路，“综合案例”中有的案例未设“案例分析”一节，仅设计“思考·讨论·训练”题若干。

案例 1　乐凯拒绝控股

一　案例介绍

乐凯公司是由苏联援助建造的。它于 1958 年 7 月 1 日破土动工，1962 年开始批量生产，1976 年试制彩卷，1988 年斥资 8800 万元人民币引进日本富士主要设备，品牌前后有太行、代代红、乐凯等。1995 年乐凯胶卷占国内市场份额的 19%，约 2500 万卷，在世界上排在柯达、富士、爱克发、柯尼卡和伊尔福之后。

当年，中国感光材料企业或计划大协作或八仙过海，各显神通，但总还有那么个阵势。如今鸟散各归其主，留下乐凯一梁独挑。

中国是目前世界上具有彩卷油性生产能力的四个国家之一，其他三个国家

乐凯与同类国际名牌的比较

品牌	1995 年利润	1995 年销售额	1995 年销售量	科研经费占销售额比例(%)	中国市场占有率(%)
乐凯	77 万元人民币	5 亿元人民币	2400 万卷	3	19
富士	1.9 亿美元	80 亿美元	8 亿卷（含樱花）	6—7	40
柯达	12.5 亿美元	150 亿美元	14 亿卷	5—6	近 30
爱克发	16.8 亿马克	65 亿马克			

分别是美国、日本、德国，而中国彩卷的老师前苏联至今仍采用水溶性技术，这种技术已被淘汰出局。

中国感光材料业一览表

<table>
<tr><th colspan="3">厂名</th><th>品牌</th><th>主要产品</th><th>建厂时间</th><th>引进设备情况</th></tr>
<tr><td rowspan="4">化工部所属</td><td rowspan="2">河北保定乐凯胶片公司</td><td>第一胶片厂（民用）</td><td rowspan="2">乐凯</td><td rowspan="2">电影胶片、摄影胶卷和相纸</td><td rowspan="2">1958 年</td><td rowspan="2">1988 年引进富士主要设备</td></tr>
<tr><td>第二胶片厂（工业用）</td></tr>
<tr><td colspan="2">无锡 R 美感光化学有限公司</td><td>爱克发</td><td>摄影胶卷</td><td>1970 年</td><td>1995 年底与德国爱克发公司合资包装分切爱克发产品</td></tr>
<tr><td colspan="2">吉化公司辽源胶片厂</td><td></td><td>印刷胶片</td><td>1975 年</td><td></td></tr>
<tr><td rowspan="4">原轻工部所属</td><td colspan="2">厦门感光材料有限公司</td><td>福达</td><td>摄影胶卷和相纸</td><td>1984 年</td><td>引进美国生产线 1988 年投产</td></tr>
<tr><td colspan="2">汕头公元感光材料工业公司</td><td>公元</td><td>摄影胶卷</td><td></td><td>引进全套日本富士生产线 1990 年建成</td></tr>
<tr><td colspan="2">上海感光材料工业公司</td><td>申光</td><td>摄影胶卷</td><td></td><td>1985 年引进英国伊尔福关键设备</td></tr>
<tr><td colspan="2">天津感光材料工业公司</td><td></td><td>X 光片</td><td></td><td></td></tr>
</table>

乐凯人面对美国、日本产品的攻击，顽强抵抗，不轻言退却。十年前，我国彩卷市场还是洋货一统天下，而今乐凯总算争得了一席之地。乐凯自决定生

产彩卷之始走的就是自主开发的路子，从未完全依赖国外的设备、技术和原料，乐凯用8800万元人民币引进关键设备却能够一步步发展壮大，而南方两个厂分别花1.4亿美元和2.2亿美元引进全套设备，却不得不被控股合资，就是最好的说明。

乐凯公司谢宗扬高级工程师举了两个例子说：中国必须有自己的感光材料工业：原子弹爆炸，航拍胶卷外国人是不会卖给你的；1976年唐山大地震，乐凯厂受命连夜试制大宽容度胶片，这活儿外国人给你干吗？为了给民族工业争光，也为乐凯人自己添彩，乐凯人拒绝被控股。

财大气粗的美国柯达公司对仅剩的乐凯这一坚强堡垒一直是虎视眈眈。据传，到2000年，柯达公司准备亏损15亿美元在中国站住脚跟。

乐凯公司副总经理姚荣国介绍说：在国外柯达彩卷的市场售价为5.9美元，以批零差价50%计算，它的批发价也要近3美元，按目前国家外汇牌价要折合人民币20多元，而柯达在中国市场零售价只有约20元，最便宜的是30元两卷。这算不算倾销？

2000年3月25日，《中华人民共和国反倾销和反补贴条例》公布，这对中国企业自是一个喜讯。但《条例》从公布到落实，肯定有一段漫长的过程，眼下还帮不了中国企业大忙。有此一个对照：走私是犯罪行为，但据调查，中国市场上出售的进口彩卷竟有90%来路不明。1995年，仅彩卷、相纸走私就使中国关税损失达1.2亿美元。走私尚且难以控制，何况一个反倾销条例。

然而，乐凯面临更严峻的挑战。据说，依据与柯达公司的协议，从2000年4月份起，柯达公司将免费进口“原材料”，就是把其产品批量运进中国，由合资厂分切包装，然后在中国市场销售。此前，已有外资在北京某地建立相纸分装厂。

中国市场潜力巨大。日本每年人均用掉3.2个胶卷，美国3.6个，而中国只有0.07个。唯因市场巨大，花大钱是值得的，上新品种是必需的。

但中国有一句话让人听着不高兴：不上项目是等死，上了项目是找死。

柯达每年销售额近160亿美元，用于科研是5%—6%，也就是8亿美元；而乐凯1999年销售额是4.4亿元人民币，科研费只是其中的3%，即人民币1320万元，其间的差距显而易见。

制造彩卷要涉及数百种原材料，其中任何一种原材料的质量波动，都会影响彩卷的质量。像柯达和富士，甚至有自己的牧场养牛，把养到规定日期的牛宰杀，用牛骨炼胶，以保证胶卷用明胶的质量。乐凯当然没有这么大的谱儿，几百种原料几乎都要依赖国内企业。虽尽可能挑好的，但谁也不敢说百分之百的好。比如硝酸铵，化工厂的供货商标是一样的，但生产者却五花八门，很多是乡村小作坊的作品。

乐凯人自己能做的，只能是严之又严，粗粮细做。彩照是从拍照到洗印一整套操作的结果，但十几年来，乐凯公司在全中国只有30几个技术服务部。在北京，原先在前门和新街口各有一个，如今只剩下一个新街口。乐凯可以说资金紧张，但别的事都在发展着，独有这技术服务部，或者叫专卖店没有发展，看来还是乐凯人心里没有紧张起来。计划是生产计划，销售和售后服务是另外的计划。而反观富士和柯达专卖店，却铺天盖地般茁壮成长。在中国，如今富士已有1500家专卖店，柯达也有近千家，其中约500家是1999年一年冒出来的。最初专卖店还是由经营者自费装修的，但到了1999年，则完全由富士或柯达公司免费装修。这些专卖店色彩统一，一律不经营其他品牌的彩卷和相纸。为鼓励经营，富士和柯达公司还给经营者高额回扣和出门旅游等诸多好处。对于顾客，买一个卷送一个大片，洗一卷还送一个大片。这是有很大吸引力的。

乐凯人也要让顾客高兴。乐凯GBR200和GBR400有大改进，马上会大量上市；1996年后4个月投入宣传费用1800多万元，是当年前8个月的总和；1997年的宣传浪潮更猛，乐凯将投资3.4亿元，搞500个专卖店，同时试制乐凯专用彩扩机，每台约3万元。

乐凯人说，我们只有一年时间，我们将竭尽全力去拼搏！

（资料来源：徐二明：《工商管理培训案例》，中国经济出版社1998年版）

二　案例分析

1. 改革开放，引进外资功不可没，但是却使民族工业面临着严峻的考验。近几年，外资进入中国的战略意图在不断变化，从控制企业转向控制市场，从自办企业转向收购企业。在感光材料行业，目前只剩下一家中资企业乐凯公司。从国家宏观政策上是否应给予支持，各部门也说法不一，感光材料毕竟是属于高科技领域，尽管不是支柱产业，但给予一定倾斜也未尝不可。

2. 乐凯公司在目前激烈的市场竞争中依靠自我拼搏，占据国内市场的近20%是不易的。但是市场是无情的，要在夹缝中生存，则要念好市场经。毕竟计划经济的时代已成为过去，乐凯在技术开发和开拓市场方面，占着天时、地利、人和的优势，应尽快找到自己的发展之路。近几年，乐凯人在市场风浪的洗礼中，变得日渐成熟，愿乐凯成为感光材料行业的“长虹”。

三 思考·讨论·训练

1. 乐凯人面对美国、日本产品的攻击，坚持走自主开发的路。对此，你是如何评价的？

2. 你认为乐凯公司在未来的市场竞争中，应采取什么样的经营战略去面向世界？

案例2 一颗耀眼的航行之星

一 案例介绍

上海航星机械集团有限公司，是一家跨行业、跨地区，集工、贸、服务为一体的中外合资集团企业。在改革开放方针的指引下，这颗航行之星迅速脱颖而出。现拥有资产2.4亿元，年销售收入3.8亿元，利税6000多万元，制造能力、销售能力、经济效益持续十年高速稳步增长，成为国内最大的生产洗涤设备企业，在国内同行业中居领先地位。

航星的经营方式是在三个“一”字上做文章，即：拓宽一批国内市场，建设一支人才队伍，营造一艘航空母舰。1996年10月，上海航星机械集团有限公司兰州分公司在西北重镇兰州市成立了。公司耗资250万元新购的一幢46层大厦装饰一新，这是继北京、沈阳、成都等地之后的又一个重要的分公司，为何要耗巨资在远离总部的地方，设立销售分公司？航星企业有其独到的见解。

1992年年初，航星根据大量的市场调查以及在回访用户中得到的信息，决定将工作重心转向市场。为了立足市场，在销售上占有绝对优势，不惜配备了大批的技术、业务精干力量，投入大量的资金，在北京、广州等地设立办事处，并精心制定了“实现市场占有率第一”的营销思想。经过数年的苦心经营，如今其产品已覆盖整个国内市场，遍布全国29个省市的35个大中城市，销售力量也从原来30多人发展壮大到现在的200余人。

航星把售后服务、产品调试、维修及技术指导视为产品市场的竞争、企业生产的延伸、销售的继续，在服务中成为顾客的知音，这样做既提高了产品声誉，又树立了“航星”的良好形象。久而久之，顾客成为“上航牌”产品的义务宣传员，这支无形的销售力量，增强了“航星”的销售优势。同时，航星主动出击，积极参与市场竞争的促销手段，树立“保质量、讲信誉”的良好企业形象，不断赢得客户。

此外，为能给公司的干洗用户或有购买干洗机意向的客户提供方便，公司航星编辑部特意出版了《洗涤业简讯》杂志，较为详细地解答客户来信提出的问题，传授干洗知识、介绍干洗方面的投资导向等，深受客户的欢迎。所有这些使销售出现了前所未有的好势头，产销量连年上升，干洗机年销售量从1992年的560台套上升到1995年的10198台套、1996年的13423台套，1996年比1995年递增32%，水洗和锅炉产品销售分别比上年同期翻了一番，拓宽了国内市场。

建设人才队伍得从1990年5月说起。该公司GX－8型、GX－16型产品被评为国家A级产品，这是一个对航星发展充满希望的喜讯，航星进一步理解了科技是第一生产力的科学论断，进一步理解了人才是企业发展支柱的道理，这使航星更重视科技，更重视人才。随着航星经营规模的不断扩大以及经营业务的迅猛发展，航星集团公司十分注重人才管理。

从1992年10月以来，先后9次面向社会广招人才，吸引各种专业人才近百人，集中了一批有事业心，致力于产品研制更新的优秀专业技术人才。为了培养新生力量，提高员工整体素质，双向选择了各类大中专毕业生数百名。

1993年1月，成立了航星研究所，投入大量资金从事产品的更新换代工作，目的是以第一生产力的科技来推动企业大踏步地向前发展。研究所先后开发并试制成功了大容量干洗机、自动控温干衣机、工业脱水机及水洗设备系列产品。1996年又开发了全自动、全封闭型干洗机，弥补了航星在此类项目上的空白。其中GXF－18型全自动、全封闭干洗机为国内首例。1996年9月，在北京召开的第二届中国国际洗涤技术和设备展览会上引起良好的反响。航星产品已形成了干洗设备、水洗设备、熨烫设备、地毯清洗、精细化工产品和锅炉设备六大系列，30多个品种。新产品不断投放市场，既开拓了市场又增强了企业竞争力。目前，研究所正致力于产品的升级换代工作。

航星视人才为第一要素，特别重视发挥高级科技人员的功用，支持他们的科技研究项目。苏州航星锅炉公司的工程师们，凭几十年积累的工作经验，编撰了20多万字的《锅炉质量手册》、《容器质量手册》，作为航星锅炉生产的指导大纲；高级工程师吕念治成功地组织和主持RSS0.5吨立式全自动燃油锅炉和HXGL6吨卧式燃油锅炉的设计，对苏州航星锅炉制造有限公司的发展，起到了举足轻重的作用。航星坚持“唯才是用”，有才能的员工都有发挥才能的机会。

企业整体素质的巨大改变，促进了现代化管理的进程。现在，在数据处理、生产管理、办公自动化、实时控制、辅助设计，都由计算机完成，这样既减轻了劳动负荷，又提高了管理和生产效率，还大大减少了行政人员的配置。

随着市场经济的发展，要建立现代企业制度必须要有吸引人才、留住人才、调动人才工作积极性的机制。航星把“抢占人才制高点”作为企业发展要素之一。为使人才安心、全心投入工作，给予了多方的惠顾：住房水准达到了小康水平，住房分配时首先考虑的是为航星作出贡献的科技精英，在工资奖金上与普通职工拉开距离，如研究成果突出，公司还将予以重大的物质奖励——产品开发奖，对做出突出成绩的企业管理干部，实施出国旅游的奖励制度。

在市场经济体制的社会里，企业不是在竞争中发展壮大就是被淘汰，唯一的选择是发展，这是硬道理。航星自1992年合资以来，从起跑线开始发展的步子越迈越大，走上了多元化、集约化壮大企业经济实力的道路。1993年间相继兼并了所属交通系统的两个企业，成立了一分公司，专业生产洗涤机械的配套产品；同年成立了航星研究所和广告公司；1994年成立了二分公司，专业生产水洗系列设备。1995年1月耗资千万元创办了机械公司，使之成为洗涤设备机械加工基地。先后从日本、德国引进了数控冲床、数控剪床、数控折弯机等先进设备，并配备超大型拉伸机械，为提高航星产品的质量提供了坚实的物质基础。机械公司的创立，加快了航星机械化、模具化的进程，极大地提高了生产效率和产品质量，这个公司1996年产值比1995年递增238%。

航星的洗涤设备虽已能满足不同层次的用户需要，但为了在市场中抢“跑道”，争“地位”，1995年，航星又出资4000万元收购了原苏州锅炉厂，建立了苏州航星锅炉制造有限公司。同年航星贸易公司和洗涤服务公司相继开业，这些经济实体的投资和建设，特别是锅炉制造有限公司的建立，为跨地区、跨行业进入另一个更广阔领域走出了成功的一步。

为加快企业发展步伐，1996年年初，航星在上海市奉浦工业区置地150亩，成为第一家进军奉浦工业区的龙头企业，第一期集团总部管理中心已投入使用。1997年还投入5000万元建造2万多平方米的生产车间和配套设施，构成融销售、生产、商务、开发和培训为一体的格局，建立以集约管理、多种经营、纵横发展，跨行业、跨地区、跨国界的集团企业，成为一艘永不沉没的航空母舰，加快了与国际接轨的步伐。

“航星不仅是上海的航星，中国的航星，更是世界的航星”，这是航星人追求的宏伟目标，这也就意味着航星必须立足中国，放眼世界，必须以高起点、高水准、高技术、高投入为发展方向。短短几年来，航星已先后与美国、德国、南非、瑞典、意大利、日本等上的国具有相当实力的知名公司建立了良好关系，不断吸取先进的技术与工艺融合在航星的产品之中，为航星的外向型发展打下了坚实的基础。航星与意大利 MARINELLI 公司进行四氯乙烯液体全自动干洗机的合作，创造出领先国内水准的洗涤产品，同时也填补了本公司的一项空白；航星锅炉公司科技人员出访美国 GORIAR、PLATT 公司，进行参观学习，改善了集团锅炉的综合过程；公司总裁江弘为开阔视野，拓展思路，多次出访美国、日本等国的知名公司，与其洽谈换代干洗设备的技术合作，并对南非等第三世界国家的洗涤市场进行实地考察，掌握国外需求动向和产品走势，做好冲出国门的准备；同时还特派航星科技精英赴美国、日本进行技术培训，以期了解并掌握世界洗涤领域的发展动向和尖端技术，为航星开拓国际市场打下基础，从而进一步巩固航星在国内洗涤领域的领先地位，并逐步让世界接受航星、认可航星。目前，航星已在美国、南非分别建立了分公司。最近，航星又在开发成本高、投入大、更具适用性的洗涤新产品，以填补国内洗涤业的空白，跻身于国际市场的竞争。

（资料来源：徐二明：《工商管理培训案例》，中国经济出版社 1998 年版）

二　案例分析

20 世纪 80 年代，中国的企业家往往把利润看成是企业的最高追求，而从 90 年代以来，人们渐渐发现，产品市场，其实是一种现实的、长远的企业生存基础。于是有眼光的企业家会毫不犹豫地牺牲一部分利润去争夺市场，应该说这是经营观念上的一次突破，也是企业走向成熟的一个标志。航星在探索企业长远发展的路时，潜心研究市场经济中的市场，对过去和现在的市场经济规律加以思考，对未来潜在的市场加以论证，结论是没有市场的企业，没有适应市场需求的产品，没有为产品成为商品的良好服务机构，企业终究要被淘汰。在市场经济中，生产必须依赖于销售这个中心。因此，“实现市场占有率第一”的指导思想成为航星发展的最基本策略，这也是航星成功的一个重要因素。

航星集团通过招贤纳才，以及自己培养的方式形成了自己的专业人才队伍，开发出了国内先进水平的设备，并且十分注重人才的奖励机制，留住了人才，调动了人的积极性。航星成功地把培养人才与人才管理同新产品开发和技术创新有机地结合到一起。

航星成功的另一关键因素是航星人具有远大的宏伟目标。在立足国内的基础上，他们把目光投向了国际市场。在不断引进国外的先进技术和设备同时，在国外设立了分公司，利用并购方式迅速扩大自己的规模和实力。经过几年的时间，资产从不足百万元猛增到几亿，为进军国际市场做好了充分的准备。

三　思考·讨论·训练

1. 企业把利润作为追求的最高目标的说法对不对？为什么？

2. 航星集团获得成功的关键是什么？

案例3　追求卓越的一汽大众

一　案例介绍

1997年8月19日，一汽大众汽车有限公司15万辆轿车项目经过近五年时间的建设，正式通过国家验收。这个项目是国家发展汽车工业战略决策的具体体现，也是中国第一汽车集团公司企业组织结构和产品结构调整的关键一环。它的建成意味着我国汽车工业已与国际先进水平接轨。1991年，国家对外经济贸易部确认一汽大众为“先进技术企业”；1995年，国家统计局授予一汽大众为“中国汽车制造名优企业”。

一汽大众汽车有限公司是由中国一汽集团公司和德国大众汽车股份公司及奥迪汽车股份公司合资经营的大型轿车生产企业。公司于1991年2月6日正式成立，当年8月，15万辆轿车项目开工，1996年7月10日全面建成。这是中国第一家按经济批量集中投入一次建成的现代化轿车工业基地。捷达项目总投资89亿元人民币，其中一汽占60%的股份，大众占40%的股份。1995年12月，奥迪项目纳入公司，使总投资增至107.7亿元人民币，其中一汽股份保持不变，大众出让10%的股份给奥迪公司。

一汽大众汽车有限公司位于长春市西南部，占地面积116万平方米，为了使产品水平和制造技术与国际发展同步，一汽大众的土建及设备投资高达53亿元人民币，占整个项目总投资的60%。这个难度大、工期短的建设项目总建筑面积43万平方米，与一汽建厂初期的建筑面积相当。主体工程包括冲压、焊装、油漆、总装、发动机、变速箱6个车间，以及技术中心、销售中心、培训中心、中心备件库、钢板库、商品车停车场等配套设施。一期工程的设计能力为年产15万辆整车、27万台发动机、18万台变速箱。同时，实现部分整车、总成及零部件出口。在项目建设中，充分考虑到将来的发展，工程设计为年产30万辆，留有足够的发展余地。

一汽大众汽车有限公司通过引进国外先进设备和制造技术，保证了产品高质量、生产高效率、工艺高水平，实现了轿车制造技术高起点的目标。工厂按照国际标准要求设计、规划、建设，工艺水平、自动化程度与生产纲领相适应，可满足多品种生产需要。许多生产线及工艺均代表了我国汽车工业的最高水平。

1996年4月3日，机械工业部专家和官员们来公司参观发动机车间时，指着设备对身边的人说了这样一句话："什么叫武装到牙齿，这就叫武装到牙齿。"这句话一字千金，准确地评价了一汽大众技术水平所达到的精尖程度。按照设计要求，公司订购设备5677台（套），其中重点项目和主要工序均采用进口设备。在设备总投资中，国外设备投资占77.3%。

自成立之日起，一汽大众汽车有限公司的决策者们就十分重视国产化工作，从1994年底实现40%国产化，到1996年年底，国产化率已累计达到84%以上。在不断提高国产化率的同时，公司注意跟踪德国大众先进技术，不断提高产品水平，增加品种样式，特别是1996年7月投产的EA113系列五气门电子多点打火式发动机，使捷达轿车形成具有多品种、系列化的产品，整体水平达到20世纪90年代初国际先进水平，发动机达到世界先进水平。

捷达轿车国产化工作以"自制与外协并重，重点与一般结合，兼顾多品种和新布点项目，追求质量、信誉和效益"为原则。具体做法是：首先，坚持打"中华牌"。零部件配套厂家全国择优，坚持不搞地方保护主义，选点优先选择已成为桑塔纳轿车和奥迪轿车配套的厂家。因为捷达轿车和这两种产品均属德国大众公司的系列产品，有共性。其次，坚持在国内进行试验认可。在合资合同中中德双方达成共识，凡能在中国国内进行的认可试验，应尽量在国内完成，以节省时间，节省费用。再次，充分利用"军转民"的力量。我国的军工企业拥有精良的设备、雄厚的技术力量和严谨奋发的工作作风，完全有能力为轿车零部件国产化工作贡献力量。最后，引入竞争机制，实行优胜劣汰。一汽大众不搞终身制，对在质量、价格、供货、服务四方面有竞争力的厂家，一汽大众欢迎参与配套竞争，只有这样才能鼓励创新，不断提高产品质量，不断降低产品成本。

伴随着项目的建成，一汽大众已基本形成零部件配套体系，按计划进度和国家要求实现了国产化目标，零部件配套基本做到了与主机厂同步发展。捷达轿车国产化工作进度快、效果好，不仅为国家创造了税收，同时带动了相关配套企业的发展，产生了较好的社会效益。

一汽大众汽车有限公司的建成，使我国汽车工业发生了深刻的变化，标志着我国汽车工业在产品水平、工艺装备水平、管理水平、发展模式等方面跃上了新台阶；对于调整汽车工业产品结构、投资结构和企业组织结构，对于提高我国汽车工业的整体竞争能力具有重要意义。

（资料来源：徐二明：《工商管理培训案例》，中国经济出版社 1998 年版）

二　案例分析

1. 在中国轿车企业里，一汽大众汽车有限公司可谓后来居上。该厂生产的捷达牌汽车很快畅销全国各地，捷达牌汽车以其恰当的价格定位、优良的品质深受广大消费者的欢迎。取得这一成就的一个主要原因在于公司决策人在投资建设年产 15 万辆轿车项目时，站得高，看得远，把起点瞄准在与国际水平看齐，追求规模效益，走出我国汽车工业在低水平、小批量状态下徘徊的低谷。

2. 公司自成立之日起，就十分注重国产化工作，充分吸收消化国际先进技术，并跟踪德国大众的先进技术。坚持“自制与外协并重，重点与一般结合，兼顾多品种和新布点项目，追求质量、信誉和效益”的原则。一期工程的建设考虑到了二期工程的扩建，实现整体优化。一汽大众公司的成功为我国高新技术领域项目的投资建设探索出了一个成功模式。“高起点、大规模、国产化”是引进关键技术设备重点项目后参与国际竞争必须具备的条件。

三　思考·讨论·训练

1. 如何理解一汽大众公司的“自制与外协并重，重点与一般结合，兼顾多品种和新布点项目，追求质量、信誉和效益”的原则？

2. 一汽大众公司之所以成功，在于其决策者“把起点瞄准在与国际水平看齐，追求规模经济效益”上，这种说法对吗？

案例 4　丰原集团争创世界第一

一　案例介绍

安徽丰原集团有限公司的前身是蚌埠柠檬酸厂，始建于 1968 年。到 1994 年，仅形成年产3000吨柠檬酸的能力，特别是1988—1994年，由于技术落后、管理不善、冗员严重，年销售额不足2000万元，连续六年累计亏损达1737万元，资产负债率高达136.3%，车间被迫于1994年9月停产，企业濒临倒闭。

1994年10月，32岁的李荣杰出任厂长。在仔细研究了国际生化企业的现状与发展趋势后，李荣杰做出了五项重大的战略决策：一是企业不破产；二是自上而下全面改革；三是研究"玉米一步发酵法"生产柠檬酸，四是提前开拓国际市场；五是企业集团化经营。"玉米一步发酵法"生产柠檬酸技术和开拓国际市场两项战略决策的成功实施，使柠檬酸厂绝处逢生，生产规模、产值、效益连年翻番，实现了跳跃式发展。

1998年，安徽丰原集团有限公司正式成立，成为集有机酸、医药、淀粉糖、明胶四大系列产品的生产、生物工程的研究与开发、进出口业务为一体的中国生化领域大型企业。到1999年年底，公司共有固定资产10.6亿元，职工5788人，有4个全资子公司、1个控股上市公司（安徽丰原生物化学股份有限公司）、3个国外分公司、3个国内分公司、1个生物工程技术中心和1个医药研究中心。

公司主导产品柠檬酸1999年总生产能力达12万吨，居世界前列，90%的产品出口到70多个国家和地区，出口量居中国精细化工产品之首。1998年自营出口创汇3843万美元，1999年达5000万美元，连续四年列安徽省自营出口企业第一位。1998年销售收入4.27亿元，利润4290万元。几年来，丰原集团先后荣获"全国五一劳动奖"、"安徽省科技进步一等奖"、"安徽省百家最佳经济效益企业"等称号。1999年7月，丰原集团被中宣部和国家经贸委列为国有企业改革的典范之一向全国宣传推广。

（一）国际竞争把企业逼上梁山

1994年，蚌埠市成为全国第一批优化国有资本结构试点城市之一。当时的柠檬酸厂完全符合破产的规定，部分职工要求先破产后重组。但是，以李荣杰为首的新一任领导班子大胆地开始了自上而下的改革。一是大刀阔斧地精简机构，将原8名厂级干部全部解聘，只聘了两名厂长助理；二是按照工作需要定编、定员，双向选择，竞争上岗，职工由840人减少到460人；三是改革了分配制度，实行全额承包，独立核算，分灶吃饭，工序之间实行"买断经营"，按质量、物耗计薪计奖，上不封顶，下不保底。此外，由于加强了设备改造，使企业于1994年12月恢复生产，1995年元月就创下月产480吨柠檬酸的建厂以来的最高纪录。

1995年，柠檬酸厂刚刚扭亏，市场环境与政策条件忽然发生了重大变化：

国内柠檬酸生产能力过度膨胀，产品价格急剧下降；主要原料山芋干的价格持续上扬，产品盈利能力迅速下降；国家降低了出口退税，也调整了外币汇率，对依赖出口的柠檬酸厂家影响很大（当时全世界柠檬酸年销售量在70万吨左右，欧美国家为主要生产国与消费国，约占全球生产与消费总量的60%，中国的柠檬酸需求不到4万吨，产品只能依赖出口）；国际上贸易保护主义抬头，国外对中国产品多方抵制，国际竞争日趋激烈。在这种情况下，全国柠檬酸行业陷入全面亏损，80多家柠檬酸厂只有十几家能维持生产。

中国生产柠檬酸约有40年的历史，日前总生产能力近40万吨，在80多个生产厂家中万吨以上的只有7家；而西方国家的企业数量少、规模大，例如，奥地利的荣格邦瓦金公司年产12万吨，美国的ADM公司8万吨，德国拜耳公司9万吨，瑞士罗氏公司8万吨，等等。在工艺方面，尽管中国传统的山芋干原料生产柠檬酸的工艺具有原料处理简单，菌种酶类齐全，不需添加其他营养盐等优点，但产品色泽深、易炭化物高、英典美典符合率低；而发达国家企业拥有先进的柠檬酸提取技术，产品质量普遍高于中国，每吨售价高于中国300美元左右。但是，由于柠檬酸属于劳动密集型产品，发达国家为减少人员，使同等规模的生产线固定资产投资高于中国8—10倍，其产品每吨综合成本高于中国300—500美元。因此，尽管中国企业柠檬酸产品质量差却能勉强维持下去。

在这紧急关头，李荣杰果断地提出了挑战世界领先企业的竞争战略，决心通过开发柠檬酸生产的核心技术，扩大生产规模，提高产品质量，降低成本，增加国际市场的份额，与国外领先企业全面抗衡。

（二）"玉米一步发酵法"开发成功

1995年以前，国内外柠檬酸生产厂家全都是用山芋干发酵生产柠檬酸，在国内外曾有专家设想过用玉米代替山芋干直接发酵生产柠檬酸，但一些技术上的难题始终无法解决。身为发酵专业研究生的李荣杰决心突破这一难关。进行这一开发，至少需要投入100多万元资金，一些职工与上级领导劝说不要冒这个险。李荣杰力排众议，毅然组织全厂技术骨干成立了研究中心，亲自带领科技人员在实验室夜以继日地研究攻关，终于获得成功，实现了中外柠檬酸发展史上的重大技术革命。

按一般惯例，小试完成后，需通过中试才能进行工业化生产。但李荣杰认为，生物发酵与化工发酵不同，工业生产的大型发酵罐有可能为菌种提供优越的生存条件。市领导也支持李荣杰跨过中试阶段。这样，企业在资金十分紧张的情况下，抽出180万元直接进行工业化实验。1995年3月，这项划时代的技术创新获得成功，并获得了国家重大发明专利。

与山芋干发酵法相比，玉米粉一步发酵法的生产周期缩短了 9%，生产能力提高了 30%，单位粮耗下降了 13%，电耗下降了 35%，水耗下降了 65%，总收率由 62% 上升到 84%。因此，产品综合成本比国内同行每吨低 1500 元，低于国外同行 400 美元，产品质量显著提高。此外，不仅废水中 COD 含量大大降低，而且综合利用废水还可开发蛋白饲料、酵母粉等副产品。这样，蚌埠柠檬酸厂便从 1994 年的同行末流企业变成行业内的强者。

（三）扩大规模，提高科技开发水平

在接下来的 3 年时间里，李荣杰带领全厂员工不失时机地进行了 5 次技术改造，迅速地扩大了生产规模。1995 年 3 月的第一次技改，将以山芋干为原料的 3000 吨生产线改造为用玉米粉为原料的 5000 吨生产线；1995 年下半年的第二次技改，将生产能力从 5000 吨提高到 1 万吨；1996 年的第三次技改，使生产能力提高到 2.8 万吨，一跃成为全国同行业之首；1997—1998 年的第四次技改，使生产能力达 6 万吨，跃居亚洲第一，世界第五；1999 年的第五次技改，使年生产能力达 12 万吨，规模并列世界第一。

丰原集团认为，这仅仅是走完了挑战世界领先企业竞争战略的第一步。他们把发展成为世界最大的生化集团当做自己的奋斗目标。为此，他们特别重视技术开发机构与队伍的建设。1995 年，公司投资 315 万元组建了生物工程技术研究开发中心，聘请了大批知名专家担任顾问；1996 年，投入 402 万元新建了 3120 平方米的研究中心大楼，设备仪器投资 148 万元，配套设施 25 万元；1997 年投资 317 万元建成中试工厂，新增设备 77 万元，项目调研与技术协作 81 万元。四年来，丰原对该中心的累计投资达到 2055 万元。目前，企业每年固定从销售收入中提取 2%—3% 为科研开发经费。

丰原研究中心成立四年来，取得了一大批科研成果。为了进一步提高科研水平，他们又继续扩大与国内外科研院校的合作。1997 年，从荷兰农业大学引进先进的废水处理技术，投资 2214 万元建成先进的污水处理系统，成为淮河流域污染治理典范企业；1998 年开始，丰原与韩国的东洲公司以及德国的麦索公司共同攻克革除钙盐法的新提取工艺；1998 年，开始在中国科技大学指导下建立研究开发中心。此外，他们还与中科院等离子体研究所、无锡轻工业大学、天津轻工学院、无锡格道特化学集团进行了多方面的合作。

（四）大力开拓国际市场

丰原高屋建瓴，确立了营销战略的重点是欧美市场。其主要做法有：

1. 提前争取并获得企业自营出口权。1996 年以前，蚌埠柠檬酸厂没有自营出口权，产品依赖外贸公司代理出口。这样不仅收购价格低，而且企业远离客户。1995 年，当丰原的生产能力只有 8000 吨时便开始筹备自营出口权的申报工作。1996 年申报成功的当年便创汇 960 万美元，成为全国同行业创汇的第一大户。

2. 加强外销队伍建设。1996 年初，丰原面向社会招聘外贸方面专门人才，迅速组建了进出口部，现有专业人才 31 人。丰原的国外子公司聘请了当地的营销员，根据各个国家的不同情况，制定不同的营销策略。公司总部常年驻有 2—3 名不同国籍的国外商学院实习生。

3. 构建国际化营销网络。丰原相继在美国的洛杉矶、法国的巴黎、荷兰的鹿特丹设立了办事处。三个办事处均经历了从依靠代理商，再到依靠经销商，最后向最终用户直接销售的三个发展阶段。如今，美国的可口可乐、宝洁等世界超级大公司都成为丰原的直接用户。目前，丰原以这三个外销机构为前沿阵地，产品已销往 70 多个国家和地区。

4. 瞄准世界现代化大企业。丰原认为，仅仅把产品推向国际市场还是很不够的，必须把企业培育成世界级的“巨人”才行。他们瞄准的对手是美国的 ADM、卡吉尔、德国的拜尔、瑞士的罗氏、奥地利的荣格邦瓦拉等世界一流化学集团。丰原在产量上已经稳居前列，在产品质量与服务上也要与其抗衡。

5. 与国际市场接轨的三项具体措施。一是在技术开发方面，注意按照不同国家的标准和消费者需求提供产品；二是在管理方面，通过 ISO 9002 质量认证体系和可口可乐公司 C 级食品原料供应商的资格认证；三是在销售服务方面，做到“质量、交付、服务”三过硬。

此外，丰原集团还成立了信息部，通过国际互联网掌握国际市场动态，及时了解客户需求，给海外客户提供完善的服务。

（五）集团化经营，增强企业竞争力

丰原实现多角化经营和组建集团可分为三大步骤：

第一步，配合当地国有企业改革，用兼并方式推进资本扩张。公司先后兼并了蚌埠宝安药厂和狮头明胶厂两个中型国有企业，在继续扩大主营产品柠檬酸的基础上，开发出附加值高、竞争力强的有机酸、果糖、明胶和生物保健药品，初步形成了以柠檬酸为主的多角化经营格局。

第二步，股票上市，按照现代企业制度要求改组集团公司。1999 年 7 月 12 日，“丰原生化”股票在深交所上市，这是企业发展史上的重大飞跃。集团公司不仅拓展了融资渠道，实现了由生产经营型向资本操作型的转变，还促进了企业制度的创新，加快了向现代企业制度的迈进。

第三步，向跨行业、跨地区、跨所有制、跨国经营大集团迈进。目前，丰原正着手与大庆柠檬酸厂、吉林松原柠檬酸厂、河南许昌柠檬酸厂、马鞍山金星化工集团等的联合，力争尽快形成年产20万吨的生产能力，夺取世界第一。在医药领域，计划投入300万元收购马鞍山、黄山药品经营公司和一家省级药物研究所。这样，丰原公司将成为“以生化为主业，逐步向医药、保健品两翼拓展”的大集团公司。

（六）发展战略效果显著

丰原实施挑战世界生化领先企业竞争战略的效果主要表现在竞争力上升与可持续发展能力提高两大方面。具体表现如下：

1. 成本方面，每吨柠檬酸的生产成本，由1994年的7218元下降到1998年的3800元，下降了47.4%。其原因主要是技术创新特别是原料的革命，同时还有管理水平的提高和规模效益等。

2. 销售、利润与市场方面，从1994—1998年各项指标逐步上升，如销售收入从1620万元增加到3.4亿元；利润从负的670万元变成4521万元；自营出口量从0吨发展到3.75万吨；国内市场占有率从5%上升到32%；国际市场占有率从0.1%（代理出口）上升到6%，1999年可达10%。

3. 品牌形象与企业信用方面，1995年后，企业产品质量上升带动产品形象上升，公司使用的“BBCA”品牌已经成为国内外的响亮品牌。国内用户携款购货，国外用户如期付款，银行贷款信用等级高，融资渠道畅通。

4. 技术创新能力方面，丰原集团工程技术人员有587人，占员工总数的26.7%。由于与国内外科研院校建立了密切的合作关系并有充足的资金投入，可保证技术开发的持续性发展。

5. 资本运营方面，1999年股票发行筹集了3.6亿元的资金，大大增强了资本运营能力。通过兼并收购等方式盘活了一大批国有资产，为地区与社会的发展奉献了力量。

6. 社会发展方面，由于技术创新，从原料替代和工艺革新两方面减轻了对环境的污染，企业从排污大户变成环保典型，对废渣的综合利用可生产蛋白饲料，提高了社会经济效益。

7. 增加劳动就业方面，尽管生化企业是技术密集型企业，但丰原集团通过扩大规模、开拓新领域等，不仅使初期减员的400多名职工重新上岗，还先后招收了其他企业的679名下岗人员，企业职工从460人扩大到2200人，增长了3.8倍，1999年7月，还一次性从社会公开招聘1200人，在安徽省国有企业中实属罕见。

（资料来源：张秀玉：《企业战略管理》，北京大学出版社 2002 年版）

二　案例分析

丰原集团“挑战世界生化领域领先企业的竞争战略”经验十分宝贵，像丰原这样的优秀企业在中国比较少见，其经验值得认真总结。它们的特点主要如下：

1. 高起点，正面突破，参与国际竞争。丰原绝处逢生后不是以“脱困”为目标，而是下决心克服技术难关，勇于技术创新，一步跨入世界竞争高手之林。这说明，企业发展不一定都要采取按部就班的模式，也可以正面突破、先难后易、抢占制高点。因此，丰原集团给我们的最大启示在于，我们必须增强民族自信心，大胆参与国际竞争。

2. 强主业，稳步发展，优化产业结构。丰原集团并没有满足于柠檬酸这一产品在国际市场上初具规模的成就，而是以国外知名大企业为参照，不失时机地扩散到相应领域，形成生化、医药、有机酸、明胶等多种产品生产的企业集团。这说明丰原集团具有雄伟的企业发展战略。

3. 重科技，不断开发，适应知识经济发展要求。丰原集团属于高科技行业，目前不仅企业内部成立了生化技术研发中心，还聘请过外部专家，与科研院校形成了广泛的联系，科研经费投入充足，企业具有发展后劲。

4. 明产权，体制创新，经验全面丰富。丰原集团不仅在技术开发上有了突飞猛进的发展，而且及时地进行产权制度创新，组建较为规范的股份公司，并成功上市。这就使企业的发展有了可靠的制度保证。

5. 人管物，人又管人，企业家是关键。1994 年对该厂来说是一个重要的历史转折点：年轻的李荣杰出任厂长。实践证明，李荣杰是优秀的经营管理者。他力排众议，决心走一条高风险的道路。这说明企业家是技术创新、市场创新、组织创新和管理创新的灵魂人物。丰原集团的经验再次证明：企业家是市场经济最宝贵的资源。

三　思考·讨论·训练

1. 丰原集团开拓国际市场，争创世界第一，其成功的经验是什么？

2. 作为一名管理者应具备什么样的素质？

案例5 草原兴发的竞争力

一 案例介绍

草原兴发由1988年年初创办时一个只有十几个人的小企业到如今发展成为拥有草原、绿鸟、四野和健康四个事业部，30余家生产工厂，7000名员工，总资产达16亿元的现代企业集团的发展历程。草原兴发能有今天无不归功于公司的正确的经营模式，即在规模化的基础上相继实现产业化和多元化。在取得辉煌成就的同时，董事长张振武也清醒地意识到在日趋激烈的市场竞争环境下，公司要想持续健康的发展，当前问题还是很多，其中最大、最急需解决的问题是：如何在多元化的经营中突出其核心优势，进一步培养和发展新型的核心竞争力。

（一）草原兴发的创立和发展

草原兴发创建于1988年，当时以2000元借款、300套种鸡雏、两间旧房起步，从事单一化的肉鸡饲养、经销。20世纪90年代后，随着全国经济体制改革的推进，1993年，草原兴发进行了股份制改革，1997年6月，草原兴发股票在深交所成功上市，五年间实现销售收入16.18亿元，创利润7090万元。现在草原兴发成为中国最大的草原肉食品生产企业、农业产业化国家重点龙头企业，享受财政税收、金融信贷等优惠政策。作为一个民营企业，能焕发如此的活力，取得如此的发展速度，草原兴发无疑创造了一个业界的神话。

经过十几年的发展，是什么力量使得草原兴发的发展，如同它的名字一样平步青云，兴旺发达呢？对此，张振武董事长认为，草原兴发的成功主要是由于公司有一个精明能干的领导班子，它带领公司员工在激烈的市场竞争中做出了正确的战略选择，根据公司的发展适时进行了宏观层面和微观层面的产业调整，对公司的长远发展做出了合理的战略规划。其中对公司影响最大的是根据内外环境的不同，公司进行了三次大的战略调整，即在规模化的基础上相继实现产业化和多元化。

1. 规模化战略。从1993—1997年，草原兴发依托内蒙古草原得天独厚的环境优势，一直在内蒙古赤峰市周边地区发展。最初从事的是单一的白羽肉鸡的饲养、经销，后来根据国际国内市场对优质肉鸡的需求，开发了在国际市场上极具竞争力的绿色产品“草原绿鸟鸡”。草原兴发采取了“公司+农户”的产业模式，对农户提供“送鸡雏到门、送饲料到门、技术服务到门、防疫灭病到门、回收毛鸡到门”的“五到门”服务，指导农户按照规范化的操作程序、操作标准生产安全鸡，脚踏实地的积累肉鸡产业体系的生产经验，使企业迅速脱颖而出并走在了国内同行的前列，形成了年供应3000万只高品质肉鸡的生产能力。1997年，受国际肉鸡市场价格低迷的影响，肉鸡生产转入发展的平缓期。1998年春，针对内蒙古的草原有着适宜肉羊生长的特殊的自然优势，草地和劳动力价格比较便宜，并考虑了经济效益、生态效益、社会效益三者的关系，草原兴发对企业发展战略做了调整，启动了“内蒙古名优肉羊项目”，开始进军肉羊产业。面对锡林郭勒、呼伦贝尔草原以及青海、甘肃等地区全新的生产环境，草原兴发以保证优质“羔羊”的供应为核心，开始与地方政府合作建设羔羊生产基地，企业负责收购羔羊、研发产品及开拓市场，政府负责协助企业购并有影响力的羊肉生产企业，并通过政府的渠道和影响力，引导牧户改变生产方式，发展羔羊当年育成出栏，确立了“公司+基地+牧户”的组织模式。经过几年的努力，“草原”羔羊肉，“兴发”绿鸟鸡已名扬国外，草原兴发形成了“羔羊”、“绿鸟鸡”两大特色主营产业体系的强劲发展，实现了肉鸡、肉羊产业规模化的经营格局。

2. 产业化战略。在肉羊和肉鸡产业形成规模优势的前提下，草原兴发将产业链向食品行业延伸，重点开发鸡、猪熟食制品和方便食品。其次，大力发展肉羊产业，将市场潜力大、符合现代消费趋势的绿色食品——涮羊肉产品，确定为公司发展的第一支柱产业，并通过“公司+牧户”的方式，与2万户（包括家庭牧场）建立了比较稳固、紧密的联系。最后，提高产业及产品科技含量，充分利用公司副产品的资源优势，加强与国内科研院所合作，开发基因及转基因产品，力争实现主导产品“零成本销售”。经过几年的努力，草原兴发已发展成为科、工、农、贸一体化的国家级大型企业集团，实现产业化经营模式。

3. 多元化战略。草原兴发在第一产业的畜禽养殖、第二产业的肉食加工稳定成熟基础上，逐步向第三产业餐饮娱乐的延伸递进。2002年7月初，草原兴发做出了一个对集团未来发展影响巨大的战略决策：由制造业向服务业转变；由生产原料向终端产品转变；由工厂向市场转变。为实现这“三个转变”，草原兴发在全国各地发起一场“向餐饮娱乐扩军行动”——在各大城市建设形象乐园；在公园、游乐园等休闲场所建设烧烤乐园；在居民区附近建设绿色专卖店；在超市中建设店中店；在学院附近或交通集中的休闲区建烤串店。通过“两园三店”的产品和服务，使草原兴发走进休闲、娱乐、食文化相结合的零售网络平台。另外，草原兴发还向生物制药领域发展，其生产的羊胎素、冻干粉、羊胎素胶囊、卟啉铁、多态钙添加剂等新产品已上市。现正计划加快羊胎素产品的提升开发，培育新的利润来源。通过大型农业延伸和调整转型，目前草原兴发多元化发展格局已经形成。

（二）草原兴发面临的问题与选择

草原兴发取得的成绩无疑是令人欣慰的，产业结构的调整，三大战略的实施大大加速了公司的发展进程。但在市场竞争不断加剧和环境多变的今天，张振武也清醒地意识到草原兴发在战略安排上目前仍面临着一些新的问题。

其一是竞争环境的变化问题。21 世纪前，内蒙板块处于中国经济的边缘地带，草原兴发凭借资金、技术、管理方面的优势，在内蒙古农畜产品加工市场上一枝独秀。但随着我国西部大开发战略的推进，出现了一批以“草原概念”为核心、立足内蒙核心资源打造产业链条的农畜产品加工业龙头的农牧业支柱产业企业群：伊利、蒙牛、小肥羊等。这些企业抓住了“西进”这一机遇，在 21 世纪初取得辉煌业绩：伊利登上了中国乳业的冠军宝座，而蒙牛和“小肥羊”先后两年成为“中国成长企业百强冠军”。这批“草原概念”的企业和草原兴发一样，均利用内蒙的资源，整合了当地的农牧民，以“公司＋基地＋农户”的市场化运作方式，形成规模庞大的全国市场。面对有着同样竞争优势的竞争对手，草原兴发今后何去何从，这是一个不容忽视的重要问题。

其二是公司的核心优势问题。草原兴发通过战略调整，在规模化的基础上，相继实现产业化和多元化，已使公司取得了快速的发展，但在竞争的环境中，如何使公司能长盛不衰，确保公司可持续生存和发展，还是摆在草原兴发面前的一个严峻的问题。草原兴发利用资源优势，凭借优秀的管理、先进的技术、雄厚的资金在竞争市场上获得了相对优势。但在动态环境下，草原兴发的竞争力不断受到挑战和威胁。要确保优势就必须重新审视比较优势，立足强化既有的核心竞争力的同时，以创新为切入点，及时进行战略调整，不断培养和发展新的核心竞争力。因此，如何在多元化的经营中突出其核心优势，进一步培养和发展新型的核心竞争力，已成为新环境下草原兴发面临的重大而紧迫的课题。

（资料来源：李树林：《管理案例库教程》，中国科学技术出版社 2004 年版）

二 思考·讨论·训练

1. 草原兴发进行战略调整的内容有哪些？并分析企业为什么要进行这样

的调整？

2. 草原兴发原有的核心竞争力是什么？新环境下草原兴发的核心竞争力又是什么？如何培育和提升其新型核心竞争力？

3. 假如你是草原兴发的未来总经理，你如何规划公司的未来发展？

案例6　门王之路

一　案例介绍

位于辽宁营口大石桥市水源镇的“盼盼”，从20多年前12名工人、几间茅草房、身背8万元债务的乡镇小厂，发展成为2003年实现产值20亿元、销售收入25亿元、利税1.96亿元，拥有20家成员的企业集团。今天的“盼盼”已经形成了以安全门为主业，以新型建材开发为方向的集科、工、贸为一体的大型企业集团，“盼盼”已成为家喻户晓的品牌。

20多年前，盼盼靠小作坊来料加工维持经营，基础薄弱，连年亏损，资不抵债。1982年，韩召善以第一年上交3万元，第二、第三年每年递增1万元的包干基数，在企业进行了分块承包。在为期三年的承包期内，企业利税以每年100%以上的速度递增。1992年，这家企业开始生产新型防撬门，生产规模不断扩大，随后在国内工商总局注册了“盼盼”商标。

1993年，为了更好地发展企业，韩召善与大石桥市水源镇工业公司签订了企业个人《承包协议》。“协议”明确了企业实行个人承包。企业集体所有制性质不变，所有权和经营权分离。到承包期满后的1996年，企业产值、利税、固定资产和安全门产量，分别比承包初期增长了368%、946%、967%和506%。

承包虽然使企业发生了变化，但随着企业规模的不断扩大，受体制问题的影响企业发展速度开始放慢。为彻底解决这方面的问题，在盼盼集团成立后的第二年，即1997年企业正式开始进行产权制度改革。集团董事长韩召善与水源镇政府签订了《企业资产转让书》，以800万元人民币一次性买下原承包企业（包括盼盼商标）。从此，盼盼集团的企业性质发生了根本性的改变。企业建立了自主经营、自负盈亏、自我发展、自我约束的经营机制，实现了产权清晰、政企分开。

（一）买断扩张

盼盼集团完成产权制度改革后，进入了第二次创业发展期。韩召善对企业经营战略、资本运营、产品技术、管理制度、市场营销进行了全方位的整合，使企业快速持续发展并不断壮大，但现有设备的生产能力不够、配套件加工能力不足的问题制约了企业的发展。必须寻找一个既有机械加工能力，又有设备再利用价值的企业来解决上述问题。1998 年，营口市政府将营口市 46 家企业向社会进行公开出售。营口机床厂由于资不抵债，企业连年亏损，也在出售之列。营口机床厂现有员工 1400 多人，近 8000 万元的固定资产原值。盼盼将面临倒闭的营口机床厂实施一次性彻底买断，体现在“四个买断”上：即买断全部资产产权、买断土地 50 年使用权、买断全部工人工龄、买断全部债务。

这次买断使盼盼集团可以对目标企业进行“以我为主”的资产、产品、组织、人员等结构的综合调整，实现国有企业和民营企业的优势互补。营口机床厂的优势在于机器设备先进、厂房面积大、地理位置好、技术实力雄厚；盼盼集团的优势在于灵活的机制、产品有市场、拥有一定数量资金和品牌优势。通过这次买断解决了企业现有设备的生产能力不够、配套件加工能力不足的问题。仅配套件加工一项可年节约费用 500 万元，创利 1000 万元。盼盼集团不但以较低成本实现生产规模的扩大和技术水平的提高，还将大部分原机床厂有理论知识和工作经验的中层干部聘用到领导岗位，提高了盼盼的管理水平，促进了企业发展。

盼盼集团的这次买断不仅使自身的实力得到提高，也盘活了闲置的国有资产，发挥其吸收就业人员、创造社会财富等作用，减轻了国家的负担。盼盼买断营口机床厂共安置机床厂员工 1000 多人，并且为其上养老保险，并且将大部分原机床厂的中层干部聘用到领导岗位。

（二）推行区域代理制

据有关专家预测，我国防撬门的市场容量今后几年每年将大约以 20% 的速度递增。为争夺市场份额，全国众多防撬门生产厂家纷纷加强销售攻势；在中央电视台的广告上又出现了长春“铸城”牌防撬门、哈尔滨的“飞云”牌防撬门，一场防撬门大战已在所难免。

盼盼集团意识到，市场是企业的安身立命之本，企业要想在市场竞争中取得较大优势，就不能孤立、简单地运用单个的营销策略和手段，而必须进行综合规划。这一点对于面向全国乃至世界市场的大型企业集团来说，意义尤为重要。

目前，盼盼已拥有一个覆盖全国的营销体系，销售网点达 595 个。盼盼集团认为，这个建立在卖方市场条件下的营销体系仍不足以抵御未来市场的冲击。为了建立长期、稳定、有序的销售渠道和营销关系，盼盼集团正在根据市场发展的需要，逐步加强对经销网络的宏观规划。实行规范的区域代理制便是其整体战略的重要步骤。

首先，宏观统一部署。盼盼集团对覆盖全国的经销网络进行统一战略部署，采取统一指挥、分区域销售的措施。集团根据地理条件、消费水平和市场需求等因素，对全国市场进行区域划分。集团销售总公司经过考核确定区域代理商，由集团销售总公司对各大区域的销售情况进行统一管理，做到每一区域有专人负责。在具体某一销售区域内，由集团销售总公司同区域代理商协商，就本区域的有关事项达成共识。在集团的指导下，由区域代理商完成对本区域所有销售网点的协调工作，做到步调统一。

其次，微观完善机制。盼盼集团产品的销售与经营的成败，与区域代理商的销售行为有着直接关系。因此，在微观层次上，集团注重建立和完善对区域代理商的选择、激励与约束机制，只有在各方面均达到标准的经销商，才能成为集团的区域代理商。集团同区域代理商签订代理合同，明确双方的权利和义务，并在代理合同的基础上，对其进行不间断的绩效评估，以保持严密的销售监控。

通过实施区域代理制，盼盼集团充分发挥整体的竞争优势，从而推动集团开拓、占领和巩固全国市场。

（三）迁址求发展

让世界拥有高品质的中国“盼盼”门，是盼盼集团超常规发展的新追求。水源镇政府和水源人民营造的良好的地域环境，是盼盼集团成功崛起的基础因素之一。可以说，没有水源镇，也就没有今天的盼盼集团。在发展初期，盼盼集团走的是离土不离乡、就地求发展的道路。而现在盼盼集团处在由资产经营型的地区性企业集团向资本运营型的全国性企业集团的过渡时期，集团需要对现有的生产各要素进行再配置，才能适应企业发展的需要。在这种形势下，作为首脑机构的集团总部长期处在较偏僻的乡村，不利于解决科技开发、人才引进及信息利用等问题，也不利于对跨地区发展和跨国经营的协调。

根据盼盼集团目前发展的情况，集团总部迁移至沈阳比较合适。沈阳为辽宁省省会，是仅次于京、津、沪位居全国第四位的特大城市，是东北地区的政治、文化、经济中心。集团设在沈阳，可充分利用当地的综合性信息资源优势，为集团的发展和决策服务。集团总部的职能也能集中于负责集团全局性、方向性的战略问题的解决和政策的制定，以及与国内外企业集团、科研机构横向联系，开展多边合作。待盼盼集团向资本运营型企业集团过渡完毕，同时在国内市场占有一定的地位之时，可考虑将总部迁至北京。

与此相适应，盼盼集团还将在全国各大中心城市建立分厂和分支机构，主要是利用其地理优势，及时接收和处理集团产品的各类国内外相关市场信息，缩小产销地的距离，提高市场占有率。这种以总部迁移为契机，按照现代企业集团规范运作的要求，对组织机构进行的改革，为将盼盼集团打造成中国门业"航母"提供了基本架构。

被誉为"中国门王"的盼盼，不仅国内市场占有率保持在20%，而且产品已出口俄罗斯、韩国、日本、意大利、马来西亚、尼日利亚等20多个，国家和地区。为了创百年品牌、百年企业，集团制定了到2010年实现产值100亿元，累计安排就业9000人的盼盼工业园区发展规划。目前，园区一期工程已全面开工，已同国内6家企业、韩国3家企业签订了合资合作协议，并与韩国十几个企业达成合作意向。但在组建合资企业时，集团始终坚持不能丢掉品牌、不能被控股两条基本原则。

（资料来源：李树林：《管理案例库教程》，中国科学技术出版社2004年版）

二 思考·讨论·训练

1. 你认为盼盼集团20年发展成功的秘诀是什么？有哪些创新之处？
2. 盼盼集团买断扩张道路给我们带来了哪些启示？
3. 如何看待盼盼集团总部以迁址为契机，谋求企业发展的战略思路？

参考文献

1. 杨洁、孙玉娟等：《管理学》，中国社会科学出版社 2006 年版。

2. 汪克夷：《管理学》，大连理工大学出版社 1998 年版。

3. 单凤儒：《管理学基础》，高等教育出版社 2004 年版。

4. 陈国生：《现代企业管理案例精析》，对外经济贸易大学出版社 2006 年版。

5. 余凯成：《管理案例学》，四川人民出版社 1987 年版。

6. 张丽华：《管理案例教学法》，大连理工大学出版社 2000 年版。

7. 梅子惠：《现代企业管理案例分析教程》，武汉理工大学出版社 2006 年版。

8. 里德：《哈佛第一年：商学院的真实经历》，中国建材工业出版社 1998 年版。

9. 刘新哲：《哈佛学不到，海尔是课堂》，《青岛日报》1998 年 3 月 30 日。

参考文献